■ 刘守刚 著

公共经济与管理·财政学系列

财政思想与经典传承

Fiscal Thought & Great Books

復旦大學出版社

公共经济与管理系列丛书编委会

主　任　刘小兵
副主任　方　芳　何精华
编　委（按姓氏笔画排序）
　　　　方　芳　王　峰　刘小兵　朱为群
　　　　李　华　任晓辉　陈　杰　何精华
　　　　岳　崟　赵永冰　陶　勇

目　录

导　论 ………………………………………………………………………… 1

第一讲　商贸立国方略的帝国命运
　　　——《管子·轻重》导读 …………………………………………… 6
　　第一节　作者与作品 ………………………………………………… 7
　　第二节　治国理财的原则与艺术 …………………………………… 12
　　第三节　商贸立国的战略构想 ……………………………………… 18
　　第四节　商贸立国原则的后世发展 ………………………………… 24

第二讲　成熟帝国中的地方财政行动者
　　　——《清代地方政府》导读 ………………………………………… 30
　　第一节　作者与作品 ………………………………………………… 31
　　第二节　地方政府的结构与行动者 ………………………………… 34
　　第三节　双轨财政体系在地方的运行 ……………………………… 45
　　第四节　从《叫魂》进一步看帝国制度的内部冲突 ……………… 56

第三讲　帝国转型责任的自觉担当者
　　　——《儒教中国及其现代命运》导读 ……………………………… 64
　　第一节　作者与作品 ………………………………………………… 65
　　第二节　儒教中国自我转型之不可能 ……………………………… 68
　　第三节　从责任建构现代国家：知识分子的选择 ………………… 78

第四讲　西方国家转型的动力与制度表现
——《文明的冲突》导读 ·············· 89
第一节　作者与作品 ·············· 91
第二节　文明的冲突与欧洲的封建社会 ·············· 95
第三节　文明的冲突与现代国家的诞生 ·············· 101

第五讲　危机、革命与现代国家转型
——《旧制度与大革命》导读 ·············· 110
第一节　作者与作品 ·············· 111
第二节　法国革命对现代国家的完成 ·············· 115
第三节　财政视野下的法国大革命 ·············· 123

第六讲　财政思想与现代国家制度构建
——《财政理论史上的经典文献》导读 ·············· 129
第一节　作者与作品 ·············· 130
第二节　对国家生产性的理论思考 ·············· 132
第三节　追寻优良税制 ·············· 144
第四节　财政类型对现代国家构建的影响 ·············· 153

第七讲　通向现代国家的不同道路分化
——《民主和专制的社会起源》导读 ·············· 161
第一节　作者与作品 ·············· 161
第二节　通向现代国家的民主道路 ·············· 165
第三节　通向现代国家的亚洲道路 ·············· 177

第八讲　现代国家危机的财政之维
——《国家的财政危机》导读 ·············· 196
第一节　作者与作品 ·············· 196
第二节　通向现代福利国家的资本道路 ·············· 201
第三节　财政维度上现代国家的内在危机 ·············· 211

参考文献 ·············· 222

导 论

这门课程的名称是"财政思想与经典传承",在正式展开这门课程之前,我需要先安排一讲导论,目的是交代一下本课程的宗旨、基本概念,并大致交代一下课程的总体安排。

□ 为什么要开设这样一门课程?

这是一门围绕着理解中国国家转型而从财政思想入手解读经典著作的课程。因此,"为什么要开这样一门课程"的问题就可以转化为以下三个问题:为什么要理解中国国家转型?为什么要阅读经典?为什么要从财政入手阅读经典?

为什么要理解中国国家转型?中国是一个拥有悠久文明的国家,自有确切文字记载的商代以来,至少已有三千多年的历史。从晚清开始,中国一直行进在从传统国家向现代国家的转型过程中,这应该是中国历史上所经历过的最为深刻和根本的变化。在此进程中,特别是新文化运动之后,中国人的目光多数时间聚焦于西方世界或者曾经的榜样苏联,试图模仿或者超越他们显现出来的景象,将古老的中国升级更新。时至今日,当那些景象已大多成为中国的现实之时,也许应该思考一下,这样的国家转型之路我们究竟是怎么走过来的?只有认真地回望这一转型之路,中国人才能更好地走向未来、走向世界。

为什么要阅读经典?意大利文学家卡尔维诺(Italo Calvino,1923—1985)在回答这个问题时,首先说了很多关于什么是经典的话[①]。他说的这些话,已经成为人们广泛引用的经典言论:"经典是那些你经常听人家说'我正在重读……'而不是'我正在读……'的

[①] 卡尔维诺著:《为什么读经典》,黄灿然、李桂蜜译,凤凰传媒出版集团、译林出版社2006年版,第1—10页。

书";"经典作品是一些产生某种特殊影响的书,它们要么本身以难忘的方式给我们的想象力打下印记,要么乔装成个人或集体的无意识隐藏在深层记忆之中";"一部经典作品是这样一本书,它使你不能对它保持不闻不问,它帮助你在与它的关系中甚至在反对它的过程中确立你自己。"总之,经典作品就是那些塑造文化总体并进而塑造每一个人人格的东西,阅读经典作品"帮助我们理解我们是谁和我们所到达的位置"。因为经典具有这样的重要性,所以卡尔维诺呼吁多读经典著作。台湾学者王汎森先生对于经典,用了以下的词汇来描述:历史影响巨大,内容历久弥新,反映了普遍的人性及普遍的问题,词采闪亮惊人,思路细密曲折,架构雄浑庞大①。像这样的好东西自然值得读。

美国学者哈罗德·布鲁姆(Harold Bloom,1930—2019)也曾回答过为什么要阅读经典的问题,他认为经典能带给人的"是对自身孤独的恰当使用,而孤独的最终形式是与自己的有限生命照面"②。揣摩他的意思,大概是说,之所以要阅读经典著作,是因为它们能给我们提供一个思考的契机,让我们与自己的心灵展开对话,理解我们自己,理解我们所生存的环境,从而为自己接下来的可能行动提供指南。正因如此,布鲁姆才说:"没有经典,我们将会停止思考。"广为流传的杨绛老师的一句话说得很美,道尽了读书的本质,那就是"读书是为了遇见更好的自己"。

就我个人而言,开设"财政思想与经典传承"这门课,就是希望稍稍改变一下当今大学生如下令人遗憾的状况:有知识,没文化;必须上学,不准读书。大学念完了,说学生没知识确实不对,但他们却普遍地没什么文化,没有多少人有能力甚至有意识去思考宇宙、社会和人生的那些问题;在九年制义务教育和三年高中教育下,在家长的管教和自身的努力下,学生们一直在上学,但读得最多的却是教科书,教科书之外的往往被当作"闲书",被老师和家长禁止阅读,通常给予的安慰是,以后有机会再去读这些闲书。如今到大学了,如果再不读书、不养成读书习惯、不学会读书方法、不掌握读书线索,以后怎么进一步读书呢?不读书,特别是不读经典,又怎么能真正去思考宇宙、社会和人生,做一个有文化的人?特别是对于有志于从事学术研究的学生而言,没有经典著作垫底,又怎么能在学问之途上越走越远呢?

为什么要从财政入手阅读经典呢?看过罪案剧的人,一定熟悉侦探们的一个破案手法,那就是跟着钱的线索走,就能够揭开表面复杂的谜团。对国家来说钱就是财政,顺着财政的线索,我们就能对迄今为止不断成长的国家制度有更加透彻的把握,直达它变化的核心。财政也因此是国家治理的基础与重要支柱,它包含了极为丰富的内容。正如宋代学者苏辙所言:"财者,为国之命而万事之本。国之所以存亡,事之所以成败,常必由之。"

所以,开设"财政思想与经典传承"这门课程的目的,一是教给财经类学生一点读书方法和读书线索,鼓励学生养成读书习惯,激励学生去思考宇宙、人生和社会等问题;二是帮助学生理解财政制度所包含的政治意义,分享财政思想中蕴含的治理国家的智慧,学会从财政入手理解迄今为止的中国国家转型。

---

① 王汎森著:《天才为何成群地来》,社会科学文献出版社2019年版,第16页。
② 沃森著:《20世纪思想史》(下),朱进东等译,上海译文出版社2008年版,第840页。

□ 基本概念介绍

本课程的宗旨,主要是通过解读经典著作,从财政入手理解迄今为止的中国国家转型。在这里,有几个概念需要做一些简单的交代。

(一) 国家类型与国家转型

根据国家构成的三个必备要素(人口、土地和主权),我们可以将自古及今的国家分为三种类型,即城邦、帝国和现代国家(即民族国家)。这三种国家类型,分别以上述三个必备要素中的一个作为自己的支撑点而形成:城邦以人口为支撑点,帝国以土地为支撑点,现代国家以主权为支撑点。

表 0.1 国家的类型

国家类型	支撑要素	表现形式	特点	典型的现实国家
城邦	人口	规模较小的人群团体,大多住在有城墙保护的地方(也包括周边可控制的乡村)	过一种自给自足的游牧或农耕生活,重视公共生活中人的德行;具有简单的政府组织机构,公共权力往往与军事权、宗教权或族权结合在一起	古希腊城邦、苏美尔城邦、商代及西周的诸侯国
帝国	土地	经过征战而形成的规模巨大的共同体,具有延展性的版图结构	过农耕或游牧生活,重视家庭与家族伦理;以君主为中心,具有中央集权性质的官僚体系,公共权力与君权结合在一起	秦汉至清的中华帝国、罗马帝国、奥斯曼帝国
现代国家	主权	在相对固定土地基础上,由组织化的主权统摄领土与人口,具有民族认同感	在私人产权与自愿交换基础上追求工商业经济发展,重视实现人对个人权利的追求;一般具有由民众自愿选择形成的公共权力组织形式,即代议制政府,公共权力表现为组织化的主权	美国、现代英国、现代法国

当然,上述国家类型,在相当程度上只是一种纯粹形态的说法。现实中的国家,并非如此纯粹,有可能是上述三种类型的某种程度的混合。从人类历史来看,城邦、帝国和现代国家大体上有一个先后更替的过程,因而存在着国家类型的转换,即国家转型。从公共权力的视角看,以公共权力为核心的国家共同体,其经历的国家转型过程实质上就是公共权力不断自我实现的过程,即统治权不断地公共化,人类最终朝向实现自我统治而发展。

表 0.2 公共权力在不同国家类型中的表现

国家类型	承载体	表现形式	权力运转的推动力
城邦	人格	权威(因血缘、神性或技能等魅力而获得)	神意或传统
帝国	财产	君权(君主因占有土地财产而获得)	君主的意志
现代国家	组织	主权(基于公意而由定期选举确认)	民众的要求

(二) 中华帝国及其三个阶段

中华帝国,是帝国这一国家类型中发展得最为成熟的代表。在两千年的历史长河中,帝国制度帮助中华民族克服种种生存危机,不断地发展自己的文明。帝国制度也在中国这一地理空间上得到最为充分的展现,由此中华帝国经历了初兴、生长与成熟等完整的阶段。众所周知,从清末至今,中国开始了从帝国向现代国家的转型。

需要交代的是,中华帝国是一个总的名称,在历史上它以不同的王朝面貌出现,并经历了不同的阶段。黄仁宇先生曾提出三个帝国划分的设想①。他将中华帝国划分为第一帝国(包括秦汉)、第二帝国(包括隋唐宋)、第三帝国(包括元明清),不过未指出划分三个帝国的具体标准。此处参考黄仁宇先生的说法并稍作修改,根据基本政治制度的内部发展轨迹,将中华帝国比较典型的阶段(统治期较长、较稳固的王朝),划分为第一帝国(两汉)、第二帝国(唐宋)和第三帝国(明清)。这三个帝国,在基本政治制度上的区分还是比较明显的,分别表现在君相关系(上层权力结构的安排)、指导思想(用以解释现有政制的思想)、人才选拔机制(官员的更替方式或者说皇权政府的再生产机制)、财政制度(汲取经济资源来维持政府的制度)四个方面。或者说,在这四个方面的差异,足以使三个帝国相互区分。如果用有机体的眼光来考察中华帝国,那么从第一帝国、第二帝国到第三帝国,分别是中华帝国初兴、成长和成熟三个时期。具体可参见表0.3。

表0.3　中华帝国的三个帝国阶段

	第一帝国(帝国初兴期)	第二帝国(帝国成长期)	第三帝国(帝国成熟期)
君相关系	皇权、相权相对分开,宰相为政府领袖,皇权不断设法控制相权	相权一分为三(尚书、中书、门下),群相代替独相,政府制度较健全	宰相职位被废,皇帝兼政府首脑,内阁(清中后期为军机处)辅助皇权运行
指导思想	引儒家学说柔化法家制度,司法上引经决狱,儒学中的经学处于黄金期	在立法层次上高度融合礼法,理学经由韩愈到朱熹的努力而发展	程朱理学成为官方标准意识形态
人才选拔机制	中央太学培养,地方郡国察举后由中央考试选拔,官员私人征辟盛行	开创科举入仕,制度不断调整,诸科最终合一,内容最后限于经义	科举制度日趋严密,考试内容固定在四书五经,文体格式也定型为八股
财政制度	舍地而税人,正式制度上以田赋为主,实际财政收入以人头税为主且力役繁重	基本确定履亩而税制度,工商业收入逐渐重要起来,力役处于制度化消灭过程中	以履亩而税的田赋为正宗且主体的财政收入,力役在制度上逐渐消失

资料来源:笔者整理。

□ **为理解中国国家转型问题而选择阅读的文献**

本课程将围绕如何理解中华帝国的成长及现代转型这一问题意识,选择财政政治领域的经典著作,并通过解读这些著作,来帮助大家理解包括财政转型在内的中国国家转型的内在逻辑,分享用财政工具治理国家的政治智慧。

本课程将为大家依次解读以下著作。正如卡尔维诺所言,"任何一本讨论另一本书的书,所说的都永远比不上被讨论的书",本课程的讲授肯定不能代替大家对这些文本的亲

---

① 黄仁宇著:《放宽历史的视界》,三联书店2001年版,第152页。

自阅读。课堂讲授的内容,只是作为大家阅读以下著作以及其他经典著作的起点。

1.《管子·轻重》

《管子》一书是受管仲思想影响的后学集体撰述的一本书,内容极为丰富或者说庞杂。本课程选择其中相对独立的《轻重》诸篇(共16篇),概要讲述其中包含的治国理财思想,以及中华先民另类于重农抑商治国原则的商贸立国构想。《管子·轻重》与汉代学者桓宽所著《盐铁论》构成了中华帝国初创期最为重要的两部专业财政文献。

2.《清代地方政府》

瞿同祖先生的《清代地方政府》一书为大家呈现的是,在一个成熟的帝国,存在于下层结构中的州县政府官员、雇员与社会底层百姓之间的互动关系。我们还将结合孔飞力的名著《叫魂》的部分内容,来帮助大家一起认识一个成熟的中华帝国的运行样态。

3.《儒教中国及其现代命运》

这本书的作者约瑟夫·列文森(Joseph Levenson)是美国学者中研究中国思想史的最杰出代表之一。此书集中讲解从晚清到中华民国、中华人民共和国这一段历史时期儒家思想的变迁及知识分子对国家命运的自觉责任担当,帮我们深刻地体察国家转型中思想的艰难和过程的不易。

4.《文明的冲突》

西方国家在全世界率先完成现代国家转型,由维克多·伯克(Victor Burke)所著的这本书,从战争这样的外因来分析西方现代国家转型的动力。本讲还将结合《利维坦的诞生》与《强制、资本和欧洲国家》二书,帮助大家理解,率先实现现代国家的欧洲是怎样开始国家转型之路的。

5.《旧制度与大革命》

这是法国著名思想家托克维尔(Tocqueville)的名著,通过解读这本书,可以帮助大家理解在向现代国家转型过程中危机与革命所具有的历史意义。

6.《财政理论史上的经典文献》

这本由马斯格雷夫(Richard Musgrave)和皮考克(Alan Peacock)联合主编的名著,集中收录了欧陆财政学家的经典文献。通过解读这一著作,并结合其他一些反映财政思想的经典图书,我将用几个集中的主题来考察,在国家转型过程中,财政思想与收入制度对现代国家构建的影响。

7.《民主和专制的社会起源》

这是美国学者巴林顿·摩尔(Barrington Moore)的一本名著,通过这本书我们可以探究通往现代国家的多条道路以及最终形成不同政体的社会原因。这本书讲到了中国,我们可以继续参考欧美先发国家和亚洲其他国家在国家转型方面的经验与教训,思考中国的国家转型的道路与动力等问题。

8.《国家的财政危机》

这是本课程的最后一讲。借助于奥康纳(James O'Connor)的这本书,我们可以对西方现代福利国家建设路径与内在危机进行考察,由此形成的结果肯定有助于思考中国的现代国家建设。

第一讲 ｜ 商贸立国方略的帝国命运
——《管子·轻重》导读

我们的课程，是从财政的角度或者说从治国理财的视角，通过阅读经典著作来思考中国，特别是思考迄今为止尚未完成的中国国家转型。目前的国家转型，是从帝国转向现代国家，那么由此引出需要考虑的一个问题是，中国的帝国时代是如何来临的？

从时间上来说，在春秋战国时期，中华国家从以人口为支撑点的城邦转向以土地为支撑点的帝国，并就此奠定了两千多年帝国制度构建、帝国国家治理的基础。从城邦到帝国，这一巨大且漫长的国家转型，是通过诸侯争霸、土地兼并而逐渐完成的。对于当时的各诸侯国而言，如何改变旧有的制度并构建出新的成功制度（即古代史上常说的"变法"），以便在短期内迅速提升国力，赢得国家间的生存竞争，进而获得统一天下的机会，是摆在那个时代君主与政治家面前最主要的难题。

正是在那样的时代背景下，以管仲为代表的思想家登上历史舞台。他们通过对时代问题与历史经验的透彻把握与深入思考，提出自己的治国理论，并积极参与到国家制度改革与实际治理活动中，从而为后世留下宝贵的思想财富。本讲选取《管子》一书中的《轻重》诸篇，以反映管仲为代表的一派学者对于治国理财原则与艺术的思考，以及他们对构建帝国与治理国家所设想的商贸方略。众所周知，后世中华帝国的制度原则与治国方略是由秦统一天下而奠定的，而秦制的基础又是由商鞅变法决定的。商鞅变法推崇的帝国建构与国家治理原则的突出标志是重农抑商，后来成为帝国治理的根本原则与正统标志，但管仲等人倡导的商贸立国方略也始终隐伏在帝国国家治理活动当中，并在特殊时期变异为主导性的原则，进而在从晚清开始的中国国家转型活动中，成为现代重商主义的先导。

让伟大的管子，开启我们这门课程。

第一节　作者与作品

《管子》一书是一部伟大的作品，但对于这本书以及它的作者，目前还有许多疑问。迄今为止，学术界通行的见解是，它并非一人之作，也非一时之书。接下来我们就介绍一下学术界对于此书作者与年代的一些看法，并简要介绍该书的大致内容，特别是本讲要重点讲解的《轻重》诸篇的内容。

□ 作者是谁？

《管子》一书的作者，在古代一度被标注为齐桓公时代的大臣管仲。对这一标注，很早就有学者表示怀疑。到了南宋，著名学者叶适的结论是"莫知谁所为"。在当代，学者们一般都认同叶适对《管子》一书的判断，即"非一人之笔，亦非一时之书"，就是说该书的绝大部分篇章应该不是管仲所著。从《管子》一书的思想内容与文字状况出发，有学者判断，《管子》一书的前七篇（《牧民》《形势》《权修》《立政》《乘马》《七发》《版法》），应该是管仲所作①。根据马非百先生的看法，本讲所要讨论的《轻重》诸篇应该可以肯定不是管仲的著作，而可能是西汉甚至王莽时代的作者所著②。不过，陈鼓应先生对《管子》作者的判断是，"《管子》一书可说是当时稷下学者的一部论文总集"③。陈鼓应先生说的稷下学者，指的是在稷下学宫里面活动的一些学者。稷下学宫位于齐国都城临淄的西城门（稷门），由齐桓公田午（不是管仲辅佐的那个齐桓公）设立。当时齐国国君招纳贤人，给予大夫尊号，然后集中在稷下学宫讲学。在齐威王时，稷下学宫渐趋兴盛，到齐宣王时期达至兴盛的顶峰，有76人被列为"不治而议论"的上大夫，跟随他们学习的学生也有成百上千人。到齐襄王时，稷下学宫的盛况不再。陈鼓应先生说，稷下学宫曾是百家争鸣的具体场所，它是广纳贤才的学府、为君王献策的智囊、学术活动的中心④。正因如此，稷下学者才写得出如此一部内容广泛、思想综合并特别体现齐国地域特色的《管子》。

通观《管子》全书的内容，除了极个别地方与别处有所抵触外，绝大多数内容应该是承袭管仲治国思想的。因此，本讲在这里不去讨论作者到底是谁，也不再追究到底是哪些人写出了《管子》一书，而遵从一些学者的做法，将《管子》一书的作者统称为"管仲学派"⑤。这是因为，可以肯定的是，《管子》一书是基于管仲长期从政的经验形成的，当然作者在整理管仲相齐时的思想与做法时，肯定也加入了自身的一些见解。至于书的形成时间，大致可以认为不少篇章在春秋战国时就已诞生，因为在《韩非子》一书中已提及《管子》的部分

---

① 邓加荣、张靖著：《管子思想钩沉》，中国社会科学出版社2015年版，第8页。
② 马非百撰：《管子轻重篇新诠》，中华书局1979年版，第3页。
③ 陈鼓应著：《管子四篇诠释》，中华书局2015年版，第9页。
④ 同上书，第8—9页。
⑤ 谢浩范、朱迎平译注：《管子全译》，贵州人民出版社1996年版，前言。本讲选取《管子》一书的文字基本上参考此书，接下来不再一一注明版本信息。

内容,司马迁在《史记》中也说到《牧民》等篇章"世多有之"。不过,也有些篇章可能如马非百先生所述,晚至秦汉时期才完成。

管仲(约公元前723年—公元前645年),姬姓,名夷吾,字仲,是春秋时期齐国著名的政治家、军事家。有关他的生平,司马迁在《史记·管晏列传》中是这样说的:"管仲夷吾者,颍上人也。少时常与鲍叔牙游,鲍叔知其贤。管仲贫困,常欺鲍叔,鲍叔终善遇之,不以为言。已而鲍叔事齐公子小白,管仲事公子纠。及小白立为桓公,公子纠死,管仲囚焉。鲍叔遂进管仲。管仲既用,任政于齐,齐桓公以霸,九合诸侯,一匡天下,管仲之谋也。"最为后人称道也因此让人高度重视《管子》一书的原因是,管仲在齐国发动了经济、政治和军事改革,在为政时"善因祸而为福,转败而为功,贵轻重,慎权衡",以至于在短短7年时间内就让齐国实现了"通货积财,富国强兵"(《史记·管晏列传》)。

□ 作品简介

《管子》一书,虽然部分篇章在先秦时即已流传,但在汉成帝时的学者刘向(约公元前77—前6年)手中才真正成书。他广泛搜集皇宫密藏、太史府藏、私人藏书中有关《管子》的篇章内容,共得564篇,经勘校文字、删除重复,最后定为86篇。刘向之后,又陆续有10篇内容遗失,只剩篇名。因此,《管子》一书今天仅存76篇。

在结构上,一般认为是刘向将《管子》一书分为以下8个部分,可惜区分的依据今天已不可知。8个部分的名称与篇幅为:经言(9篇),外言(8篇),内言(9篇),短语(18篇),区言(5篇),杂篇(13篇),管子解(5篇),轻重篇(19篇)。从内容看,各部分大致如下:"经言"反映了管仲相齐时的原始思想,被奉为经典;"外言"与"内言"的区分依据目前已不清楚,但"内言"记载管仲的功业与言行较多;"短语"的篇幅大多短小,但也有像《侈靡》等长篇;"区言"何指,目前不清楚;"杂篇"之所以得名,应该是因为其中的内容庞杂;"管子解"的内容,是对《管子》中若干篇目的解释;"轻重篇"则是一组专题论文,因自成体系而区别于其他篇章。在体裁上,《管子》一书包含了论文、问答、记述、疏解四类。

《管子》一书,思想内容包罗万象、博大精深。《汉书·艺文志》把它列为道家,陈鼓应先生也将其归为体现黄老之学的道家,认为它的内容虽然兼备道、法、儒、阴阳等各家之说,但是"以道家哲学思想为理论基础"①。不过,历代学者大多将《管子》一书作为法家著作来看待。在汉武帝推行"独尊儒术"政策后,被认为是法家著作的《管子》,在思想上屡遭贬斥,地位远不及儒家经典著作。不过,与思想上的贬斥不同,在历代治国理财的实践中,这本书仍然得到统治集团的青睐。尤其在唐代,出现了多本著述《管子》的著作,如魏征的《管子治要》、杜佑的《管子指略》、尹知章的《管子》等。在宋、明、清朝,也有不少学者对《管子》进行校注与研究。近代中国面临生存危机之际,以梁启超为代表的学者大力肯定管仲化故从新、开拓进取的精神,竭力抬高《管子》一书的地位。梁启超所著的《管子评传》甚至略带夸张地称赞管子为"中国之最大政治家,而亦学术思想界一巨子也"。在梁启超之后,《管子》研究出现了比较繁荣的局面。

---

① 陈鼓应著:《管子四篇诠释》,中华书局2015年版,第9页。

历代学者肯定甚至推崇《管子》一书,至少有三个方面的原因:一是肯定管仲治理齐国时的政治主张和经济思想,试图从管仲的言行中总结治国理财的方略,尤其是他开发利用工商业资源的做法;二是推崇管仲的改革勇气与改革策略,设法学习管仲革弊创新的做法,以尽快帮助自己的国家赢得生存竞争或实现王朝中兴,并因此奠定个人的历史地位;三是认识到《管子》一书中包含着儒、法、道、墨、兵、农、纵横、阴阳等诸家丰富的思想资源,希望从该书中学习和开发这些思想资源。

《管子》一书的内容丰富或者说庞杂,部分地方存在前后重复甚至矛盾的地方,但就大多数内容来看,其表达的理论还是彼此关联、自成体系的。从治国理财的视角来考察《管子》一书,可以发现其中一半以上的篇幅包含了对财政内容的讨论,这在中国古代经典文献中还是少见的。特别是相对独立的"轻重篇"(原有19篇,遗失3篇,实际为16篇),与汉代学者桓宽所著《盐铁论》一起,构成了古典中国时期最为重要的两部专业财政文献。

□ "轻重篇"的内容

"轻重"一词在《管子》中有两个基本含义:一是钱的重量,二是事物的某种相对关系。由此基本含义出发,管仲学派将"轻重"概念加以进一步发展[①]:

(1) 用轻重表示市场供求变化:"散则轻,聚则重"(《国蓄》);

(2) 用轻重表示商品在市场供求变化中相对关系:"谷重而万物轻,谷轻而万物重"(《乘马》);

(3) 将轻重理解为执行轻重理论的政策和方法:"此以轻重御天下之道也"(《山至数》);

(4) 将轻重作为运用轻重理论的限度、标准:"币重则民死利,币轻则决而不用,故轻重调于数而止"(《揆度》)。

再由此"轻重"概念出发,《管子》一书创造出"轻重之术"一词,在含义上大致相当于今天利用经济手段或者说商贸手段而非行政手段(即通过自愿交易而非强制命令)来实现国家治理的理论、政策和实践。对于轻重术在国家治理中的作用,《管子》极为重视,甚至略带夸张地说,"燧人以来,未有不以轻重为天下也"(《揆度》)。

为此,本讲以《管子·轻重》的16篇内容为主体,结合《管子》一书中的其他文本,来探讨那个时代(自春秋战国直至秦汉)第一流的思想家是如何思考建构帝国和治理国家的。尤其值得注意的是,《轻重》诸篇的文本除了反映了百家争鸣时代的学者对于即将来临的帝国的一些共同设想外,还特别反映了鲜明区别于商鞅重农抑商思想的另一种构想,即中华帝国能否以商贸手段来建构并实施治理。事实上,商贸立国的设想与实践贯穿在帝国数千年的国家治理活动中,只不过与处于正统地位的重农抑商原则相比,多数时间处于辅助性地位甚至隐伏的地位,只在特殊时期才显现为主导性原则。

对于《轻重》诸篇与《管子》其他各篇的关系,历来有两种看法。一种看法以马非百先

[①] 任继亮著:《〈管子〉经济思想研究——轻重论史话》,中国社会科学出版社2005年版,第168页。在《管子》一书中,"轻重"偶尔也有其他的用法,比如指行政工作量,"所以知任之轻重也"(《乘马》),这些用法本讲不讨论。

生为代表,他认为《轻重》诸篇"和《管子》其他各篇不是一个思想体系。它是一部专门讨论财政经济问题的书"①。另一种看法以任继亮先生为代表,主张《管子》前60篇与后16篇(《轻重》诸篇)的基本观点是一致的,"前60篇以基本理论、基本思想为主,可叫作通论;而后16篇,则以应用为主"②。通观全书,可以大致给出一个判断:《轻重》诸篇虽然集中讨论商贸立国的治国方略,但思想体系与前60篇中的绝大多数内容还是一致的或者至少并不矛盾。比如,对于人性自利的强调、要求治国须从富民与顺民心出发、提倡善用市场等。

对于现存的《轻重》16篇,马非百先生提醒我们注意以下三点:第一,16篇中有14篇为问答体,只有2篇(《国蓄》《轻重己》)不是;第二,16篇中有14篇用的是具体写法,只有2篇(《国蓄》《轻重己》)用抽象写法;第三,在这16篇中,《国蓄》篇有特殊地位,它是"全书之理论纲领,其它诸篇所提出之种种具体问题及其讨论与解决问题之种种方法,或则就此纲领中之原理原则加以补充发挥,或则提出与纲领相反之意见,或则将此纲领中之特别术语加以解释其他各篇",其他15篇甚至有部分文字与《国蓄》篇相同或相似③。

《管子·轻重》中现存的16篇分别如下:

(1)《臣乘马》,讨论经济筹划的策略,"臣"字可能是"策";
(2)《乘马数》,讨论经济筹划的具体办法;
(3)《事语》,论述治国的经济策略;
(4)《海王》,研究管理山海所出自然资源的政策;
(5)《国蓄》,轻重理论的总纲;
(6)《山国轨》,用国家统计方法实现轻重之权;
(7)《山权数》,讨论经济活动中政府要权衡轻重、乘时适变;
(8)《山至数》,讨论轻重术在各方面的具体运用;
(9)《地数》,研究开发利用自然资源;
(10)《揆度》,讨论君主控制生产和流通的全部过程的主要事项;
(11)《国准》,讨论国家的平准政策;
(12)《轻重甲》,从方法上讨论如何运用轻重之术;
(13)《轻重乙》,多方阐述轻重术运用的方法;
(14)《轻重丁》,阐述各种运用轻重术的计谋;
(15)《轻重戊》,讨论将轻重术从经济领域扩展到政治和外交领域;
(16)《轻重己》,阐述一年中君主在各季节应推行的政令。

如前所述,《问乘马》《轻重丙》《轻重庚》3篇,目前仅存篇名而缺失正文。对于有正文内容的这16篇,马非百先生认可梁启超概括出来的中心主题即"无籍(赋敛)主义",就是说核心是不直接向民众强行征税而用轻重之术来获取钱财以供军国之用。马先生还分别举出在这16篇中体现这一中心主题的部分文句:"国器皆资,无籍于民"(《巨乘马》);"故

---

① 马非百撰:《管子轻重篇新诠》,中华书局1979年版,第3页。
② 任继亮著:《〈管子〉经济思想研究——轻重论史话》,中国社会科学出版社2005年版,第169、171页。
③ 马非百撰:《管子轻重篇新诠》,中华书局1979年版,第212页。

开合皆在上，无求于民"(《乘马数》)；"故万民无籍而国利归于君也"(《国蓄》)；"故不求于万民而籍于号令也"(《国蓄》)；"则籍于财物，不籍于人"，"乘令而进退，无求于民"，"轨守其时，有官天财，何求于民"，"齐之战车之具具于此，无求于民，此去丘邑之籍也"(《山国轨》)；"军五岁无籍衣于民"，"终身无籍于民"(《地数》)；"五官之数，不籍于民"(《揆度》)；"然则自足，何求于民也"(《轻重甲》)；"请以令断山木鼓山铁，是可以无籍而用足"(《轻重乙》)；"故国八岁而无籍"，"未尝籍求于民而使用若河海"(《轻重丁》)①。

接来下本讲专门选择《乘马数》《国蓄》《山至数》3篇，简要说明其中的文本脉络，以展现《管子·轻重》诸篇的大致论述内容与行文特色。

《乘马数》采用对话体形式，通过齐桓公与管子的一问一答，就国家经济筹划的方法（即"乘马数"）进行讨论并展开文本。此篇一开始就提出国家治理的"以时行"原则，要求君主做到"出准之令，守地用人策"，从而实现对国家经济的全面掌控。接下来比较分析"霸国守分"和"王国守始"两种模式，指出王国以轻重之术掌控财货生产并实现国家治理，比起霸国仅利用物价高低赚取差价来更胜一筹。王国一旦遭遇灾荒，就会征调无业贫民修建大型工程，完成为特殊时期制定的经济政策。在此处论及的"轻重之术"，指的是国家基于对市场供求的认识（"彼物轻则见泄，重则见射"，意思是，物价低的话，货物会泄散到其他地方；物价高的话，货物就会流入以赚差价）来谋取利益或实施调控，而这又需要国家掌握相应的储备，这样才能调控货物流通。不过粮食问题较为特殊，"谷重而万物轻，谷轻而万物重"，需要单独制定相关政策。最后提出要"相壤定籍"，根据土地等级来征税，在此基础上补贴贫瘠土地、调控四时物价、通过掌握市场收放让百姓安居等。

《国蓄》篇在形式上是一篇较长的专题论文，集中阐述在财政上积蓄粮食与货币的方法，以及由此而实现的国家治理（"故人君挟其食，守其用，据有余而制不足，故民无不累于上也"）。本篇在《管子·轻重》诸篇中地位比较特殊，按马非百先生的说法，它是轻重理论的总纲。开篇在肯定国蓄的重要性以及私利作为人之动力的重要意义之后，提出财政积蓄与国家治理的方法，就是以"轻重之术"来掌控国家的货币与粮食，归结起来以下几个方面：一是要规范财政收入来源，逐渐用租税代替征籍（临时附加税），实现财政收入的制度化（"去其所以强求，废其所虑而请"）；二是要坚持"利出一孔"的原则，让民众只能从国家控制或允许的途径获取利益（"塞民之养，隘其利途"）；三要"分并财利而调民事"，设法缩小民众收入差距、调节不同阶层粮食与钱币的余缺。在此基础上，本篇还比较详细地描述了君主行使轻重之术来调节粮食、物资、货币的余缺状况，促进资源与财富在不同社会阶层、不同的时间与空间，以及国家与民众之间的配置，并特别提出国家应该通过粮食专卖来隐性地征税并借以调控社会（"贵贱可调而君得其利"）。本篇的最后还分析了不同规模国家的治理方法，再次申明君主务必要减少强征暴敛，应该改用轻重之术来获取财政收入。

《山至数》中，"至数"的意思是指轻重术的极致，而"山"字有学者怀疑为衍文，也有学者认为"山"指财富。本篇收录了齐桓公与管子就有关"轻重之术"的十一节对话，从多方

---

① 马非百撰：《管子轻重篇新诠》，中华书局1979年版，第14页。

面详细解释了"轻重之术"的含义和具体措施。第一、二节主张用赋税、薪俸、物价等经济手段激发农民、士兵、官员从事经济活动或者为国效力的积极性。第三、四、五节探讨的是大夫和君王之间的利益斗争,阐明君王如何使用"轻重之术"来控制粮食的生产与销售,让大夫无法私自聚敛财货,从而实现"藏富于民",并进而实现国家的统一与集权。第六节批判厚葬制度对商品流入市场的阻断作用。第七节批评按血缘分封土地制度,认为它是导致天下争夺的源头。第八节提出"币乘马(货币计划)"的模式,即君主利用货币进行大规模收购,以此管控国内资源,并以"轻重之术"调节国内粮食、货币、黄金三者的价格平衡,此为"守天下之数"。第九节论述"轻重之术"在畜牧业领域的应用。第十节论述不同地势对农业产出与"轻重之术"策略的影响。第十一节设想齐国统一诸侯后的治国策略,提出君主仍要善用"轻重之术",坚持"守大奉一(控制大局、奉行利出一孔)"的原则,国家就能长治久安。

第二节 治国理财的原则与艺术

管仲相齐,只用了7年时间就让齐国得到中兴,几乎没用什么战争手段,就让齐国称霸于诸侯,由此可见管仲在治国理财方面的能力之高超。在《管子》一书中,管仲学派继承了管仲在治国理财方面的经验与思想,并加以发挥,表达出独具特色的治国理财原则与艺术。

治国理财的原则:国家的公共性

国家是以公共权力为核心的共同体,公共性是国家的内在要求。不过,在帝国时代,公共权力表现为君权,一种集中到君主个人手中的权力。虽然此时的权力表现为君主的个人权力,但并不因此改变它内在的公共性。作为一流政治家的管仲和杰出思想流派的管仲学派,对此有深刻的认识。表现在《管子》一书中,那就是存在着大量论述国家、君主职位、权力公共性的文字,并以此作为商贸立国需要遵循的根本原则。

(一)国家之公:为民、利民

在管仲时期乃至后世帝国,君权是国家权力的表现形式,君主具有公私二重性,即作为国家的代表时为公,作为个人又是私的。管仲自己之所以没有为早先辅佐的公子纠而死,反而投靠了原处于敌对方的公子小白(即后来的齐桓公),是因为他意识到了君主的这两重属性。他说,"夷吾之所死者,社稷破、宗庙灭、祭祀绝,则夷吾死之。非此三者,则夷吾生。夷吾生则齐国利,夷吾死则齐国不利"(《大匡》)。就是说,管仲认为自己服务的是公的国家(齐国)而非私的个人(君主)。

在这里,与《商君书》相似,《管子》也从国家起源的目的来论证国家的正当性或者说国家所应该具有的公共性。在《君臣下》篇中,管仲学派提出了自己的国家起源理论:"古者未有君臣上下之别,未有夫妇妃匹之合,兽处群居,以力相征。于是智者诈愚,强者凌弱,老幼孤独不得其所。故智者假众力以禁强虐,而暴人止。为民兴利除害,正民之德,而民师之。是故道术德行,出于贤人。其从义理兆形于民心,则民反(同"返")道矣。名物处,是非分,则赏罚行矣。上下设,民生体,而国都立矣。是故国之所以为国者,民体以为国;君之所以为君者,赏罚以为君。"这一段极为出彩的文字,道尽了国家公共性的本质,那就是说,国家一定是为了民众而成立,君主乃是为了民众而设立的职位。

在这样的国家起源论背景下,管仲学派指出,公的国家就是齐国百姓,或者更抽象地说是人,"齐国百姓,公之本也"(《霸形》),"人不可不务也,此天下之极也"(《五辅》)。因此,国家以及国家的代表君主,必须为民众服务,这是真正的公共性,也是国家实现善治并进而争霸于天下的条件。《管子》说,"君人者,以百姓为天。百姓与之则安,辅之则强,非之则危,背之则亡"(《说苑》),"夫霸王之所始也,以人为本,本理则国固,本乱则国危"(《霸言》),"与其厚于兵,不如厚于人"(《大匡》)。

那么,如何才能服务于民众,进而实现国家的善治呢?《管子》的说法非常明确,"得人之道,莫如利之"(《五辅》),"先王者,善为民除害兴利,故天下之民归之"(《治国》),"爱之、利之、益之、安之,四者道之出。帝王者用之,而天下治矣"(《枢言》)。只有顺应民心,为民谋利,才能体现国家之公并达到善治的目的,《管子》对此一再地教导:"与天下同利者,天下持之。擅天下之利者,天下谋之。天下所谋,虽立必坠;天下所持,虽高不危。故曰安高在乎同利。"(《版法解》)而要顺民心,要为民谋利,就必须了解民众的利之所在,或者说民众实际上是什么样子的。

与商鞅相似,管仲学派也不是按照民众的"应然"去想象他们的样子,而从"实然"出发来分析人性,认为人实际上是自利的,必须承认民众私利的正当性。事实上,只有真正承认民众之私才能凸显国家之公。管仲学派认识到,"夫凡人之情,见利莫能勿就,见害莫能勿避。其商人通贾,倍道兼行,夜以续日,千里而不远者,利在前也;渔人之入海,海深万仞,就波逆流,乘危百里,宿夜不出者,利在水也。故利之所在,虽千仞之山,无所不上;深源之下,无所不入焉"(《禁藏》)。显然,求利为富是人的本性,"百姓无宝,以利为首。一上一下,唯利所处。利然后能通,通然后成国。利静而不化,观其所出,从而移之"(《侈靡》)。就是说,要服务民众,进而实现国家善治,就必须从求利的人性出发,诱导民众去求利求富,"故善者势(当为"执")利之在,而民自美安,不推而往,不引而来,不烦不扰,而民自富。如鸟之覆卵,无形无声,而唯见其成"(《禁藏》)。事实上,这样的看法在《管子》起始篇中就已经明确地指出,"民恶忧劳,我佚乐之;民恶贫贱,我富贵之;民恶危坠,我存安之;民恶灭绝,我生育之。能佚乐之,则民为之忧劳;能富贵之,则民为之贫贱。能存安之,则民为之危坠;能生育之,则民为之灭绝……故从其四欲,则远者自亲;行其四恶,则近者叛之。故知予之为取者,政之宝也"(《牧民》)。

从这样的人性起点出发,管仲学派提出了迥异于后来占统治地位的儒家的治国方略。后世二千多年历史中,这样的方略事实上也在持续回响,那就是,强调利在义先,将求利求富作为提高民众道德的条件,"仓廪实则知礼节,衣食足则知荣辱"(《牧民》)。虽然与商鞅从相同的人性出发,但管仲学派得出的结论并不相同:在一定程度上,商鞅主张弱民、贫民;而管仲学派提出,"善为国者,必先富民,然后治之",因为"民贫则难治也"(《治国》)。

对此，《管子》中给予了翔实的说明，并因此成为千百年来中国人治国理财的经典名言："凡治国之道，必先富民。民富则易治也，民贫则难治也。奚以知其然也？民富则安乡重家，安乡重家则敬上畏罪，敬上畏罪则易治也。民贫则危乡轻家，危乡轻家则敢凌上犯禁，凌上犯禁则难治也。故治国常富，而乱国常贫。"（《治国》）"富民"于是成为最为重要的治国方略，根据这样的理念，《管子》一书提出了众多的富民措施，从而使自己在中国古代治国理财经典中独具一格。

（二）君主职位之公：任法重法

君主在具体治国过程中，怎样才能体现出自己施政并非出于个人私心而是从国家之公出发的？《管子》认为，关键在于必须"以法制行之，如天地之无私也"（《任法》）。这是因为，"故法者，天下之至道也"（《任法》）。作为从国家之公出发善于治国的君主，必须用"法"，"圣君任法而不任智，任数而不任说，任公而不任私"（《任法》）。要达到国家善治，不仅君主，而且大臣与民众也要从法，"君臣上下贵贱皆从法，此谓为大治"（《任法》）。对于儒家推崇的仁、义、礼、乐，管仲学派的看法是，"所谓仁义礼乐者，皆出于法"（《任法》）。

国家治理必须遵循法，这样才能体现国家"公"的本质，那么法又是什么呢？管仲学派对此也有非常精当的论述："夫法者，所以兴功惧暴也；律者，所以定分止争也；令者，所以令人知事也。法律政令者，吏民规矩、绳墨也。"（《七臣七主》）就是说，法是一些为了人类生存而设立的禁令（"人故相憎也，人心之悍，故为之法"《枢言》），是确立产权（即"定分"）的规则，是吏民行为的依据。因此，法并不是为了君主私心而设计的管控民众的工具，而是为了解决民众之间的纠纷、辨别行为的是非，以及让生命维续、生活正常的关键要素，"法者，天下之仪也，所以决疑而明是非也，百姓所县（通"悬"）命也"（《禁藏》）。

管仲学派强调，对于这样的法，君主、官吏及民众都要遵守，"君臣上下贵贱皆从法，此之谓大治"（《任法》），"故明王慎之，不为亲戚故贵易其法，吏不敢以长官威严危其命，民不以珠玉重宝犯其禁。故主上视法严于亲戚，吏之举令敬于师长，民之承教重于神宝"（《禁藏》）。当然，守法的责任首先落在君主身上而不是百姓，君主一定要高度重视法，依法治国，绝不能徇私枉法，"是故先王之治国也，不淫意于法之外，不为惠于法之内也。动无非法者，所以禁过而外私也。威不两措，政不二门，以法治国，则举措而已"（《明法》）。"君一置其仪，则百官守其法"（《法禁》），只有自上而下的任法重法，国家善治才有可能，国家的公共性才能体现。在此基础上，民众也必须守法，这是涉及国家安危、民众自身安全的大事，"凡国君之重器，莫重于令，令重则君尊，君尊则国安，令轻则君卑，君卑则国危"（《重令》），"法令之不行，万民之不治，贫富之不齐也"（《国蓄》）。

与商鞅、韩非这样的标准法家相比，管仲学派上述关于法的重要性的看法大多与他们相似，这也是《管子》一书后来被列入法家的原因所在。不过，《管子》中对法的看法，在以下三个方面还是很有特色的：

（1）法律必须在了解世俗实情的前提下制定："古之欲正世调天下者，必先观国政，料事务，察民情，本治乱之所生，知得失之所在，然后从事，故法可立而治可行。"（《正世》）

（2）法律必须顺应民心，从民所欲："政之所行，在顺民心；政之所废，在逆民心。"

《牧民》)

(3) 法律必须与时俱进,圣明的君主明于治乱之道,会根据情况变化及时修订法律:"故其位齐(指能确立适中的政策)也,不慕古,不留今,与时变,与俗化。"(《正世》)

(三) 权力的公共性:服务于民生

在国家治理的过程中,强制性权力的运用是必不可免的。为此《管子》也给予高度的重视,强调"威不两错,政不二门"(《明法》),要求民众尊重权力的严肃性,"如天地之坚,如列星之固,如日月之明,如四时之信然,故令往而民从之"(《任法》)。但是,管仲学派绝不认为这样的权力运用是为君主一人服务的。他们斥责那些为一己之私运用权力的君主,"地之生财有时,民之用力有倦,而人君之欲无穷。以有时与有倦,养无穷之君,而度量不生于其间,则上下相疾(仇视)也"(《权修》)。他们认为,权力的运用必须出于公共的目的,用今天的语言来说,就是必须承担起积极的服务职能,"官不理则事不治,事不治则货不多"(《乘马》)。

管仲学派对于国家公共性及权力运用公共性的强调,在春秋战国时期乃至中国古代史上都是非常超前与突出的。在管仲他们看来,理想的权力行使,既要维持民众基本的秩序,又要通过向民众提供服务来促进生产,"不能调通民利,不可以语制为大治"(《国蓄》)。管仲学派心目中的服务职能有:(1) 国家必须积极地干预经济活动,通过生产的扩大创造更多的财富;(2) 国家必须积极介入分配过程,实现社会一定程度的公平。

国家积极干预经济活动,下面在讨论用商贸手段调控经济与社会时还会提及,此处暂不讨论。最能体现权力公共性的,是管仲学派主张的国家对收入分配职能的承担("天下不患无财,患无人以分之"《牧民》),以及在那个时代就提出全面社会保障制度的构想,"赐鳏寡,振(通"赈")孤独,贷无种,与无赋,所以劝弱民"(《禁藏》),从而实现"饥者得食,寒者得衣,死者得葬,不资者得振"(《轻重甲》)。这样做,民众才会真正认可权力的公共性并对国家保有极高的认同感,"戴上如日月,亲君若父母"(《国蓄》)。

▢ 治国理财的艺术手段:货币、无形之税、侈靡之术

管仲在齐国"通货积财、富国强兵"的功绩,令后世治国者艳羡不已。《管子》一书中表述的商贸立国思想以及具体的操作艺术,也得到后世学者的高度重视。在管仲学派的治国理财艺术中,值得后世关注的,除了与其他学派学者相同的地方,如要重视土地问题("地者,政之本也,是故地可以正政也。地不平均和调,则政不可正也"《乘马》),强调财政征收要有节制("取于民有度","不夺民财",《五辅》;"富上而足下",《小问》)外,最为重要的是提倡用艺术手段来从事治国理财活动,这在其他学者的著作中非常少见。接下来对《管子》一书中提及的三个治国理财的艺术手段做一些探讨,这些艺术手段事实上属于商贸立国方略的具体呈现形式。

(一) 货币艺术

在中国古代治国理财的经典著作中,《管子》一书也许不是最早但却是最为详细、最为完备地提出货币理论并倡导以此实现国家治理的著作。正如张友直指出的,《管子》一书事实上完整地提出了货币起源与本质、货币种类与本位、货币职能与作用以及货币数量价

值论等货币思想①。本讲并不讨论这些货币思想,而只看看管仲学派如何设想在治国理财过程中运用货币艺术。

对于货币在国家治理中的作用,《管子》给予高度的评价,认为货币"握之则非有补于暖也,食之则非有补于饱也,先王以守财物,以御民事,而平天下也"(《国蓄》)。事实上,该书认为货币就是为治国而兴起的。比如为了赈灾,"汤七年旱,禹五年水,民之无糧(zhān,粥)有卖子者。汤以庄山之金铸币,而赎民之无糧卖子者;禹以历山之金铸币,而赎民之无糧卖子者"(《山权数》),就是说国家通过发行货币来获取债务性收入,以赈济民众、赎回人口。《管子》还指出货币是国家为了方便民众交换而指定或制造的,"玉起于禺氏,金起于汝汉,珠起于赤野,东西南北距周七千八百里。水绝壤断,舟车不能通。先王为其途之远,其至之难,故托用于其重,以珠玉为上币,以黄金为中币,以刀布为下币"(《国蓄》)。

当然,更为后世学者珍视的就是《管子》一书所表达的用货币手段来调控经济的艺术,"人君操谷、币、准衡,而天下可定也"(《山至数》)。这一艺术被《管子》表达为轻重之术,前文已有涉及。大致上,运用货币艺术治理国家,至少可以达到以下目的:调动民众生产的积极性("黄金刀币,民之通施也。故善者执其通施以御其司命,故民力可得而尽也"《国蓄》);调节市场均衡关系,平抑物价("遍有天下,则赋币以守万物之朝夕,调而已"《山至数》);将粮食等资源掌握在国家手中并借此增加财政收入("视物之轻重而御之以准,故贵贱可调而君得其利"《国蓄》)。

管仲学派还主张,应将俸禄和赋税全部货币化,"士受资以币,大夫受邑以币,人马受食以币,则一国之谷资在上,币赀在下"(《山至数》)。这样做的好处至少有两个方面:一是不用再实行土地分封制度,以避免分封制下的争夺乃至战争,"故伏尸满衍,兵决而无止。轻重之家复游于其间。故曰:毋予人以壤,毋授人以财(此处指自然资源)";二是使得货币铸造和发行的权力掌握在国家手中,而各级官吏与民众在经济社会活动中使用货币,实质上意味着对国家权力的认可与服从,从而实现秩序,"圣人理之以徐疾,守之以决塞,夺之以轻重,行之以仁义,故与天壤同数。此王者之大辔也"(《山至数》)。

(二)无形之税艺术

在财政征收不可避免的前提下,怎样有效地获取财政收入以"取民不怨"?这是征税艺术的问题,用法国路易十四时期著名的大臣科尔贝尔的话来说,就是做到"拔鹅毛让鹅尽可能地少叫"。

在税收方面,管仲学派首先不赞成君主的横征暴敛或者强制性手段,认为它会带来极大的危害,"重赋敛,竭民财,急使令,罢民力,财竭则不能毋侵夺,力罢则不能毋堕倪。民已侵夺堕倪,因以法随而诛之,则是诛罚重而乱愈起"(《正世》)。《管子》主张,民富是国富的前提和保证,"民富君无与贫,民贫君无与富"(《山至数》),因此在财政征收方面主张"公轻其税敛,则人不忧饥;缓其形政,则人不惧死;举事以时,则人不伤劳"(《霸形》)。他们尤为反对征收临时性的税收,认为危害极大,"今人君籍求于民,令曰十日而具,则财物之贾什去一;令曰八日而具,则财物之贾什去二;令曰五日而具,则财物之贾什去半;朝令而夕

---

① 张友直著:《〈管子〉货币思想考释》,北京大学出版社2002年版,第11页。

具,则财物之贾什去九"(《国蓄》)。对于征税尤其是从农业方面征税,管仲学派建议的是,要适合农民的负担能力,"案亩而税"(《大匡》),"相地而衰征"(《霸形》)。

管仲学派提出且为后世推崇的征税艺术,是他们对无形之税的主张,即让民众"见予之形,不见夺之理"(《国蓄》)。是否可能获取一种无形之税？管仲学派的回答是肯定的,这一想法在《盐铁论》中被桑弘羊等汉代治国者进一步表达为"民不加赋而国用饶"。

在《国蓄》篇中,管仲学派发现传统的五种征税方式(房屋税、牲口税、土地税、人头税和户税)都存在着一定的弊端,"夫以室庑籍(征房屋税),谓之毁成(指房屋);以六畜籍,谓之止生;以田亩籍,谓之禁耕;以正人籍(按人征税),谓之离情(背离人情,因民众不愿多生育);以正户籍,谓之养赢(一户之下人口会很多)"。因此,他们主张运用国营商业买卖来获取财政收入,因为这样可以获取无形的税收。在《国蓄》篇中,管仲学派设想,国家先在丰年以低价大量收购粮食,之后于平年将每石粮加价十钱,于荒年每石加价二十钱,这样从一个三口之家,平年每月可获得九十钱收入,荒年每月获得一百八十钱。这样的财政收入方式,寓形于商品买卖之中,自然是无形的。《管子》还反复强调,国家可以利用粮食、货币、货物三者间的关系,通过市场买卖或者货币借贷来获取财政收入。只要在粮食与货币两种形式之间进行灵活的切换,国家就能掌控国内的大部分财富。

最为后世学者重视也在中华帝国时期广泛采用的无形之税,是基于盐铁等国营而实施的专卖措施。在《海王》篇中,管仲学派提倡计口授盐,通过加盐价来获利。当然,在春秋战国诸国林立的时代,全面垄断的盐专卖政策事实上很难行得通。在现实历史上,直到汉武帝时期才真正能够实施盐铁的全面垄断专卖。

(三) 侈靡之术

在春秋战国乃至后世很长一段时间,农业经济一直占主导地位,量入为出、勤俭节约既是家庭财务原则(秋收粮食在交完租税、留够第二年种子后才能用于消费),也是国家财政的运行原则(以收入有限性控制君主开支的权力)。尤其兼具公、私二重性的君主,若私人消费过于奢侈,往往会损及公共利益,"多营于物而苦其力、劳其心,故困而不赡,大者以失国,小者以危身"(《禁藏》),甚至因此败坏社会的道德,"国侈则用费,用费则民贫,民贫则奸智生,奸智生则邪巧作。故奸邪之所生,生于匮不足,匮不足之所生,生于侈,侈之所生,生于毋度。故曰,审度量,节衣服,俭财用,禁侈泰,为国之急也"(《八观》)。《管子》强调,君主、大臣及民众如果能够不奢侈,就可以将剩余储蓄起来防备饥荒("纤啬省用,以备饥馑"《五辅》),甚至防祸得福("故适身行义,俭约恭敬,其唯无福,祸亦不来矣;骄傲侈泰,离度绝理,其唯无祸,福亦不至矣"《禁藏》)。因此,君主的私人消费一定要节制,"是故主上用财毋已,是民用力毋休也。故曰:台榭相望者,其上下相怨也"(《八观》)。

不过,与儒家学派一味主张节俭的意见不同,管仲学派认为,在特定条件下,侈靡并非坏事,侈靡之术甚至可以成为国家治理的艺术,一味地节俭会使事情办不成或者公共目的无法达成,"用财啬则不当人心,不当人心则怨起,用财而生怨,故曰费"(《版法解》),"简则伤事,俭则伤货"(《乘马》)。这是因为,施政办事要从民所欲,"饮食者也,侈乐者也,民之所愿也。足其所欲,赡其所愿,则能用之耳"(《侈靡》)。为此,《管子》中辟出专门一篇《侈靡》来加以讨论。在该篇中，管仲学者认为，侈靡消费可以促进生产，在饮食、车马、游乐、丧葬等方面的奢侈行为可以带动生产，"不侈，本事不得立"（《侈靡》），甚至可以"雕卵然后瀹(yuè，煮)之，雕橑(liáo，屋椽)然后爨(cuàn，烧火做饭)之"（《侈靡》）。他们还认为，侈靡可以促进就业，"富者靡之，贫者为之"（《侈靡》），这大致相当于18世纪法国思想家孟德斯鸠的名言"富人不挥霍，穷人就饿死"。特别是在遇到水旱等自然灾害、百姓生活困难情况下，君主的侈靡消费与侈靡品生产可为贫苦百姓提供谋生的机会，"若岁凶旱水泆，民失本，则修宫室台榭，以前无狗后无彘者为庸（这句话的意思是雇佣家里既没有狗也没有猪的穷人）。故修宫室台榭，非丽其乐也，以平国策也"（《乘马数》）。

对《管子》在国家治理之中运用侈靡之术，章太炎先生称赞道："《管子》之言，兴时化者，莫善于侈靡，斯可谓知天地之际会，而为《轻重》诸篇之本，亦泰西商务所自出矣。"①管仲学派的这一观点，在中国古代治国理财思想中是非常突出的。在公元前81年那场"盐铁会议"上，桑弘羊对此加以特别肯定，并发挥道："不饰宫室，则材木不可胜用；不充庖厨，则禽兽不损其寿。无末利，则本业无所出；无黼黻(fǔ fú，礼服上所绣的华美花纹)，则女工不施"（《盐铁论·通有》）。不过，桑弘羊的这一观点，遭到了与会的文学贤良的猛烈抨击。在后世帝国国家治理中，侈靡之术始终处于被压制的状态。

第三节　商贸立国的战略构想

阅读《管子》，给人带来强烈冲击并因此持续影响后世的突出内容，就是以管仲为代表的一批学者对国富的追求，以及因此设想运用商贸手段治理国家。这样的设想，当然有齐国自然地理环境的原因，如《史记·货殖列传》所说的"齐带山海，膏壤千里，宜桑麻，百姓多文采、布帛、鱼盐"；也有齐国自身的经验，即开国君主姜太公善用鱼、盐等天然资源寻求富强，进而在与东夷人的战争中不断扩大国土。管仲自己也用商贸手段让齐国中兴，而且不用武力就使齐国称霸于诸侯。以此为基础，管仲学派在《管子》一书中，设想了运用商贸手段来构建制度、统一天下并治理国家的战略。这一治国方略，与以商鞅为代表的学者主张的重农抑商战略相当不同，从今天的眼光看它是帝国构建与国家治理的另一种可能道路。由于在真实的帝国史上，秦统一了天下，占据统治地位的一直是商鞅主张的重农抑商方略，因此《管子》一书对财富的追求与对商贸手段的推崇，常让后世学者惊异，甚至有人称之为奇迹："二千多年前的中国，居然就有论述市场功能、货币供应、价格机制这些现代市场经济问题的著作，确实是个奇迹。"②今天的我们已无法知道，历史是否有可能让齐国通过商贸手段统一天下，并构建起体现管仲学派想法的另样中华帝国。

接下来根据《轻重》诸篇与《管子》中其他篇章的文字，简要呈现管仲学派的商贸立国

---

① 章太炎著：《喻侈靡》，载于《章太炎全集》，上海人民出版社1982年版。
② 周俊敏著：《〈管子〉经济伦理思想研究》，岳麓书社2003年版，第151页。

战略设想的内容。

☐ 以掌控资源作为商贸立国的条件

管仲以及管仲学派活动的时期,依然是农业经济占优而非机器工业生产的时代。因此,以商贸手段立国的前提,是国家(或君主)手中必须掌握基于粮食与自然资源而形成的商品。在《管子》一书中,可以用商贸手段来操作进而实现对内治理、对外争霸甚至一统天下的资源主要有四项:粮食、货币、盐铁与市场渠道。当然,掌握这些资源,不仅可用于商贸操作,实现国家治理("货多事治,则所求于天下者寡矣,为之有道"《乘马》),而且可以实现"利出一孔"以便吸引民众归附(对此商鞅同样提倡),"故予之在君,夺之在君,贫之在君,富之在君。故民之戴上如日月,亲君若父母"《国蓄》)。不过,管仲学派主张的靠商业手段来实现利出一孔,比商鞅的强制手段明显要缓和很多,这也是商贸立国战略不同于重农抑商政策的一个突出表现。

(一) 粮食资源

春秋战国时代,粮食对于国内治理和对外争霸的重要性是不言而喻的。对此,《商君书》中多处进行了讨论。《管子》也强调,"彼守国者,守谷而已矣"《山至数》)。粮食对于百姓而言,尤为重要,"五谷食米,民之司命也"《国蓄》)。因此,治国的关键在于积粟,"是以先王知众民、强兵、广地、富国之必生于粟"《牧民》),"不生粟之国亡,粟生而死者霸,粟生而不死者王"《治国》)。

粮食多,好处在哪里?《管子》说,粮食多,民众的道德水平就会因此提高("仓廪实,则知礼节;衣食足,则知荣辱"《牧民》),军事力量也因此增强("甲兵之本,必先于田宅"《侈靡》)。粮食多,可以用来吸引外国民众投奔,它也是各种财富归集乃至开疆拓土的关键("粟也者,民之所归也;粟也者,财之所归也;粟也者,地之所归也。粟多则天下之物尽至矣"《治国》)。粮食多,还可以用来调控市场、抑制兼并("凡谷者,万物之主也","故人君御谷物之秩相胜,而操事于其不平之间"《国蓄》)。

那么国家怎样才能有效地掌握更多的粮食?《管子》建议,首先要尽可能生产更多的粮食,办法至少以下五项。

(1) 君主施政要从民所欲,让民众有积极性,"故从其四欲,则远者自亲"《牧民》);要使民以时,以免耽误农时,"彼王者不夺农时,故五谷丰登"《臣乘马》)。

(2) 要禁末作文巧,以增加劳动力,"末作文巧禁则民无所游食,民无所游食则必农"《治国》)。

(3) 要设法防止高利贷侵害农民利益,"夫以一民养四主,故逃徒者刑而上不能止者,粟少而民无积也"《治国》)。

(4) 要设法让士、农、商、工四民负担均衡,"是以民作一而得均。民作一则田垦,奸巧不生。田垦则粟多"《治国》)。

(5) 重视土地("地者,万物之本原,诸生之根菀也"《水地篇》),要按不同土地类别做好国土规划("有山处之国,有汜下多水之国,有山地分之国,有水泆之国,有漏壤之国"《山至数》),然后分别加以管理。

在粮食生产的基础上，国家不是依赖横征暴敛而是巧用谷、币、货物的关系来进行市场操作，以便把更多的谷物掌握在手中，这一点下文再讨论。一旦君主掌握了粮食资源，就可以将其用于国家治理并立于不败之地，"彼人君守其本委谨，而男女诸君吾子无不服籍者也"（《国蓄》）。

（二）货币资源

管仲学派强调，国家必须掌握货币资源。在那个时代，货币显然还是商品货币。正如《国蓄》篇所列举的，主要有三种货币，"以珠玉为上币，以黄金为中币，以刀布为下币"。《管子》特别强调，国家一定要掌握这些货币资源，才能达到治理国家的目的，"三币握之则非有补于暖也，食之则非有补于饱也，先王以守财物，以御民事，而平天下也"（《国蓄》）。

运用货币治国，最为重要的是利用货币、谷物与货物之间的关系进行经济社会的调控，"人君操谷、币、金衡，而天下可定也"（《山至数》），"黄金刀币，民之通施也。故善者执其通施以御其司命，故民力可得而尽也"（《国蓄》）。特别在《轻重》诸篇中，管仲学派多次提到"人君铸钱立币"，要求君主必须掌握货币的发行权。

（三）盐铁等资源

管仲学派也强调了国家掌握盐、铁等资源的重要性。与其他诸侯国相比，齐国的耕地资源并不丰富，但因所处的半岛地形而拥有着广阔的海岸和滩涂，这意味着齐国可以充分发展海洋经济，尤其是开发鱼、盐资源，这是其他诸侯国无可比拟的优势。事实上，海洋资源早在姜子牙时代即已得到开发，政府从中大获其利，这一获利方法也因此常被后世称为"太公之术"。

在《海王》篇中，管仲学派将"官山海、正盐策"作为特别的措施提出，主张齐国要对盐业、铁矿等消费弹性低的资源商品实行统一管理，以发展相应的产业。既然家家户户、男女老少都要吃盐用铁，国家就通过垄断并加价出售来获取财政利益，"百倍归于上，人无以避此者"（《海王》）。

除了盐、铁等自然资源外，《管子》还主张对其他自然资源也实行国家垄断，"故为人君而不能谨守其山林、菹泽、草莱，不可以立为天下王"（《轻重甲》）。

当然，从真实的历史看，盐、铁这样的资源在齐国多大程度上实现了专卖实属有疑问，有学者因此认为《海王》篇为汉代学者的著作。需要指出的是，管仲学派此处提倡的"官山海"，未必是汉代桑弘羊主张的全面垄断盐、铁资源的政策，因为《管子》中反复提出要跟商人合作而不应实施全面垄断，"故善者不如与民，量其重，计其赢。民得其十，君得其三"（《轻重乙》）。

（四）市场资源

管仲学派强调，国家必须掌握市场渠道，渠道也是资源。在齐国这样因处于四通八达的交通所在而商品经济一直比较发达的国家，市场的重要性不言而喻（"市者，天地之财具也。而万人之所和而利也，正是道也"《问》）。

国家掌握市场渠道，自然不能靠强制性力量，而要依靠公共服务、改善营商环境，比如《轻重乙》建议为商贾立客舍。管仲在齐国主要靠设立市场、减轻关税、提供优质服务、鼓励外贸四大政策来达到"天下商贾齐归若流水"的目的。《问》中对国家掌握市场渠道的建议是:"征于关者,勿征于市;征于市者,勿征于关。虚车勿索,徒负勿入,以来远人,十六道同身。"

另外,《管子》中还说,管仲通过设立6个工商乡(另外还设15个士农乡)作为特别行政区来优待工商,比如他们可以不服兵役。这样可以让他们集中精力发展工商业,并有利于他们教导子女、互相切磋技艺、交流经验与信息等(《小匡》)。

□ 以商贸为手段来调控国内经济与社会

用来调控国内经济与社会的商贸手段,在《管子》一书中被称为"轻重术"。运用轻重术,自然离不开市场;商贸手段只有在市场存在的前提下,才能用于国家治理。因此,《管子》一书对市场作用的重视,在中国古代经典著作中是罕见的。它认为货物价格应由市场自由买卖决定("市者,货之准也"《乘马》),政府可以从市场获取国家治乱的信息("市者,可以知治乱,可以知多寡,而不能为多寡。为之有道"《乘马》),并坚决主张政府不能固定市场价格,衡数(即供求平衡关系)"不可调(固定),调则澄(静止),澄则常(固定),常则高下不二(没有涨跌),高下不二则万物不可得而使固(利用)"(《轻重乙》)。在市场条件下,可以从以下四个方面入手来实施国家治理。

(一) 用商贸手段掌握粮食

以商贸为手段调控经济与社会,首先体现为国家要尽可能地运用商贸手段来掌握粮食。在前述建议国家要采取措施增加粮食产量的基础上,《管子》倡导用谷、币、货物三者之间的关系,通过市场买卖尽量积储粮食,并通过提高粮价激发相关主体的积极性,"君有山,山有金,以立币,以币准谷而授禄,故国谷斯在上。谷贾什倍,农夫夜寝蚤起,不待见使;五谷什倍,士半禄而死君,农夫夜寝蚤起,力作而无止"(《山至数》)。

管仲学派还设想,利用粮价季节变化,在收获季节低价购买粮食并囤积,在青黄不接时再高价出售,以达到民众依赖国家粮储、大夫无法操控的目的,这样"出实财,散仁义,万物轻"(《山至数》)。

在《山至数》中,管仲学派还具体设想国家用货币贷款形式来增加财政收入并获取民众手中的粮食:第一年在青黄不接、粮价高企时给贫民发放货币形式的贷款,到秋收粮价下跌时要求按货币数字归还粮食并支付利息;第二年在青黄不接时再将粮食贷给百姓,并在秋收时要求按市价将粮食折为货币归还国家(还粮食也可以)并支付利息,这样国库就会增加粮食仓储或增加收入。君主有了粮食,才有能力实施有效的国家治理。

(二) 用商贸手段获取财政收入

以商贸为手段来治理国家、调控经济与社会,其次体现为可用此手段获取财政收入供国家之用。财政收入是运行国家不可或缺的手段,因此管仲学派并不赞成轻税政策。在他们看来,"彼轻赋税则仓廪虚,肥(通"肶",薄)籍敛则械器不奉(供应)。械器不奉,而诸侯之皮币(此处指帛)不衣;仓廪虚则倳(通"士")贱无禄"(《山至数》)。

不过,管仲学派更不支持为了增加财政收入而对农民索取重田赋、对商贾征收高关税,甚至对房屋、树木、六畜征税,他们尤其反对的是临时加税。在他们看来,最好的财政征收手段是"见予之形,不见夺之理"(《国蓄》)。若能这样做的话,"是人君非发号令收啬

(敛取)而户籍也,彼人君守其本(指粮食生产)委(指粮食储备)谨,而男女诸君吾子无不服籍者也"(《国蓄》)。

《管子》中为此提出来的方法有:

一是通过"官山海"等措施,对盐、铁、林木资源实行某种形式的专卖措施,以商品加价方式在自愿买卖掩盖下实现财政征收;

二是运用货币等手段,通过贷款、钱货关系等形式获取增值;

三是利用市场差价和其他因信息不对称而导致的巨额价差来进行买卖,获取盈利。

以上三种获取财政收入的机会,《管子》都将其称为"轻重之术"。在书中,管仲学派尤其推崇第三种方式,即利用"物多则贱,寡则贵,散则轻,聚则重"来"以重射轻,以贱泄平"(《国蓄》),即在物价低时高价买入,物价高时低价卖出。

由于货币数量完全垄断于国家手中,于是利用钱、谷、货等关系,国家就可以操控商品价格、调节商品流通,即"人君知其然,故视国之羡不足而御其财物。谷贱则以币予食,布帛贱则以币予衣。视物之轻重而御之以准,故贵贱可调而君得其利"(《国蓄》)。

(三)用商贸手段调节收入分配

以商贸为手段来治理国家、调控经济与社会,还体现在调节贫富阶层的收入与财富上。显然,古今同理的是,贫富差距过大会造成社会势力失衡,进而会影响国家的稳定。"民人之食,人有若干步亩之数,然而有饿馁于衢间者何也?谷有所藏也。今君铸钱立币,民通移,人有百十之数,然而民有卖子者何也?财有所并也。故为人君不能散积聚,调高下,分并财,君虽强本趣耕、发草立币而无止,民犹若不足也。"(《轻重甲》)

《国蓄》篇说明,社会财富分配不均是现实的客观存在,并列举了几个原因:农时的季节性,年岁的丰歉和财政征收的缓急,民智不齐,少数人蓄意操控、百般盘剥等。对于这样的差距,如果"人君不能调",那么"民有相百倍之生也"(《国蓄》)。

如何调节这样的贫富差距呢?《管子》虽然认为需要由国君进行筹划并利用法制手段加以纠正,"法令之不行,万民之不治,贫富之不齐也"(《国蓄》),但主要的方法应该是运用商贸手段,"故凡不能调民利者,不可以为大治;不察于始终,不可以为至矣"(《揆度》)。比如,国家通过调剂物资、确保粮食的供应等来干预市场的运行,以防止巨贾商家豪夺百姓并保障民众的正常生活生产。还有,国家将手中掌握的粮食、物资或者货币,在农忙或青黄不接之时贷放、赊售或租借给贫困农民,实现以丰补歉、调剂民食。国家也可以利用建设公共工程等手段来实现以工代赈,甚至主张扩大公共支出达到侈靡的境地来救济贫民,即下文将说到的侈靡之术。

(四)重视商业与商人阶层

以商贸手段治国,还体现在《管子》对商人这一社会阶层的重视上,这在中国古代学者的作品中是少有的。在国家治理及争霸于天下的过程中,为了富国强兵,管仲鼓励百姓将各种农副产品"鬻之四方",大力发展商业,高度肯定市场对于农业生产的积极促进作用,"市者,天地之财具也,而万人之所和而利也","市也者,劝也,劝者,所以起本事"(《侈靡》)。

与此同时,管仲学派还极力抬高商人的社会地位,采取了与商鞅重农抑商极不相同的策略。《管子》将商人与士、农、工一道称为国家柱石("士农工商四民者,国之石民也"《小匡》),并高度肯定商人在买卖活动中的智慧以及对于经济的积极作用("今夫商群萃而州处,观凶饥,审国变,察其四时而监其乡之货,以知其市之贾。负任担荷,服牛辂马,以周四方。料多少,计贵贱,以其所有,易其所无,买贱鬻贵。是以羽旄不求而至,竹箭有余于国,奇怪时来,珍异物聚"《小匡》)。

□ 以商贸为手段赢得对外战争的胜利

在诸侯林立的现实世界,如何才能实现争霸乃至统一天下,完成帝国内在的使命?商鞅的想法简单而直接,那就是要有足够多的粮食及有积极性的战士,以耕战统一天下。《管子》重视粮食,也重视战争("国富者兵强,兵强者战胜,战胜者地广"《治国》)。但是《管子》认为,仅靠粮食无法争霸,争霸乃至统一天下也未必需要战争手段,而可以采用商贸手段来达到目的。

在《地数》中,管仲学派甚至认为,在诸国林立的环境中,仅仅粮食多是危险的,"夫本富而财物众,不能守,则税于天下。五谷兴丰,巨钱(当为"吾贱")而天下贵,则税于天下,然则吾民常为天下虏矣。夫善用本者,若以身(疑为"舟")济于大海,观风之所起,天下高则高,天下下则下,天下高我下,则财利税于天下矣"。就是说,管仲学派主张的是,应该更多使用商贸手段,发动贸易战,来实现对外争霸乃至统一天下。

《轻重》诸篇中记载了许多精彩的"贸易战"。后世学者普遍认为,这些贸易战大多属于纯粹的设想而非历史的真实。虽然帝国时期传统的学者对这些设想大多评价不高,甚至认为粗鄙不堪,但站在熟悉贸易战的今人立场来看,我们不得不叹服其中存在的天才与智慧。

综观这些事例,管仲以商贸手段来赢得对外争胜,至少可分为两类。

一类以《轻重丁》中记载的"石璧谋""菁茅谋"为代表。这类计谋先利用齐国的霸主地位(能接近周天子),再利用周天子尚存的礼节性权威为齐国谋取巨额利润。比如在著名的"石璧谋"中,管仲先命齐国能工巧匠制造一批不同规格的石璧,再让周天子下令齐王率天下诸侯朝拜周王室宗庙,前提是要以周王室的"彤弓"和齐国的"石璧"为入场券。于是天下诸侯纷纷携带各国财货珍宝来齐国换取石璧,齐国很快就填补了葵丘会盟后产生的财政亏空。"菁茅谋"也采取了类似的手段,只不过是让诸侯参加周天子封禅仪式时,必须花重金换取周王室贡品"菁茅"用作祭祀垫席,使得周天子在几天之内赚了大笔财富,"七年不求贺献"。这样做,不但可以帮助周天子,也可以提高齐国的霸主地位,从而解决齐桓公的问题:"天子之养不足,号令赋于天下则不信诸侯,为此有道乎。"(《轻重丁》)

另一类是齐国凭借雄厚的财力,从敌国大量买入特定商品、破坏其经济生产周期,从而用经济手段控制敌国。《轻重戊》中记载的"衡山谋"就是此类战略的典型。首先,管仲建议齐王"贵买衡山之械器而卖之",蓄意引发周边各国对衡山国兵器的抢购热潮,使得衡山之民"释其本,修械器之巧"。所谓"本",正是指农业。随后,齐国以高于赵国国内粮食收购价的价格,前往赵国收购粮食,使得包括衡山国在内的许多国家纷纷向齐国卖粮,如此持续数月后,齐国突然宣布闭关,停止与周边国家的一切经贸往来。此时的衡山国,农业生产周期已经被兵器生产打乱,国内存粮又多被卖至齐国,国力被消耗殆尽。面对即将被齐、鲁两国瓜分的局势,衡山国"内自量无械器以应二敌,即奉国而归齐矣"。在《轻重甲》中的设想是,以四夷所产宝物(吴越的珠象、朝鲜的皮货、昆仑之虚的璆琳琅玕、禺氏的白璧)为货币,抬高它们的价值,这些国家的人与商品就会远道而来。于是,通过这样的经济手段,达到征服或吸引敌国的目的:"故物无主,事无接,远近无以相因,则四夷不得而朝矣。"在《轻重戊》中,还提出了一个以粟制敌的谋略:用巧妙的手段(高价收购敌国"鲁梁"的纺织品绨),扰乱敌国农业生产(鲁梁君主让百姓放弃粮食生产而专门织造绨),使之粮食匮乏,不得不依赖我方,从而达到降服敌国的目的。《轻重乙》还设想,齐国反复运用盐、粮价格关系,让自己国家愈富而各国愈贫。《轻重戊》中则设想了齐国利用治柴征服莒、利用田鹿征服楚、利用狐皮征服代等事例,这些都属于用商贸手段达到争胜于天下的例子。

第四节 商贸立国原则的后世发展

　　管仲学派倡导的商贸立国原则,在后世帝国治理中作为正统"重农抑商"原则的对立面,事实上包含了两个方面的含义:一是运用商业手段处理国家与民众的关系,包括用货币财政代替实物财政、运用利益诱导(自愿交易)等手段完成国家治理任务;二是重视商业活动,包括私商经营活动与官商经营活动(含手工业在内)。在帝国农业经济时代,"重农"或者说重视粮食生产以及抬高农民的法律地位,各家各派学者在理念上都没有异议,当然在现实中真实状况如何那是另一回事。在"抑商"方面,管仲学派倡导的用商业原则处理国家与民众的关系,虽然在实践中历代王朝都在使用,但在理念上一直有儒家学者站在重农抑商原则的高度加以反对;不过,这些儒家学者更加反对的是政府对私商或官商经营活动的重视,视其为不可原谅的行为。只是在帝国的一些特殊时期,治国者才会更多地吸取管仲学派商贸立国的主张,变得更加"重商",这样的变化不妨称为"重商变异"。

　　根据国家对商业活动态度的不同,帝国两千多年在处理私商与官商经营活动时至少有以下三种表现:(1)既抑私商也抑官商,就是说全面压制工商业活动,既贬低私商的社会地位,也排斥国家用官营商业从工商业获取财政收入;(2)抑私商而扬官商,就是说抑制私人从事工商业活动,但国家积极发展官营工商业以获取财政收入或达到其他目的;(3)私商与官商并重,就是说既鼓励私人从事工商业活动,国家也发展官营工商业,从而用税收形式或商业手段获取财政收入并达到其他目的。第一种实际上是全面抑商的状态,从理论上来说最符合由商鞅变法奠定的"重农抑商"的要求,也因此被后世儒家学者视为帝国最为正统的治国原则。第二种、第三种都被正统儒家学者视为"重商",认为违背了重农抑商原则。从逻辑上说,还存在第四种对待商业活动的态度,即扬私商而抑官商。不过这样的态度在现实中只存在于现代自由主义经济体中,在中华帝国时期乃至今日中国都未出现,我们此处不加讨论。

　　总体而言,国家对待商业活动的第一种态度即重农抑商原则,在帝国制度构建与治国理财活动中始终占据上风,并主导后世帝国两千多年的发展。上述第二、第三种态度,皆符合管仲学派提倡的商贸立国方略,隐伏在帝国制度运行之中,始终处于被压制的状态,成为王汎森先生所说的"执拗的低音"①,在历史中始终不去,在特殊时期可能会上升为主导性原则。这样的特殊时期,至少有三个比较典型:帝国扩张中的汉武帝改革时期、国家生存竞争之际的王安石变法时期、亡国灭种危机之下的晚清国家转型时期。

□ 汉武帝改革时期的重商变异

在汉初,按照重农抑商原则建构了帝国制度。它的"薄赋敛"收入政策对应着国家无事的支出安排(尤其是对外采取消极忍让的军事策略),在治国理财方面完全符合"重农"的要求。尤其是体现这一原则的"文景之治",更是被后世学者一再推崇。

不过,汉初虽然重农,并在法律上采取了"贱商"举措("高祖乃令贾人不得衣丝乘车,重租税以困辱之"《史记·平准书》),但在现实中却无法做到真正抑商,这体现在以下两个方面:(1) 由于汉初民生凋敝,管理能力薄弱,政府不得不允许民间(主要是贵族、官僚、大地主与大商人)开发铜、铁、盐等自然资源,甚至允许民间势力铸造货币,由此民间商人及拥有特权的豪强大量积聚财富;(2) 由于田赋低导致国用不足,汉初不得不发展出人头税(算赋、口赋、更赋等)作为主要收入形式(人口往往集中居住,比较容易计算数字,征税时也可受到当时户籍制度的支持),这样的财政收入形式史称"轻租重赋",于是民众为缴纳人头税而需在市场上售卖粮食或其他实物方能获得货币,政府获得人头税后需要在市场上采购物资,导致商业活动畸形繁荣。

汉兴七十多年后,随着雄才大略的汉武帝掌握政权,汉帝国开始显露对外扩张的本能。在财政上就体现为军事支出大幅提升,在不长时间内将前几代的积蓄全部消耗殆尽;再加上自然灾害的频繁发生与国家赈灾支出的增长,财政上遭遇收支危机。此时,需要财政方面的改革,以扩大财政收入的来源。另外,汉武帝还需要运用财政手段抑制国内豪强势力的成长,以恢复政治秩序和社会势力的平衡,于是他发动财政改革,以扩大财政收入、抑制国内豪强势力,运用的手段就是后世学者诟病不已的"重商"政策。

汉武帝采用的"重商"政策,既体现为运用商业手段处理国家与民众的关系,即大量运用货币手段与利益原则来实现国家治理,又体现在政府大规模抑制私商、发展官商的做法上。这又有以下四个方面:第一,运用货币改革手段,集权中央,夺取豪强富商的财富,特别是在公元前113年由桑弘羊主持让中央政府彻底垄断货币发行权;第二,以算缗告缗,即征收财产税配合鼓励告密,以增加财政收入、削弱豪强富商的财力;第三,调整财政管理方式,实行盐铁官营专卖,夺取豪强富商的财富,即在公元前110年由桑弘羊大力贯彻执行盐铁专卖;第四,运用其他商业手段,比如实施均输法与平准法,其主旨是国营商业,另外还有入钱谷赎罪和卖官鬻爵等。

□ 王安石变法中的重商变异

在宋代立国之初,由于延续了五代十国以来国家生存竞争的格局以及社会经济商业

---

① 王汎森著:《天才为何成群地来》,社会科学文献出版社2019年版,第72页。

化发展的大趋势,虽然重农作为治国原则的地位并未动摇,但政府却将一定程度的"重商"当作国策。这种重商既有对商业手段的运用又有对商业活动的重视,具体表现在以下四个方面:(1)取消了许多对商人在政治、经济和社会生活上的歧视政策;(2)经济领域广泛地向私人开放;(3)社会管理也向有利于商业活动的方向发展,完全废除了定时定点的坊市交易制度,城市经济生活完全开放;(4)政府制定了系统的商税征收条例,建立起覆盖城乡各地的商税征收网络,商税和工商业收益成为重要的财政收入来源。因此,宋代来自工商业的财政收入在财政中占据比较重要的地位,数量多数时候超过来自田亩的两税。而且与汉武帝改革时重官商抑私商的政策不同,宋代商业活动的主体是私商,来自工商业的收入主要是私商广泛参与其中的暴利性资源商品的禁榷收入[①],以及向一般商品征收的商税。

在宋神宗皇帝即位前后,财政上发生严重的收支危机。如何才能解决财用危机进而实现善治?主持变法的王安石坚决反对单纯地从民众身上敛财,因为这种做法就像"阖门而与其子市,而门之外莫入焉,虽尽得子之财,犹不富也"(《与马运判书》)。他继承了管仲学派主张的商贸立国方略,赞成"民不加赋而国用饶"。于是,他提出"理财"的概念,即运用动态生财的办法,通过一种帕累托改进(在不伤害甚至增进一方效用的前提下,改进另一方的效用)的方法,以不伤害民众为前提,创造出更多的财政收入。就是说,他认为财政收入是可以大幅增长的,其基础是生产的发展,"盖因天下之力以生天下之财,取天下之财以供天下之费。自古治世,未尝以不足为天下之公患也,患在治财无其道耳"(《上仁宗皇帝言事书》),"方今之所以穷空,不独费出之无节,又失所以生财之道故也"(《与马运判书》)。他指出,"富其家者资之国,富其国者资之天下,欲富天下,则资之天地"(《与马运判书》)。显然,这是一种"动态"取财的思想。

从现代财政的眼光看,能够动态生财无非有以下四条途径,而王安石变法正好对此都有所体现。

第一条途径是发展生产、创造经济增值,正好体现在农田水利法上。王安石试图通过大力兴修农田水利、鼓励提高农业技术来发展生产,实现官、民双方的利益增加。

第二条途径是通过自愿交易行为来增加官民双方的效用,如免役法和保马法。免役法允许那些苦于差役的人出钱免役,官府则花钱雇役,免役的人效用提高,政府也因收大于支而获得增收。保马法是官府资助民间养马,以代替原来耗资巨大、效果极差的官方牧场,这样既节约政府开支又增加养马户的收入。

第三条途径是通过市场深化来获取财政收入,如青苗法和市易法。在宋代经济发展过程中,出现了对资本借贷的要求。而国家通过两税法和税商措施,征收了大量的钱粮,放在库房中并不能创造经济增值。于是,王安石通过"青苗法",将官府手中的钱粮,按低于民间高利贷的利率贷给民众,既可以帮助民众度过青黄不接的春荒,又让官府获得利息收入。"市易法"规定,设立机构向商人提供低息贷款,或者贷款给官营商号去收购商旅卖

[①] 汪圣铎将宋代针对暴利性资源商品获取的财政收入统称为"禁榷收入",即"官府将直接专卖、由专卖派生出来的官商合营分利、对某些商品在严峻法律和严密措施保证下征收高额产销税的制度混合使用"(汪圣铎著:《两宋财政史》,中华书局1995年版,第243页)。在禁榷过程中,私商广泛参与。

不出去的货物,以待机转卖,这是把官府库房中的钱粮资源转化为资本性商品。

第四条途径是通过加强财政管理来扩大财政收入,如方田均税法。方田是清丈田亩、整理土地账册,均税是落实"履亩而税"。这样既能增加财政收入,又能减少普通民众的负担。

可见,王安石重视利用商业手段来增加财政收入,而就商业活动中的主体(私商与官商)来说,至少在变法初期,王安石并不赞成以官商垄断方法来经营商业。不过,在变法过程中,由于国营商业机构天生效率低,它要产生盈利就只能依赖于垄断特权。因此,王安石采用商业经营手段来增加国家财富,到最后都变成国家垄断,如在茶、盐、酒、矿冶等领域都是如此,执行市易法的市易务也渐渐成为具有垄断地位的官方商业机构,并带来了国营商业的一切弊病,如"榷货卖冰致民卖雪不售,卖梳朴则梳朴贵,卖脂麻则脂麻贵"(《续资治通鉴长编》卷236)。

□ 晚清兴起的重商转型

明代初期,鉴于宋、元王朝的教训,帝国政府重申两税作为国家正宗财政收入的地位,从而以土地为支撑点,在全国重新建立一个简约的田赋制度。与此同时,明政府区分不同的民众群体,重建起亲身服役的差役体系。这样,明政府以田土和人丁为基础,重建了一个以获取粮食和劳役等实物性收入为主的财政体系。相形之下,来自工商业的财政收入为数极少,运用工商业获取财政收入的做法被视为横征暴敛,从而真正贯彻了重农抑商的治国原则。虽然明代中期开始赋役折银,财政运行大量运用货币化手段,但直至清代中期,来自两税(田赋)的财政收入仍占正式财政收入的75%左右,而取自工商业的财政收入只具有补充性的作用。

可是到了晚清,随着外敌入侵与内部叛乱,军费、赔款、债务利息等支出迅速增加。在巨大的支出现实面前,清政府不得不放弃原有的财政原则,努力为不断增长的支出寻找收入支持。于是,管仲学派倡导的商贸立国方略再次浮现并成为主导性原则,而且与汉武帝时期、王安石变法不同的是,此时一方面由完成工业革命的西方传来的现代工业,重要性超过了纯粹的商业,另一方面私商逐渐代替官商成为经济活动的主体和财政收入来源。

就这样,在汉武帝时期与王安石变法时表现出来的重商变异,在清末发展为现代的重商主义。这又有两个方面:一是政府经济政策转向肯定和扶持工商业发展,它体现了国家职能向现代的转变,另一方面体现为私营工商业的壮大及其逐步现代化。

就政府发展工商业政策来说,又包括机构组织设置、法律法规制定、行业政策调整等多个方面。在机构组织设置方面,与帝国时期没有专门的行政机构来管理工商业活动、不将促进工商业发展作为自己的职能相反,清政府正式设立商部后改组为农工商部,并在各地遍设商务局或农工商局,以推动工商实业的发展、沟通官商关系、联络工商从业者、调查商情、保护工商业者利益,还倡导在各省省城、各大商埠设立商人自己的组织即商务总会,以此为主体来沟通商商关系,突破传统的行会体制壁垒,以集体合作的力量参与外贸竞争。在工商业法律法规制定方面,为提供必要的市场规则与权利保障以促进工商业的发展,清廷制定了《商人通例》《公司律》《公司注册试办章程》《商标注册试办章程》《破产律》

等法律。在工商业行业政策调整方面，从清初严格地限制对外贸易，转变为鼓励对外贸易发展，如推动货品改良和出口增加、鼓励工商业者参加国际商品博览会以改进生产并扩大出口，还积极寻找对策来改进茶叶和生丝的生产以恢复传统的优势地位等。另外，清政府还积极主动地自开商埠，促进商业贸易的发展。

就民间创办工商业企业而言，除了商人天生的求利动机促动及前述政府政策许可外，还受到外国商业活动的冲击和本国洋务运动等力量的推动。1840年之后，随着五口通商，外国工业产品大量输入。于是商业与商人有了与以往不同的特征：商业交易的对象从传统农副产品、手工业产品转向机械工业制造品（即"洋货"）；商业活动也更加深入内地城市和乡村；商人中出现新式商人，他们大多由买办商人（受雇于外国洋行、为外国商人服务）转化而来，这些买办商人自立商号、创办工业企业，进而成为近代工商活动的创办者，商业地位逐渐提高。对于民间创办工商业特别有推动作用的是洋务运动中的"官督商办"政策（在政府监督下，以招商形式引进商人资本创办工业企业）。官督商办政策接续了帝国的某些传统（如王安石变法中的官民合作），又有极强的开创性，为转向重商主义奠定了如下基础：（1）在官方层面上正式肯定了私商和私人资本的地位；（2）充当了重商经济政策的试验田；（3）部分解决了创办近代工业企业的资金与物质基础问题。到20世纪头10年，由商人和士绅倡导者创办的现代工业公司大量涌现，使用机器、私人投资、私人管理已成为这些公司的普遍特征。

就是说，实践中的重商主义表现在，政府以发展工商业为政策出发点，民间以创办工商业企业为经济活动的重点。因此，自清末开始出现的是一种重商转型而不再是重商变异，是管仲商贸立国方略在现代经济条件下向重商主义的发展。

□ 小结

从中华帝国发展历史来看，管仲学派商贸立国原则总体而言始终为商鞅的重农抑商原则所压制，只是在汉武帝改革与王安石变法等短暂时期占据上风，构成某种重商变异。到了晚清乃至民国时期，商贸立国才真正成为现代的重商主义，构成重商转型。

从管仲学派的商贸立国方略发展到晚清时期的重商主义，具有以下三个时代意义。

第一，它标志着中华国家的经济基础开始从农耕国转为工商国。在农耕经济条件下，管仲的商贸立国原则不可能成为国家治理的主导原则，而只能在汉武帝改革与王安石变法时期一时占据上风。晚清政府推行重商主义经济政策，使得工商业活动在地位上不断得以提升，其重要性远远超过了农业，进而奠定了现代国家的基础，为构建起以资本法则与个人法则为主导的社会政治制度提供了可能条件。

第二，它标志着中国传统社会结构开始出现变化。在"重农抑商"原则的影响下，工商业从业者的地位绝大多数时候都比较低，处于士、农、工、商之末，居于社会结构的底层，其权利和利益谈不上受到多少保护。虽然《管子》中将商人与工匠视为与士、农平行的国之柱石，但在现实中不可能实现。晚清重商主义兴起后，原有的等级结构开始动摇，"士商平等"在观念上开始慢慢确立。工商业从业者纷纷兴实业、扩商权、通商情、开商智，引导着时代潮流，从而为社会各阶层所瞩目。虽然就整体而言，这一现代的社会力量还比较小，却是引领中国国家转型的重要力量。

第三,它标志着中国工商业经济结构内在格局的一种变化,即从官方垄断工商业向私营工商业经济发展。虽然汉武帝改革与王安石变法时期出现重商变异,但在理念上或实践中却变成官方垄断工商业经济。晚清重商主义的兴起,是在洋务运动的经验和教训基础上进行的,其中一个重要的方面就是政府发现私营工商业的效率远远高于国营工商业,为此从经济政策上对私营工商业给予大力扶持。这是真正的现代重商主义。

思考题

1. 你怎么评价管仲其人与《管子》一书?
2. 你认为侈靡之术有作用吗?后世帝国学者为什么大多反对侈靡之术?
3. 《管子》中有什么样的思想资源,可供近代重商主义学者利用?
4. 美国现任总统特朗普向多国发起贸易战,你认为他发动的贸易战跟《管子》中的贸易战有相同或不同的地方吗?
5. 古代为什么要将工商并称,且都视为末业?在今天有必要区分工业与商业并分别加以管理吗?

第二讲 | 成熟帝国中的地方财政行动者
——《清代地方政府》导读

在《管子》一书中尚处于构想或者仅显示雏形的中华帝国,到清代已达到成熟的状态,表现在多个方面。比如说,政治制度体系完整、法规严密,权力运转有效,在过去多个王朝或多或少都存在的后宫干政、宦官专权、朋党之争等问题,到清代解决得大多比较好。此外,在经济方面,随着来自美洲高产农作物的逐渐推广和西方白银在明末短期中断后再次流入,粮食产量提高,商业活跃,人口不断增加。尤其在雍正帝财政改革之后,国家的财政状况明显好转,出现经常性财政盈余。

可是,在这样的宏观结构中,帝国政治与帝国财政在微观上又呈现出一种什么样的状态呢?在宏观结构约束下,具体的人是如何行动的?中央政府的财政命令,是通过什么样的人经由什么样的途径来执行的?这样的执行过程,完成了什么样的目的,又产生了什么样的非意图的后果?人的行动又对宏观结构最终带来了什么样的影响?

本讲将借助瞿同祖先生的《清代地方政府》①一书,为大家呈现一个成熟帝国的下层结构中,州县政府官员、雇员与社会底层百姓之间的互动关系,具体而微地说明:"地方政府的实际功能是什么?如何执行并由谁来执行这些功能?谁是决策人?"(《清代地方政府》,第2页)在我们选择的这本书中,大家可以看到清代地方政府与社会之间一幅幅生动的画面,可以微观而深刻地理解帝国成熟时期政治与财政在运行机制与内在矛盾方面暴露出来的秘密。正因为在制度运行机制中存在着深刻的内在矛盾,帝国才需要也必然要向下一个类型即现代国家转型。

---

① 瞿同祖著:《清代地方政府》,范忠信、晏锋译,法律出版社2003年版。本讲凡引用《清代地方政府》一书的内容,将在引文后直接标注页码,不再一一注明版本信息。

通过阅读这本书，大家还可以体会到，考察传统的中国政治，光看纸面上的规定是不可靠的，从正式制度中得到的许多印象事实上存在着太多的谬误，需要借助其他文献来搞懂权力的真实运行状况。此书还有一点会让读者有些惊喜，那就是它看起来很厚，实际上除去注释外，正文只有约13万字，读起来相对轻松。在本讲的最后一节，我们还将结合孔飞力先生的名著《叫魂》中的相关内容，进一步地帮助大家认识成熟帝国的运行样态与内在制度缺陷。

第一节　作者与作品

在讲解文本内容之前，我们先来了解一下《清代地方政府》这本书的作者以及这部作品的相关情况。

□ 作者简介

本讲所选择的文本，作者为瞿同祖（1910—2008），字天贶（kuàng），后改为天况。瞿先生是中国现代著名的历史学家，以法律史和社会史研究而著称，其《清代地方政府》一书中，除了描述地方政府一般的运行机制外，还阐明了许多财政方面的内容。

瞿同祖先生的一生，是动荡曲折的一生，是中西交汇的一生，也是跌宕起伏的中国国家转型进程的缩影。他1910年7月12日出生于湖南长沙，由于1910年岁在庚戌，而他的祖父也生于庚戌年（1850），因此得名"同祖"。他出生之日恰好是天贶节，故一开始字天贶。瞿先生的祖父是曾任军机大臣的清末名臣瞿鸿禨（1850—1918），正是他为幼年的瞿同祖开蒙《论语》，从而为瞿同祖先生打下了中国传统精英士人的底色。而他的父亲瞿宣治，曾任职于驻瑞士和荷兰的公使馆，为瞿同祖的人生自一开始就增添了西方的色彩。辛亥革命爆发后，瞿先生全家迁居上海。他在上海念完小学，因父亲于1923年在法国马赛去世而被叔父瞿宣颖接到北京念中学。1930年因成绩优异，瞿先生被保送进燕京大学，主修社会学，接受燕京大学中外名师的熏陶（如雷洁琼、许仕廉、杨开道、洪业、钱穆、萧公权、张东荪等，以及美国芝加哥大学社会学教授派克等）。瞿先生与费孝通、林耀华、黄迪等人，均受吴文藻先生直接指导，在当时合称为"吴门四犬"。1934年，瞿先生大学毕业之后，入燕京大学研究院攻读社会史学位，在吴文藻与杨开道两位先生的指导下，于1936年获得文学硕士学位。他的学位论文《中国封建社会》在1937年由商务印书馆出版，很快成为中国社会史研究领域的重要参考书，并有日文版出版。

1938年，瞿先生不愿意屈服于日伪政权，只身南下，到重庆任国民政府贸易委员会调查处处员。在1939年夏，应吴文藻和费孝通之邀任教于云南大学，分别开设"中国经济史""中国社会史""中国法制史"三门课程。1944年起，他还在西南联合大学社会系兼课，讲授"中国社会史"。在此期间，他写出了《中国法律与中国社会》一书。该书的中文版于1947年由商务印书馆出版，1961年英文版以《传统中国的法律与社会》为名在巴黎出版。

此书从法律和社会的角度研究中国历史,被誉为该领域开创性的著作,获得国际性的声誉,也成为研究中国法律和中国社会的必读参考书。

1945年春,应美国史学家魏特夫之邀,瞿先生携全家赴美任哥伦比亚大学任中国历史研究室研究员,从事汉史研究。在此期间,他完成《汉代社会结构》的初稿(英文版由华盛顿大学出版社1972年出版),还选修了社会学系与人类学系几位著名教授的多门课程。1955年,因好友、著名史学家杨联陞(shēng)的推荐,入哈佛大学东亚研究中心任研究员,并在哈佛法学院主讲"中国法律"课程。在此期间,他完成了《清代地方政府》一书(哈佛大学出版社1962年出版)。在1962年,为了能够顺利回中国,在中美仍处于敌对的状态下,瞿先生应邀前往加拿大任教于不列颠哥伦比亚大学亚洲系,开设中国通史和古汉语课程。

由于妻子赵曾玖(亦毕业于燕京大学国文系)已于1949年冬携子女离美回国,为了家庭团聚,瞿先生于1965年9月辞职回国。可此时中国已爆发了"文化大革命",瞿先生在北京处于无业状态等候了一年,次年被遣回原籍长沙。1971年起,他被安排在湖南文史馆工作。妻子赵曾玖女士在1971年从贵州省科委退休,分散二十多年的家庭终于团聚。接下来夫妻二人合译了《艾登回忆录》,1976年由商务印书馆出版。惜乎1976年他的妻子就病故,自1949年夫妻二人分开后在一起团聚仅5年时间。瞿先生不得不到北京女儿家小住,同时被借调到中国社会科学院近代史研究所,编译《史迪威资料》(中华书局1978年出版)。1978年春,瞿先生被正式调入中国社科院近代史所,任二级研究员,并于1985年起享受终身不退休专家待遇。其间他虽有写作计划,但身体状况不允许他完成计划。

晚年,曾有访者问及瞿先生如何看待回国后的这一段时间,瞿先生回以"虚度岁月"四字[①]。一问一答间,令人神伤不已。2008年10月3日,瞿同祖先生在北京逝世,享年98岁。

☐ 作品简介

《清代地方政府》一书是瞿同祖先生任哈佛大学东亚研究中心研究员期间,作为工作任务而完成的专著。哈佛大学出版社在该书出版按语中评价:"这是第一本系统、深入研究清代地方政府的专著。此前从未有过类似的著作,不论是中文、日文还是西文的。"(代译序第20页)该书出版后,得到西方汉学界的广泛认可,被认为大大推进了对中国传统政府和行政的研究,"是一本极为重要的著作","是"关于中国最基层政府的有价值和可靠的研究","值得每一个研究传统中国与现代中国的学生细读的杰出著作"[②]。

这本书的独特之处在于,它用社会学的方法研究中国清代地方政府的实际构成及其实际运作模式。在研究过程中,瞿先生将凡参与治理过程者都包括在广义的"政府"范围之内。就是说,他不仅研究了正式的地方州县政府与中央正式任命的州县长官,还研究了非正式的权力群体(附属于州县官的书吏、衙役、长随、幕友等人群,以及地方的绅士),并

---

① 《为学贵在勤奋与一丝不苟——瞿同祖先生访谈录》,http://www.ideobook.com/593/qu-tongzu-interview-by-zhao-lidong/。

② 同上。

探讨在这些机构与人员纵横交错的关系中,地方政府是如何完成司法、征税和其他行政职能的。

《清代地方政府》一书的中文版,由范忠信、晏锋翻译,法律出版社2003年出版。在"代译序"中,主译者范忠信着重指出这本书有两个特点或者说贡献:(1)集中于描述政治或政府体制中的个人及其行为,提供了对政治制度传统的完整性认识;(2)独到而全面地阐释了非正式的、私人的因素(即个人对正式制度的抵制或限制,或者改造、创新等)在地方政府和政治过程中的作用与影响,而过去的研究只注意制度的、正式性、官方性因素。在范忠信看来,过去研究中国古代政治制度的作品,要么生硬地运用现代政治学概念去切割现实,要么习惯于依赖官方制度与成文法材料,要么片面地引用负面的私人记述,所有这些都不能达到对中国政治制度和政府部门运行的准确认识。而《清代地方政府》一书纠正了这些弊端,"活生生地再现在中国古代政治过程中实际形成和运作的政治制度或惯例的典型范例",并且"系统、深入研究清代地方政府模式",研究了"在一个相当漫长的时间里形成的一以贯之的政治机器构成和运作的传统"(代译序第5—6页)。

在结构上,《清代地方政府》全书除了简短的引言外,共分为十章,大致有四个部分。第一部分(第一章"州县政府")介绍了作为最小行政单元的州县政府,在清代政府体系中的位置以及组织方式,特别强调州县政府作为唯一"亲民"的政府层级的特点。接下来第二部分(第二章至第六章)详细描述在地方政府结构中活动的五类人员(州县官,以及书吏、衙役、长随、师爷四类辅助人员),交代他们的职责、录用、待遇与升迁机会、贪污腐败形式、监督和约束模式等。再接下来第三部分(第七章至第九章)探讨州县政府行使的司法、征税和其他行政(如户口登记、治安、邮政、公共工程、公共福利、教育教化、祭祀等)等职能,以及履行职能的方式。最后的第四部分(第十章),研究身处政府机构之外却又影响地方行政的士绅阶层,分析他们非正式权力的来源与行使方式,探讨他们与官方既合作又冲突的关系。由此可见,这本书的主要内容一方面是探讨地方政府结构中的人与行为,另一方面是探讨政府职能的发挥与异化过程。在行文中,最令当代读者注目的是,承担一人之治的州县官("一人政府"),因不谙吏治、职责繁重而不得不依赖"私"人(幕友、长随、书吏、衙役等)执行各项"公"务。

之所以选择《清代地方政府》一书作为本讲的文本,是想从微观角度来清晰地描述清代地方政府是如何运转的,州县官是如何施政的。在书中为我们展现微观行为的,是极为丰富的史料。让我们尤为称赞的是,正文仅13万字(汉译字数),可注释引用的史料或著作达到460多种,注释多达1 685条之多,注释文字达15.2万多字,超过了正文。该书除了大量引用正式官方文献材料(如成文法律法令、官修政书如《大清会典》,各类全书)外,还广泛征引了私人著述、个人笔记、传记、地方志、官方档案、函牍散文、杂记等。按照瞿同祖先生的说法,其中价值更大的资料"来自州县官本人或他们的幕友、长随们撰写的手册和指导书(手本)。这些材料,旨在为后继者的工作实务提供指导,包括作者根据自己在衙门任职经验提出的忠告"(第4页)。

第二节　地方政府的结构与行动者

帝国的治理,显然离不开静态的制度规定与书面的权力配置,但在实践中动态运行的,并不完全是遵照制度与书面规定的行为,而是受一系列正式制度与非正式制度结构约束的人的行动。于是,以下的问题就自然产生:在一定的结构约束下,行动者拥有的资源与能力,与正式制度规定是否有差异?为什么会产生差异?这样的差异又如何进一步地影响结构重塑和下一步的行动?正式的制度又通过什么样的微观机制影响现实的行动?什么样的制度重要或有效,什么样的制度不重要或者无效,行动者的行为最终又怎么改变了约束自己的制度?

通过阅读瞿同祖先生的《清代地方政府》一书,有助于我们思考上述一系列关于制度结构与人的行动的问题。

州县政府的制度规定与职能设计

中华帝国很早就建构出以君主为中心的家国一体的制度结构。君主作为国家共同体的虚拟大家长,有权支配一切土地和资源,但也因此承担起对所有人的大家长责任。正如瞿同祖先生强调的,中国的政府哲学是"它宣告所有与民生福利相关的有组织的活动都是政府应关心和操办的。因此,所有的共同性活动要么是官方化的,要么是直接由政府督办的"(第248页)。这样的大家长责任,最终必然要落实到直接与民众接触的州县政府身上,体现在州县政府的制度规定与职能设计上。

(一) 州县政府的制度规定

《清代地方政府》书名中所说的地方政府,特指清王朝时期直接治理民众的州县政府,它们"是实际执行政令,直接管理百姓的地方政府层级"(第1页)。

清代的"县",在制度上诞生于盛行分封制的春秋中后期,那时有一些国家(最早是晋国)在新占领地区推行由国君直接管理的县、郡管理体制。"郡"一开始设在边境,区域虽大但人口稀少,地位比县还低。后来到战国时期,随着边郡的繁荣,中央开始在郡之下分设县,从此郡在建制地位上高于县,逐渐形成郡、县两级地方组织。郡县制与原来的分封制最大的不同是,郡、县长官"当则可,不当则废",可由国君随意任免,而且地方政府严格服从中央政府。在秦统一天下后,"县"治理的区域与基本职能保持了两千多年的稳定。

"州"在帝国行政区划制度中,含义变化比较大。在先秦时期就有禹分天下为九州的说法,到汉武帝时期将全国分为13个监察区,名为"州",在郡之上。到了东汉,州由监察区变为行政区,成为郡以上的一级行政区划。在东汉之后,州的辖区面积不断缩小。到隋代,中央政府之下只设郡、县,取消了州。可到唐代又改郡为州,后来在州之上又设节度使。宋代废节度使的设置,州直属中央,后来中央又设置"路"来管理州。到元代时,州有的属于路,有的则属于行省。明代在省之下设"府",并将部分州改为"府",但在许多地方仍保留"州"制。这样,有一些州在省之下,地位相当于"府",被称为"直隶州",而有些州则在府之下,相当于县,被称为散州或属州。清承明制,州的含义与明相同。因此,瞿同祖先生在这本书中考察的"州",是与县平行的散州,它与县事实上是所有政府层级中唯一亲民的政府层级,"了解它们如何运作,也就能了解,在中华帝国,普通百姓如何被政府统治"(第1页)。

州与县的设置,自然是由帝国中央政府用正式的法律法令统一进行的,其运行都必须遵守中央政府颁布的行政规章。其他各级地方政府,同样都是如此。州县政府的组织原则、机构设置,由《大清会典》等法律规定,官员也由中央政府的吏部按确定的规则和程序统一任命。省级长官可以就下属政府官员的晋升、降级、免职等提出建议,但这样的建议并非政治决定。正因如此,瞿同祖先生说,"清代地方政府的主要特征,由其中央集权制度所决定,具有一致性"(第5页)。这样的正式法律法令构成了制约州县官吏及辖区内民众行为的主要结构,不过,瞿同祖先生一再强调,在现实中这些成文法律法令并不总是被遵守,遵守的规范也未必是成文的或正式的,"文字上的法与现实中的法经常是有差距的"(第2页)。瞿先生此本著作的最大贡献,就在于"力图超越法律及行政典章来勾画实际运作中的地方政府之轮廓"(第2页)。

瞿同祖先生研究的清代州县政府,从数量上看大约有100多个州、1 200~1 300个县。这些州县大约方圆100里至几百里,包括一个州县治所(有围墙的城)、几十个甚至上百个村庄,还有一些市镇,管辖着从几万户到几十万户不等的人口。清代在州县以下,没有正式的政府层级与组织,但存在着一些经政府认可承担地方事务的非正式层级或组织,其头领被称为"乡长""镇长""村长""庄头"等。另外还有一些半正式的负有专门职能的组织,如里甲(负责赋役)、保甲(负责治安)等。瞿同祖先生强调,"在由官府设立的各类乡村单元(位)中执行特定行政职能的首领,仅仅是官府的代理人,由州县官任命,受州县官控制。不能把他们当成村民的乡间领袖。自治在城乡都是不存在的"(第11页)。

清代州县政府的组织设置,大致如下。州县长官为知州(从五品)和知县(七品,首府知县为六品),他们都是"正印官"(掌握印信),或称"正堂"(官衙正堂主持者)。知州下属的助理官有"州同"(副知州,从六品),"州判"(分州,从七品),另外有品级的官员还有书吏首领官(如从九品的典狱官)、杂职官(从九品甚至不入流,担任具体事务如治安、河道、税收、粮仓等)。知县下属的助理官有:"县丞"(八品,副知县);"主簿"(九品,第二副知县);书吏首领官与杂职官。另外,每个州县还有两个负责教育的官员,即教学指导官("学正"或"教谕")、教学指导助理官("训导")。除了负责监督指导州县学校的学生外,他们偶尔还会被要求承担一些教育之外的职责,如负责开拆纳税人缴纳的银两封包等。

不过,瞿同祖先生告诉我们,许多州县没有设置佐贰官,或者仅设一种佐贰官(如州仅设州同或仅设州判,县仅设县丞或仅设主簿)(第23页);即使设置,他们的地位也十分卑微,除了地位低下的杂职官任务比较明确外,其他一切僚属只扮演着无关紧要的角色,大多仅有一些琐碎的、有时甚至是不确定的职责,也因此常被称为"闲曹"或"冗官"。州县权力完全集中于知州或知县一人手中,州县政府成为他们的"一人政府",百事躬亲而不堪重负,很少得到或者根本得不到僚属的辅佐(第27页)。

(二) 职能

设置州县级政府,是要它们发挥什么样的制度上的职能呢?瞿同祖先生提醒我们,

"在讨论地方政府的职能时,必须将它们由行政法典及政府命令规定的职能与它们实际执行的功能区别开来"(第2页)。他将州县政府执行的职能区分为司法、征税与其他行政三大类。不过,从国家的起源目的来说,司法职能与其他行政职能更大程度上是原生的,而征税职能则是派生的,征税服务于其他职能的需要。用雍正的话说就是"上自郊庙、社稷祭祀大典,下至百官之俸、吏役之需,外而兵丁之粮饷,河防之修筑,何事不取资于国帑?""经画不周,以致国用不敷,必反致于重累百姓。此失算之甚者!"①

接下来运用《清代地方政府》中的材料并略加补充,来探讨一下正式制度上州县政府承担的基本职能,至于派生的征税职能则放在第三节结合征税问题进行专门的讨论。

1. 军事与司法及治安职能

对外的军事职能与对内的司法与治安职能,是国家必须承担的最为原始的两大职能。

军事职能的承担者主要是中央政府,州县政府仅承担一些辅助性的或者只是与军事职能间接相关的职责,如管理民壮、监督团练、供应驿站(驿站为传递军情、公文等官差服务,也为过路公务人员提供食宿)等。在制度上民壮应由州县官管理,并应经常召集进行军事训练,以充当正规军士兵的补充,或者作为地方守御城池的后备力量。在极端情况下,比如发生叛乱或外寇入侵时,州县政府长官必须依靠民壮承担起守卫城池的重责。不过,瞿同祖告诉我们,在现实中民壮经常为州县政府提供力役服务,被差派去守卫粮仓、金库、监狱,护送官银或罪囚,有时还被派出去执行衙役负责的一些事务,如催征赋税、执行民事传唤、给地方官员充当护卒等(第102页)。团练一般由乡绅组织并领导,但制度上要求州县政府承担起监督责任,用于地方防卫和剿匪等事务,在清末甚至承担了重要的军事职能。驿站以及与驿站同在的"铺"(驻扎有铺兵),与军事职能相关,它们一般设于交通要冲,为传递军事情报和日常公文的信差提供服务,并为朝廷使臣、过路高官等提供马匹和食宿服务。大多数驿站由州县官直接管理,也有些地方由专门的驿臣管理,但州县官负责监督并提供办公经费。

司法与治安是州县衙门最重要的原始职能。就司法而言,州县衙门是基层法庭,只有在州县拒绝受理控诉,或其判决被认为不公正之时,当事人才可以申诉于上级衙门(第192页)。在州县,司法职能的承担者是州县官,他不仅要主持庭审和做出判决,还主持勘查、询问及缉捕罪犯。瞿同祖先生说,从现代眼光来看,"他的职责包括法官、检察官、警长、验尸官的职责"(第193页)。不过,在判决时州县官的权力并不大,仅就民事案件及处刑不超过笞杖或枷号的轻微刑事案件做出判决。如果需要判处徒刑,州县官必须将案件呈报上一级长官,州县官的判决建议服从上级的意见;而充军案件、流刑案件或人命案仅判处徒刑的案件,都将由省级政府的提刑按察使重新审判,然后由巡抚或总督分别呈报中央政府的刑部。就治安来说,州县政府在制度上利用保甲制将权力渗透到民众中去,就是说州县官首先需要将辖区内的民户组织成牌(10户)、甲(100户)和保(1 000名)等基本治安单位,并指定牌头、甲长、保正或保长(第250页),还要求在每家每户门口建立门牌(所有成员的姓名和年状皆列其上)。这样的保甲制,目的是用邻里乡亲的耳目相互监视,以

---

① 叶振鹏主编:《中国历代财政改革研究》,中国财政经济出版社1999年版,第546—547页。

防范陌生人、缉查违法者(特别是缉查强盗、土匪),有些州县官还借保甲推进道德教化。不过,瞿同祖先生告诉我们,保甲制度总的来讲是无效的,除了皇帝和地方官员发布了一大堆强调保甲制的命令之外,保甲制很少实行;而在实行了保甲制的那些少得可怜的场合,也没有产生什么实效(第254—255页)。

2. 其他行政职能

除了军事与司法及治安职能外,为民众提供公共服务也是国家必须承担的原始职能。《清代地方政府》一书的第九章,列举了州县政府承担的职责有公共工程、公共福利、教育和教化、祭祀等,大致相当于今天我们归入公共服务的那些职能。事实上,相对世界其他帝国,一直以来中华帝国提供的公共服务更全面、更深入。正如瞿同祖强调的,中国政府的哲学是,"它宣告所有与民生福利相关的有组织的活动都是政府应关心和操办的"(第248页)。只不过,用制度设计的要求及现代国家的标准来衡量,清代现实中的政府对公共服务职责的担当还差得很远。

瞿同祖先生为我们叙述了州县官员在承担公共工程(建设支流、水库和仅仅供当地农业灌溉用的堤坝等水利工程;确保交通干道和重要桥梁的状态良好等)职责时,由于政府不为这些工程拨付经费,州县官不得不用别的方法寻找经费,比如招募当地的居民提供劳力,或根据各户田产面积按比例劝捐等。州县官在制度上要提供的公共福利主要有:

(1) 常平仓的建设与维持,以便在春天粮食青黄不接、价格上涨时平价出售给本地百姓,到秋季再用春季售粮回收的资金重新低价买粮补充,在饥荒时借粮给贫穷的农民等;

(2) 在灾荒发生时,州县官要勘察灾情,请求减免赋役并赈济饥荒;

(3) 维持济贫机构和育婴堂,为孤寡老人、残疾人和穷人提供住宿、衣食供应和医疗救助,收养孤儿和弃婴;

(4) 设立"社学"和"义学",为负担不起学费的儿童或成人提供受教育机会,并通过"乡约"(聚集民众讲读"圣谕")或举行乡饮酒礼仪,对百姓进行教化;

(5) 主持祭祀、沟通人神关系,以维持心灵秩序,比如向城隍爷、衙门的门神以及土地神等献祭,还要祭拜孔庙和其他列入"常祀"表上的神明的庙宇等。

瞿先生告诉我们,除了上述职责外,在制度上州县官还要负责许多别的事务,比如劝督百姓勤于农桑、鼓励百姓疏浚河道、向上司报告地方雨雪情况及负责辖区防火工作等(第279页)。不过,瞿同祖先生一再说到,上述制度上的职责,由于经费缺乏,在现实中执行效果都不佳。比如说:常平仓的存量常常处于短缺状态,粮仓又设在县城,让偏远乡民享受不到好处;救济机构资金极为有限,各种政策的实际执行人(书吏和衙役)经常勒索民众钱财;祭祀、教化等徒具礼仪意义,对实践影响很小。当然,如果州县官既负责又能干,当地乡绅又能配合捐钱捐物,这些公共服务也能够发挥一些作用。这就引出下文将分析的州县政府结构中人的行动问题。

☐ 州县制度空间内的行动者及其行为

正式的或者说在法律法令上规定的州县政府与职能要求,构成的只是具有一定约束作用的空间,而在此空间中的人具体如何行动,要取决于多种因素。瞿同祖先生这本名著之所以至今闪光,正是因为他特别仔细地描述了州县政府中各类人的行为。

(一) 州县政府中的决策者(州县官、幕友)及其行为

如前所述,州县官在官僚体系中品秩虽然不高,但在地方行政中却扮演着极其重要的角色,他们是真正的行"政"之官、亲民之官,是负责实际行政事务的官员。前文说到的军事职能、司法与治安职能、公共福利职能等,州县官都必须担负全责。不能为此负责,就会被黜革或惩罚。下文将述及的国家的派生职能征税,也是州县官的职责,甚至在接受上级考核("考成")时,是否完成国家的征税任务是考核合格的主要依据。他们的上司,如知府、道台、刑按使、巡抚、总督等,总体而言只是监督官。掌管全部地方行政的州县官们,构成瞿同祖先生所说的"一人政府"。换言之,州县政府的决策权力,完全集中于知州或知县一人手中,制度上规定的所有职责都要由州县官承担,州县级政府所配备的僚属官员很少有真正的权力或者根本不可能分担职责。

瞿先生为我们栩栩如生地描述了一名知县官每天、每月甚至每年大致的工作流程与时间安排。比如,每天清晨在云板与梆的敲击下,打开衙门大门,州县官主持"早堂"(接受公文材料、听取汇报、做出部署),衙门职员开始办公;下午大多用于处理诉讼("午堂"),并在云板与梆的提醒下结束工作、关闭大门;有时晚上还需加班,开"晚堂"处理下午的诉讼事务。在每个月大致固定的时间,州县官需要接受百姓的诉状,追究赋税征收过程中的责任,祭拜孔庙和城隍庙。在每年的固定时间,比如农忙季节停止受理民事案件,春节期间不处理公事("封印")。这些都是制度的规定,瞿先生提醒我们,也有许多懒惰的州县官并不遵守制度,经常不开早堂。此外,迎送钦差或上司等事情,也会打乱州县官工作的日常节奏。

瞿先生还为我们详细描述了州县官的任职资格、薪酬状况、人事与考核等内容。在任职资格方面,出任州县官既有正途也有异途。正途除了我们熟悉的科举成功者(乡试、会试合格成为举人、进士),还有贡生(被选送入国子监的资深秀才)和荫生(因父祖而获恩荫进入国子监者)。异途主要是因捐纳而获得贡生与监生头衔者。王亚南先生曾深刻地指出异途任官对于君主的意义,即对君主来说,如果走上仕途全凭考试,做官的人就不会对君主"竭智尽心,以邀恩宠"[①]。薪酬方面,瞿先生一再指出,州县官的薪酬是严重不足的,这不仅仅源于他们的正式薪酬少(州县官正式年薪大致为45~80两白银,在雍正帝火耗归公改革后还有500~2 000两不等的养廉银),而且还因为他们有如下沉重的负担:给幕友、长随支付报酬,完成上级政府要求的指令性捐献,招待上司或上级差官,给上司衙门的职员送规费,甚至要用自己的收入来支付办公费用等。这些收支的情况,本讲将在第三节进一步说明。瞿先生还为我们解释了什么样的州县官才会获得晋升,什么样的会被降级甚至免职,以及他们的直接上司(知府、直隶厅州同知或分巡道)如何进行考核等。大体上,所有其他的评价标准都有弹性,唯一没有弹性且极为重要的标准就是收税的情况,不能照额征足赋税的州县官没有资格获得晋升或嘉奖。

虽说州县政府是一人政府,但州县官不可能真正一个人运行全部的政务。尤其在明清时期,科举只重视八股文,这样科举入仕的州县官并不通实务(他们的僚属官员也不通

---

① 王亚南著:《中国官僚政治研究》,中国社会科学出版社1981年版,第110页。

实务)。那这样的政府是如何运转起来的呢？瞿先生告诉我们，关键在于州县官的主要顾问即幕友或称"师爷"在决策过程中协助发挥作用(第2页)。幕友的存在并没有法律上的地位，虽然法律要求州县官将幕友的姓名和履历上报吏部。他们的身份介乎学者和官僚之间，精通政府管理的技术知识和专门技巧，为州县官行使决策权力提供参考意见，甚至可以说"地方行政实际上控制在幕友的手中"(第159页)。这是一个很重要的判断，也是对州县政府真实运行状况的揭示。瞿同祖先生告诉我们，州县官聘用的幕友人数视乎行政事务繁重程度而定，一般至少需要2~3人，事务多的州县需要十多人。幕友的岗位或者说职责至少有以下几方面：刑名，协理司法；钱谷，协管税赋；征比，具体办理赋税征收；挂号，负责登记；书启或书禀，负责通信；硃墨或红黑笔，掌管红黑两种毛笔誊录(用黑笔抄录谕令及由刑名或钱谷草拟的文书，用红笔写官府告示、票状和其他文书上的关键字，以及在该文书的重点位置上做红色标记)；账房，管理簿记。另外，在州县政府现实运行过程中，幕友还接受州县官委派，监督州县政府中的其他行动者，即书吏、衙役和长随等。总的来说，幕友组成一个智囊团或者说参谋顾问团，为法律、财经和其他行政事务提供技术性咨询，帮助州县官操作政府机器、做出各项决策。虽然不少有能力的州县官坚持由自己做出最终决断，但幕友不可缺少。

瞿同祖先生也为我们详细描述了幕友的地位、招募、服务期限、经济待遇和监督控制等情况。大体上，幕友是接受过经典与文学教育及专门培训的学者，绝大部分都有秀才功名，自身地位比较高，并因职业技能和通常有的诚实品德而受到州县官的尊重。出任州县官的幕友，往往都由官员的亲属、朋友或同僚推荐；州县官基于一个没有期限条款的私人契约而聘用他们，可以因不满意幕友的工作而随时解约。瞿先生一再强调，幕友承担的是公务，但报酬却由州县官私人支付。这一报酬水平很高(年收入在1750年代为200两以上白银，在19世纪高达2 000两)，甚至经常超过了州县官的正式薪酬。因此，"幕友是州县官衙门中唯一得到足以养家糊口薪酬的助手群体，也是唯一不能分享陋规收入的群体。陋规是衙门其他雇员的主要收入来源"(第187页)。虽然幕友在州县政府运行中地位极为重要，实质上分享了决策权，但他们并不为司法过程中的错判或者恶政承担责任，也不受约束衙门其他职员的纪律的约束。事实上，能够约束幕友的只有州县官的解雇行为和他在官场中作为助手的名誉。

可见，幕友有官之实而无官之名。那么，幕友能不能不经科举而直接当官呢？瞿同祖先生颇为遗憾地指出："由于荐任幕友为官的方案没有实施，又使幕友出仕无门，清政府就失去了从有经验的行政专家中选拔官员的机会。因此，在整个清代，行政专家和官员们一直分属两个不同的群体，没有融合的可能。"(第190页)

(二) 州县政府中的执行者(书吏、衙役)及其行为

如果说在州县政府中，做出决策的是州县官与幕友，那么执行这些决策并运转整个州县政府的主要是书吏和衙役。此二者都属于制度性的存在，法律规定了州县官在当地可以招募并使用的书吏与衙役的人数，但这样的法律限制从未发挥过作用。尤其由于州县政府经费不足，书吏和衙役在通过陋规获取个人好处的同时，还承担了从民众那里获取非正式经费上缴给州县官以运行州县政府的任务，这一点将在第三节再具体探讨。

书吏一般是具有一定文化的当地人,常年任职于州县政府。虽然法律上只允许他们服务五年,但他们常以改名换姓的手段保留职位。因久据其职、久操其事,他们往往老于世故。州县官之所以需要雇佣书吏,一方面是因为要与当地人打交道却又不熟悉当地在税收、徭役、诉讼等方面的具体情况,需要书吏的经验;另一方面是因为正式制度所要求的公文极为烦琐,书吏可以处理琐碎的细节性文书。一般来说,正式制度规定的书吏名额极为有限(一般只有几个,最多到30个),但事实上这一规定从未严格执行过。因巨量公文案牍所需,大县有1 000名书吏,中县有700~800名书吏,小县也有100~200名书吏(第71页)。另外还有一些富户挂名书吏,以取得公职身份的保护。

州县官雇佣书吏,主要承担草拟公牍、填制例行报表、拟制备忘录、填发传票、填制赋税册籍、整理档案等职能。比如,除了正常向上级政府提交的文书报告即所谓的"禀项"以外,每年州县衙门有一百种以上的报告和保结书("册结")必须拟制,且每一份呈交上司的报告必须同时制作六七个副本。处理这些文书事务的书吏,一般被编为六房,对应于中央政府的吏、户、礼、兵、刑、工六部,分别处理相应事务的公文。以我们课程特别关注的户房为例,在户房工作的书吏负责处理收税及所有跟钱库粮仓相关的事务,并保管关于税收的档案,这些档案记载着各类赋税数额、已收数额、输送布政司及其他官府的数额、存于钱库中的现金数额、储于仓库中的粮食数额等。该房还保存征税代理人("里长")、负责征税的书吏("柜书")的名籍档案及纳税人("税户")名册。通常户房还专委一名书吏负责赋税征收("钱粮经承"),在制度上通常只许户房书吏中家财殷实者担任这一职位,且任期不超过一年(不过现实中某个书吏久居此职多年也不为奇)。

除六房之外,州县衙门里可能还有一些负责特别事务的办公室或书吏:(1)收发室("承发房");(2)通信室("柬房");(3)财务室("库房"),即储存税钱、官物、盗赃及凶杀案中使用的凶器等;(4)仓储室("仓房");(5)负责准备"征比册"的办公室或书吏("总房"或"总书");(6)负责给每一"里"绘制地籍图及赋税册的书吏("里书");(7)管理(存储税银的)金库的书吏("柜书");(8)供证室书吏("招房"或"招书");(9)邮政服务书吏("驿书")等。此外,书吏之下可能还会有助手(称为"帖写"),帮助常年书吏抄写文件。

瞿同祖先生为我们详细介绍了书吏的招募、人事管理、报酬与监督等情况。大体说来,虽然制度上对录用书吏规定甚严,比如要求所有书吏都必须来自良善人家(必须从村坊邻居那里获得关于身家清白的联名具保书),要求具备读写能力和计算知识,再由地方官决定是否进行考试以便录取。与此同时,制度上还规定,任期满5年的书吏有资格进入官场,而能否进入则由总督或巡抚主持的考试决定。不过,以上规定并未得到严格的执行,在衙门里服务的大多数书吏来自没有资财的人家,任书吏的真实目的是为了获得经济报酬而非之后通过考试进入官场。可是,在实践中书吏的职位并没有薪水(在清初法律上有饭食银,后来取消),因此他们的收入主要来自各种陋规("例费")。陋规费的形式与获取途径,我们将在第三节再讲。大体上,陋规仍属有一定之规,书吏为了获取更多的收入,可能还会从事各种各样的非法活动,这些活动与得到认可的陋规不同,可以称为"贪赃"(第85页)。在法律上,监督书吏的责任属于州县官(及其上司如分巡道和刑按使),但瞿先生告诉我们,监督书吏并非易事。对于书吏获取陋规收入,州县官们实际上乐见其成,因为自己的收入也来源于此。真正值得关心的是,州县官应该防止书吏贪赃或者说贪渎。不过,在这方面的成效并不佳。各级政府官员在控制书吏问题上都无能,"接触文档及熟悉公务使书吏们有能力操纵衙门事务"(第94页)。在现实中,州县官只能依靠自己的私人仆从——"长随"来对书吏实施有限的监控。

衙役(即衙门差役)在法律上大多属于贱业,由州县官从当地人群中雇佣。与书吏一样,衙役的服役期有制度限制(一般为3年),但现实中衙役服务期满后总是竭力留任。与书吏相同,衙役也是州县官决策的执行者,他们要为州县政府运行提供以下服务:(1)信差,即把州县官的命令和常规法律法令的要求传达给乡村百姓;(2)门卫,即看守衙门、谷仓、金库和监狱等地方;(3)警员,传唤相关人员、拘捕犯罪嫌疑人,并履行其他经常性警察职能;(4)有组织的执行力量,根据州县官的命令,推行法律和政令,充当法医("仵作"),征收赋税和漕粮,征调民夫从事修筑城墙、开铺道路、兴修水利等事务;(5)提供其他服务,如收粮掌斗、抬轿、撑伞、打锣、吹号击鼓、巡夜、炊事、马夫等。为此,衙役通常被编为如下四班,每一班都有一个"头役"作领班:皂班(穿黑衣的差役)、快班(快手,又分马快和步快)、民壮(健壮百姓做民兵)和捕班(刑警,又称"捕役"或"捕快")。还有其他衙役,则编在这四班之外。并非所有的衙役都属于贱业,大体上,民壮、库丁、斗级、铺兵,具有普通百姓的地位身份;但皂隶、马快、步快、捕役、仵作、禁卒、门子、弓兵等,法律上将其列为"贱民",被禁止参加科举考试及进入官场。在所有衙役中,捕役的地位最低(第104页)。

衙役的存在,显然是因为各州县公务所需。因此,各省在《赋役全书》中都明确规定了州县衙门可雇佣的衙役名额。不过,在额定人数之外事实上还有大量未列入政府档案的"白役"或"帮役"。瞿同祖先生告诉我们,一名常年衙役手下通常有3~4名白役,一个县衙的常年衙役和额外衙役合在一起人数常常达到数百。在浙江仁和县和钱塘县,衙役总数达1500~1600人(第100页)。与书吏相似,衙役中也存在挂名的情况,他们被列在官府名单中但不实际服役,目的是借衙役公职身份来逃避徭役、保护身家财产。虽然衙役执行公务,也由制度所设立,但他们的薪酬非常低。在大多数地区,衙役的年薪大约为6两银子,哪怕是最有技术含量的仵作也是如此。有些衙役如锣鼓手,甚至低至年薪1两银子。制度外存在的那些白役,基本上没有固定薪水。如此低的薪酬,充任衙役的大多又出于贫穷家庭,可想而知,吸引他们从事这一职业的唯一动力来自利用职权捞取陋规收入,甚至在陋规之外想尽办法贪赃和勒索。

瞿同祖先生也为我们详细描述了衙役招募、经济待遇、人事管理等状况。大体说来,与书吏相似的是,制度规定的许多条款在现实中并未得到执行。州县官依赖衙役执行公务、获取非正式收入,而衙役之所以从事这一职业,几乎都是因为可以利用职权来获得陋规费或滥用权势来贪赃钱款。因此,跟书吏一样,"衙役们一般被视为狡诈不忠、利欲熏心之徒"(第120页)。对于成百上千的衙役,州县官不可能仅靠自己来监督,只能靠接下来说的长随来实行有限的监督与控制。

(三)州县官的私人仆役(长随)及其行为

长随属于州县官家庭内的私人仆从,他们的地位与作用比较特殊。一方面,长随与师爷有些相似,属于州县官私人从外地雇募带到任职当地,在当地没有私人利益与私人交情,随州县官而进退,并因与州县官的这种共同利害关系而更受州县官的信任;另一方面,长随又与书吏、衙役相似,社会地位比较低贱,却又执行了大量的公务、担负着行政的职责,并分享书吏与衙役获得的陋规费甚至贪赃收入。大体上,可以将其界定为,"长随非在官之人,而所司皆在官之事"(第141页)。

瞿同祖先生告诉我们,州县政府中之所以需要长随,是要完成以下三个任务:协助州县官处理日常公务以减轻其负担;协调衙门内不同部门之间(书吏与衙役,幕友与书吏,幕友、书吏、衙役与州县官)的活动;监督政府的各类雇员(主要是书吏和衙役)(第142页)等。细分下来,长随的职能有以下几种:(1)与人员控制相关的,如监视人员进出衙门的门丁,充当州县官与书吏、衙役间的中介等;(2)与公文传达相关的职能,如接收传来的公文,在公文处理程序中负责监督、汇总等;(3)与州县官审判相关的职能,如监督审判的准备工作,参加审讯,处理与审理相关细务等;(4)与监狱相关的职能,如监管在押人犯并监督书吏、狱卒的行为等;(5)与征税相关的职能,如督察书吏是否将税收资料表册准备齐全,催收赋税,监督书吏和衙役的营私舞弊行为,解送税款,监督漕粮的征收和上缴等;(6)与官仓有关的职能,如司仓要确保仓门锁牢并用官方封条封号等;(7)与驿站有关的职能,如监督官方例行函件递送,监督马夫,并接待客人和信使等;(8)杂项职能,如随从州县官,掌管衙役薪水,常驻省城("坐省家人")或府城("坐府家人")做联络员等(第129—139页)。显然,离开这些长随,州县官根本无法履行日常的行政职责。州县官有些比较机密或者私密的事务,比如执掌官印、接受别人的贿赂或者给别人贿赂等,只能由长随执行。

与书吏、衙役不同而跟幕友有些相似的是,长随是州县官自己雇用的,工资也由自己派发,因此正常情况下州县官不会雇用不必要的长随。大体上,在州县政府当差的长随为5～30人不等,通常至少要雇10个长随才能完成应有的职能。瞿同祖先生也为我们详细描述了长随的招募、待遇、监督控制等方面的情况。大体上,长随由州县官私人雇佣,并无法律上的地位。不过在制度上仍规定,在雇佣长随后,州县官必须在三个月内将其姓名、原籍、出身以及所派职事等呈报上级官府。与大多数衙役相似,长随也属贱类,社会地位很低,而获取的报酬也低,维持生计主要依靠陋规。他们分享书吏、衙役获得的陋规钱,并独享一些特别的陋规钱(比如门丁获得的"门包"),还常常与书吏、衙役合伙贪赃。监督长随的责任,也落在州县官的身上。根据清代乾隆、嘉庆年间由师爷经科举而进入仕途的良吏汪辉祖的经验,确有一些书吏是遵纪守法的,但长随则没有一个是守规矩的,而且唯利是图(第152页)。

士绅在州县政治空间中的角色

州县政府是明清时期的基层政府,它所行使的公共权力要辐射到广大乡村的民众,就需要某种中介角色。杜赞奇在《文化、权力与国家》一书中将这样的中介命名为"经纪",并认为存在着两种经纪,即营利性经纪(如本节前文述及的书吏和衙役这一类人)和保护型经纪(如宗族长老、宗教领袖和其他精英人士等)[①]。在杜赞奇所命名的保护型经纪中,最

---

① 杜赞奇著:《文化、权力与国家——1900—1942年的华北农村》,王福明译,江苏人民出版社1995年出版,第49页。

为重要也为众多学者肯定的,是那些参与地方政治的具有半官半民身份的士绅。甚至有人认为,明清时期在州县以下的乡村实行的是士绅主导的"自治"。不过,瞿同祖先生对此说法不以为然,"自治在城乡都是不存在的"(第11页),因为"作为一个特权集团,士绅的利益与社会其他集团的利益时常会发生冲突。这一事实又与自治不相容,因为自治要求社会利益作为一个整体被代表"(第338页)。当然,这并不是说士绅没有发挥治理作用,"在政府不能或不便履行某些职能时,就由当地的士绅来履行"(第282页)。因此,士绅对于州县政府的治理特别是有关公众福祉之事来说,往往是不可或缺的。

(一) 士绅与士绅特权

瞿同祖先生所说的士绅,是指具有官宦身份或已取得仕宦资格、虽非地方政府正式组成人员但可影响政府实际运行的一批人。他们包括两个群体:(1) 官员,包括现职、退休、罢黜官员,其中包括捐买官衔和官阶的;(2) 有功名(或学衔)者,包括文武进士、文武举人、贡生、监生、文武生员(官学学生,即秀才)等(第288页)。前一个群体,瞿先生称为官绅,后一个群体称为学绅。严格地说,官绅与学绅还是有所不同的:官绅已属于统治者,只不过因为某种原因(丁忧、告老等)暂驻本地;学绅尚不属于统治者,也不属于被统治者,而属于一个中间集团,他们作为潜在的官僚而拥有威望、特权和影响力。获得士绅身份,多数时候需要接受教育并通过至少最低层次的科举考试(即成为秀才),不过也有一部分人是花钱从政府那里购买官衔或学衔(国子监学生身份,即监生)而获得身份的。

从瞿同祖先生的相关论述来看,在地方政治中,士绅或者说地方精英之所以有权力能影响政务,至少有以下两个方面的原因。

第一个原因来自他们从帝国传统政治秩序中获得的特权。在法律上,官绅不在当地司法管辖权之下,也不受常规司法程序的约束;未经皇帝的允许,官员不得受审讯和判决。而学绅可以直接与州县官打交道,在公堂上享有与普通百姓不同的待遇,比如说生员与捐得贡生、监生头衔者,非经学官许可,州县官不得加以笞讯。

第二个原因来自他们拥有制度化的有组织的人际关系。就是说,基于与科举制度相关的特殊关系,官绅与学绅之间形成了老师、学生、同年(同科及第者)等关系;通过这样的私人关系,士绅们就可以发挥自己的影响。这是因为,士绅们相互认同为同类,并具有相近的态度、兴趣和价值观(儒家价值观),因而具有共同体的意识甚至行动,"礼一士,则士林皆悦;辱一士,则士林皆怒"(第293页)。很显然,捐买得官者,就不大可能有这种影响力(第200页)。

瞿同祖先生告诉我们,在帝国时代,士绅是唯一能合法地代表当地社群与官吏共商地方事务、参与政治过程的集团。这样的特权,从未扩展到其他任何社群和组织。直到19世纪后半叶,商人才被允许与士绅一道讨论本地事务,此后士绅与商人合称"绅商"。不过,商人仍处于士绅主导之下,并未成为一个独立的力量集团(第283页)。

(二) 士绅的积极行为

由于制度性特权与组织化人际关系的存在,在普通老百姓的圈子里,官绅与学绅赢得了尊敬和服从,尤其是那些能够获得自己家族力量支持的士绅。而士绅们也都感到,自己有责任捍卫和促进本社区的福利。如此一来,士绅往往就会自觉地充当地方社群或公众的首领,就是说代表民众,向官府发出呼声、提出要求,推动官员创制、修改或撤销某个决定或某一行动。由于州县官不熟悉当地的情况,因此经常自愿地或在上司要求下,向地方士绅了解实际情况并征询施政意见。与此同时,士绅也可在州县官员默许甚至明示的情况下代表官府,在民间主持解决纠纷、组织募捐活动、主导地方防备、增进地方福利等。换言之,士绅充当了官府与百姓之间的中介角色(即杜赞奇所谓的"经纪"),这样的角色让他们经常在州县官和地方百姓之间进行调停。

瞿同祖先生为我们列举了士绅们在地方行政中的一些积极行为,可以列举如下。

(1) 代表民众与州县官互动,制定陋规费的大致范围,约束书吏与衙役在司法活动中的过分行为,协助财政管理活动(如丈量和登记土地)等。比如,因不满书吏在办理地契过户时索要的陋规费过高,浙江省山阴县和会稽县士绅联合起来要求该规费不超过800文,并因此获得知府的同意。

(2) 筹集资金举办公共工程(河岸、堤坝、城墙、道路、桥梁等),并提供一部分公共福利(普济堂、育婴堂、寡妇院)。

(3) 捐献资金修缮孔庙、贡院和学堂,主持并推进本地教育活动。

(4) 举办团练,保护包括士绅自己身家财产在内的家乡安全与秩序,尤其在发生军事行动的时候。

不过,需要强调的是,士绅虽然在实践中常常干预政务,但并没有合法的程序可用来质疑或否决官员所做的决定(代译序第11页)。特别是在士绅中处于低级地位的生员(县学学生),作为个体虽有部分法律特权,但对州县官几乎没有影响力,除非他们能以集体面目采取行动、发出呼声(第300页)。

(三) 士绅的消极行为

瞿同祖先生也告诉我们,士绅们在地方行政中的行为并非都是积极的,他们也经常利用特权地位营私舞弊。

首先,士绅们会借助法内特权和制度外特权,普遍地逃避田赋和各种负担。根据明清时期的法律,士绅们可以有限减免赋税(每人每年减免2～30担)。可是因为士绅具有特权,经常逃避或者拖欠应该承担的田赋。即使他们足额承担法定赋税义务,也不会承担普通人家常常要跟田赋一起上缴的附加费,而这些附加费是为弥补征税成本和衙门其他开支所必需的。衙门只好将这些附加的税收负担转嫁到无力保护自己的普通百姓头上。于是,普通百姓的负担更加沉重。按照冯桂芬的估计,在法律上普通百姓缴纳1担漕粮,实际上要缴纳2担到3担甚至4担粮食(第318页)。此外,按照法律规定,士绅自己还可以免除丁银以外的"杂泛差徭"或"差徭",例如与公共工程、官方运输、保甲管理等相关的徭役。在现实中这种"杂泛差徭"的免除范围往往被扩大到士绅的家人,甚至扩大到士绅庇护的庶民(只要他将自己的土地登记在士绅名下)。于是所有的杂泛差役就落到了求告无门的庶民身上。士绅庇护的民户或土地越多,分担杂泛徭役的民户或自耕农人数自然就越少,普通民户的负担也就越重(第322页)。

其次,士绅常常利用自己的中介地位,为普通百姓充当缴税代理人以坐收渔利。这一做法通常被称为"包揽钱粮",其虽为法律所禁止,但普通百姓为了避免与书吏、衙役打交道却乐意如此。士绅按应纳税率（正税加附加费）向百姓收取钱粮，但上交给官府时往往数量或成色不足。包揽钱粮是明清政府的心腹大患，现实中却无法杜绝（第319页）。

更为恶劣的是，士绅可能为了金钱利益或袒护亲属而干预司法，或者勾结书吏与衙役以瓜分陋规费。瞿先生告诉我们，士绅甚至会利用自己的特权或地位，以邪恶的手段从事不法活动，如夺人田地、诈欺钱财、欺压百姓甚至滥杀无辜。虽然也有法律惩治这样的"劣绅"，但类似的事情事实上层出不穷。

第三节 双轨财政体系在地方的运行

中华帝国为什么能维持两千多年的稳定并实现有效治理？在今天当然能总结出许多原因，不过我们重点关注的是，它发展出一种具有互补结构的财政体系。这种互补的财政体系由正式机制和非正式机制彼此补充、相互配合而形成，并在帝国的历史长河中不断地调适，直至明清时期达到成熟的地步。根据费孝通先生对中华帝国"双轨政治"①的说法，此处将这样的财政命名为"双轨财政"，以表明正式财政与非正式财政之间的关系及帝国财政的总体特征。

严格地说，任何制度皆有正式与非正式两部分。在现代国家，二者一般体现为前者不断地消灭、替代和约束后者，这样的过程通常称为理性化或制度化。但在传统中国，财政制度中正式制度与非正式制度二者的关系不是简单的消灭与代替的关系，而是互补与共存的关系。这种关系，与中国传统哲学中对阴、阳二者关系的认知（是共存互补而非相互消灭）是一致的。在《清代地方政府》一书中，瞿同祖先生为我们描述了这样的双轨财政制度在州县空间中的运行状况。大体上，非正式财政制度补充并维持了正式财政制度的运行，但也因此造成双方的紧张关系。

正式财政制度的运行

中华帝国发展到明清时期，在财政上的中央集权已经达到完善的地步。地方政府的所有正式财政事务，都操控在中央政府手中，财政收入的种类、数量、时间与方式，财政支出的项目、水平（包括薪水和办公费），财政管理的方式与程序，统统都由户部规定，下达给省布政司，并最终落实到州县政府来执行。

（一）财政征收的制度规定

在正式制度上，清代州县政府的财政征收，最为重要的是地丁银；漕粮和其他杂税也是正式的财政征收形式，只不过数量上比较少。

1. 征收形式

在制度上，财政征收首先从各省布政司拟定《赋役全书》开始。《赋役全书》列明一个

---

① 费孝通著：《乡土中国》，上海人民出版社2006年版，第145—160页。

地方的成年男子(丁)的数目、土地面积,以及地丁银、漕粮及其他捐税的比率和定额;同时还列明须解送上级衙门的税银(即"起运")的数量,以及州县官留作经费(薪酬、驿站经费、官学生的补贴以及救济穷人的费用)的数额(即"存留")。地丁银税款,与征收的杂税一起,必须毫无拖延地解送省布政使。

此外,《赋役全书》还列明了须向京师进贡的地方特产如木油、颜料和中草药等的数量,然后再通过文牍形式下达给下级政府并最终落实到州县政府手上。原则上,《赋役全书》要每10年修订一次,以反映现实状况的变化。不过瞿同祖先生告诉我们,实际上它常常几十年得不到修订。因此州县政府在征收赋役时不可能完全根据这本全书,而必须参阅各地方的会计册、奏销册(年度开支报告)以及其他官方档案,以便计算出在某一特定年度里应征收的各类捐税总额。

地丁银是"正项钱粮"和大宗收入,它构成了国家财政收入的主体部分,包括田赋与丁银两项。原则上,田赋按照官府掌握的鱼鳞册上每家每户土地的面积与等级征收;在清初根据成年男丁数(16至60周岁之间的成年男子)并结合财产状况征收丁银,后来在雍正帝时期实行摊丁入亩,丁银被转化为田亩的负担,与田赋一道征收,合称"地丁银"。1724年经雍正皇帝批准,原附加于正项钱粮的火耗陋规(又称"耗羡")被合法化,随地丁银一道征收。不过,在地丁银中除了户部核准由地方留用的部分以外,其他的需要上解到中央政府;耗羡不用上缴给户部,而是交给各省布政司,专门留作本省官员的津贴(即养廉银)或者供各类衙门做办公费用。

漕粮是以精米形式征收的一种实物税,主要在山东、河南、湖南、湖北、江西、江苏、安徽和浙江等省征收。在海运出现以前,它通过大运河漕运到北京的谷仓("正兑",直接贡用)或者运到通州的粮仓("改兑",间接贡用)。漕粮的税额,与地税一样按亩征收,不同省份或同一省份不同地区之间额度不等。也有一些漕粮,征收时改为以银子来代替大米。

另外,州县政府还要负责征收一部分杂税(有些杂税由上级政府派专人征收),如房地产契税、行纪税、当铺税、牲口买卖税、门摊税、落地税、渔税,以及(棉花、烟草、酒类和其他商品)销售税等。这些由州县征收的杂税,或有定额,或无定额,具体反映在《赋役全书》中。对州县官而言,杂税的征收似乎没有太大的难题,原因是税款额度较小,而且向数量有限的行纪人(行业的经纪人)和店主收税比向散居乡村的乡民收税容易多了。有一些地方的州县政府,可能还要监管盐务和茶引的发放,代上级政府征收生产税、许可费,有时还为自己征收行销杂税。

2. 地丁银的征收与组织

地丁银的征收,遵循中唐以来两税法的传统,分夏、秋两季征收。除了广东、云南和贵州等地外,其他各省份的地丁银从农历二月份开始征收,在四月底前征收总税额的一半。农历八月重新开始征收,一直延续到农历十一月底。地丁银的征收成绩,是上司用来评价州县官政绩(考成)的主要依据。

征税开始前,每个衙门都要先编织"实征册",目的是确定摊给每种土地的地税税率、丁银税率,以及地丁银的定额等。接着,官府会向花户签发一份"易知由单"(简明税额通知单),该税单列明该地区土地的不同种类和等级确定的税率。印制税单的费用,由花户在领取税单时缴付。事实上，花户往往被强索几倍于印制成本的费钱。1688年后朝廷要求停发税单（江苏除外），州县官们须依令将税目税率刻在衙门前石碑上，晓谕百姓。通常税额分十次（期）上缴，每个月上交十分之一。

在征税期间，户房书吏要将花户已交税额和欠缴税额，填到限单和比簿上。花户可以亲自使用户部或省里最高长官核准的官秤（库平）来称量自己的税银。然后，由花户亲自将税银装进从书吏手里购买的纸袋，亲自缄封；书吏在纸袋上标注花户的姓名、缴纳额、日期、书吏自己的姓名，并在"流水收簿"上予以登记。最后，书吏再将装有税银的纸袋在花户的监督下放入银柜，并向花户签发收据。为了确保花户上缴的税银达到标准，常有一个被授权的银匠（"官银匠"）负责熔铸税银并打上印记。花户也可以用铜钱折算银子来纳税，折算率由该省督抚根据当时市场兑换率来确定，制度规定州县官不得抬高已确定的兑换比率。在地丁银收齐之后，银柜被带到州县官的公堂上。在这里，银包被拆封、清点，并在州县官监视下计入账簿。在这一过程中，僚属官员或教谕往往会参与监督或给予协助。

清代还继承了明代征收田赋的正式组织——里甲制。里甲是民众编户方式与财政征收方式，每110户为1里，每10户为1甲，在1里中丁粮最多的10户为里长（每10年轮1回任里长）。甲长督促本甲花户缴税，里长要确保全里的花户按时缴纳田赋，要独自为"里"中所有花户承担责任，并负责将应缴税粮送至指定地点。不过，瞿先生告诉我们，里甲制在实践中后来渐渐败坏，而采用了另外一种制度：将花户按每五户或十户为一个单位编组，由拖欠税额最多的花户作为赋税代办人（称为"催头"）。1700年开始，使用一种叫作"滚单"的表格，该表上列明每户每一期限内应交纳的地丁银数额，以及尚欠的税额。这一表格由甲长交给催头，由催头负责赋税代办。在催头缴清了自己税银后，当催头的苦差事就会转到其余欠税花户中的一户，按其欠税额的大小排序。因此滚单会从一户传到另一户，直到最后的期限届满。这一制度被许多官员和幕友看成征收地丁银的最佳办法，因为用这种办法不需要在乡村派驻衙役。

（二）实际的执行

以上是正式制度对州县官进行财政征收的规定。这样的制度在正式运行时，当然不可能依靠州县官一人，而必须依托于第二节所述的各类人等。

首先是幕友与书吏的相互配合，以完成各种书面工作。州县官要聘请"钱谷"幕友，甚至专门聘有"钱粮总"幕友负责征收赋税。负责钱粮的幕友，首先要计算出某一特定年度里应征收的各类捐税总额，然后督察书吏将税收资料表册准备齐全，如前面说到的"易知由单""滚单"或者其他册簿。书吏和幕友要具体查清每个花户应缴税额、已缴税额和尚欠税额等烦琐事务，在纳税期限和每期应缴额确定以后，为每一里、甲和单个花户制作"限单"和"比簿"（讯责期限册），列出每期应缴税额。拖欠税赋最多的花户名单随后会交给州县官，拖欠赋税的花户或失职的代办人将受到州县官亲自主持并由衙役实施的杖责（即"比责"），这也是整个帝国通行的标准做法。瞿先生告诉我们，大部分州县官都将杖责作为强迫花户缴税的唯一手段（第232页）。

在财政征收过程中，衙役发挥的是在各种现场实际执行、信息传递和暴力强制作用。在全部财政征收过程中，作为有组织的力量，衙役都可能出现在现场，执行各种任务。在乡村地区,县官的命令传达给百姓的唯一方法就是依靠衙役。花户们若拖欠赋税,在比责时接受的笞杖,也由衙役来执行。

在赋税征收、税款解送、漕粮征缴的整个过程中,幕友都要负责监督书吏和衙役的行为。比如,作为审查赋税缴纳情况和实施比责依据的"征比册",是由书吏准备的;但是审阅这些征比册、比照、销照或其他记录,或者从这些册籍记录中摘出逾期未完税的花户,以及在他们完税后删除欠税记录的,都由幕友来实行。州县官会授权幕友发出竹签传讯和鞭笞相关人员,通常先惩罚衙役(实负其责的"图差"或"里差"),在鞭笞衙役后,再传讯拖欠赋税的花户。此权力州县官只授给幕友而不会给书吏,因为书吏拥有这项权力就可能拖延、侵吞、无恶不作。当然,能否对书吏实行有效监督,还依赖于幕友的能力。税票的发放,也由幕友进行监督。在税票盖印及交给每个"柜书"书吏之前,钱谷师爷都要清点每一本税单的页数,以防书吏获得重号的税票。此外,钱谷师爷也负责审查并保存一份政府征收的其他各类捐税的记录。政府资金的开支和解送情况也在钱谷幕友的监督之下。他要审查《赋役全书》以明确合法支出的项目、数额,以及须向各类上级衙门解送的必要经费。他还需要确定,各类须向上解送的经费中哪些应优先解送。所有的现金收据和送达回执他都要审查,并保存一份所有被开支和解送的资金的完整记录。

里长、甲长都是政府委任的代办人,负责督促花户按时缴税。瞿先生告诉我们,里甲长处于一个难堪的位置上,因为总有些穷人不能按时缴税,也总有些强人(如乡绅)里长无法强迫其纳税。如前所述,后来在实践中采用了催头制度,催头可以请求州县官惩罚未予合作的花户。不过,里长、甲长和催头这类征税代办人照样要到公堂接收比责,也会因包括他自己在内的花户拖欠税银而受杖责。

如果遇到自然灾害,比如洪水或者干旱,州县官需要根据勘查的受灾状况,向上司汇报并要求根据各家各户田地的受灾状况减免赋役,以及要求动用常平仓或由上级政府调运粮食与物资展开赈灾工作。

虽然有严格的制度与众多人员参与,州县官也常常用粗暴的手段(如鞭笞)迫使老百姓缴纳税银。不过地丁银的征收工作并不顺利,尤其在传统赋税重地江南,财政征收工作总是难以完成。在苏州府、松江府、常州府和镇江府,甚至没有哪一年足额完成了地丁银征收,也没有一个州县官不被处罚。即使完成征收任务的地方,州县官采取的也有很多是不正当的手段,比如偷挪政府经费来弥补税收的亏欠,甚至有过殷实的州县官为欠税人垫付税银的情形。需要说明的是,并非所有的赋税亏欠都是因花户拖欠的,也有因衙役们的贪盗行为导致的,还有一个比较大的可能是士绅逃避田赋。虽然拖欠赋税的士绅名单可能会被单独开列出来,由州县官上报省级长官来加以处罚(罢免官职、褫夺功名、笞杖或者枷号),但处罚的情况并不多见。

□ 非正式财政制度的运行

以上是瞿同祖先生为我们描述的正式财政制度在州县政府内的运行。《清代地方政府》一书的杰出贡献在于,它还详细讨论了非正式财政制度的运行。非正式财政制度的产生确有必要,其收入有多种形式,而这些形式不可避免地最终沦为盘剥民众的手段。

（一）非正式财政制度的必要性

清承明制，明代建立的正式财政制度是一种高度简约和僵化的制度，在现实中不得不发展出非正式机制加以补充。非正式财政制度，在诞生之初至少有以下几个方面的必要。

第一，物资解运和散碎银两熔铸等技术需要。明初以里甲制度为基础的财政体系的运行，以实物流转为形式，这既是延续战时经济的习惯而来，也是明太祖为避免官吏苛索百姓而有意设计的。不过，这种以里甲来解运粮食与物资的制度，在设计时并没有考虑解运的成本。在现实中，需要将物资解运时所需的费用摊给相关民户，这就产生了所谓的"加耗"。加耗，一开始大多按各种名目向民户征收实物，如耗米、芦席费、过湖米、过江米等。在后来实物财政向货币财政转型的过程中，这些加耗也逐渐被折纳成各色名目的白银，附加于正税（即两税）并一起征收。此外，民众缴纳给州县政府的散碎银两，需要熔化后重新铸造成整银以便上解到上级政府，在这期间总有些损耗（一般为2%）需要向民众额外收取，一般也都附加于正税。这样的需要及做法，被清代完全继承。

第二，地方政府公务经费的需要。州县政府直接服务于民众，要完成它的基本职能（维持治安、修筑城池、治理水利等），以及部分福利职能（赈灾、救济等），就必须拥有一定的经费。除了自己分内的这些职能外，在现实中州县政府还常被要求承担中央政府的一些职责（如维护驿站）等。可在正式财政制度中，州县政府履行职能及承担中央政府的职责，往往得不到足够经费的支持。更为重要的是，如第二节所述，州县政府需要补充正式官吏的收入以使薪水相对合理（正式的薪酬水平太低），还要支付非正式工作人员（幕友、长随等）的薪酬。这就意味着，州县政府需要在国家正式财政制度之外，创造出非正式的收入渠道，以支持公务所需的补充性薪酬。当然，除了公务所需，各级官吏和非正式工作人员还要从中捞取个人的额外好处。

第三，为上级政府提供公务经费，并为上级政府的大小官吏、书吏、衙役、随从等提供好处。州县的上级政府（省级、府级政府）通常并不与民众打交道，不像州县政府那样能通过正税附加等形式直接从民众身上获取收入，但上级政府同样缺乏公务经费（办公经费、公共事业经费）。于是，上级政府采用要求下级政府捐献的做法，比如要求下级政府的官员"捐俸"或者捐赠某些办公物品，以解决经费困难或用来弥补财政亏空、平衡账目。正如瞿同祖先生所说，"州县官收入的另一种繁重开销是'摊捐'（指令性捐献），即在政府经费不足时，布政使命令州县官及省内其他官员捐钱支持政府用度。这种摊捐通常是由布政使直接从官员们的津贴（养廉银）中扣除"（第43页）。另外，上级政府的正式官吏也要弥补官俸、非正式人员也同样要获取工作报酬，这些人员还要在正常收入之外获得更多的好处，这些都只能想方设法从州县政府或下级官吏那里索取。瞿同祖先生说，"上司的僚属、衙役、长随等还常索要钱财，这类仆从人数可能上百。此外，依惯例，州县官们还得在省城里设一办事处，为新到任的总督、巡抚或别的上司修缮官舍、供给家具和薪炭等。这些费用由所有州县官为他们的上司共同负担。州县官们还必须在上司到任、寿庆、过年及别的节日时向上司致送例费和礼物"（第45—46页）。另外，州县官还要负责招待途经其地的上司或上级差官，为此也需要经费。

对于非正式财政制度的必要性，瞿同祖先生总结说，"州县官们处在一个相当为难的位置上,他们必须找到财路既能向上级衙门交纳陋规费又能满足自己衙门的行政费用"(第50页)。译者范忠信是这样概括州县官必须获取非正式经费的理由的,"州县官给衙门职员支付工资和满足一切办公费用的经费来源。他要用这些收入来解决(或满足)以下一切费用(耗费):幕友和长随的工资,衙门办公文具的费用,上级衙门的名目繁多的摊捐(为弥补政府经费赤字,或为政府的特定活动费用,或为填补'历年亏空'),接待到访或过境的各种官员的费用,为上司装修房舍添置家具薪炭的费用,各种节庆时给上司的礼敬费用(陋规),给上司衙门的职员送'门包'、'茶仪'、'解费'等费用,还有最重要的税银税粮的熔铸或储运的耗损,赋税的征收和转运过程中必要的费用"(代译序第11页)。

(二)近乎正式的附加

对于物资解运、地方政府办公等公务需求,州县政府有时以征收附加物资、提供正役之外的杂役等实物性方式来满足,比如正赋之外要求里甲组织或乡民额外输送实物(笔墨、纸、油、木炭、蜡等),以及亲身到地方衙门服杂役等。即使在赋役折银改革后,这样附加性的实物财政收入方式也没有完全消失。不过,在正项钱粮甚至商税基础上附加征收火耗是更为重要的收入形式。

"火耗",或者说"耗银""耗羡",如前所述,起源于民众缴纳散碎银两熔化重铸的技术性损耗所需(一般为2%),要向民众额外收取。后来地方政府官员以火耗的名义附加在田赋上收取的费用,早已超出技术的要求而成为一种收入来源,附加比率在20%以上甚至80%以上。当然,这样的附加额并不是州县官独享的,他要与其衙门中别的成员分享。例如,在赋税征收中加征的溢额银两,在某一衙门中可能是按下列比率分配:60%归州县官,10%归长随,30%归书吏(第52—53页)。

在雍正帝主政期间,他实施了火耗归公改革(自1724年起)。在操作上,州县政府可对所有向中央政府解送的地丁钱粮,以"火耗"为名义征收一定比例的额外费用。火耗加征占正额钱粮的比例在各省不一,江苏为5%~10%,湖南为10%~30%,山西为30%~40%,陕西为20%~50%,山东为80%,河南为80%。这些以火耗名义获得的收入,统一集中于省级财政,由省级财政根据一定的标准分配给其下的各级政府,要求它们按以下原则使用:首先用于补足亏空,然后用于补充各级官员的收入(即"养廉银")和从事公务活动(即"公费")。这样做,目的在于体现"以公完公"的原则,即通过公开、正式的手段取得收入,来履行符合公共目的和公务要求的职责。火耗的征收仍然由州县官员进行,但因为该收入全部上缴给省级财政,因而在制度理想上杜绝了州县官员的截留与贪污的途径。

上述这一改革,被瞿同祖先生称为"开始向各级官衙正式提供行政经费"(第48页)。但显然,此经费只能保证行政经费开支的一小部分。瞿同祖先生举了河南省的例子。在官方文件中该省每年的火耗收入约为42万两,其中64%用作养廉银支出,其余的用作该省各项公务开支,包括:(1)向各部门书吏支付的饭银约1万两;(2)巡抚衙门文具支出1 500两;(3)巡抚衙门及布政司衙门所有书吏的薪水4 892两;(4)拨付各州县衙门行政办公经费总计23 480两(每个下级衙门平均只得到180至300两)。如此少的行政经费,根本不可能维持省级政府及州县政府的正常运转,为此州县政府要么突破原定的火耗比例去征收,要么再以其他形式获取收入,如此取得的仍属于非正式收入。

（三）成为惯例的陋规与不确定的贪贿

用其他形式获取非正式收入，有的有惯例支持并对当事人具有一定的约束力，这被称为"陋规"，作为被社会广泛接受的事实，它"在法律的默许之内"（第47页）；但有的非正式收入却不合惯例，成为贪贿的行为，这样的行为往往被认为是非法的、被禁止的。不过，需要强调的是，陋规与贪贿之间，并无确切的界限。

瞿先生告诉我们，"正是陋规收入才使州县官们及其僚属们得以维持生计及满足各种办公费用"，"它是满足各种行政费用的惟一途径"（第48页）。不过，"尽管陋规在整个帝国普遍盛行，但其收费名目、类型以及数额等，在不同地区各不相同"（第55页）。州县官是多数陋规费的归集地以及上供经费给上级政府的起源处，这也是为什么大多数州县官在任职期间要为找到可行的陋规收费而焦虑。他们会从与衙门经常来往的人那里索取献费，甚至可能不付分文地向百姓强索财物，或以低于市场价的"官价"向百姓强购。不过，多数情况下，州县官并不亲自获取陋规，而是从长随、书吏、衙役日常获得的陋规甚至贪贿中分享一大部分；新到任的州县官甚至还会向书吏、衙役们强索礼金。对此，道光皇帝也曾无奈地说："此次议存之款（陋规费），因其相沿已久，名为例禁，其实无人不取，无地不然"，"上司心知通省官吏莫不皆然，岂能概行纠劾，遂阳禁而阴纵之"（第47页）。

书吏与衙役合作获取陋规甚至贪贿的方式五花八门，瞿同祖先生在《清代地方政府》中为我们列举了许多种。比如负责征收赋税的书吏，通常向税户们勒索文具账簿费，在颁发"易知由单（应纳税额通知单）"及开出赋税收据（"串票"或"粮票"）时，都要索取费用（从3文到10文不等）。在漕粮征收过程中，书吏和衙役们也索取各种各样的陋规费：搬运谷米进仓之费（"进仓钱"或"进廒钱"）、开收据之费、仓吏的文具费、"茶果钱"、掌秤钱（斗级）、仓库看守（看仓）钱、修仓钱及量器检校费（较斛）。衙役们在下乡执行公务（如催收赋税、执行拘捕或传唤）时，更是索要鞋钱或鞋袜钱、酒钱、饭钱、车船钱及雇驴钱。总之，陋规费多如牛毛，名目及数额因地而异。尤其可怕的是在陋规之外发生的各种肆无忌惮的贪贿行为。比如在司法活动中，书吏与衙役勾结起来向相关当事人索取各种各样的贪赃款，甚至不惜制造冤狱。在征税时也有各种作弊行为（比如在秤上作弊而超收、用不足量的银包混入以换取原来足量的银包、用伪造的收据去私收税等）。衙役们用以勒索钱财的一项常见手段是未经欠税人同意就代其缴纳税金，然后要求加息偿还，利息高达100%（第113页）。瞿先生说，书吏们从陋规及非法途径中获得的收入如此之多，以至于继任为吏者不得不向退职书吏交一笔钱作为得到此岗位的酬谢（即"缺底"）（第89页）。

除了书吏、衙役外，长随也是获取陋规费和贪贿费的重要参与者。许多陋规费是由长随与书吏、衙役分享的。瞿先生提到的长随获取的陋规费有：呈递诉状费，传唤被告、证人到堂费，撤诉费，甘结费，保释费；税单费；征收地契税、盐税、酒税和典当税时附加的规费，行纪证照费，船舶证照费等（第145页）。有些陋规费，衙役、书吏、长随都能获取。比如瞿先生提到，江苏某地在命案现场勘查时，除了要向书吏和衙役支付勘查费外，还要分别向州县官长随中的跟班支付3 000文，向值堂支付2 200文的陋规钱（第145页）。也有一些陋规费只归长随所有，其中最有名的，莫过于要见州县官或欲向州县官送礼的人必须给门丁送的"门包"了。

(四)操纵折纳关系

所谓操纵折纳关系,就是说州县官员在进行财政征收时,凭借权力在钱和物、银和铜等相互折纳行为中,采取有利于自己的比例关系来获取收益。比如上缴粮食如果改为征收铜钱,或者允许纳税人用粮食代替货币的过程中,都会采用有利于官府的比例规定折纳比例关系。

尤其在清代,州县政府常常利用银和铜折纳关系来获取收入。由于普通民众收入低,拥有的货币往往是铜钱,而官府要求缴纳的是银两。于是,铜钱与银两之间就出现了折纳关系,可以为官吏所操纵。如在清代,中央政府名义上规定1两白银兑换1000文铜钱,但在18世纪中期,市场上750铜钱兑1两白银,而到19世纪中期,市场上2000文铜钱兑换1两白银。地方官吏利用政府规定与市场行情的差异,采取有利于自己的折纳比例,来获得更多的收入。甚至有的州县官员,即使纳税人有银两也强行要求以铜钱纳税,然后采用高于市场兑换率(自定比率约为市场比率的142%到175%)的折算率来获得额外的收入,而这样的做法并不违律(第225页)。

□ 双轨财政体系的运行及非正式财政制度的调整

如上所述,在清代这一中华帝国的成熟期,事实上运行着正式制度与非正式制度两套制度体系。这两套制度体系彼此补充、相互冲突的关系,表现在帝国对乡村的治理全过程中,它既维持着帝国制度的运转,又为帝国制度发展埋下了不可克服的内在缺陷。接下来我们可以在瞿同祖先生叙述的基础上,再进一步扩大视野来考察。

(一)双轨财政制度的内容

大致说来,双轨财政制度不仅表现在《清代地方政府》一书所描述的财政征收过程中,还体现在财政制度全部环节并贯穿了帝国制度运行的全过程。

中华帝国时期采用的产权方式,就包括了正式机制与非正式机制两根轨道。在正式机制中,帝国土地及全部财富毫不含糊地归君主所有;但在非正式机制中,土地及财富除了部分地由君主(及家庭)支配外,大多数仍由民众占有并使用,但这种权利是含糊的,可以为君主或其代理人(官僚)进行调整甚至剥夺。从历史趋势看,宋代以前帝国君主经常对民众使用土地的状况(即"田制")进行调整。到宋代以后,政府已很少进行田制调整,但君主在理念上仍然保有对全部土地的支配权,有权进行田制的调整。这样一种产权方式有其积极的意义。一方面,正式机制在相当程度上使帝国君权呈现出今天主权的样态,君主可以支配境内的所有财产(乃至人口),为中华帝国成长提供了稳定的基础。在今天的主权国家,土地私有权一般可以转让,甚至可以卖给外国人,但转让行为并不会带来国家领土范围的改变。这就是说,国家实质上拥有土地的终极所有权,这是主权的表现。这种终极所有权与私人所有权之区分,与中华帝国君主对全部土地的支配权与可转让的私人占有权非常相似。在12世纪,阿基坦的女公爵埃莉诺(1121—1204),与法国国王离婚并嫁给英国国王,于是占法国国土一半面积的阿基坦公国,就跟着她作为嫁妆转移到了英国,这大大改变了英法两国的实力对比。在中华帝国时期,这是不可想象的。那些和亲的公主,婚前的封地是不可能带到她所嫁的国家去的,因为原则上所有的土地都属于皇帝。

与封建时期的西欧相比,中华共同体的完整始终得以保证,从而维持了长期的统一与和平。另一方面,非正式机制又使得小农家庭获得支配耕地的能力,一家一户小农分散地进行生产和生活,从而使中华帝国的经济活动和文明发展具有极强的韧性和恢复能力,这是中华共同体能够灵活调整和顽强生存的原因所在。

在财政收入方面,建于农耕经济基础上的帝国,正式财政收入自然以田赋为主。从汉代开始,这样的田赋在实践中从分成制转向按土地面积(区别土地的等级)收取定额租金。在唐中期两税法改革后,这一做法进一步被确立为国家财政收入的正式机制,从此两税(即根据土地面积及等级缴纳"夏税秋粮")成为一个王朝是否正统的财政标志。但由于农业经济增长弹性不足,加上正式收入机制具有刚性,现实中的政府不得不一再求助于非正式机制来谋求财政收入的增加与弹性。在历史上,这样的非正式机制主要有:基于正式田赋而产生的附加、基于民众人身获得的徭役或者代役金收入、基于君主特权的收入(卖官鬻爵收入、民众捐献收入等),以及源于工商业的收入(包括专卖收入和工商杂税)等。在这样的正式机制与非正式机制配合下,帝国财政制度能够建立在当时条件下较为可靠的小农经济基础上,并契合家庭式生产生活方式基础上产生的文化价值观。与此同时,它又能够获得财政收入的弹性,有助于帝国政府因地制宜地对广土众民实施治理,灵活地应对各种突发状况。当然,这里所说的正式机制与非正式机制是就帝国财政的正统理念而言的,非正式机制中的部分收入后来在实践中逐渐被纳入正式收入,如西汉时的非正式收入更赋到东汉时变为正式收入,盐利和部分工商杂税则从皇室收入变成国家收入等。

在财政支出方面,帝国时期财政上主要有三大支出项目,即军费支出、官俸支出和再分配支出。这三大支出同样是由正式机制与非正式机制双轨构成的。在帝国时代,以财政经费供养常备军从事战争的行为,已成为财政支出的正式机制。这些通常直属于中央政府的专业军事力量(主要驻扎在京城、边境和其他重要地点),是维持帝国内外安全的主要力量,对其进行供养的支出安排也是财政支出正式机制的重点。同时,由民众自行负担或者地方政府自筹经费负担的民兵组织(如乡兵、团练、保甲等),在帝国时代始终未绝,成为军费支出非正式机制的内容。官俸支出也很早就成为中华帝国正式财政支出项目,在秦汉时期甚至官吏品级就是用官俸支出数目来标识,而到了明清时期,只要通过初级科举考试者皆可获得财政的供养。不过,正式机制提供的官俸支出只是一部分,非正式机制也提供了很大一部分官俸支出,如不在国家财政之列的君主恩赏,以及办公经费与官俸经费难以区分的项目(如曾有的职田、公廨田收入),还有明清时期大规模的陋规与摊捐等项目。"再分配支出"泛指政府通过财政支出在阶层间、空间中和时间上进行的资源与财富的调配活动。显然,帝国财政支出中的济贫赈灾、治理水利、举办常平仓等正式项目,都是再分配支出的正式机制。随着历史的进展,再分配支出对于帝国治理而言越来越重要。但在帝国时代完全依靠正式机制来完成财政再分配目的是不现实的,因此唐宋以前的宗族、宋代以后的富民和士绅,在官府的要求和支持下,成为运行再分配支出的补充性力量,形成了再分配支出的非正式机制。

在财政管理方面,正式体制与非正式体制双轨共存互补体现在以下三个方面:(1)国家财政与皇室财政分立,可以约束君主消费行为不侵蚀国家财政,同时国家财政机制的运行比较正规,有较为严格的制度要求和会计核查,皇室财政机制的运行比较灵活,利用向国库拨入内帑、恩赏有功之臣、赈济特定地区等形式,弥补了国家财政制度因刚性而造成的不足。(2) 官府管理与乡绅自治,州县以上的财政管理,由经任命产生的官员主持,主要以公文为载体通过行政命令来进行,从而形成正式的财政管理制度;州县以下的财政管理,则由拥有功名的乡绅、民间富户或其他代理人来进行,从而形成非正式财政管理制度。(3) 官、吏分途,在财政管理方面,来自科举正途的官员,在幕僚的帮助下运转着财政管理中自上而下的正式机制,承担着财政管理的主要责任,并体现着政治性的要求;而来自非正途的"吏",协助正途官员,运转着财政管理中的非正式机制,从事着财政管理中的事务性工作与实际的征收活动(催科钱粮、支付款项等),体现了专业性的要求。

(二) 非正式财政造成的紧张关系

在分析中华帝国中央与地方财政管理权方面,学者们历来有两种不同的观点。一种以梁方仲先生的观点为代表,在他看来,帝国财政管理"在历史上地方从来没有独立的财政(割据时例外)"。另一种观点则以周伯棣先生为代表,在他看来,帝国时期"理论上是中央集权,实际上常常是地方分权。开国之初,统治力量较强,则中央财政常常压倒地方财政;到了末叶季世,统治力量衰落,则地方财政又常常破坏了中央财政"①。上述两种看似相反的观点,验之于瞿同祖先生论述的清代财政,似乎都能找到例证。要理解这种表面矛盾的现象,关键是要把握正式财政收入体系与非正式财政收入体系的区分。一方面,从正式财政制度看,其制度的精巧与严密已达到很高的成就,在相当程度上实现了集权,符合梁方仲先生的说法;另一方面,从非正式收入体系来说,地方政府官员在控制非正式收入、用非正式收入来举办地方事务等方面,有极大的灵活性,与此同时他们也常常突破制度约束为个人捞取好处,这符合周伯棣先生的说法。由此可见,非正式财政制度的运行,事实上破坏了正式财政制度设定的集中与统一。正如瞿同祖先生所说,"各种地方政府正是从陋规中获得经费","尽管清政府力图对地方财政实行高度集中控制,但事实却恰恰相反。陋规体制没有固定的费率,所以地方官员在征收和使用时几乎是随心所欲的。衙门经费与州县官个人开销之间没有区别。省级高官对陋规不加干涉,相反他们往往参与分肥"(第333页)。

非正式财政制度还破坏了正式财政收入的获取,正式财政制度的运行不得不依赖于书吏、衙役、长随等现实中的行动者的身体力行以及从非正式渠道归集的各种收入。但在此过程中,由于民众负担能力薄弱及相关主体的贪婪,常常使得正式财政收入应收而未能尽收。正如瞿同祖先生说的,"并非所有赋税亏欠都是花户拖欠的,而经常是衙役们贪盗所致"(第231页)。比如,1736年山东拖欠的税银300万两中,有8 000两被书吏衙役们侵吞(第88页)。至关重要的是,虽说陋规有一定之规并在法律的默许范围内,"聪明的州县官只简单地依既定惯例行事"(第51页),但是,"在收取陋规和贪贿之间并没有一个明确的分界线"(第47页)。由此,州县政府乃至上级政府中的各类主体,常有可能突破受惯例约束的陋规标准,以牟取更多的利益甚至可能严重贪贿。贪贿不仅像陋规一样剥夺了民众的经济剩余甚至生存资料,败坏了社会的风气,而且更糟糕的是,还给各方行为带来

---

① 叶振鹏主编:《20世纪中国财政史研究概要》,湖南人民出版社2005年版,第303—304页。

严重的不确定性,最终变成破坏社会秩序与帝国稳定的内在缺陷。

陋规这样的非正式财政收入,既然有这么多缺陷,那为什么不干脆将它正规化?瞿同祖先生说到了不将陋规正规化可能有两个原因。一个原因是结构上的,就是基本财政安排原则在结构上有缺陷而无法从总量上弥补,"基本的财政原则是:每一类支出由一项确定的税费来源去满足;特别资金被特别指定给政府的每一特定用途",于是"如果没有特定资金去供给某一项特定费用,官员们就不得不寻找别的某种途径去筹敛"(第47页)。另一个原因来自政府秉持的轻徭薄赋的正统意识形态,因为取消陋规就意味着必须"将办公经费列入政府预算,否则(陋规)这种收费制度就是不可缺少的。增列预算就会减少朝廷的岁入,除非政府相应地提高税率,但它又不愿这样做"(第49页)。

除了瞿同祖先生分析的原因外,陋规不能正式化的可能原因还有:(1)因管理能力低而不得不降低财政运行成本的需要,就是说,若用正式财政收入满足公务需要,则意味着必须大规模增加财政征收并经由财政渠道大量支出,以供应衙役、书吏、幕友等公务人员并提供运行地方政府的费用,可在当时条件下如此运行的成本过高,而由民众直接供应(当然出自衙役、书吏等人的索取乃至榨取)则供应链短、成本可能低;(2)也许是某种统治术的需要,即保持陋规这一非正式财政收入于合法、非法之间,以便统治者随时可用贪贿罪来惩罚相关官吏,以迫使其保持政治上的忠诚。

(三)陋规的正规化努力

虽然瞿同祖先生说,陋规的存在,"清廷并未作什么认真努力去废除它"(第49页),但并不是说官方从未做过努力。除了前文提到的雍正帝的火耗归公改革曾经想以火耗收入的正规化来供应公务所需资金外,还有一些努力,瞿同祖先生在书中进行了描述。

比如说,道光皇帝在1820年登基不久,就试图控制索取陋规的行为。他认为,制定条例确定陋规的收取数额,总比全由地方官员各行其是要好。基于这一认识,他下令总督、巡抚调查各省的实际征收情况,以决定哪些规费应该保留、哪些规费应当废止。然而,许多官员认为,通过律例将陋规公开化、合法化极为不妥,他们纷纷反对这一旨意。皇帝承认自己对行政和社会实际尚不了解,做出了上述错误决定,随后发布了另一道诏书,取消了成命(第49页脚注)。

瞿同祖还以巡抚陈宏谋(1696—1771)为例,说明省一级官员试图规范陋规的努力。他尝试着列出许可收费的项目表并废止其余的收费方式。但是,因为各级政府都依赖陋规收费来维持行政活动,每一级政府都不得不向下一级政府索要陋费,所以对下级政府收取陋规就不可能加以有效控制(第50页)。另外还有一些诚实而有良心的州县官,曾经尝试着对陋规中哪些能收、哪些不能收做出区分,然后认可其中一些收费项目、禁止或减少其他收费项目,以此来对陋规加以规范,但成效不大(第56页)。

总体而言,无论是尝试取消陋规还是努力将陋规规范化,都不成功。"要确定哪些费用构成合法的行政经费以及它实际上需要多少,是相当困难的。官员及衙门职员们很快就会滥用陋规制度,给政府制造严重的行政难题。收费的种类增加了,数量也增加了,整个事态全在政府的控制之外,特别是在中央政府的控制之外。中央政府甚至无从知道在各地实际上存在的陋规收费的不同种类,更不必说用什么方式监督它的用途了。"(第49页)

（四）双轨财政制度内在的冲突

瞿同祖先生深刻地指出，在帝国地方政府制度运行中，由于正式机制与非正式机制并存，导致"所有的集团之间存在着紧张（冲突）关系"（第338页）。第二节已述及瞿同祖先生讨论的州县官与书吏、衙役、长随之间既相互依存又彼此冲突的利益关系，即州县官依赖于书吏、衙役、长随以及幕友的帮助，运行正式与非正式财政制度，完成国家规定的正式征税任务并获得非正式经费，在此过程中充满不信任与紧张。瞿先生还论及，州县官与士绅之间虽也有合作或勾结关系，但两者的利益（特别是州县官与个别士绅间）也经常发生冲突（第327页）。对于州县官而言，既要与士绅保持和睦关系，又要对他们适当监控，是一件非常困难的事（第329页）。与此同时，士绅的利益与社会其他集团的利益也时常会发生冲突（第338页）。

瞿先生追问，由于紧张或冲突常常刺激着变革，可是为什么在中国这种紧张（冲突）没有导致显著的变革呢（第338页）？对帝国时期这些紧张关系没有影响社会和政治秩序的稳定与持续，瞿先生给出的解释是，"所有这些集团，都在现行体制下获得了最大的回报；惟一例外的是普通百姓"（第338页）。也就是说，尽管会有紧张（冲突），但其他集团都没有兴趣去改变现状；只有普通百姓的不满激烈到足以成为公开暴动时，社会和政治秩序才受到威胁。显然，如果威胁足够严重，王朝就会发生更替；如果威胁不够严重，或者民众的不满尚未转化为有效的（反抗）行为，现状就将维持下去。

第四节 从《叫魂》进一步看帝国制度的内部冲突

上节依托于瞿同祖先生的《清代地方政府》一书的文本，讨论帝国财政体系中正式制度与非正式制度之间存在的既相互依赖又彼此冲突的关系，还有清代在地方政府内外各群体普遍存在的冲突。事实上，在帝国制度运行中类似的内在冲突关系广泛地存在，因为它根源于帝国制度构建中君权作为特权而兼具公私二重性带来的紧张。这样的紧张关系，尤其体现在君主与官僚的互动中。一方面，帝国君主不得不依赖官僚并用常规化制度组织官僚来运行各种制度、实现国家治理，以此实现君权所具有的公共性的一面；另一方面，君主又经常超越常规化制度来运用专制权力实现自己对官僚的控制，确保自己的私人利益（当然也有公共性的要求），体现出君权所具有的私人性的一面。接下来，本节运用哈佛大学教授孔飞力先生的名著《叫魂》一书中的部分内容，来进一步探讨帝国制度内部中公与私的权力冲突问题。

□ "叫魂"事件中的三方：民间、官僚与君主

孔飞力先生在《叫魂：1768年中国妖术大恐慌》[①]一书中，通过描述发生在乾隆年间

[①] 孔飞力著：《叫魂：1768年中国妖术大恐慌》，陈兼、刘昶译，上海三联书店1999年版。本节接下来凡引用该书的文字，直接在引文后标明页码，不再一一注明版本信息。

民间的"叫魂"妖术事件以及官僚制度、君主对妖术事件的不同反应,为我们栩栩如生地展现了一个成熟的中华帝国所具有的社会与政治生态,还有官僚君主制运行所依赖的各种环境。限于篇幅与本讲的目的,此处不能详细介绍这本书,而只简单地概括叫魂事件中民间、官僚和君主三方的反应。

　　在中国民间传说中,掌握特定方法(或者说妖术)的人(通常为僧道),可以施法勾取人的魂魄(即"叫魂"),用来害人或者设法牟利。在中国历史上,常常会在某地突然出现恐慌性妖术事件并迅速蔓延开来。多数时候,这样的事件会突然开始、迅速结束。在乾隆帝统治期间的1768年3月份,浙江省德清县就发生了叫魂妖术事件。有人想请石匠在打桩时垫上自己侄子的名字,以达到诅咒的目的,并增加敲击的力量。石匠将此事举报到县衙,当地县官对此进行了简单的处理。施加诅咒者被县衙惩戒,此案件的处理也得到省级司法部门的肯定。但是,类似的叫魂案却迅速传播到省内和省外的许多地方,多地发生了叫魂、剪发辫事件,并牵涉乞丐、游僧、道士等不稳定的人群和不确定的因素。到了六七月份,因山东妖术案牵涉剪发问题并勾连到真假难分的地下黑暗世界,各省都开始清查,并陆续发现了不少妖术案。到9月前后,在江南、湖南、山西、陕西、直隶、福建等各省,都发现了剪发辫的妖术行为。大量嫌犯被抓获,在刑讯之下获得了真假难辨的有关妖术行为的口供。于是在民间,对叫魂事件的恐惧不可遏制地传播,最后发展为遍及多省的妖术大恐慌,"有着各种不同背景的流浪者——不管是僧道还是俗人——在妖术大恐慌中都成了被人怀疑的对象"(第52页)。清朝作为中国的末代王朝,在尚未露出衰败的迹象时(乾隆时期),这一妖术大恐慌却能冲击整个社会,让民间处处感到危险,值得深思。孔飞力追问:"为什么一般民众会那么热衷地参与1768年这场对于妖党的迫害围剿呢?"(第153页)

　　在那场叫魂事件中,常规的官僚机制事实上发挥了正常的国家治理作用。在叫魂事件发源地,德清知县通过审理,弄清了懦弱的叔父想借石匠行妖术诅咒暴戾侄子的案情,钱塘县衙门也弄明白了在众人恐吓之下一位德清人被迫编造的叫魂故事。浙江省巡抚对这两个案件的复审也否定了妖术问题,省按察使对萧山县政府因捕役索贿而诬人妖术的案件也做了有效的纠错。在叫魂案扩展到省外之后,苏州的知县因查无实据,释放了牵涉到妖术中的和尚。后来在其他省的地方政府与省级政府,一直到中央政府最高层军机处,官僚们在处理叫魂案时,基本上也遵循了司法程序。虽然在此期间发生了为求供词而刑讯逼供、在监狱羁押过程中嫌犯丧命等问题,但总体上官僚机制对叫魂事件的处理仍算是有效的。到了10月底,中央政府最高层的几位军机大臣发现所有的证据都似是而非,并勇敢地告诉皇帝,于是整个妖术追查行动停止。当然,说官僚机制处理司法案件尚属有效,并不是说国家治理就没有问题。例如,孔飞力在书中特别指出来的一个问题是,官僚机制在处理可能威胁公共安全的流浪者方面事实上是无能的,"政府中没有什么人在费心收集有关和尚道士的准确情报"(第55页),"成千上万的游方僧道已成为煽动叛乱和从事法外活动的可悲温床,从而构成了一种新的威胁"(第56页)。

　　为什么叫魂事件会不断地传播以至于发展为妖术大恐慌?孔飞力先生从经济(地区间发展不平衡)、社会(人口的巨大增长导致失业流民)、文化(中国人对乞丐的歧视、对妖术的恐惧)以及"社会上存在着一个有着紧密内在联系的文化网络"(第33页)等多个方面,分析了该事件的背景。不过,推动叫魂案发展为妖术大恐慌的动力显然来自乾隆帝弘历。乾隆帝从机密渠道(非常规信息渠道)收到了江南妖术的信息,后来又收到山东巡抚对当地有人割发辫来施展妖术的报告。一开始乾隆帝并没有将割发辫行为当作反叛的象征(剃发编辫是汉人臣服满人的象征),而是出于保护民众的目的,要求各省总督巡抚彻查、追捕行妖术的术士。他还严厉斥责那些未查获或轻视妖术行为的行省官员,责问他们,既然别省都报告了割辫事件,"江苏岂能独无其事"(第173页)。正是在皇帝的推动下,各地官员才纷纷行动起来,抓获了无数嫌犯。这一结果让皇帝反过来更加相信存在着大量的妖术行动,并渐渐相信剪发辫的妖术与反王朝的叛乱行为有关。于是皇帝用政治罪的名义,进一步要求各省督抚搜捕妖人,从而使叫魂案发展为妖术大恐慌。孔飞力先生强调,"在整个叫魂案中,首席原告自始至终就是皇帝本人……对官员们大肆施压、加重刺激,对他们办案的速度和力度层层加码,对行动迟缓的官员们则刻薄训斥"(第229页)。直到军机大臣们发现所有的妖术案供词几乎都是刑讯和捏造的结果,并汇报给皇帝后,叫魂案才由皇帝亲自叫停。即便如此,朝廷始终未承认,由皇帝亲自督办的这一叫魂案本就不成立。皇帝仍然斥责各省督抚,认为正是他们玩忽职守才让叫魂案蔓延数省,要求各地方官对类似妖术案必须继续保持警惕。

□ 叫魂案中君主对非常规专制权力的行使

《叫魂》一书可以从政治学、社会学、文化学、历史学等多个角度进行解读,本讲在此处主要关注的是君主在治国时使用的非正式机制的作用,或者说君主对非常规的专制权力的运用。如前所述,在现实运行中的制度都有正式与非正式两部分,而帝国君主在行使权力时一方面要依赖常规的正式规则,另一方面又常常动用非正式规则,即无视正式规则或制造例外。这是因为,君主若完全依赖正式规则,可能会限制他的权力、伤害君主个人或家族的利益,但制造太多的例外又会削弱他的力量进而影响君主的私人利益。在《叫魂》一书中,我们可以看到,君主是如何运用非正式手段或者说非常规的专制权力来控制官僚的。只不过,由于清代政府统治集团的特殊性(作为少数民族君临中国),君主控制官僚的非正式手段又有些特殊性。

(一)君主利用非常规专制权力控制官僚

为了实现国家治理,君主对于官僚的控制,自然首先依赖于正式规则或者说成文法规,以约束每一个官僚为国家的利益或者君主利益(名义上二者是一体的)行事。这样的正式规则包括各种琐细的规章条例,它们对官僚施政行为的形式、时效、文牍、步骤做出规定。对国家治理来说,伴随规则而来的是行为的可预期性和标准化;对官僚而言,伴随规则而来的是自身的安全,即只要遵循规则行事就是有效的和合法的,可以依此来对抗各种不合理的要求或指责。在《叫魂》一书中,孔飞力为我们描述了君主控制官僚的正式制度或者说常规控制,如通过官僚系统对渎职和犯罪官员纠弹、三年一次的定期考绩、保存在吏部的个人档案中的黜陟(chù zhì)考绩等(第257页)。

不过,这样的正式规则或者说常规控制对于君主来说是不够的,因为这将使他自己也成为官僚系统中的一员,无从体现君主的超然和自主地位。更为重要的是,君主相信整个官僚机器会因此墨守成规,变得懈怠无能,并为自我保护而隐瞒真相。此外,君主的私人利益或要求也不能在常规控制中得以实现。所以,君主需要"一方面对日常运作的官僚机器上紧螺丝,另一方面则将自己的专制权力注入到这一机器的运作中去"(第251页),即运用非正式手段控制官僚。在叫魂案中,乾隆帝正是在该事件中运用非常规的专制权力来"作为推动整个政治制度运作的燃料"(第244页)。

在乾隆时期,行使这样的专制权力主要体现在两个领域。一个领域是乾隆皇帝从父祖那里继承来的密折制度(在常规渠道之外设置的机要渠道),皇帝与大臣通过该制度建立起个人间的交流关系,以便迅速、机密、准确地传递相关信息与指令。另一个领域则是在吏部正规考核制度之外,通过密报、陛见等手段建立起皇帝对大臣的特殊考评制度,用君主自己的眼光代替固定呆板的正式官僚考核制度,以便超越程序进行政治任命(特别是对高级官员而言)。这两种非正式制度,为的都是在正式制度之外建立起非正式的、皇帝对官僚的私人恩宠与庇护关系,以超越或润滑正式制度运行时的僵化,更重要的是实现君主的私人利益或个人目的。

除了上述两个领域外,君主实行非正式控制最重要的手段是运用政治罪,即用意图谋反的罪名(对王朝的犯罪)在官僚体制内追究某些行为、打击部分官员。就是说,官僚们在施政过程中,除了可能受到由吏部主持的常规赏罚外,还会时不时地受到君主用非常规的专制权力施加的政治罪制裁。以政治罪名义实施的制裁,轻则让官员们丧失君主个人的宠信,重则失去财产、自由甚至生命。而要用政治罪来整肃官僚阶层,以防止高级官员们偏离皇帝"个人的控制而滑入常规节奏和裙带关系"(第275页),就需要某种媒介或者说某种机会。

孔飞力强调,叫魂案就是这样的机会,"因为它是一个建立在如此荒谬的基础之上的案件"(第276页)。这样一桩最终被纳入政治罪的案件,可用来动摇"官僚们用以有效保护自己的常规行为方式,从而为弘历创造一个环境,使他得以就自己所关心的问题同官僚们直接摊牌"(第276页)。在该事件中,皇帝通过发动叫魂案清剿、推动清剿深入以及最终叫停,来测试各省官僚的忠诚度,惩罚为他所讨厌的人并褒奖受他宠信的官员。事实上,在帝国政治中,君主总是喜欢利用类似于叫魂这样的事件,对其进行加工,以"使它们转换为权力和地位","强调他对官僚的支配"(第288页)。孔飞力说,"围绕着谋反危机对官僚体制实行动员",还可以"通过文字狱对文人骚客进行恐吓"(第299页)。

不过,孔飞力也强调,不是说对于君主通过非正式手段行使专制权力,官僚毫无办法。他说,"要抵制专制权力并不需要通同作弊或苦心经营。官僚机器本身颟顸(mān hān,糊涂而马虎)迟缓的工作方式,就足以使抵制专权的诡计得逞"(第281页)。在叙述叫魂一案时,孔飞力举出了江西、苏州、湖南、南京等地官僚,通过一些行为,如忙而不动、转移视线、统一步调、常规化处理(即把君主的非常规要求导入日常的轨道)等,成功地对君主专制权力进行了谨慎而广泛的抵制。

正因为有这样的抵制,才使得乾隆帝进一步地相信,"他要实行个人控制,也许就非要诉诸'政治罪'不可"(第298页)。到最后,孔飞力指出,帝国制度发展到清代,任何一个君主要想维持对官僚制度稳固、有序和可靠的控制,都已变得十分困难。他追问,"到了这个时候,中国的帝国制度本身是否已达到了非使'政治罪'成为政治生活一部分不可的地步?"(第298页)或者说,以君权形式表现公共权力的帝国制度运行至今,君主已不得不将自己与官僚之间的私人庇护-效忠关系凌驾于公共权力之上,将自己的私人利益凌驾于公共利益之上,帝国制度因此走到了终局。

(二)叫魂案中君主非常规控制官僚的特殊因素

叫魂案一开始只是作为用妖术害人的刑事案处理,并因查无实据而未引起官僚系统过多的注意;可后来之所以成为政治罪而大大升级,是因为其中存在剪发辫的行为,而这似乎可视为反抗满人的谋叛行为。于是,乾隆帝通过叫魂案中的政治罪来控制官僚的行动,不仅仅因为叫魂案具有似幻似真的一般性叛乱因素,还带有通过非常规行为控制官僚的目的,更存在着汉人王朝所没有的特殊民族因素。

这种特殊的民族因素,首先来自乾隆帝对满族人传统素质的自豪,以及他对以江南为代表的汉人文化腐蚀性的担忧。作为依靠少数民族武力而成功君临中国的政权,清政府要维持其合法性,一方面需要展现自己对广土众民的治理能力(乾隆帝一开始关心叫魂案的原因就是要保护民众不受妖术伤害并平息公众的恐惧),另一方面需要展现自身的德行,即作为征服者的满族人具有不同于汉人的特殊美德("既勇敢又富有生气,既诚实又不吝豪华",第87页),有这样的美德才使满族有资格统治中国。可是到乾隆年间,满族上层尤其是皇帝发现,多数满族人受到了汉人文化的腐蚀,不仅丧失了军事技能,还丧失了个人品质,"渐染恶习,浮靡嚣薄,殊失国初浑厚之风"(第91页),甚至满语能力都日益退化,以至于"几乎再没有什么东西可以让他们用来支撑自己作为征服民族的骄傲了"(第89页)。在清教统治者看来,汉人文化最典型的就是江南,"凡在满族人眼里最具汉人特征的东西均以江南文化为中心:这里的文化最奢侈,最学究气,也最讲究艺术品位,但从满人古板严谨的观点来看,这里的文化也最腐败"(第94页)。于是,乾隆帝将他对江南问题的恐惧、对满人被汉化的忧虑、对行政机构效率下降的担心联系在一起,得出下面的结论:"被汉化的满人与腐败的汉人官吏正在携手使大清帝国走上王朝没落的下坡路"(第96页)。就这样,从江南起源的叫魂危机,为皇帝提供了良好的契机来发动政治罪,以去除江南文化的堕落腐败,捍卫满族人的特殊品质,并整治行为丑陋的官僚精英(他们大多也出自江南)。

这种特殊的民族因素,其次来自满族统治者的一种统治术,即把削发令当作"测试臣民的一块试金石"(第75页)。清王朝是满族人作为少数民族而用军事手段强加到全国老百姓头上的,虽然一开始遇到的反抗并不强烈,但清教统治者对自己的统治地位并不自信,也因此极度敏感。为了迅速巩固自己的政权,清教统治者认为,"与其让那种不温不火对待新政权的消极态度得到滋养生长,毋宁让这种抵抗一下子爆发出来而迅速予以荡平"(第72页)。于是在清初,满族统治者强制推行"削发令",要求汉人剃光前额、编成辫子。服从削发令的汉人,意味着放弃了对自己文化尊严的捍卫;而反抗这一法令的人,清教统治者就可以坚决地消灭。到了乾隆年间,削发问题事实上已没有清初那么敏感了。在一开始,乾隆帝也未将削发令与叫魂案联系起来。只是到了后来,在叫魂案高潮期,削去发辫才被视为挑战新王朝统治合法性基础的种族意象。就是说,在乾隆帝再次把削发问题当作测试臣民忠诚手段之后,这一升级了的政治罪才被赋予强烈的民族因素。所以,叫魂案除了可以让君主行使非常规权力来控制官僚外,还反映出清教统治者"作为少数种族狭隘的防卫心理"(第78页)。

□ 君权的内在矛盾

为什么在帝国国家治理中,《清代地方政府》一书所描述的正式机制与非正式机制会长期存在,并且不因皇帝发动消灭非正式机制的运动(如雍正帝火耗归公改革、道光帝尝试固定陋规的收取等)而消失?回答这样的问题,当然可以有多种角度或多个答案,比如曾小萍指出,雍正帝火耗归公改革的失败是源自"中国农业经济结构的结果"或者说因为"农业部门在中国经济中占优势地位"[①]。在《叫魂》中,孔飞力先生说到了类似的问题,即"任何一个君主要想维持对官僚制度稳固、有序和可靠的控制,都已变得十分困难"(第298页),而雍正帝(乾隆帝的父亲)则是最后一位为此做出了认真努力的皇帝,"他整顿财政体系,建立对边疆地区的行政控制,强化弹劾制度,并加强帝国通讯体系的机密性"(第298页)。但到了乾隆帝,这些正式制度建设要么停顿,要么出现倒退,君主对官僚的常规控制已捉襟见肘,以至于不得不用类似于政治罪这样的非正式手段来行使权力。

我们也可以从帝国政治制度本身来考察这个问题,可能会更有说服力。就是说,帝国国家的公共权力表现为君权(即统治权与所有权合一的权力形式),君主运用集权化的科层制,在各级官僚帮助下完成治理的目标。从财政上看,帝国国家权力安排就是以君主的个人所有制(或者说君主家庭所有制)的形式,来实现国家共同体对土地及其附着人口的支配权,以土地的私人占有制来实现土地的有效使用。在这样的帝国制度下,君权兼具公权与私权两重性,但本质上是一种特权,源于拥有土地的特权而非真正的公共权力,并依具有强烈私权特征的血缘原则而继承。正如在《叫魂》中孔飞力注意到的,满族统治集团虽然在汉人中推行削发令,但"削发令本身并未作为单独的条款或子目出现在《大清律例》或《大清会典》的任何一个版本中"(第71页)。这是因为,在相当程度上,正式法律或正式制度更多地体现了君权中公共性的一面,也因此受到规则的严格约束与保障;而满族统治集团推行削发令,相当程度上不具有公共性,它体现的是君权的私人性(代表少数民族及其个人利益),因而将其留在了正式成文的法律文本之外,并用较为任性的方式来加以保障。

君主为了维护作为特权的君权,就必须也给各级官吏一定的特权,以恩赐私人利益的方式来诱导官僚卫护君权中包含的私人利益。各级官吏及在野士人因此拥有了各种法内特权,并在现实中衍生出种种法外特权。法内和法外特权的存在,必然导致瞿同祖先生所说的正式机制与非正式机制的内在冲突,以及各种各样的社会冲突。作为具有私人性的特权,"君主要维护巩固自身利益,就必须不断诉诸于专制和无常的权力,而提出政治罪指控则是使用这种权力的最佳机会"(第295页)。就是说,行使特权的皇帝难以要求各级官吏在行使权力时做到真正的公共性。这是帝国制度的根本缺陷,它决定了《清代地方政

[①] 曾小萍著:《州县官的银两》,董建中译,中国人民大学出版社2005年版,第284、286页。

府》一书中论及的所有将非正式制度正规化的努力统统会失败。在"叫魂"一案中，皇帝不得不动用政治罪来维持官僚对他个人（或者说对少数人组成的统治集团）的效忠，这样自然难以纠正官僚们大量违背权力公共性的行为。

其实在法国大革命前，因国王特权的存在同样带来了正式制度与非正式制度内在冲突、国王无力对贵族官僚实施常规化控制，以及贪贿横行等问题。在当时法国的军队里，所有的官员都是贵族，他们要么拥有实际上的世袭权利，要么以总督或大贵族的委托人身份担任要职。这些军官牢牢地把持着军队管理权力和军人的银饷，腐败的机会数不胜数，特别是在征募新兵和选拔军官的过程中。总督和大臣向每个士兵和每笔税收都收取佣金，军队执勤人员弄虚作假以索取贿赂①。

若用君权与现代国家的主权进行比较，可能对此问题会更加清楚。如前所述，国家共同体的核心是公共权力，在不同的国家类型中公共权力的表现形式不同。在帝国，公共权力表现为君权，而现代国家的公共权力表现为主权。现代国家的主权与帝国的君权从形式上看有些相似，比如都强调权力的至上性与神圣性，但在合法性和有效性方面有非常大的差距。

就合法性而言，在现代国家，主权的合法性源自它是由组成共同体的民众授权而形成的，这种授权不是虚拟的或一次性的，而是由定期选举产生代议制机构来表达民众的同意，通过执政者的定期退出来表达职位的公共性。它不同于中国古代思想中的经民众推举产生君主（如尧、舜、禹），因为这样的推举是一次性的或者说是虚拟的；君主产生后，职位就成了终身的与世袭的。与此同时，主权的目的是由受选举制约的公共组织行使主权并向公众提供服务，为此目的而行使的权力才是真正的公共权力。帝国的君权，其合法性起源于君主对土地的产权，即"打天下者坐天下"，这实际上是一种特权而非真正的公共权力。为了自身利益及家族的长久执政，君主也会承担起家国共同体中大家长的责任（"为公"），为民众提供一定的服务；这种承担起家长责任的君权在一定意义上可能表现了部分公共性，皇帝个人对公共性也有部分的认知，如雍正曾手书悬于殿堂："惟以一人治天下，岂为天下奉一人？"②但说到底，君权是由世袭的个人行使的，是否"为公"并无组织与制度的约束，因此君权并非真正的公共权力。

就有效性而言，现代国家主权的运行，动力源于民众（通过定期选举与政治组织来表达），依托于分工明确和高效协作的理性化官僚制度体系。帝国时期，君权运行的动力源于君主对个人和家国天下的责任，虽然也依托于官僚体系而运行，但这种为完成相对有限职能而形成的制度既是简陋的，又不能做到真正的理性化。这是因为，从根本上讲它是为维护一家一姓的地位而设置的相互牵制的制度，其主要目的还是维护君主的个人地位与私人利益，离维护公共利益的现代官僚体系还很远。

因此，要真正消除陋规、贪贿以及帝国制度运行中的各种冲突，需要在经济社会发展的基础上，扬弃集所有权与统治权为一体的君权，实现真正的由民众选举产生的组织来承

---

① 拉什曼：《国家的迷思：精英侵吞与财政危机》，载于陈明明编：《共和国制度成长的政治基础》，上海人民出版社2009年版，第119页。

② 刘泽华主编：《中国政治思想通识》（综论卷），中国人民大学出版社2014年版，第326页。

载公共权力。而这就意味着,只有实现从帝国向现代国家的转型,才能真正消除帝国制度运行过程中存在的根本性缺陷。

思考题

1. 清代地方政府官员为什么基本不通实务?出现这样的情况是帝国体制有意的设计还是无意的后果?
2. 清代州县政府怎么就成"一人政府"了?你认为现代国家中的地方政府是"一人政府"吗?
3. 你怎么看待清代地方政府中衙役的角色与职能?衙役中的捕役,跟今天的刑事警察有什么相同或不同之处?
4. 为什么瞿同祖先生不同意说中国明清时期在县以下实行的是"乡绅自治"?你认为在帝国国家治理中,乡绅扮演了怎样的角色?
5. 在帝国常规制度与常规权力之外,君主行使非常规的专制权力有什么积极意义与消极意义?帝国制度为什么要如此配置权力?

第三讲 | 帝国转型责任的自觉担当者
——《儒教中国及其现代命运》导读

自晚清开始,中国就行进在朝向现代国家的转型道路上。对于这一巨大的国家转型活动,已有无数的学者用大量的著作进行思考、总结与展望。初版于光绪三十一年(1905)的《英国国会史》序言中,中译者曾用下面的诗句来表达对中国国家转型之路的忧虑与期望:"挂帆沧海,烟波茫茫。或沦无底,或达仙乡。二者何择,将然未然。时乎时乎,吾奋吾力。不竦不懋,丈夫之必。"① 时至今日,在国家转型之路已完成大半之时,我们一起借助于列文森的名著《儒教中国及其现代命运》来回顾这一过程,是必要的也是值得的。

不过,话说回来,列文森的这部著作虽然极为出色,但其晦涩难懂也是出了名的,就像中译本"代译序"中说的,"阅读和理解列文森的著作不是一件轻松愉快的事情"②。甚至列文森的博士导师费正清先生也说,这本书的表达方式显得矛盾、诡谲,读起来像老子的《道德经》(代译序,第3页)。因此,本讲的内容并非是对《儒教中国及其现代转型》的详细讲解与深入评论,而只是从本课程的目的出发,结合文本的内容进行导读,启发大家一起来思考中国国家转型过程中的思想变迁与历史动力等问题,尤其是其中展现的知识分子对于国家转型责任的自觉担当。

---

① 比凡斯渴脱著:《英国国会史》,镰田节堂译,刘守刚点校,中国政法大学出版社2003年版,序第2页。
② 在本讲中,凡是只有页码而未注明版本信息的引文,皆来自列文森著:《儒教中国及其现代命运》,郑大华、任菁译,广西师范大学出版社2009年版。

第一节　作者与作品

按惯例,我们先来了解一下《儒教中国及其现代命运》这部作品及其作者。

□ **作者简介**

本讲所选文本《儒教中国及其现代命运》(加州大学出版社 1968 年版),作者是约瑟夫·列文森(Joseph R. Levenson,1920—1969)。他是美国学者中研究中国最杰出的代表之一,也是在美国研究中国近代思想史的开拓者和领导者。列文森的代表作,除了本讲所选文本之外,还有《梁启超与中国近代思想》等。1971 年,加州大学出版社以《革命与世界主义》为书名,出版了他的三篇演讲稿。1976 年,梅斯纳(Maurice Meisner)与墨菲(Rhoads Murphy)耗时 6 年编辑完成并出版了纪念列文森的文集《莫扎特式的史学家:论列文森的论著》。

列文森 1920 年出生于波士顿,1941 年本科毕业于哈佛学院,并于次年加入美国海军,参加了在所罗门群岛和菲律宾的对日战役。战争结束后,他回到哈佛大学,先后获得硕士(1947)与博士(1949)学位。他的导师是美国著名史学家费正清教授,博士论文为《梁启超与中国近代思想》(1953 年由哈佛大学出版社出版)。在获得博士学位后,列文森因费正清教授的推荐而进入加州大学伯克利分校,并长期任教于此(1951—1969)。在他的学术成就达到高峰之际,却不幸意外溺亡。为了纪念他在中国思想史研究上的杰出贡献,加州大学伯克利分校在他去世当年就设立了"列文森纪念基金",美国亚洲研究协会专门设立了"列文森中国研究最佳著作奖"(1987 年开始颁奖),哈佛大学也以他的名字向本科教学杰出者颁奖。

对于列文森,学术界的评价相当高,将其称为"莫扎特式的历史学家",因为二人同样才华横溢、神秘复杂、生命短暂。导师费正清教授称赞列文森拥有和表现的"并不是普通的学术生涯,而是一个天才的例证"(代译序,第 4 页)。同为研究中国史的学者保罗·柯文这样评价:"列文森在探讨近代化与文化演变问题上,锲而不舍,富有想象,在美国战后数十年研究中国的史学家中堪称首屈一指,在许多读者心目中他的著作也许最有说服力……是一位令人不得不正视的人物。"[①]在《儒教中国及其现代命运》的"代译序"中,郑家栋先生对列文森的评价是:"他那种独特的表达方式常常会令人感到扑朔迷离,而他那难以遏制的才气又使得他的作品似乎带有太多的浪漫情调和文人气息。"(代译序,第 2 页)

列文森是一位历史学家(叙述客观的事实),又是一位形而上学家(相信思想的洞见对于历史研究的极端重要性),他相信并尝试着揭示思想与历史之间的辩证发展关系;与此同时,他既信奉马克斯·韦伯的"现代化"观念(即体现现代理性精神的"专业化"终将取得

---

① 柯文著:《在中国发现历史:中国中心观在美国的兴起》,林同奇译,中华书局 2002 年版,第 47 页。

全面的胜利),又蔑视既定的"专业规范"(他自己就以反叛者的形象出现在历史研究的舞台上)。还有一些其他学者,注意到列文森个人的两难境地,即一方面他怀念"脆弱和美的古典的诗情画意",另一方面他又承认古典灭亡的无可避免,现代世界无可避免地要走向功利、效率和速度的统治。列文森的妻子罗丝玛丽曾经解释过列文森的气质,以及他在处理中国思想史时凸显的基本问题与观念(诸如历史与价值、区域主义与世界主义的紧张等)。在很大程度上,她将这些归结到列文森身为犹太教徒而面对现代窘境的感受和领悟。

□ 作品简介

《儒教中国及其现代命运》一书的英文名称为 *Confucian China and Its Modern Fate*,中文版由郑大华、任菁翻译,广西师范大学出版社 2009 年出版。对于英文 Confucian 一词,在中文中是译为"儒教"还是译为"儒家",学术界有一些争议。不过,这丝毫不影响该书在中文学术界的影响。因文采飞扬、表达委婉、思维敏捷和见解深刻,它一直受到学界的高度推崇。郑家栋先生在中译本"代译序"中是这样评价该作品的:"在 80 年代以来国内出版的众多译著中,很少有哪一部能够像该书这样与我们所关注和讨论的一些重大问题——诸如历史与价值、传统与现代、保守与激进、东方与西方、民族主义与世界主义等——有着如此直接的相关性;也很少有哪一位西方作者能够像列文森那样,以广阔的视野、深刻的洞见和迂回曲折的表达方式,把问题的复杂性充分凸显出来,使人们不至于在一些空洞无物的老生常谈中浪费太多的时间。"(第 2 页)

对于这本作品,已有太多太好的评价。除了文本中所包含丰富的思想内容与历史素材外,学者们普遍关注的是列文森对费正清教授所创造的用来解释中国现代化过程的模式(即"冲击—回应")之运用。不过,在费正清等人那里,"西方冲击—中国回应"这一模式,仅是一种处理史料的整体结构与一种主导性的观念,而列文森"则把此一模式所能够容纳的思想内涵发挥到了极致,使之成为一种系统的理论和方法"(代译序,第 12 页)。相对来说,列文森对该模式的运用更具有深层的人文关怀,或者说他更关注受无法抗拒的现代化冲击影响的人(知识分子)的思想状况。用研究中国的另一位学者史华慈的话来说就是,列文森"认识到,某一民族、社会的存活需要一种新的异质'真理',此种真理将否定他们自己所拥有的传统价值,为此他们会经历一种巨大的精神迷失"(代译序,第 12 页)。用这样的话语来思考外来力量与中国国家转型问题,确实显得无比深刻。

在结构上,《儒教中国及其现代命运》分为三卷,每卷又分为若干章。第一卷标题为"思想继承性问题",在交代清初思想文化状况(即近代早期的经验论)的基础上,讨论受西方冲击的近代中国思想界如何在中西/古今框架中选择指导思想与从事制度实践。由于儒学具有的精神特质,不能让中国社会实现近代化转型(他用绘画领域的证据来论证缺乏专业精神),因而思想界的最终选择造成了儒家思想衰亡的命运。第二卷标题为"君主制衰亡问题",讨论君主制与儒家思想曾有的相互支持却又彼此紧张的内在关系,描述在西方冲击下君主制终结与儒家思想衰亡同时进行的过程,最后揭示其中蕴含的历史启示。第三卷题为"历史意义问题",探讨儒家思想退出历史舞台的意义,提出儒家思想在共产主义中国就像博物馆文物这一著名的比喻。

在上述三卷共25章的内容中,列文森处理了诸如"传统与现代""历史与价值""保守与激进""东方与西方""民族主义与世界主义"等经典的二元对立主题,并显示出高屋建瓴的考察视野与缜密精细的论述方式,该书也因此最终成为同类题材中难以逾越的高峰。不过,列文森这本书也受到不少批评。比如有人认为,他在书中运用上述二元对立的框架过分割裂了历史,他的工作并非研究历史而是借助历史思考,他的文本语言偏向文学而丧失了历史的严谨性等。此处我们不多讨论。

□ 《儒教中国及其现代命运》一书在本课程中的地位

乍看之下,《儒教中国及其现代命运》一书似乎与本课程专注于财政思想而阅读经典的主题关系不大。不过,本课程仍然选择了此书,目的有二:一是借助这一文本,帮助大家从思想变迁的角度理解中国的国家转型是如何发生的,而财政思想显然是思想史内容的重要部分,财政转型又是中国国家转型的重要组成部分,对思想变迁和国家转型大背景有了解会有助于我们更好地理解财政思想的变化;二是借助这一文本,为大家展示在历史背景与制度结构约束下的知识分子是如何自觉积极行动起来的——他们借助于传统思想资源,努力吸收西方思想,在思考中国问题的基础上提供行动方案。对于今天的财政学者而言,近代中国知识分子前辈的这些努力是效仿的对象。

《儒教中国及其现代命运》一书虽然并未直接探讨财政问题,但其中也涉及了财政的内容,特别是在对井田制的讨论中。中国古代典籍中记载的井田制,盛行于西周,瓦解于春秋时期,在性质上应该属于土地国有制或者某种共有共耕制。不过,对于该制度是否真的存在及其具体内容,后世学者一直有较大的争议;他们对有关井田制的讨论,主要集中于田制(耕地产权)调整、田赋征收(均赋)等问题。列文森在该书的第三卷第二章,比较详细地回顾了有关井田制的两种对立主张,"从汉朝到清朝的大约两千年里,既有官吏和学者主张恢复井田制,也有官吏和学者否认具有恢复井田制的可能性"(第272页),并讨论了学者们对待经书所记载的井田制的两种态度,有的更重视文字而有的更重视精神。到了近现代,又有两派关于井田制的意见:一派是以胡适为代表的怀疑派学者,他们认为,在历史上并没有井田,它只是一种社会思想,一种愿望和理想(列文森认为胡适他们的怀疑意见并不正确);另一派是传统主义者,他们坚持井田制作为客观的历史曾经存在过,后来的历史学界提供的证据似乎也证明了这一点(第271页)。

不过,列文森重点关注的是下面一批激进主义者,他们更多地从精神而非真实历史出发肯定古代井田制的存在,目的是为今天的社会改革方案寻找证据,甚至是用它来证明由西方传来的普遍真理之正确("将井田的价值与一种著名的外来价值观统一起来",第277页)。对此,我们今天的学者应予以深思。比如,康有为就坚持主张,是孔子这位改革家发明了将田地分给每个人的井田制;谭嗣同则把井田当作开启世界大同之门的钥匙,说"尽改民主以行井田之法,则地球之政,可合而为一";梁启超的说法是,"中国古代井田制度,正与近世之社会主义同一立脚点"(第277页)。尤其是后来深受社会主义影响的一批学者(如廖仲恺等),都在精神上将井田制理解为某种公有制,以作为在未来中国实现由西方传来的社会主义的神圣基地或精神支持。对此,列文森的评价是,在清末到民国这一段时期,"中国思想界的主流都是外来的。井田制也因此不再成为鼓舞人心的政治观念,而只是给某些新的并且似乎重要的事物增加一种相似的光泽"(第278页)。作为今天的读者,我们由此也可以体会支撑中国现代国家转型的思想资源之复杂。

第二节 儒教中国自我转型之不可能

自晚清以来中国向现代国家转型的动力来自何方?没有西方的冲击,中国自己能否走上转型之路?诸如此类的问题,一直以来都焦灼着中国学者的心。中国史学界曾以"中国资本主义萌芽"或类似的名称,探讨过这样的问题,并将其与中国古史分期、中国封建土地所有制、中国农民起义和农民战争、汉民族形成等议题,并列为新中国史学开出的"五朵金花"。

我个人曾经从财政方面概括过中国国家转型的内因与外力[①]。就是说,在帝国财政内部存在着至少以下三种紧张关系:正式收入体系中官僚阶层对帝国财政既支撑又削弱的紧张;非正式收入体系中公与私的紧张;特权对工商经济发展既保护又破坏的紧张。由于这样的紧张关系无法在帝国框架内解决,因而必须实现国家的转型或升级才有解决的希望。尽管帝国财政存在着诸如此类的紧张关系或者说内部缺陷,但仅从内部因素看,帝国似乎仍能长期维续下去,而不管王朝兴衰。在一个王朝的生存期,如果君主对外征伐的雄心不大(这样军事费用不会爆发性地增长),帝国君主又能相对有力地控制皇室(在财政上使皇室经费不至于侵蚀国家财政)和官僚(使非正式收入体系不破坏正式收入体系),那么量入为出原则就不会被突破。这时财政上就会有结余,王朝就能生存,帝国也因此处于稳定期。如果上述条件不成立,那么量入为出原则就会被突破,王朝会随着财政一起崩溃。在经历过一段时间的波动后,帝国将会伴随王朝的更换而实现重生,帝国财政也因此得以重建。不过,"帝国能够长期维续"的结论是以国家所受外部威胁不大为外在条件的。一旦这样的条件不再具备,就需要国家积极行动去应对生存危机,此时帝国财政设定的消极国家职能观就再也无法继续下去,财政上就需要为急剧增长的支出寻求新的收入来源。这种新收入来源,只能从具有大量剩余及富有弹性的工商业中去寻找。而要让工商业成为不断增长的财政收入来源,国家就要积极发展工商业;要发展工商业,最为关键的是确立个人产权,以及维护经济交易规则,这就意味着要建立一个基于个人权利和财产保护的政治与法律制度。这一切,意味着帝国财政乃至帝国制度的整体转型。因此,帝国财政乃至帝国制度内部缺陷的存在,将会因国家生存危机(外部条件)的诱发,变成促进帝国财政乃至帝国向现代转型的动因。

对于中国国家转型动力(或者说在转型过程中来自西方的动力和中国自身的动力哪

[①] 刘守刚著:《财政经典文献九讲——基于财政政治学的文本选择》,复旦大学出版社2015年版,第57—59页。

一个更重要)这样的问题,我个人不打算也没有能力进行全面彻底的解答。罗荣渠先生曾对此有一个综合性的意见,那就是"不论是'西方中心'观还是'中国中心'观,都是片面的。中国走向现代世界是各种内外因素互动作用的'合力'所推动的。这一巨大的转变过程应该按其本来的复杂性,从单向度研究改为多向度的综合研究"①。本讲在此节主要是尝试整理列文森在《儒教中国及其现代命运》文本中对该问题的回答。如前文已提及的,列文森使用的分析框架是费正清先生的"冲击—回应"。在他看来,儒教中国无法实现自我转型,在转型过程中西方扮演了主动的、积极的角色;正是来自西方政治、经济和文化方面的冲击力,才给中国延续几千年的儒家文化、君主体制造成巨大裂痕乃至断裂,进而促使中国走向现代。下面我们分几个方面来看看列文森对儒教中国不能自我转型的论述。

□ 儒家思想不能带来现代化所要求的专业化与科学

在《儒教中国及其现代命运》一书中,列文森提出这样一个问题:在17、18世纪中国出现了一批专注于考据并反对程朱理学的唯物主义思想家,这是否意味着"即使没有西方工业主义的催化作用,这个看上去平稳的、传统的中国社会,凭借自身的力量也将迈入一个具有科学取向的社会?"(第3页)事实上,有许多学者都追问过类似的问题,那就是,如果没有西方文化的入侵,中国是否能够实现以理性为内在精神的现代化?

像艾尔曼这样一批学者,对于清初出现的考据学者评价比较高,认为他们"冲破了元以来尊为官方意识形态的学术话语形成的束缚,结束了新儒学的正统学说以及它的钦定理论体系和强烈的形式主义对学术事业的垄断","清代出现的考证学派与20世纪中国学术话语存在着直接的连续性"②。从明代晚期由王阳明心学发展出的提倡"人人皆可以成为尧舜"、倡导"讲学议政"等言行中,也有学者看到了民主和自由这样的现代价值观的影子,并进而认为依赖这样的资源可以开发出中国的现代化,或者认定明清之际中国已发生朝向现代的转向。在新中国史学讨论中主张明清存在资本主义萌芽的学者更是断言,如果没有西方入侵,中国自身经济的变化也会带来现代化。

不过,列文森对这样的意见不以为然。在他看来,儒家思想所推崇的非职业化的人文理想决定了中国无法依靠自身的力量走向现代,因为现代文明讲究科学、进步、商业、工业和功利主义,可是儒家学者"他们对进步没有兴趣,对科学没有嗜好,对商业没有同情,也缺乏对功利主义的偏爱。他们之所以能参政,原因就在于他们有学问,但他们对学问本身则有一种'非职业'的偏见,因为他们的职责是统治"(第16页)。列文森又分别从考据学派的历史与明清文人画传统来分别阐明这一点。

(一) 来自考据学派的证据

众所周知,以伽利略、牛顿为代表的自然科学思想以及培根为代表的经验论、笛卡尔为代表的理性思维等,在推动西方世界步入现代化的过程中起到了决定性的作用。以西方发展为参照对象,从梁启超开始就有很多学者在明末清初兴起的考据学派中寻找科学

---

① 罗荣渠著:《现代化新论——世界与中国的现代化进程》,北京大学出版社1993年版,第238页。
② 艾尔曼著:《从理学到朴学——中华帝国晚期思想与社会变化面面观》,赵刚译,江苏人民出版社1995年版,第177、179页。

的经验论或理性思维的影子,并据此认为中国社会凭借自身的力量也在走向现代化。但列文森对此不能同意。

考据思潮是以官方正统思想(程朱理学)的批评者面貌出现的,它起于晚明,在18世纪达到高峰,被不同的学者分别称为"朴学""实学"或"汉学"。这些考据学者,提倡客观实证的学风,致力于对儒家经典文献中的语言文字进行考证、校订,并进而扩展至对数学、天文、地理、金石等实证材料展开研究。他们大力批评空谈义理的宋明理学,指责它背弃儒学真谛,甚至应该为明朝灭亡负责。

在《儒教中国及其现代转型》一书的开始,列文森就对考据学派进行了探讨。他概述了明末清初以黄宗羲、顾炎武、王夫之等为代表的学者,从实行、可感知的具体物质出发,对于(程朱)理学的唯心主义、(陆王)心学的神秘主义展开批评。在列文森看来,黄宗羲等人专注于实际的经验论思想与近代科学经验主义是"相吻合的"(第5页),但是这样的经验论"本身既不科学,也非必然导致科学的产生"(第6页)。这是因为,对科学的产生而言,重要的不是关于自然界的知识,而是向自然界提问的能力,"知识只有通过回答问题才能获得,所以要获得知识,首先必须有一个合适的能在正确的法则下追问的问题"(第7页)。但是顾炎武他们很少系统地提出问题,"不能找出事物与事物之间的本质联系",不能像培根那样渴望"在经验与理性之间建立起一个真正的合乎逻辑的联盟"(第8页)。所以,列文森断言,"我们不应该将这些清初的经验论者视为科学家的先驱。他们的思想并不是中国将要产生科学之内在趋势的征兆"(第8页)。

列文森还举例说,被称为考据学派或者汉学家的这些学者,虽然反对朱熹的理学形而上学,但他们对儒家经典的崇拜与认同并不比理学家少,他们宣扬的实学只不过是致力于校勘经典文献,研究经典中的语音语义,寻求解答伦理学而非科学问题的答案。这样的做法"距离关切自然之谜的科学思想是多么遥远"(第10页),因此"站在科学发展的高度来看,这同其他任何方法一样都是死路一条"(第9页)。

不过,列文森强调,虽然在清初中国学者的经验论思想中找不到科学的存在,但"这不是因为他们的祖先生来就不能发展科学传统,而是他们根本就不愿意这样做"(第12页)。接下来他用绘画方面的证据来证明自己的结论。

(二)来自明清文人画的证据

在第一卷第二章的一开始,列文森就引用了孔子的言论"君子不器"来阐明儒家源远流长的反职业化(或专业化)传统,这样的传统与儒家知识分子因充当统治阶级而希望社会稳定结合在一起,带来了中国学者对古典主义的深深崇拜以及对变化与创新的反对。显然,这样的想法与现代化的取向严重不合,因为现代化一方面意味着体现现代理性精神的职业化必不可少,另一方面意味着体现在社会主导性商业活动中的进步、变化、创新以及功利主义也不可少。列文森举出了明清时期的文人绘画作为例证。

在列文森看来,明清画家的自我定位以及在文人画中南宗的胜出,可以说明儒教观念对专业化分工与职业观念形成有巨大的限制。比如像明朝著名画家董其昌这样的文人画家,尽管在书画艺术理论与实践方面都达到了很高的造诣,但他首先把自己定义为追求"道"甚至实践"道"的君子而不是职业的画家,不愿意甚至不屑于成为"君子不器"中的

"器"。在画派的南北宗之间,南宗提倡"顿悟""画意不画像"的唯心主义山水画("禅画")。相对于提倡理性的而非直觉的、更拘泥于细节的北宗工笔画,南宗更能得到士大夫们的认同。这是因为,儒家知识分子崇拜非职业化,讨厌"工笔"这一专业术语。就是说,南宗审美观之所以能够得到士大夫们的认可,"是因为他们在社会学上对优雅的士大夫风度的爱好超过了对职业化的爱好"(第21页)。

那么,如何获得南宗画派崇尚的直觉洞察力的火花呢?关键在于临摹从前大师的作品,"一个画家的'气韵'产生,并不需要有一座真山,而只要有一座古代大师画的山"(第25页)。这样一种做法,与儒家知识分子普遍提倡的从古代圣贤作品获取真理与治国之道是一致的,"画家必须在某种风格上临摹古代作品,就像一位学文学的学生必须对流传下来的古典作品全部研究一番"(第24页)。因此,列文森断言,就中国绘画而言,用任何内在的标准来评价,"它早在明代中期以前就已达到了其风格的极限,并已开出它的最后花朵"(第33页)。此后,中国画家一代一代地模仿,可"中国人并没有对模仿感到恐惧,也没有认识到创新要求艺术家有新的创作目的"(第33页)。前文说到的考据学派也与此类似,它在17、18世纪对宋明新儒学的批评,"主要不是指责它们没有满足当时的需要,而是指责它们偏离了过去的真理"(第38页)。列文森说,只是到了19世纪后期,当中国社会在西方的压力下开始沿着西方的道路发生变化时,当西方的价值判断,如对"创造力"的赞扬开始在中国产生它的影响时,"中国人才开始对中国绘画艺术缺乏独创性产生怀疑,也才开始对一味地模仿古人感到窘困(而不是沾沾自喜)"(第34页)。

利用上述绘画方面的证据,列文森说明了明清乃至整个儒教中国时期官僚士大夫的反职业化倾向。他们景仰人文文化而不是技术性的职业文化,认为国家治理主要靠道德榜样而不是法律或其他专业行政技术,主张最适合自己需要的是儒家经典著作中的道德学说,此乃学问之"体",而认为其他东西对于治国没有任何价值,至少价值不大。"学问的价值就在学问自身,并且由于科举考试制度,它更适宜于美学上的空发议论,而不是实践上的贯彻实行"(第34页)。就是说,只需要追求儒家经典中的学问,只需要加强道德修养,而无须培养职业技能或实现专业化,就能完成士大夫唯一的职能——治理国家。儒家知识分子所持有的这种"非职业化"观念,一直到了近代西方冲击来临后,才不知不觉地为"专业化"观念所取代,"那些为传统主义者和古典崇拜者所珍爱的东西,才会被生活在科学和革命之时代的新青年斥之为矫揉造作"(第35页)。因此,列文森的结论很清楚,现代化所需的科学经验与专业精神,是欧洲文明产生的东西,儒教中国并不存在,只能从西方引入。

有意思的是,列文森本人虽然是现代化的肯定者,但并没有否定儒家"君子不器"的主张。事实上,他个人充满对人类古典文化的热爱。他也以英国作家斯威夫特为例,说明英国同样存在这种贵族式的人,他们喜爱人文学科远胜自然科学。这一现象反映了列文森思想的复杂性,以及《儒教中国及其现代命运》一书内容的丰富性。而且,列文森也从对"君子不器"这一儒家思想的某种肯定出发,同情性地解释了共产主义在中国兴起的原因,因为马克思主义同样反对专业化分工,反对将人当作工具。到书的最后,列文森还追问:"为什么儒教会枯萎成为这样一种畸形物呢?"(第348页)他强调,可能的一部分答案是,

"儒家文明推崇的是非职业化的人文理想,而现代的时代特征则是专业化"(第348页)。他最后总结说,"在反职业化的古典世界里可能是成就最高的儒家教育,所追求的目标是培养出具有很高文化修养的非职业化的自由人,这些人摆脱了非人格的系统的控制。因此,与本质上是审美的、是目的而非手段的科举考试有着密切的联系的中国官僚制度阻止了向职业化方面的发展"(第348页)。

□ 儒家思想不能带来现代国家制度

在《儒教中国及其现代命运》一书第二卷的讨论中,我们还可以发现列文森对古代中国儒教与君主制结合的讨论,这样的讨论事实上解释了在中国产生现代国家动力不足的问题。列文森并不认为两千年中华帝国史是静止的或循环的,而认为在儒教与君主制、君主与儒家官僚、儒教思想内部之间充满了张力与冲突,这为儒教中国的发展带来了活力。但这样的张力与活力,并不足以带来儒教中国的现代化。他的结论是,"在以往的许多世纪和朝代中,君主制和儒学相伴而生,结为一体,互相利用,现在又互相牵连,双双衰落"(第259页)。正因二者同时衰落,才会有现代中国的兴起。

(一)儒教中国的张力与活力

在中华帝国时期,儒家思想并非简单的学术思想,它与那个时代农业家庭式普遍生产生活方式、官僚制度、教育、政治社会化过程结合在一起,甚至与天地鬼神的宗教信仰以及社会心理状况密不可分。就此来说,这本书的中译者将英文书名中的"Confucian"译成儒教而非儒家,是有一定的道理的。自汉代"罢黜百家、独尊儒术"之后,儒家思想与帝国君主官僚制就成为一体而造就出儒教中国。不过,称为"儒教中国",并不意味着在内部(儒教与君主制、君主与官僚、儒家思想不同派别间)没有矛盾或冲突。

1. 儒教与君主制

在列文森看来,儒教与君主制既互相需要又有内在的冲突,正是这种关系才使得二者都能生存。他在第二卷第二章开头引用尼采的名言说,"几乎每一个政党都懂得:为了自我生存,就不应使反对党失去所有的力量"(第158页)。因此他断言,"儒教与君主制度之间的这种既相互吸引、又彼此排斥的张力的丧失,是造成中国君主制度瓦解的因素"(第159页)。

一方面,列文森认为儒教士人需要君主制来获得权力、实现个人理想与社会稳定,而君主制也需要儒家思想中包含的反对封建的力量。列文森所说的封建力量,是指那些具有割据能力的豪强、主张世袭的意识以及掌握武力的集团。按照列文森的说法,儒家士人构成的官僚阶层"怀有各种限田思想并对具有皇家背景的豪强始终持怀疑态度"(第161页),"儒家的理智性与封建的崇尚武力是背道而驰的"(第161页),儒家设计的通过科举考试制度来获取权力和声誉"宣告了封建主义根据出生就能获得社会地位之法律保证的无效"(第161页)。正因如此,列文森断言,虽然在帝国中仍保留了分封制,但"只要绅士-文人-官僚阶层站在皇帝一边,这种受到皇帝庇护且有名无实的分封制就不会对皇帝构成任何威胁"(第162页)。

另一方面,列文森认为儒教与君主制之间并非全然互相支持的关系而存在许多冲突,并因冲突的存在而使得君主制充满活力。这样的冲突有：儒家倡导的"孝"（家族的优先权）潜在地与君主要求的"忠"不相容（当然,忠"也不能被解释成绝对服从皇帝的意志,相反,真正的儒家的进谏或以身作则都是'忠'的行为",第163页）；君主统治依赖的法治与力,与儒家倡导的礼治及对君主修己品德的要求也存在着紧张,儒家还认为,正是因为皇帝的德行显然不足以造成一个完美的社会秩序,他们才求助于法律(第163页)；君主的世袭,与儒家倡导政治地位不能继承的理想("禅让")之间,也是矛盾的(第162页)。所以,列文森说,"从一开始,君主主义和儒学之间的矛盾就存在,而且一直延续了下来。官僚知识分子在为了社会的稳定而支持帝国集团的同时,又常常表现出离心倾向,从而对王朝构成威胁,王朝也因其离心倾向而经常排斥官僚知识分子的力量"(第159页)。他还说,像中国这样的传统国家之所以保持长盛不衰,是因为"它的活力或许来自对这种张力的宽容,而这种张力的丧失则标志着官僚君主制之死亡的到来"(第159页)。列文森强调,儒教与君主制之间还有一种矛盾,那就是：儒家始终坚守学者的非职业化理想（反对专业化）,反对那种仅仅把人当作工具的职业训练,强调"他们自身就是目的,而不是手段,不是君主的一种工具"(第165页)；可是,君主的法治却表现出它的无人格性和抽象性,特别是像清朝那样的少数民族王朝的统治者,会把儒家文人作为专门的工具来使用。因此,列文森总结说,"就儒学而言,它始终都需要君主制,并始终都接受其存在,但这种接受也始终暗含有对君主制内在任意性的限制"(第167页)。

2. 君主制与儒家官僚

中华帝国的皇帝宣称拥有全天下的土地与人口,但他不可能实行"一人之治"。在西欧中世纪,辅助国王实施国家治理的是军功贵族,而在中国则是儒家官僚。自汉代开始,在理智生活和官僚权力之间建立起紧密联系的儒家官吏,慢慢地取代世袭贵族且始终压制着军功集团,进而成为治理国家的主要力量。经过唐代的科举制及后来君主对军事贵族的打击,到宋代,儒家文人阶级终于取得了绝对的胜利：一方面"在严格的意义上拥有特权和世袭身份的贵族虽然始终存在,但总体上早已失去了活力"(第169页)；另一方面,"无论官僚制度还是儒教理论都得到很大的发展,并由此取得了'文'对'武'的绝对胜利"(第170页),宋代以后"是官僚这一文官势力阻止了武人的篡位"(第193页),以至于到20世纪初梁启超"对儒家爱好和平的文人之士取代尚武之士深感痛惜"(第169页),因为中国没法像日本那样"自我实现从封建忠诚到民族忠诚的演变"(第169页)。还有一点,列文森没有特别强调,那就是儒教理论成功驯化了法家官吏,让帝国治理呈现出"外儒内法"的样态,从而使得帝国官僚几乎都是儒家知识分子。总之,在帮助君主清除了所有的对手（对君权有威胁的贵族力量与武人集团）之后,儒家"官僚自己则成了唯一能与王权相抗衡的力量"(第170页),以至于"有人把儒家（官僚）与君主之间的紧张关系说成是中国帝制历史中的主线"(第168页)。

列文森说,得到儒家知识分子兼官僚有效支持的君主,成功执掌了国家大权,并开始"在某种程度上对官僚采取排斥的态度"(第170页)。这是因为,一方面所有曾经抵抗君主的力量都已减弱,君主为了进一步集权,只能将手中掌握权力的官僚作为唯一的对手,想方设法限制他们手中的权力,反对他们因私人欲望而侵蚀公共权力；另一方面,儒家官僚权力的特殊性是它有独立的来源,即官僚权力虽然来自君主的授予,但得到授权的原因却是儒家知识分子的个人品质(具有很高的文化修养,而不是或者说不仅仅是职业专长),"是儒家把这种品质带给了官职,而不是官职给予了儒家这种品质"(第179页)。因此,儒家官僚并非完全依赖于君主,他们可以"进出于君主的政府部门,一会儿出山,一会儿又隐退"(第180页)。君主如果"不能满足儒家对自由和身份的那种贵族式的爱好",那"他就会冒重蹈秦朝命运的覆辙、被儒家官僚和整个社会抛弃的危险"(第180页)。列文森也指出了事情的另外一个方面,那就是儒家官僚也不能过分反抗君主,否则可能"会将自己和国家交付给曹操那样一类的残忍人物"(第180页)。这才是君主制与儒家官僚之间张力的全部。

为了既利用又限制儒家官僚,君主做出了至少两个方面的努力。一方面,君主利用旧的力量(即贵族与军事集团)来限制儒家官僚。比如,明代用皇子分封的贵族来制约官僚力量,清代重用贵族与满洲军事集团来反对官僚势力(第176页)。列文森还以路易十四时期的法国与腓特烈·威廉一世时期的普鲁士为例来比较说明(第178页)。另一方面,君主发展出新的力量来制约儒家官僚。比如,汉代皇帝就感到有必要集结一支"第三种力量(即宦官)来压制儒家势力"(第177页),明代朱棣则利用和尚和宦官的力量(第180页)。当然,在对抗官僚的斗争中,到最后,"不是皇子或贵族,而是宦官和低微的满人成了专制君主的工具",就是说明朝的宦官和清朝的满人发挥了同样的功能,"扮演君主之援军"(第177页),帮助抵抗儒家官僚。

3. 儒家思想内部

列文森告诉我们,不仅儒教与君主制之间长期存在着紧张关系,而且儒教"自身内部也长期存在紧张关系"(第180页)。他把这样的紧张关系总结为内与外、公与私、家庭与家族、身份与学问、惯例与法律、自由与监督这样6对关系。接下来就列文森对内与外、家庭与家族、身份与学问三者间紧张关系的论述,做一点简单的概括。

列文森所说的儒家思想中"内与外"的紧张,指的就是"修身"与"平天下"间的关系。在儒家看来,大多数君主从事着国家治理(治国平天下)活动却无道德上的完美(修身),而孔子虽然在内有德但在外却没有君主的"位"。德与位应该合一,"知与行本应合一,但'势'又经常将它们分开"(第181页)。特别是朱熹等人将个人修身的要求大大提高后,儒家思想就"暗含有对君主制的责难"(第182页)。

就家庭与家族的关系而言,儒家推崇以血缘和亲缘为基础的家族,君主一定程度上也愿意用超越家庭的家族来限制最基层社会的分裂。但问题是,如果家族力量过强,就可能会削弱国家的公共权力甚至有反叛的可能;而官员若服从家族首领或家族利益,就会成为新的贵族。

就身份与学问的关系而言,主要矛盾集中在科举制方面。对君主来说,科举制有助于反对贵族分封思想,但如果官僚仅靠科举就能任职,那又成为脱离君主控制的新的分裂势力。对儒家官僚来说,科举制有助于他们压制那些非文人(武士、宦官)的势力而让自己独占社会威望与权力;可问题是,纯客观的科举制又会破坏儒家的等级观念,更要命的是它把文化知识提升到个人品德之上从而腐蚀了人们的头脑(第187页)。

4. 小结

在列文森看来,上述儒教与君主制、君主制与儒家官僚、儒家思想的内部存在的紧张关系,"并不是旧秩序虚弱的表现,相反是它的力量所在"(第 202 页)。在这样的紧张关系支配下,儒教中国才有一系列的发展,这样的发展既巩固了君主制又巩固了儒教的地位。

比如说,儒教与君主制、内与外的紧张关系,使儒家官僚"为王朝的君主们披上一件道德的外衣"(第 189 页),就是说认为皇帝不像一般的芸芸众生,虽然并非天生的圣人,但仍然具有道德完美的可能性,君主应服从儒家制定的道德并以儒家大知识分子为师;儒家官僚从总体上来说应服从并依附于皇帝,并将道德献给君主(用道德完人的称号"圣人"来称呼皇帝)。列文森用儒家官僚向皇帝行磕头礼来说明二者的有效联合,"磕头这一卑下恭敬的行为是对君主至高无上之地位的确认",因为君主符合儒家的天命,"他成了天在地上的代理人"(第 195 页)。

在君主与官僚、忠与孝之间的紧张关系中,君主对儒家官僚有"忠"的要求,可"儒家从来都没有完全地屈从于君主对'忠'的界定"(第 190 页),儒家官僚"不赞成把对旧王朝的忠转移给新王朝,这实际上是重新树立(而不是毁灭)官员作为目的而非手段的自我形象的一种方式"(第 190 页)。但是,儒家官僚也以"君父"一词称呼君主,即用类似于"孝"的私人关系来缓和与君主的紧张关系,从而确立自己的服从。

因此,上述紧张关系的存在并具有活力,事实上促进了二者的共同发展,"儒家是随着王权的加强(而不是与之反对)而发展起来的"(第 193 页),"君主专制主义的发展并没有阻止官僚儒家之地位的不断增强"(第 195 页)。当然,儒家官僚与君主的紧张关系甚至斗争,也始终没有终止,"直到传统时代的结束,代表中央权力的君主,都一直在从事着反对官僚扩张私人利益的斗争;而同时,抵制君主这些压力的儒家官僚则把这些压力说成是君主使天下为私产,并因此而丧失了对公共福利事业的道德关心的行为"(第 201 页)。直到清末,当这种紧张关系结束时,即儒教不再充当君主的盟友加对手的角色时,"作为中国人特殊之宗教的儒教则真正地衰落了"(第 202 页),当然君主制也从此衰落。

(二) 君主制与儒教的双双衰落

列文森说,上述儒家官僚与君主制之间的关系,让中国结束了分封制但没有创建出一个近代国家,"唯一的解释是:儒家官僚从来都不是专家性的职业官员"(第 200 页)。因此,要在中国实现近代国家,就必然意味着君主制与儒家思想要一起予以反对。列文森大致从下述两个角度来论证这一点:从正面来说,是因为儒家官僚对社会革命无动于衷,不能将中国带入现代;从反面来说,是因太平天国既反对权力当局又反对儒家思想而带来的启示,以及民国时期复辟帝制与恢复儒教遭遇失败带来的教训。

1. 儒家官僚不能带来社会革命

在列文森的论述中,西方之所以能走向现代,至少有这样三个方面的原因。

第一,贵族制的存在。就是说,贵族有能力也有意愿与国王争夺权力,结果是贵族"榨干了王权的力量,他们也因此而正在榨干自己的特权"(第 205 页),并使自己(在法国)"成了完整意义上的寄生虫,他们不仅离开了政府机构,而且甚至把理智的功能让给了其他阶层"(第 208 页)。

第二,上帝观念的存在。这是因为"没有上帝也就意味着没有开端,没有时间的进化观念"(第215页),而有上帝观念就有对社会革命的接受。

第三,市民力量的存在。就是说,市民(或普通民众)在西方一直以来支持国王反对贵族,但因国王剥夺了贵族在地方生活和政府中的传统地位后,又"有意地使贵族的势力保留了下来,并使它成了自己的一部分"(第205页),这样人们就在反对贵族特权阶级时便"不得不把君主包括在反对之列"(第206页),于是市民(如1789年巴黎市民)转而反对王权,开启"一场新颖的革命"(第204页)。

与西方的背景相比较,由儒家官僚协助君主统治的中华帝国,不可能形成上述这样的社会革命。

第一,在中国,虽然君主"总是力图铲除官僚中有可能产生贵族的那些潜在因素"(第202页),儒家官僚也对君主有批评与非难,但"不论这些非难多么具有价值,他们都不是对'中国的政治思想具有内在民主'之观点的证明"(第220页)。个别儒家知识分子可能会走上反抗的道路,"使文人成为君主对手的是他们通过唆使民众的反叛而使王朝受到打击的嗜好"(第204页),但总体上绝大多数官僚仍充当君主的工具,并不像西方贵族那样反对君主。当然儒家官僚也从未像西方贵族那样最后沦为寄生虫,"以官员的身份为王权服务,以儒家的身份为社会思考,无论是在事实界还是在精神界,他们从来都没有陷入毫不起作用的境地"(第208页)。

第二,儒家思想缺乏上帝的观念。"儒家没有天国中存在着上帝的观念,不相信有来自上帝本人的声音"(第220页)。因此,与上帝观念不相容的儒家思想,必然排斥真正的社会革命,渴望模范君主而非世俗政治世界的变革,儒家的理想是,"一位帝王应将美德传播四方,并相应地将和谐投射到社会,而不是在逻辑上干预它,从而使它发生变动"(第215页)。虽然儒家也有天命理论以及对天命转移的信仰,但天命理论并不能保护人民也非提倡社会革命,它的作用是"保护了士大夫"(第221页)。

第三,缺乏真正反抗性的民众力量。中国的民众不像工业革命前的欧洲那样与君主有密切的联系,并通过与君主合作反对贵族来增强自己的力量。在思想上,除了支持君主制的儒家之外,不存在任何有竞争力的思想派别可用来支持民众的行动。在一定程度上,佛教、道教也持有"由救世主来拯救'末日'的那种反社会、反历史的学说"(第211页),但它们的力量软弱,并不能真正打击占统治地位的儒学。思想的冲突往往只发生在儒学传统内部,而儒家本身是"一个反对革命的保守团体",它"通过阐明社会体系之内在道德的作用,而不是社会体系之外在功能的运作,使这种体系成为神圣的和理智上无可批评的东西"(第221页)。

2. 太平天国的过渡意义以及民国恢复君主制与儒教的失败尝试

由此可见,中国缺乏西方那样经由社会革命而走向现代的条件,儒家官僚更不可能带来中国的社会革命。正如列文森所言,"王朝是使儒家免遭社会风暴袭击的避雷针,它作为革命的对象,经历过改朝换代,然而官僚却一直延续下来,没有受到革命的打击"(第221页)。中国走向现代,必然意味着儒家官僚与王朝同时衰亡。太平天国运动、民国时期复辟君主制、复兴儒教等屡遭失败,验证了这一结论。

根据列文森的说法,太平天国运动不像以往农民起义或者清代的天地会反抗运动,因为后二者反对的只是一个王朝,而前者是"要把儒学从中国社会之智慧的地位上拉下来"(第223页),通过"攻击儒家官僚不只是在社会上腐败,并且在思想上也空虚"(第233页),"宣告儒家官僚已成了寄生虫"(第210页)。太平天国运动反对的是整个正统的社会制度,因为"既然适用于君主制的儒家学问明确地作为卑鄙的学问而被抛弃了,那么遭到否定的就不仅仅是一个清王朝,而且还有明王朝和其他类似的王朝"(第224页)。所以,列文森对太平天国运动在中国现代化进程中的过渡意义极为强调,"具有原始革命性质的太平天国反叛沉重打击了儒家-君主之统治秩序,并把结束这一统治秩序的历史使命留给了那些不久就会出现的确切无疑的革命者"(第210页)。列文森之所以做出这样的判断,理由是发动太平天国运动的"拜上帝会"奠基于先验的宗教观,是"与儒教的一次真正的彻底决裂"(第211页)。这个先验的宗教观推崇的"天命"与儒家大相径庭,它的"天"指的是上帝,而上帝作为造物主则把时间带给了无始无终的世界;它的"命"也与儒家没有时间限制的"命"不同,指的是出自上帝之口且为人们所遵从的"命令"以及伴随命令而来的权力(第225页)。儒家的天之"命"则不同,它始终存在,只是有资格握有天命的人(家族)在不断更换;儒家知识分子因明了这种天命才可以"拒绝承认君主有把他们变成工具的权力"(第232页)。因此,"太平天国对儒学形成了真正的挑战"(第211页),"儒教受到了太平天国反叛的损害",使自己"似乎成了地主统治的文化外衣",这就为后来的中国共产党人发动革命奠定了基础(第234页)。

民国的建立意味着君主制与儒教一起衰亡,虽然民国"没有引起社会变动",但它"使新思想的产生和发展成为可能"(第142页)。此时无论是君主制还是儒教,都不可能在中国恢复地位。虽然反共和的情绪与传统力量的存在,一度让袁世凯复辟君主制并使张勋短暂复辟清王室,但这两场君主制复辟的快速败亡,证明没有儒教支持的"君主制度就已经丧失其功能"(第145页)。而儒教因不能保证中国避免亡国灭种的命运,在太平天国及更多受西方思想影响的知识分子攻击下,早已衰落不堪。日益失去影响的儒学,在民国时期"与其说是一种教义,还不如说是一种情感,它与共和主义者对过去价值的怀疑论相对抗"(第147页),残余的儒学和当时的所有复辟帝制运动建立了联系,并随着复辟运动的失败而进一步衰落。虽然也有儒家思想的支持者认为,儒教"已成为中华民族特殊的(历史的)组成部分,是它的灵魂或国性",主张"中国也应定孔教为国教,尤其应该保护这一国性"(第151页)。但列文森评价说,当儒教被视为"国性"时,"它使本可以被保存的这种文化之体分解了"(第151页)。这是因为,若作为"体",儒教就是文明的本质,具有绝对价值;可若作为国性,儒教只是"中国"文明的本质,是历史相对主义世界中的一个价值复合体,不再具有绝对的价值。于是视儒教为中国的"国性"这一浪漫思想,剥夺了儒教自身的精髓,即作为普遍性真理的价值(第151页)。

3. 儒教中国的失败

进入民国之后,以陈独秀为代表的一批新文化运动倡导者,已经明确宣布"中国应该拥有现代人所要求的那些东西"(第154页)。所谓现代人要求的那些东西,显然既没有君主制也没有儒教,在他看来,"儒教是一种陈旧的思想,它会扼杀目前民族的活力"(第154

页)。此时尝试建立的是西方那种现代的国家,它拥有集权的技术工具,但"在文化上却破除了儒家要素"(第 236 页),在政府内活动的是作为工具的、可替换的官僚("民国对'官'的强调和对'臣'的排斥,是一个职业化了的、反文人的世界的特殊标志",第 245 页),而不再是"不器"的儒家君子。于是,"幽灵般的君主制和幽灵般的儒教在枯萎中最终联合了起来,它们虽然彼此不再干扰,但生活也同样不再干扰它们,它们已成了博物馆的老古董"(第 242 页)。

第三节 从责任建构现代国家:知识分子的选择

列文森一再说到,儒教中国缺乏向现代国家转型的内在动力。那么由此而来的问题是,他所描述的晚清、民国直至新中国这样大的国家转型活动又是怎么发生的?在西方冲击下,中国是如何回应的?事实上,在《儒教中国及其现代命运》中有许多篇章尝试着回答这一问题,归结起来答案就是:中国的知识分子,基于责任而自觉构建国家的努力,才是中国国家转型活动的重要动力;知识分子之所以具有这样的动力,事实上仍然离不开儒家思想对于知识分子责任的要求。因此,作为知识的儒家也许像列文森所描述的那样衰亡了,但作为内在信仰的儒家仍在历史过程中持续发挥着作用。

从财政上看也是如此。中华帝国是以君权为核心的家国共同体,君主对家国共同体有大家长的地位和责任,并因此建构起帝国家财型财政制度。在近代国家共同体遭遇生存危机之时,中国的精英士人或者说知识分子仍借助"以天下国家为己任的责任伦理"来推动财政转型乃至国家转型。鉴于"责任"原则在帝国财政及其现代转型过程中的重要性,我曾将中国通向现代国家的财政道路命名为基于"责任"的道路①。在通向现代国家的财政道路上发挥主体作用的,也是本讲说到的知识分子或者说精英士人。

□ 接受西方的开始:肯定儒家文化的革新派知识分子

如前所述,儒家知识分子一直进行着富有活力的批评与反思。特别是在 17、18 世纪,考据学派或者说汉学学者对于宋明新儒学进行了有力的批评,指责它空疏无物,而后者反过来又批评前者支离破碎。不过,当 19 世纪西方的冲击来临时,所有这些内部的批评显得都不重要了。正如列文森所说,"无论中国思想家们过去是如何随心所欲地热衷于内争,现在当西方文化对儒教本身提出挑战时,所有这些争论的发动者都面临着真正的危险,大家只能是风雨同舟,有难同当了"(第 45 页)。那时的知识分子必须回应的是,面对西方的冲击,国家如何保存?这是因为,传统儒家教育让知识分子普遍接受了这样的自觉责任意识,一种"以天下国家为己任的责任伦理",即要求"每一个人都必须自觉地承担起

---

① 刘守刚编著:《中国财政史十六讲》,复旦大学出版社 2017 年版,第 317 页。

对于家庭、乡里、国家、天下的责任"①。

（一）西方挑战的到底是什么？

列文森强调，西方文化并非19世纪才来到中国。事实上，在17、18世纪，耶稣会士已经给中国带来了新奇的器物（如透视画法）、近代的科学与另类的宗教。但所有这些，在某种程度上只是丰富而非挑战了中国的文化。这是因为，传统中国知识分子掌握的儒家学问主要针对科举考试，科举考试是唯一被认可的通向仕途的路径，而仕途又是社会地位与经济权力的辐射中心，"那些没有欧洲的军事和经济实力作后盾的耶稣会士只带来欧洲的思想，他们不会对占统治地位的官僚权力体系产生任何不利的影响"（第40页）。就是说，若不能影响与唯一正途的科举制结合在一起的儒家知识分子的行动，那西方文化就不可能成为对中国的挑战。

那在19世纪，西方文化为什么就成为挑战了呢？列文森强调说，首先是因为19世纪来到中国的西方文化传播者在人数上远远超过明末清初，人数多寡自然会带来程度不同的刺激，但这个不是事情的全部。之所以在19世纪能成为挑战，是因为此时的西方文化开始影响作为知识分子唯一正途的科举制，并进而影响知识分子的行动。

列文森说，西方冲击中最明显的是欧洲的工业主义与商业主义。伴随西方工商业而诞生的科学，在17、18世纪来到中国时，只在观念上对儒家构成潜在的威胁而没有成为实际的威胁，主要原因在于当时的儒家官僚仍能凭借权力和威胁榨取商业剩余、压制商业价值，从而扼杀任何资本主义萌芽，"没有一个抽象的、非人治的法律保障制度，商业就永远得不到安全的保证"（第41页）。不过，在1842年中国被迫开放通商口岸之后，这样的工商业及支持工商业的现代价值与制度就再也不可能被儒家官僚压制了。"通商口岸成了人身和商务安全的天堂，在那里财产可以免受有权有势之官员的掠夺，在那里商业风气和法律规章鼓励人们将其商业利润投资到商业之中，而不像传统商人那样为了满足自己成为官僚绅士的渴望，将资本从商业中抽出去购买土地"（第41页）。

列文森指出，儒教中国之所以能维持，是因为儒教知识分子可以通过科举制而获得权力与地位，在帝制时期这几乎是知识分子唯一的出路，而它反过来又证明儒家思想的有用性，并因此取得真理性。不过在西方的冲击下，学习西方知识也能成为知识分子的出路并进而具有了有用性，比如说参与外交、办理洋务、从事商业等，换言之，它为中国知识分子"指出了一条非正统的选择道路"（第41条）。于是，"中国人通向权力的新路已经模糊可见，它是由西方知识铺平的"（第42页）。儒家思想的有用性受到了挑战，"对它的真理性的疑问也就不可避免了"（第42页）。列文森的意思是，西方对中国的冲击产生的影响，此时是通过影响知识分子的现实选择行动而完成的。

当然，知识分子在19世纪的行动并非仅仅出于个人获取权力的考虑，还有他们从"以天下为己任"的传统伦理观出发，对中国19世纪晚期的内忧外患进行的知识思考与发起的拯救行动。因此，西方的挑战让儒家知识分子认识到，要保护中国之"体"，就需要引进西方之"用"；而这种"用"，"不只是坚船利炮和军队"，还应涉及"中国的政法体制"（第65页）。

---

① 姜义华：《中华天下国家责任伦理与辛亥革命》，《社会科学》2011年第9期。

（二）将西方文化视为补充：侧重于器物层次的回应

在列文森看来，儒教中国向现代的变化是在西方一次次冲击下逐渐发生的。他列举了一个个著名的儒教知识分子在此阶段的言行，以说明这样的变化所经历的历史过程。事实上，中国向现代的变化，也正是由这样的知识分子推动的。这一批站在历史潮头的引领者，坚持儒家传统但承认西方文化可作为补充，他们侧重于引进西方的器物（如坚船利炮），还赞成引进跟器物生产流通相关联的工厂制度、商业行为等。

列文森举出的第一个代表人物是曾国藩（1811—1872），他是持有"中国中心主义思想"的标准儒家知识分子，对"中国精神价值的普遍性持肯定的态度"（第42页）。不过，列文森没有交代的是，曾国藩事实上属于儒家重视经世致用的一派，也因此能成为镇压太平天国运动、恢复国家稳定的重要人物。与顽固的传统主义者不同，在对内治理以及跟西方打交道的过程中，曾国藩肯定并大量运用了西方的实用技术，他"感到有必要大量倡导将西方的物质文明纳入中国文明"（第45页）。于是，曾国藩成了一个广义上的折中主义者，想用调和的精神对待中国古代学派之间的冲突，并"准备将西方文明的某些东西赋予中国文明"（第43页）。对曾国藩这样的人来说，西方的观念仍是异端，中国的思想内部虽有冲突但相形之下仍是一个整体（第44页），不过西方的技术是可以直接运用的。

继承曾国藩事业并在相当程度上与曾国藩思想一致的，是列文森提及但未多讨论的李鸿章（1823—1901）。一开始李鸿章对待中西文化的态度与曾国藩相似，赞成从西方引进坚船利炮等军事技术，并由此出发逐渐引进造船业、枪械所、矿业、铁路业、电报业等，以实现富国强兵的目的。他甚至还以"知己知彼"为口号，倡导翻译西方文化著作。工业的引进自然带来了对配合工商业发展的制度要求，而这种制度变革要求又因西方入侵威胁日益加大而不断高涨。所以在李鸿章等人的心中，开始出现一种极度痛苦，"他从内心深处发现或者感到了变革的不可避免，但他既不能在事物的传统框架中为变革让出位置，又无法使自己超越那个仍然视传统为神圣的思想境界"[1]。列文森举出了与李鸿章想法类似的薛福成（1838—1894）为例，他们都是"在物质层面上主张革新，但在精神层面上理想万古不易的代表人物"（第49页）。他们强调，"要使中国文明免遭西方征服者的彻底毁灭，唯一的选择就是由那些具有献身精神的中国传统主义者进行有选择性的改革"（第47页），目的是实现国家的富强。于是，他们"表现出对商业的极大热情，而这是与旧儒家官僚的绅士气质不相符的"（第49页）。换言之，这些追随现实变化的儒家知识分子开始意识到儒教中国制度变革的需要，尤其是要妥善处理以下问题：（1）与工商业经济活动相关的一系列制度安排；（2）工商业生活方式对心灵秩序的影响；（3）工商业从业者对权力分享的渴望等。不过，作为折中主义者，李鸿章、薛福成这样的知识分子一再强调，"向西方学习进行改革的是那些只具有实用价值而不具有基本价值的领域。西方知识只是被用来保卫中国文明的核心，并不是用来侵害它的"（第47页）。

张之洞（1837—1909）的"中学为体、西学为用"模式，正是因此应运而生的。体用模式

---

[1] 格里德尔著：《知识分子与现代中国——他们与国家关系的历史叙述》，单正平译，广西师范大学出版社2010年版，第20页。

本来是儒家一个传统的模式,列文森对此进行了详细的讨论。大致上,"体"是指无法言明的直觉到的存在对象,即本体或实体;而"用"则是"体"的功用或者说表现在外的作用。在朱熹那里,体用不二,它们是同一事物的两个方面。不过,张之洞的体用模式,"实质上是宋儒哲学的庸俗化"(第52页),是为了引进西方机器、西方工商业甚至西方制度而打消反对者顾虑的一种方便说法。运用"中学为体、西学为用"模式,张之洞想说明的是引进西方占优势的物质的东西,以实现自强,不会伤害中国占优势的精神价值。这样的中西融合(中国精神加西方物质),可以使中国实现富强并保存儒教的正统地位。

列文森告诉我们,虽然张之洞的体用模式"从来没有失去吸引力"(第55页),但它在逻辑上并不正确(因为体和用并不能分开),在实践中"没有真正地将特殊的需要和普遍的需要融合在一起"(第49页),因而遭到顽固的传统主义者和激进的改革派双方的反对。这一模式把传统主义者为挽救衰落的传统所做的努力引入了歧途(第55页),以倭仁为代表的顽固的传统主义者,"看到了体用模式的逻辑错误",也"看到了体用模式的社会危险性"(第58页),因此他们认为要保护中国文化就必须拒斥西学。而改革派注意到,人们根本不可能在文化的物质部分与文化的精神部分之间划分出一条明显的界限来,"与西方应用科学之用联系的体,是西方的纯科学,西方的哲学、文学和艺术,而不是它们的中国对应物"(第55页),尤其是在中国发展西方的应用科学和工业化已成为强大的社会催化剂,现实的变化已使得儒教中国再也不可能保持原状了。因此,这一体用模式,"不仅体现了外来因素所造成的儒教的衰落,而且也是儒教本身衰落的象征"(第52页)。需要新的思想指引中国走出儒教中国,而这又是康有为为代表的儒家知识分子提供的。

(三)将中、西方文化视为平等:侧重于制度层面的回应

以体用模式为顶点、将西方文化作为补充来实现富强的精神运动,在19世纪末发展到对制度变革提出要求,尤其是在甲午战争中败于引进西方制度的日本之后。列文森强调,此时"自强运动除了涉及最基本的物质技术外,还应涉及中国的政法体制"(第65页)。而政法体制显然是精神或者说价值的一种表现,因此要引进西方的政法体制,就必然要引进西方的价值,如此就需要回答:中国的精神或价值是否被改变?

康有为是列文森重点讨论的人物,以康有为为代表的知识分子帮助中国人引进了西方的制度及其价值,而为此提供的中介或者说过渡物是:将中、西方文化视为平等物,认为中国传统上就拥有西方价值(第62页),只不过一直以来"遭到曲解和压抑"(第65页)。他们"既不赞成蒙昧主义者的中国传统应该排除西方价值的说法,也不同意体用派的中国传统应由西方价值予以补充的主张"(第62页),而主张通过揭露伪经(即古文经)、发动制度变革,来重新认同和维护真精神,如此"中国就能够与西方并驾齐驱"(第65页)。

站在儒家文化基础上,为制度改革而引进西方文化,康有为使用的理论武器是今文经学。为此,他写了三部重新解释孔子思想的书(可能受到学者廖平的影响),即《新学伪经考》《孔子改制考》《大同书》。本来在汉代兴盛的今古文经学之争,涉及的主要是儒家经典的文字表达(是用秦之后的文字即今文,还是用秦之前的文字即古文)、含义解释与文本真伪等问题。在此时,康有为重提今文经学,并大力提倡今文经学经典《公羊传》。在《新学伪经考》一书中,他将古文经学尤其是《左传》斥责为伪经,认为它们是刘歆为帮助王莽篡

汉而伪造的。康有为为什么要这么做？他的目的是，否定传统儒家经典的权威，将当前的中国文化说成是并非儒学真正的东西。这样一来，否定当前文化并对中国制度进行改革，不但不是反对儒学，反而有利于它的重新发现。在《孔子改制考》中，康有为之所以将孔子说成是改革者，目的是用当时人普遍信奉的儒学信仰为制度改革寻找依据，并达到这样的目的，即"所有给人以印象深刻的西方价值都被说成是中国的东西了"（第66页）。在《大同书》中，康有为把孔子描述成儒家乌托邦的进化预言家，认为中国跟西方一样，走在通向未来大同世界的进化道路上。所以，在康有为这位提倡引进西方制度甚至文化的人眼里，"没有产生于西方而为中国屈尊俯就地加以接受的'用'，只有自我认定的儒家血统"（第66页）。这种儒家血统与西方精神是一致的，现在的任务是恢复这一血统，并借此与西方一道进化到未来的乌托邦，即儒家今文经《公羊传》所构想的"太平世"，"在太平世里，实现了自由、平等，没有人与人的不同和同与同的区分"（第66页）。列文森告诉我们，康有为一生都没有放弃他的"今文经学"思想，即"进化的阶段也就是儒学发展阶段；进化的价值亦即现代的价值，它之所以是真正的价值，乃因为孔子曾经对它作过阐述"（第68页）。在康有为的基础上，谭嗣同与梁启超等知识分子对这样的思想又进一步地加以发展。

正如列文森所强调的，康有为这样的改革派为了保存清王朝、容纳西方价值，"才致力于复兴今文经学"（第70页）。与康有为今文经学展开论战的古文经学者有两类人。一类人持有的是"反动的古文经学"，以叶德辉（1864—1927）为代表，他们忠实于经典原文，反对容纳西方价值，指责康有为等人关心的根本不是经典的真伪而只是为了"搅乱朝廷"（第72页）。另一类人持有的是"革命的古文经学"，以章炳麟（1869—1936）为代表，他们是文化的保守主义者，忠诚于正统的古文经典，斥责那些吹捧西方、轻视中国的人，但"从他对保存国粹的关切中引申出了革命的结论"（第72页），主张推翻清朝廷并主张共和。不过，列文森强调，像章炳麟这样"通过谴责君权来反对今文经学异端，并为经典辩护，从而达到保存传统目的，这实际上是不可能的，因为一旦君权能被怀疑，那也就没有什么东西不可以被怀疑了"（第73页）。

换言之，无论是通过攻击儒家正统经典而倡导改革的今文经学派，还是通过攻击清朝廷代表的君权而试图保存传统文化的古文经学派，都对儒教中国造成了破坏性的影响，分别在于一个是破坏文化，一个是破坏君权。于是，在西方影响下成长起来的年轻一代，"头脑中装满了西方的价值"，他们不在乎孔子说的究竟是什么，"无论他是古文经的孔子，还是今文经的孔子"（第71页）。这就带来了对西方文化的全面接受，其代表人物是新文化运动中的知识分子。

□ 对西方文化的全面接受：否定儒教的知识分子

到20世纪初，尤其是新文化运动时期，引领时代风气的知识分子纷纷开始全面接受西方文化，并在此基础上否定儒家思想，最多只将其视为赢得民族认同的手段而不具有神圣的目的性。这种变化一方面来自中国知识分子感受到的日益加深的西方列强入侵的威胁，另一方面则来自"国家"这一观念地位的上升。

（一）从救文化到救中国的转变

在传统儒家知识分子的眼中，国家是一个权力体，具体来说就是一家一姓的朝廷（即

"社稷"），而天下是一个价值体，是儒家思想所表达出来的具有神圣性的文明（即"道"）。顾炎武的下述言论表达了二者的区别："有亡国，有亡天下。亡国与亡天下奚辨？曰，易姓改号，谓之亡国；仁义充塞，而至于率兽食人，人将相食，谓之亡天下。是故知保天下，然后知保其国。保国者，其君其臣肉食者谋之；保天下者，匹夫之贱与有责焉耳矣。"（《日知录》卷13）对此，列文森也引用了其中的一部分（第82页），并指出顾炎武的意思是，"是文明而不是国家才在道德上有权要求人民的忠诚"（第83页）。因此，重要的是拯救文化而非拯救国家。事实上，直到19世纪末作为文化保守主义分子的徐桐（1819—1900），仍持有这一看法，"他宁愿看到国亡而不愿看到中国生活方式发生改变"（第85页）。

不过，如前所述，到了20世纪初的中国，更多的知识分子不再像张之洞他们那样视中国文化为"体"，也不再像康有为那样视中西文化处于平等地位并且二者共同服从进化的道路，更不会采取徐桐宁可亡国也不能改变文化的立场。这些知识分子开始疏离以儒家思想为代表的传统文化（尽管情感上仍有依恋），认为在当时至关重要的问题是将"中国人"这个共同体拯救出来，任何思想只要有助于实现这一拯救任务就都可以选择。换言之，在他们看来，"如果是国家而不是文化成为人们关切的第一对象，那么对那些看起来没有多少用处的文化价值的抛弃，则是一件幸事而不是痛苦的灾难"（第80页）。列文森将抛弃文化而拥抱国家这样的变化过程概括为，"近代中国思想史的大部分时期，是一个使'天下'成为'国家'的过程"（第84页）。在这一过程中，涉及至少以下三个方面的变化。

第一个涉及国家或"国"这一概念理解的变化。如前所述，顾炎武他们眼中的国家指的是一家一姓的政权或者说王朝，在漫长的中国历史上已有很多王朝，可代表中国人的生活方式与精神文化却没有太大变化，因此他们主张文化（即天下）高于国家（即政权）。在20世纪初期，满洲统治者所代表的政权或王朝事实上已广遭痛恨，其标志就是反映清兵入关时施加暴行的作品和17世纪在文化上抨击满洲人的著作广泛刊行。不过，19世纪以来从西方传进来的"国"的概念（即民族国家，由公共权力所支配的人群共同体），先被迫后自愿地得到了众多中国知识分子的接受，表现在面对西方列强威胁时喊出的"保国保种"的口号。列文森强调，"作为一个国家，它没有任何必须遵循的固定准则……一个国家的选择是自由的，只要这种选择有助于其生存"（第85页）。因此，在这些知识分子看来，儒家文化已不足以保国保种，中国已失去作为一种文化荣耀的"天下"之头衔，唯一该做的是通过变革文化价值来增强政治力量，保护人群共同体的安全，赢得"作为'国'的中国的胜利"（第81页）。就这样，在国家概念变化的前提下，"国家"变成了人们尽忠的最合适的对象；中国人也从过去的救文化转向救国家，于是逐渐抛弃了儒家思想而接受西方文化。

第二个涉及知识分子从天理世界观到公理世界观的变化。"从天理世界观到公理世界观"，是汪晖先生对自晚清至民国知识分子世界观转型的一个概括①。它的意思是，原来的知识分子认为，来自"天"并体现于圣王理想与儒家经典著作中的礼制秩序是自然的和合理的秩序，每一个人能够通过修身和认知的实践而抵达"天理"，天理是神圣有力、不可抗拒的；后来的知识分子承认，来自西方社会科学理论揭示出来的人们普遍承认的现代

---

① 汪晖著：《现代中国思想的兴起》（上卷第一部理与物），生活·读书·新知三联书店2008年版，第47页。

国家主权模式及其知识体制是自然合理的,每一个人必须接受和服从体现现代国家、社会、市场以及各种权利范畴的"公理",公理是神圣不可抗拒的。这样的公理,被19世纪末从西方传进中国且以进化论为基础的社会达尔文主义所加强。当时的知识界普遍认为,国与国之间存在着激烈的竞争("适者生存"),这是不能抗拒的进化公理;只要有助于国家的生存竞争,人们就"可以自由地作出任何思想选择"(第77页)。列文森评论说,"不是儒家的三世说,而是社会达尔文主义的进化法则,使国家在生存竞争中成了最高的单位,它并且公开宣称传统必然会死亡,人们不应为它唱挽歌。由于中国人对中华民族之生存和自尊心问题的日益关切,人们在讨论中国文化时引进了尼采的'重新估定一切价值'的思想"(第80页)。

第三个涉及从专制到民主的思想变化。清末开始从西方引进的现代国家形式,不仅是民族国家,也是民主国家,而民主国家又被当时知识分子普遍地推崇,认为它能使"上下同欲",因此有利于国家的生存竞争。在日俄战争中,被中国知识分子认为代表宪政民主国家的日本,战胜了代表专制国家的沙俄,这一事件似乎更加印证了知识分子对民主国家的这一印象。此时儒家思想所代表的传统价值,被指责为专制暴政的帮凶而受到普遍的批评。再加上一批坚持儒家思想的知识分子支持了不得人心的袁世凯的称帝行动和清帝的复辟行为,因此在文化上厌弃儒家思想,似乎成为将中国建设成为民主国家而必需的行动。那时的知识分子,在号召国人与传统儒家思想决裂时看到它走向衰亡,会觉得心安理得(第84页)。

(二)新文化运动中的知识分子

在上述背景下,到20世纪初期中国知识分子掀起了从接受西方器物、制度到全面接受西方文化的行动,兴起了新文化运动。在这场运动中,又先后或大致同时出现了两种略有区别的思潮:(1)接受西方文化是"择东西之精华而取之"的过程;(2)接受西方文化是"服从真理"而必需的过程。众所周知,新文化运动是后来共产主义在中国兴起的历史背景。

列文森告诉我们,"择东西之精华而取之"思潮的产生,源自中国思想家面对着两种无法调和的冲突:作为中国人,"他既应对中国的过去怀有特殊的同情,但同时又必须以一种客观的批判态度反省中国的过去。能满足这两项要求的最合适的方法,就是将西方和中国所能提供的精华结合起来"(第90页)。鲁迅先生提出的取其精华、弃其糟粕的"拿来主义",正是这种思潮的最好表达。显然,此处的"精华"一词,在文化上是一个中性术语,它在社会心理上有助于中国人大力吸收西方的文化,同时也不否认传统中可能有值得保留的好东西,而这种好东西是"那些能被现代人重新肯定的中国的传统价值",它"符合现代人各自的标准的价值"(第91页)。由此可见,判断是否精华以及什么才是吸取精华的恰当方式,其标准是唯一的,那就是现代的价值或者说是真理。列文森以蔡元培为例,以说明这样的心理过程是怎么发生的。他说蔡元培相信,"真理是属于认识它的人,这个人可能并应该是中国人,尽管有些真理可能是由欧洲人发现的。作为普遍性的价值,当然就更是中国人的了"(第91页)。提倡"择东西之精华而取之"的知识分子,在心理上自然希望看到东方能名副其实地成为西方的平等伙伴。冯友兰是另一个渴望重建道德上东西平等地位的例子,他"主张熔欧洲的理性主义和中国的神秘主义于一炉,以便使两种特殊的、历史的哲学通过相互取长补短,化合成一种世界哲学"(第94页)。1914—1918年爆发的第一次世界大战,造成了西方文化深重的危机,而这一危机更为主张"择东西之精华而取之"的知识分子提供了某些依据,当然更让中国的传统主义者欢欣鼓舞。

支持"择东西之精华而取之"的学者显然认为中国传统文化中自有精华,但至少在理论上他们也会赞成,如果传统文化没有精华那就可以坚决地抛弃。这样一种抛弃传统文化的立场,不会让他们以及那些主张全盘西化者感到沮丧,因为这些人认为自己服从的是受到现代科学证明的"真理"。列文森提到,这样一种"人应该服从普遍真理"的思路,在早期基督教传教士们向中国传教时就已传入。教会宣扬,"没有一个中国人被要求信奉西方的教义,要求人们信奉的只是真理"(第99页)。虽然在20世纪20年代,反基督教的情结在中国变得高涨,但由近代科学技术与工业文明所支持的西方文化被作为真理而接受。对持有"服从真理"思想的知识分子而言,他们服从的并不是西方文化而是现代文明,不是中国向西方投降,而是中西方都服从"真理的要求"。于是,"作为'现代'文明,而不是作为'西方'文明的科学和工业化,似乎终于得到了普遍的承认,因为它既超越了儒教中国,同时也超越了基督教欧洲,如果这种承认就是真正普遍的,那它当然就是中国的"(第101页)。这种"服从真理"的思潮,跟自康有为以来"从天理世界观到公理世界观"转变的过程也是契合的,同时也与这一时期中国知识分子盛行的"唯科学主义"思潮(即认为宇宙万物都可以通过科学方法来认识,科学能够而且应该成为新的宗教①)也是一致的。这一唯真理、唯科学的思潮,也为"科学社会主义"或者说共产主义在中国的兴起铺平了道路。

□ **接受来自西方的共产主义:将儒教阶级化、博物馆化的知识分子**

到了20世纪20年代,有一批新知识分子将来自西方的共产主义奉为新信仰,他们不像全盘西化者提倡的那样"打倒孔家店",反而给予儒教一定的尊敬与保留,但他们也拒绝将儒家传统神圣化,不像文化保守主义者那样将儒家思想推崇为与中国人生命攸关的信仰。在列文森这部伟大作品中,他向我们描述,中国一大批知识分子为何选择了共产主义思想作为推动国家转型的力量,以及他们对儒学最终的处理方式。

(一)知识分子选择共产主义思想的原因

前面已经论及,知识分子在引进西方文化的过程中,从部分引进到全面引进,以至于最终在新文化运动中为了救国救种而全面反对儒教。在此基础上,众多中国知识分子选择了共产主义作为自己的指导思想,列文森告诉我们原因至少有两个。

第一个原因来自太平天国以来的社会反抗运动的需要。在中国传统社会掀起的反抗运动中,其思想资源基本来自佛教(如佛教白莲教徒多次发动起义)或道教(如太平教义指导下的黄巾军起义),期望推翻目前占据统治地位的政治经济优势集团,建立更加公道的社会。显然这样的思想资源,指导性极为有限,在20世纪初的中国更没有什么重大影响。在列文森看来,"本来富有潜力的基督教在中国却没有得到大的发展。作为一种社会抗议

---

① 郭颖颐著:《中国现代思想中的唯科学主义(1900—1950)》,雷颐译,江苏人民出版社1995年版,第1页。

的象征符号,基督教可能永远不具有激进的物质许诺所产生的那种强大的吸引力"(第104页)。儒教由于跟统治集团紧密联系在一起,因而坚决否认阶级分裂的存在与社会抗议的必要。在太平天国运动期间,儒教的传统被宣称不是中国的传统而是地主的传统,儒家思想因此受到了损害,"似乎成了地主统治的文化外衣,亦即地主阶级用来反对反偶像崇拜的民族主义的均平者的工具"(第234页)。由于从太平天国那里继承来这种对社会苦难的呐喊与阶级分析的遗产,以及中国当时正处于日益加深的政治经济危机中,社会底层迫切要求有这样一种思想:既能用作指导思想,以反抗应为危机负责的统治集团;又能带来基督教所无法提供的物质进步,以克服深重的危机。列文森说,那个时候"在人民心中,社会反抗和爱国主义同属一类,因为封建统治者首先无力,同时也不愿反抗外国的势力"(第301页)。于是,那些生活在第一次世界大战、俄国革命和五四运动时期的众多中国知识分子选择了共产主义。列文森概括说,"中国共产主义的兴起和壮大,原因就在于那使人感到畏惧的社会压力"(第123页)。显然,这些知识分子认为,共产主义就是这样一种指导思想,它既能为反抗统治集团提供指导,也能带来物质的进步以克服时代的危机。

第二个原因来自思想上既反西方又反传统的发展结果。自晚清以来,逐渐加深的西方列强入侵,威胁到中国作为"国家"的生存,由此在中国兴起了反西方(或者说反对帝国主义)的运动,并经历了从反西方文化入侵到吸收西方文化以反对西方国家入侵的转变。由于在19世纪末20世纪初,西方列强成了清政府与北洋军阀的支持者("那些经常为中国抗议者提供反对中国统治阶级之思想资源的西方自由国家,则往往支持那些民心尽失的中国政权",第125页),而清政府与北洋军阀又支持着儒教传统的存在,因此欲救国救种、让中国重新崛起在世界之林的知识分子将反西方列强("救亡")、反政治当局(社会反抗)与反传统文化结合在一起,既反西方又反传统。共产主义知识分子认为自己找到了这样一种指导思想,正如列文森所说,"一个希望中国和西方地位确实平等的中国人,就不需要求助于一种令人绝望的传统主义以满足自己的希望,因为在共产主义的庇护下,反传统主义也能帮助他实现这一目的。一个共产主义的中国,与苏俄一道,似乎可以走在世界的前列,而不是一个跟在西方后面的蹒跚而行的落伍者"(第113页)。列文森以陈独秀等知识分子为例来说明这一点。在1919年的五四运动中,陈独秀就实实在在地将上述政治上的民族主义和文化上的反传统主义结合起来,其思想工具就是共产主义,"共产主义比一般民族主义能吸收更高程度的反传统主义,并在感情上或历史感上能为中国人从思想上与中国传统决裂提供合法根据"(第105页)。

(二)对儒教传统的处理

那么选择了共产主义思想的知识分子,又是怎样处理儒教传统的呢?共产主义知识分子身兼革命者和中国人双重身份,"中国共产主义者要在抵制儒教中国和反对现代西方的活动中寻找恰当的位置"(第290页),"不反对帝国主义,人们可能是一个革命者,但却脱离了中国。然而,如果人们只是一个反帝国主义者,只沉溺于中国,他就脱离了现代革命"(第290页)。大体说来,共产主义知识分子的做法是:在革命胜利前将儒教阶级化,以完成革命的任务,"儒教遭到共产主义革命者的彻底清算,这些革命者步太平天国反叛者之后尘,把它历史地归之于一个阶级,从而剥夺了它思想上的一般权力"(第234页);而在革命胜利后,则将儒教博物馆化,以保证中国人的身份。

在革命胜利前,共产主义知识分子将儒家文化归入地主文化并加以反对。为了实现反帝(即反对西方国家以拯救作为"国家"的中国)反封建(即反对应该为政治经济危机负责的统治集团)的历史任务,共产党人"在努力寻找一种综合物,以代替西方文化和它的对立物——被排斥的儒家文化。中国既不应该拥抱传统的中国价值,也不应该拥抱被用来攻击传统的中国价值的现代西方价值"(第119页)。于是,共产党人利用马克思主义阶级分析法并继承了太平天国的遗产,对中国历史做出新的、正确的解释,那就是将中国传统区分为地主的传统和人民大众的传统。他们反对支持统治阶级的正统儒家文化或地主传统,提倡保存并发扬人民大众的传统或者说文化,以作为区别于西方价值("资产阶级的"价值)、保证中国国家真正特色的工具。列文森引用共产党人的说法说,"在中国文化中,真正的传统是大众文学,这种文学并不存在于宫廷文学或有闲阶级的文化之中"(第117页);长期以来,这一中国真正的传统"它一直被淹没、被忽视,或者其意义被歪曲篡改"(第118页),可它才是能被重新解释的中国的过去。例如,在儒家官僚传统中如此不被重视的科学(指南针、地动仪、度量衡、浑天仪),被共产党判定是人民传统的重要内容(第118页)。在共产党人看来,发掘人民的传统也是反帝的需要,"如果人民的中国传统不发掘出来并填补由于地主的中国传统被抛弃后所留下的真空,那么西方传统就会乘虚而入"(第119页)。列文森认为,这样一种做法既有策略的需要,也有感情的要求。比如说,保留通俗民间艺术形式来宣传新时代的思想内容,挖掘并褒扬那些卑下不知姓名的工匠所创造的作品(如敦煌石窟、木刻),还有宣扬古代人民无声无息创造的自然科学的成就(对此儒家曾贬斥为"奇技淫巧")等。

在革命胜利后,共产党人将儒家文化作为区别于西方的中国传统的一部分加以接受,并将其博物馆化。这既是因为,反帝反封建的迫切任务已经完成,现实中已无必要再对原来与君主制结合在一起的儒家加以坚决的反对,也因为共产主义历史观可以容纳儒家传统文化。列文森的说法是,"随着共产主义运动的胜利,也由于社会发展阶段理论的提出,司马光及其他传统儒家恢复了他们应有的时代地位,不再受到全盘否定"(第303页)。虽然在共产主义者的历史观中,民众主题占据着显著的主体地位,但是"宣传反士大夫传统的人民传统与肯定孔子的地位并不矛盾"(第319页)。这是因为,此时的儒家思想已被博物馆化,对待孔子,是"把他作为博物馆中的历史收藏物",让他"只能与他自己特定时代的某个特定阶级相联系",即"他代表的只是周朝末期的没落阶级"(第320页)。列文森给人印象深刻的一个比喻是,共产主义知识分子和革命者将儒学当作博物馆中的展品,认为既有保留的价值又非必不可少,儒学"它是一种寻求保护的历史传统,而不是创造历史的思想源泉"(第268页)。除了博物馆外,列文森还做了另外一个纪念碑的比喻,"儒教变成了理性研究的对象(而不是理性研究的条件),而没有成为情感维系的对象,成为一块引起人们对过去虔诚的历史纪念碑"(第341页)。因此,此时的儒家思想或者说孔子,"给现代民族留下的只是他曾有过的历史作用","孔子本人在历史上拥有的声誉却永远受到中国人民的尊重和爱护"(第320页)。这样的处理方式,"既排除了封建守旧分子对孔子的过分推崇,又把孔子从资产阶级知识分子的全盘否定中解救出来,使他成为一个既不受崇拜、也不遭贬斥的民族历史人物"(第322页)。尽管列文森没有看到"文化大革命"在中国的发生,但他对革命胜利后中国对待儒家文化的方式以及文化建设的方向所做的预言还是深刻的:"共产主义者的文化建设大方向应该是将现代的和民族的特性融为一体,而这种融合正是一个多世纪以来改革者和革命者在面对停滞不前的中国和飞速发展的西方形成强烈反差时所苦苦追求的目标。"(第321页)

对于上述两个进程,列文森在《儒教中国及其现代命运》一书的最后,做了一段极为精彩的总结,值得抄录如下:"情绪激昂地攻击传统(即中国本身)看上去或许是必要的,但对大多数中国知识分子来说,它是不够的,因为除攻击外,还必须在某种程度上恢复中国的地位。于是,马克思主义者的历史由不变之定律所决定的理论终于成了显学,它使知识分子能够以相对的冷静和平和的心态将旧的价值作为活着的选择物加以处理,而不带有作为共产主义先驱的反传统主义者的那种狂热,这些反对传统主义者感到他们面对的传统是一个活着的声名狼藉的有害物。这也就是掌权的马克思主义革命者要比五四时期的革命者更能温和地对待传统的原因,即使那些在野或未掌权的马克思主义者亦如此。共产党人力图从两方面来做这一点,即为了他们当今的利益而摧毁过去,然而又相对主义地使它成为历史,成为中国所拥有的历史,而不是汇入西方大海中的历史。由此可见,是马克思和列宁,而不是杜威,为五四后的中国人摧毁传统提供了止痛药膏。"(第345页)

思考题

  1. 你认为,儒教的名称合适吗?儒家思想为什么能够影响两千多年的帝国政治?
  2. 儒家知识分子为什么会在晚清民国时期自觉担当起引导国家转型的责任?
  3. 民国初年为什么会有一部分知识分子兴起建立儒教的行动?你认为他们的行动与20世纪初犹太复国主义者对犹太教的复兴有何异同之处?
  4. 在新文化运动之后,为什么会有知识分子提倡全盘西化?今天怎么评价这样的言行?
  5. 你赞成将儒教传统博物馆化的做法吗?为什么?

第四讲 | 西方国家转型的动力与制度表现
——《文明的冲突》导读

上一讲我们借助列文森的名著《儒教中国及其现代命运》探讨了自晚清以来直至今日尚未完成的中国现代国家转型活动。若要更清晰地考察中国的转型,我们需要更宽广的视野,将中国置于世界之中。这是因为,从传统国家转向现代国家,中国并不是首先开始的,更不是唯一的。众所周知,人类世界走向现代化,首先从西欧开始,并逐渐扩散到全人类。学者们一般将西欧国家的现代化视为内生型现代化,就是说,这些国家之所以能走向现代国家,是因为在它们的前现代传统中,存在着能够不断自我发展的、有利于现代化的因素,或者说传统性和现代性之间存在着一种较强的兼容关系。而像中国这样的非西欧国家,它们的现代化过程被视为应激型现代化,即在它们的社会内部,传统性与现代性兼容关系较弱,无力从社会内部产生出推动现代化的强大因素,只能在西欧国家现代化的外部压力刺激下,才能做出反应,进而逐步实现现代化。列文森在《儒教中国及其现代命运》一书中用来分析中国的"冲击—反应"模式,反映的就是这样的观点。

学者们长期以来思考的问题是,为什么是西欧首先开始现代化进程?将学者的众多意见概括起来,至少有以下几种观点从内生视角来解释西欧走向现代的先发性。

(1)技术决定论。这一理论认为,技术的变迁(以生产工具为代表)相对于社会结构而言,是一个外生的、独立的过程;技术变迁是科学发现的结果,而科学发现具有自发的内在逻辑,先于社会政治经济制度而存在。由科学发现带来重大的技术创新,技术创新又推动以生产工具为代表的生产力进步和经济发展,经济发展最终带来政治结构和社会关系的变迁。因此,技术变革是社会制度变迁的第一原因。

(2)人口决定论。这一理论认为,人口的规模和结构的变化是独立于社会结构的外在变量,由于战争、瘟疫等外在原因引发人口规模和结构的变化,并由此带来劳动力和土地相对价格关系的变化,最终引起经济制度、政治制度的变化和社会变迁。诺斯在《西方世界的兴起》一书中,主要就是从人口的独立变化、从资源相对于人口的稀缺程度引发产权关系变动来寻求社会变迁的轨迹。

(3) 市场决定论。这一理论认为,可以从西欧中世纪海运贸易、城市商业结构的变动来寻求社会发展的动力,认为市场的力量(尤其是城市的力量)导致封建主力量的衰落和资产阶级力量的上升,最终决定了封建主义的衰亡和资本主义的兴起。亨利·皮朗在《中世纪欧洲经济社会史》中,就高度推崇海外贸易和商业资本主义对西欧社会转型的根本作用。与市场决定论相同的是推崇市场中盛行的商品经济原则,认为商品经济原则创造了统一的分工协作的社会结构,代替了传统的封建社会结构,并以人与人之间自由、平等的观念代替传统的身份特权和等级观念,最终创造了新的社会。

(4) 自然环境决定论。这一理论将问题的答案归结为西欧的自然地理环境,认为自然环境导致了西欧出现农牧结合的乡村产业结构、较早发达的商品经济、君弱民强的国家组织形式等,最终导致西欧资本主义的兴起。琼斯在《欧洲的奇迹》一书中,就持有这样的观点。

(5) 工业决定论。这一理论认为,工业是西欧现代化的始发原因。工业化的过程形成了业绩优先、国家统一的价值观念,建立了能够为经济生产而动员土地、劳力和资本的产权制度、劳动力市场制度和商品交换系统,产生了专业化、金字塔式的科层制组织和得当的国家财政组织,培养了有创造精神的个性、业绩主义的志向、积极向上的个人动机以及对教育的渴求等。

另外,还有人将原因归结为新教伦理或者某种资源(如煤炭)的利用等。上述模式皆有一定的解释力,同样也都有不足之处,特别是其中蕴含的强烈的欧洲中心主义色彩遭到很多学者的批判。在彭慕兰看来,以上说法都不对,最重要的原因实际上是由于欧洲发现了新大陆,而新大陆的开发所提供的农产品使西欧不必动员数量巨大的追加劳动力用于农业,这样可以缓解生态压力,并将劳动力用于工业中,当然新大陆提供的贵金属也发挥了作用[1]。限于本课程的目的,此处不打算对上述模式进行详细评论,也不打算提出一种新的模式。实际上,任何一种模式在解释西欧现代化的原因时,引发的问题都要比解决的问题多。

本讲通过《文明的冲突》一书,为大家思考西欧走向现代国家这一问题提供又一种文本背景与分析框架。这本书的主要内容是从外因的作用(外来文明形成的战争挑战)引发欧洲内因的变化(内部经济利益变化与阶级斗争)这一视角,来解释西欧为什么率先走上现代国家之路。这样的分析模式,特别重视战争对西欧国家发展的推动作用,查尔斯·蒂利的名言"战争造就国家,国家制造战争"道尽了该模式的内涵。蒂利的结论是:"战争编织起欧洲民族国家之网,而准备战争则在国家内部创造出国家的内部结构。"[2]在《文明的冲突》一书基础上,本讲还将抽取《利维坦的诞生》《强制、资本和欧洲国家》两部著作的部

---

[1] 彭慕兰著:《大分流——欧洲、中国及现代世界经济的发展》,史建云译,江苏人民出版社2003年版,第247页。

[2] 蒂利著:《强制、资本和欧洲国家(公元990—1992年)》,魏洪钟译,上海人民出版社2007年版,第84页。

分内容,来进一步说明西方在向现代国家转型过程中形成的不同制度模式。

第一节 作者与作品

我们先来简单看看这本书的作者与大概内容,再来为大家介绍一下这本书运用的主要概念与分析模型。

☐ 作者与作品简介

在我们这门课程所选择的阅读文本中,《文明的冲突》[①]作者维克多·伯克(Victor Lee Burke)是最年轻的一位。目前关于他的介绍还不多。在《文明的冲突》中文版前言中,作者介绍自己本科毕业于佛罗里达大学,博士毕业于密歇根大学(1989年),师从两位社会学理论大师查尔斯·梯利和梅耶·扎尔德。他的博士论文研究的是美国新政的起源,该论文后来以《权力与社会》为名出版。

我们所选的文本《文明的冲突》一书,是作者与一位社会学领域的大师级人物安东尼·吉登斯合作研究的成果,出版于1997年。它尝试回答的问题是:从公元8世纪到17世纪,欧洲的现代国家是怎么诞生的?对这样的问题,伯克总结说,传统或主流的看法(就是本讲导语中列举的那些),是从内生型或原发性核心假设出发,认为是欧洲(或者至少西欧)内部的某种或某几种特质带来了欧洲的经济、社会与政治的现代化,以至于形成了现代国家。但伯克认为,这样的核心假设是错误的,因为它"忽略了对其他伟大的文明在现代世界起源上所发挥出的核心作用进行科学的认知"(中文版前言)。在他看来,有许多外来的文明在欧洲现代国家体制形成过程中发挥了巨大的作用,这样的作用主要体现为外来文明通过军事、文化、经济等冲突,影响甚至塑造了欧洲的现代国家。他特别强调,欧洲文明与外来文明之间的战争活动及战争能力塑造了现代国家的结构。

《文明的冲突》这本书涉及的文明或国家众多(欧洲人、维金人、伊斯兰人、拜占庭人、土耳其人、蒙古人等)、史料丰富(涵盖自罗马帝国以来的欧洲政治社会史),可作者本人在当今社会理论(汤因比、梯利、吉登斯、迈克尔·曼、索罗金等)基础上所发展出来用于分析的框架又相当简洁有力。因史料与理论结合巧妙、富有启发,自出版以来这本书就受到了广泛的关注,并于2006年被翻译为中文。此书的中译者认为,这本书是"由理论驱动的史著"(译者序,第1页),"作者的用心更在于创建理论"。

由于通过此书可以认识迄今以来的中国国家转型,因此本书特地选择并加以讲解。全书的结构划分比较简单,除了导论外有5章正文和1章结论。

导论是对全书写作目的做一个交代:首先是理论的目的,即发展一个能解释欧洲从8

[①] 伯克著:《文明的冲突:战争与欧洲国家体制的形成》,王晋新译,上海三联书店2006年版。本讲接下来凡引自该著作的文字,不再标注版本信息,只在文中注明页码。

世纪日耳曼部落发展到17世纪统治、支配全世界的国家体制的理论;其次是历史经验性的目的,即运用上述理论对历史上欧洲与其他文明之间的互动尤其是战争冲突如何促进国家制度的发展进行经验考察。在导论中,作者还交代了有关这一主题的现有社会理论的名称。

在第一章"现代欧洲国家体制的理论"中,作者在概括现有相关理论的基础上,提出了自己的理论框架,即文明斗争模式或者称为文明斗争冲突模式。其具体内容下文再介绍。

第二章至第五章,作者利用第一章发展出来的理论框架,对从罗马帝国到17世纪这一历史期间欧洲国家制度结构的发展变化进行翔实的历史考察。

在第二章"西欧文明的最初基石"中,作者考察了古罗马文明之外的日耳曼、匈奴等诸多野蛮文明对罗马帝国大厦的摧毁性作用,强调伊斯兰-阿拉伯文明在8世纪的扩张对法兰克国家的体制变革及查理帝国形成产生的客观促进作用。

第三章"早期封建主义与诸文明的竞争",考察了加洛林帝国的崩溃和封建主义的起源,作者着力凸显维京人、马扎尔人等外部文明对西欧文明内部封建主义的形成发挥的巨大外在影响。

第四章"庄园与教会:内部与外部的冲突",对西欧内部封建庄园主之间恃强凌弱的兼并战争、罗马天主教势力的兴起、城市的逐步发展等各种历史现象进行了分析与梳理,并将其同伊斯兰-阿拉伯、拜占庭、突厥、蒙古、奥斯曼等各种非西欧文明之间的历史关系结合起来加以考察。

第五章"文艺复兴、宗教改革和欧洲国家体制",侧重于描述欧洲社会内部大量社会运动的爆发对欧洲现代国家形成的影响,并特别提示当时西欧社会内部的冲突与国家制度结构的变化,都与西方以外的诸文明有着密切的关系。

第六章是全书的结论,作者基于欧洲国家兴起的历史来重新阐述自己的理论框架,并将自己的理论与别人的学说进行了比较。

主要概念与理论

接下来集中介绍一下维克多·伯克在《文明的冲突》一书中运用的主要概念与理论,以便为介绍这本书的内容奠定基础。这里的"文明"一词,伯克用的是英国历史学家汤因比的概念,把它用作历史研究与比较的对象。对这个概念的具体含义,伯克引用了亨廷顿所下的定义,即"文明是一种人们所具有的文化认同感在最广泛层面上的最高文化集群"(第4页)。至少在今天西方的语境中,文明概念的外延超越国家,西欧与北美往往被视为同一个文明。

伯克的结论是,"各种文明之间的冲突,是一台驱动西方现代国家体制兴起的发动机"(第161页)。换言之,费正清用来分析中国现代化过程的"冲击-回应"模式,在伯克看来同样表现在西欧向现代发展的过程中。更准确地说,它可能具有某种普遍性,广泛存在于各文明走向现代的过程中。正像汤因比强调的,来自外来的压力(外部环境的挑战或外来敌国的威胁)可能会刺激内部的政治、经济和社会制度的发展。不过汤因比又说,这种外来的压力要能促进内部发展,就有一个适度性的问题。就是说,这样的压力既不能太大(太大的话可能会压碎文明共同体),又不能太小(太小的话内部可能缺乏变革的动力)。汤因比将其归结为一个法则,"足以发挥最大刺激能力的挑战是在中间的一个点上,这一点是在强度不足和强度过分之间的某一个地方"①。

1. 文明斗争模式的四个层面

在这本书的导论与第一章中,伯克对于当前解释欧洲国家成长的理论既有批评也有借鉴。总体上,他并不赞成孔德、斯宾塞、马克思等人的社会发展阶段理论。在他看来,"在人类历史过程中,既不存在着什么演化的阶梯,也没有什么每个社会都必须经历的不可变动的绝对的发展模式,更没有什么整齐划一的发展阶段"(第1页)。他也反对英雄史观,不认为历史事件"是什么伟大人物在一种社会空间活动的结果",因为"那些国家的缔造者只不过是时代精神的产物"(第9页)。他对单纯从内因来解释欧洲的兴起同样不以为然,"坚决反对这样的观念,即欧洲的兴起是欧洲领袖们、欧洲文化或欧洲文明伟大性的产物"(第9页),欧洲文明兴起的原因在外而不在内,"正是那些非欧洲文明的伟大,才导致了欧洲的兴起"(第9页)。此外,他还分别批评了索罗金、斯宾格勒两位学者,以及现代化理论、生产方式理论、世界体系理论与依附理论。不过,伯克也肯定,在各理论中具有合理的成分,他打算在自己的理论分析过程中加以吸收。

伯克强调指出,他的理论分析模式更多地借鉴梯利(中文又译为蒂利)和吉登斯二人的理论成果,在他俩倡导的国家理论中,特别关注各种外部事件在国家内部结构形成上施加的影响,尤其肯定战争在国家转型中的重大支配作用。用他的话来说就是,"将国家和战争置于社会变革的中心位置来加以探讨的做法是一个具有令人崇敬的古老传统,但本人则力求以一种崭新的活力来承继这种传统"(第8页)。在此理论基础上,伯克在书中创造了一个分析模式,在不同的场合他分别称为文明斗争模式(第15、16页)、文明冲突模式(第29、30页)或者文明斗争冲突模式(第23、29、44、48、160页)。他是在近乎同义词的角度上分别使用这三个词汇的。他所提分析模式(即文明斗争模式)的核心观念是,"欧洲国家体制的起源是诸多伟大文明之间各种冲突碰撞的产物;这些冲突的影响向下施加作用并塑造出了各类的政治结构"(第15页)。这一模式的大体观点是,从8世纪至17世纪,欧洲(以西欧为主)在境内与境外存在着与各种文明的竞争斗争,在此斗争过程中国家制度伴随着中央集权化的运动而发展,最终这样的文明冲突带来了西欧现代国家制度的诞生。文明冲突的原因,并非单一的,既可能源于经济、政治,也可能源于宗教、地理和军事等各种缘故,还可能源自历史人物的个性。比如,在他看来,西欧与拜占庭帝国两大文明最后走向冲突,就是相互之间存在严重误解和各自厄运发生作用的缘故;奥斯曼帝国与哈布斯堡王朝这两大文明之间的冲突,相当程度上是由奥斯曼苏丹与哈布斯堡皇帝二人自尊自大的冲撞导致的。

在这种文明斗争模式中,伯克又区分出普世、超宏观、宏观、微观四个层面,分别阐明不同层面的冲突或战争对欧洲国家体制的影响或者说塑造:普世层面或者说"文明际层

---

① 汤因比著:《历史研究》(上),曹未风等译,上海人民出版社1997年版,第174页。

面",是指世界范围内的各个不同文明之间的冲突与斗争;超宏观层面指的是处于同一个文明之中各个不同国家、民族、社会之间的矛盾、斗争;宏观层面是指同一个国家或社会之中的各个不同阶级、集团、人群之间的矛盾与斗争;微观层面则指作为个体的人与人之间的相互作用。这四个层面的斗争或冲突又是相互影响的,普世层面的或者说各大文明之间的冲突碰撞会有向下的作用,塑造出不同国家的各种政治结构;发生在超宏观、宏观和微观等层面上的战争,又会向上作用于普世层面,并影响着各文明的命运。《文明的冲突》一书,着重描述了欧洲文明经受的普世层面与超宏观层面的斗争,而描述宏观层面的斗争所花篇幅不大,对于微观层面的斗争所用笔墨更少。

2. 文明冲突模式在欧洲国家成长过程中的大致线索

《文明的冲突》一书,就是要从普世层面的文明斗争出发,来解释欧洲现代国家的兴起。这样的解释模式,伯克的描述是,"将一根纤细的单一的因果线索,从多彩斑斓的地毯中抽取出来,并加以考察、研究"(第7页)。由于伯克这本书以建构因果关系理论为主要目的,因此他"常常无情地将历史过程加以压缩,毫无疑问,这一做法将会遗漏许多重要的因素,会忽略掉一些重要的联系和事件"(第7页)。

在《文明的冲突》一书中,伯克叙述的因果线索是,战争是国家制度变化持续不变的动力源,欧洲国家的兴起是欧洲向东方军事扩张严重失利带来的,东方是导致西方兴起的原因中的一个重要变量。用这样的因果线索,他概述了欧洲从罗马帝国崩溃后的政治史。

大体上,西欧文明的基石由罗马帝国的崩溃奠定,而罗马帝国崩溃源于罗马帝国与日耳曼各部落在普世层面上的斗争。在此之后,宏观层面上墨洛温王朝与加洛林王朝之间的战争,超宏观层面上日耳曼部落斗争,普世层面上法兰克人与伊斯兰文明之间的冲突,塑造出8世纪加洛林王朝这一法兰克人创建的强有力的国家体制。但这一中央集权国家是短命的,在其内部冲突以及在北方维金人侵扰的双重压力下,加洛林帝国分崩离析,并导致了地方分权的结构体系即封建主义的产生。在9至16世纪,经过与伊斯兰、维金、斯蒂匹武士、拜占庭诸种文明的斗争,欧洲逐渐兴起了一种具有中央集权化倾向的动力,并由这种动力引导,封建主义结构不断地向国家构建和资本主义这一现代二元体系方向发展。

伯克特别强调,在以罗马为中心的强大组织结构、合法化理论和观念形态的支持下,西方基督教世界掀起了反对伊斯兰教徒的战争(即十字军东征),而这场战争具有重要的历史作用。在他看来,正是十字军的惨败导致了欧洲经济的崩溃,由此生发出愤世嫉俗的颓废文化和对罗马教皇权势的反抗与轻蔑,这样的思潮一时间弥漫于整个西欧,从而为文艺复兴和宗教改革铺平了道路。在中东地区,十字军诸王国的彻底覆亡推动了欧洲各国内部矛盾的爆发和中央集权化的进程。随着罗马教皇权势的丧失,欧洲各国的王室便成为世俗的权力中心。与此同时,以奥斯曼帝国为代表的伊斯兰文明不断进攻,继续推动着欧洲各国的中央集权化进程,并扫除了西方基督教世界的最后残余。就是说,奥斯曼帝国进攻欧洲所施加的强大压力,造成了一种宏观层面上的中央集权化的动力,带来了欧洲国家体制一次大陆性的内向聚爆。欧洲各国也因此将其战略重心移至对远西地区进行海上武装殖民,以此发展出一条抵抗程度最小的战线,即向大西洋和美洲的殖民。

第二节　文明的冲突与欧洲的封建社会

众所周知，欧洲现代国家成长的基础是封建社会，封建社会的政治、经济、文化的发展奠定了西方现代的物质与精神基础。可是，这样的封建社会是怎么诞生的？目前已经有无数的历史著作描述了这一过程，如法国历史学家马克·布洛赫的名篇《封建社会》。维克多·伯克也用他的分析模式，为我们重述了欧洲封建社会的诞生与运行情况。

□ 帝国构建的早期尝试

在经过早期的城邦国家之后，世界各地普遍性的国家类型是帝国，欧洲并不例外。欧洲人不仅在4世纪之前就已构建出成功的罗马帝国，而且在罗马帝国崩溃之后，也在不断地尝试构建统一的、中央集权的帝国，包括罗马帝国的遗留物即以君士坦丁堡为首都的原东罗马帝国（后来称为拜占庭帝国），以及日耳曼民族的一支法兰克人所构建的加洛林帝国。

罗马帝国的崩溃是历史学家们探讨不尽的话题。鉴于研究的目的，伯克并没有展开去讨论罗马帝国崩溃的原因，而是将罗马帝国的崩溃置于他的文明冲突模式下来表述，即文明之间的相互冲突导致了西方国家体制的起源，如"罗马帝国与日耳曼诸部落之间的斗争是发生在普世层面之上的和文明之间的冲突"（第29页），"罗马帝国的衰败在很大程度上，是中央集权化的罗马国家政权已无力有效地控制这些帝国境内和境外的日耳曼武士"（第31页）。他还引用了历史学家对日耳曼军事力量与政治结构关系的结论（"日耳曼部落政治结构发展出西欧历史上最具军事力量性质的政治组织形式"，第29页），事实上，军事力量与政治结构的关系，一直是这本书讨论的话题。

伯克在书中提到，公元568年伦巴德人对意大利半岛发动了潮水般的进攻，并在很长时期内有效控制着意大利半岛的大部分地区。不过此时东罗马帝国仍然存在，还曾努力尝试收复意大利地区。在诸日耳曼部落中，法兰克人逐渐兴起，致力于建立帝国。先是克洛维统一法兰克诸部，建立起墨洛温王朝；后来墨洛温王朝的宫相丕平逐渐掌握了实际的政治权力，丕平的儿子查理·马特在此基础上建立起加洛林王朝。伯克的意思是，到此时西欧并没有成为封建社会。事实上，加洛林王朝逐渐发展而成的仍是帝国，表现在它一方面建立起中央集权化的国家制度，另一方面领土范围不断地扩张（从塞纳河扩张到莱茵河）。

为什么加洛林王朝可以构建起相对成功的帝国呢？伯克从两个方面进行了描述。一个方面的原因是文明之间的斗争，即法兰克文明与伊斯兰文明在普世层面上的冲突。比利牛斯山两侧的法兰克军队与伊斯兰军队在8世纪多次爆发战争，这样的战争遏制了伊斯兰军队的入侵，并让法兰克人赢得日耳曼部落军事力量之外的宗教力量（教皇与天主教会）的支持（"罗马教皇权力在整个中世纪都发挥着作用，即通过传统的宗教权威使世俗王权的权力合法化；与此相应，法兰克国家则成为教皇手中与其他日耳曼部落进行斗争的一件锐利武器",第38页)。当然,罗马教廷与法兰克国家的联盟,也为一直持续到中世纪鼎盛时代和文艺复兴时代的王权-教权关系确定了文化模式。从更大的范围看,伊斯兰文明对在西南方西班牙的西哥特人的征服以及对东南方拜占庭帝国的不断进攻,大大削弱了西哥特人和拜占庭人在超宏观层面上对法兰克人的威胁。这样的行动虽属无意,但仍对法兰克人构建自己的帝国大为有利。

另一个方面的原因,则是作为帝国理念化身的查理大帝自身所做的努力。他运用自己的军事才能、政治技巧与技术力量,不断地扩充军事力量、完善官僚体制(比如,给一些大贵族封以伯爵的官衔,让他们作为朝廷的公共臣仆统治广袤的地域),还发展商业贸易与文学艺术,从而持续地扩张帝国。对于查理大帝的努力,作者伯克是在宏观和超宏观层面上的斗争视角来叙述的。在宏观层面上,查理大帝所属的加洛林家族的上层阶级取得了对墨洛温家族的胜利;在超宏观层面上,他所代表的法兰克人不断地跟日耳曼其他部落展开斗争,并将他们纳入统治体系。当然,说到底,查理大帝所构建的帝国虽然权力稳固,但在那个时代仍属于疆域非常有限的小帝国,处于一种被其他更为强大的军事敌人所包围的形势中。

总之,在公元8—9世纪,欧洲还不是封建社会。在公元800年,教皇利奥三世为查理大帝加冕,这标志着融合了三种文明(罗马帝国、法兰克的日耳曼传统、基督教-犹太教文化)的法兰克帝国达到了某种高峰。在公元750年至871年间,法兰克帝国与拜占庭帝国都是中央集权化的帝国。不过,伯克强调,"加洛林帝国一直处在被外部诸多挑战性文明所带来的种种威胁的阴影笼罩之下"(第43页)。正是由于这些文明的挑战尤其是维金人造成的灾难性影响,才带来了加洛林帝国的覆灭与西欧封建社会的来临。

□ 封建主义在西欧的形成

在世界主要文明纷纷走向帝国之际,西欧却形成了一种非集权化的封建主义政治经济秩序。伯克告诉我们,原因来自以下三个方面:(1)在普世性层面上,法兰克帝国所代表的文明与伊斯兰文明的斗争加剧;(2)在超宏观层面上,法兰克人与维金人不断地冲突;(3)在宏观层面上,法兰克帝国内部诸王子争权带来战乱。正是这几个方面的冲突,"锁定了法兰克社会结构的发展轨迹和变迁转型"(第45页)。当然,伯克也注意到,日耳曼早期社会松散的制度以及法兰克土地贵族在农耕生产上缺乏有效的组织管理能力,对封建主义秩序的形成也有影响。

在上述诸原因中,伯克重点探讨的是法兰克人与维金人(也有中译本写作"维京人")的冲突。来自斯堪的纳维亚半岛的维金人,不断入侵法兰克帝国以及英格兰等西欧国家。与此同时,由于法兰克帝国内部存在的争权夺利活动,中央政府无力抵御维金人的入侵与掠夺。于是中央政府不得不采取两个行动:一个是从公元864年起允许各地贵族构筑城堡和要塞以抵抗维金人,这些由高大厚重城墙护卫的城堡、要塞确实可以起到有效的防御作用,但也因此让地方贵族获得有效抵抗中央权力的手段,于是地方分权化的政治组织形式兴起;另一个是法兰克人给入侵的维金人封赐爵衔、馈赠土地甚至行贿,从而将维金武士作为贵族纳入国家体系,由此造成更为普遍的地方分权的政治组织形式。此外,在德意志地区,马扎尔人持续不断的侵略也是促成封建主义的动力之一。于是,往昔曾趋向中央集权的加洛林帝国国家体制逐渐衰败,地方贵族依托于对城镇、桥梁、修道院和城堡构成的军事要塞的控制,不断建立分权化的军事结构,并进而形成封建主义的政治、经济和军事的基础结构。在这一新体制下,贵族们构建起彼此竞争与对抗的采邑制度,甚至有能力选举君王,将王冠戴在那些软弱无能之辈的头上。

就是说,封建主义在法兰克的兴起,主要原因是9—10世纪法兰克人把封臣制度作为一种防御性结构,来抵御维金人和马扎尔人的进攻,其标志是君主赐予封臣地产(即"封地"),以换取各种军事和民政的服务。而获得封地的封臣们,承担的主要责任是在王室或上级领主的军队中服役,此外还必须作为陪审员出席法庭、给领主赞助礼金等,而封君则需要保护封臣免受敌人的侵害。伯克告诉我们,这样的封建制在整个欧洲并非十分普遍,只在德国、法国、英国(即原加洛林帝国部分)和欧洲东部等地区成为较为普遍的形式,而在西班牙、斯堪的纳维亚和拜占庭等地,情况并不相同。

维金人对法兰克帝国的进攻是欧洲封建主义兴起的主要动力,另外还有其他的推动力量。伯克说,就整个欧洲而言,它在英国受到丹麦维金人的入侵,在西班牙、意大利等地受到伊斯兰国家的进攻,在东欧受到马扎尔人或斯蒂匹武士的攻击与疯狂劫掠,再加上查理大帝之子虔诚者路易的三位王子为争夺领地爆发了国际性或半国际性内战,所有这些摧毁了法兰克帝国,也消灭了欧洲发展为统一帝国的可能。由此形成的封建主义带来了政治上的高度分权化,但仍有三种力量将欧洲(尤其是西欧)凝结为文明统一体:一是罗马天主教文化(起着一体化结构的功用);二是庄园的军事及经济制度;三是罗马教廷,这是一种集世俗与宗教权力于一身的历史力量(第50页)。伯克特别肯定王权与教权之间的联盟,认为它对王权特别有益,因为"它给予中世纪时代各个王朝制度以宗教合法性的保护,同时也起到一种遏制企图推翻王权的贵族反叛的功用"(第50页)。

可见,西欧封建主义因军事斗争需要而兴起,但这样的制度结构是否足以保障西欧的安全呢?在伯克看来,西欧的安全并非必然,而在相当程度上是偶然的结果。一方面,东欧诸王国(如马扎尔人、斯蒂匹武士所建立的王国)彼此间展开的残酷厮杀,实际上隔开并缓冲了原加洛林帝国与拜占庭文明之间的斗争或冲突。另一方面,拜占庭帝国长期以来抵御着以中东、北非为中心的伊斯兰文明对欧洲的入侵,事实上也保护了西欧文明的生长。除了这两个原因,在伯克看来,拜占庭帝国之所以没有入侵西欧并将其统一在拜占庭版图内,在相当程度上不是因为西欧的强大,反而是因为它过于弱小以至于不值得侵占,"在拜占庭人的眼中,西欧那些分散零碎的地产与其他文明的富庶程度相比,只不过是一颗小小的珍珠而已"(第70页)。

□ 欧洲封建主义时期国家制度的发展

可见,在伯克的眼中,欧洲封建主义的形成在相当程度上源自历史的偶然,更准确地说是基于西欧这样的有限地理区域及各种文明冲突的背景偶然形成的。接下来,我们看看伯克对封建主义所做的描述,以及对封建社会中国家制度发展的说明。西欧的现代国家,正是在封建主义的基础上发展起来的。

(一) 封建主义中的势力：贵族庄园、城市、教会与王权

在维金人持续不断的攻击下,在周边其他文明的影响下,加洛林帝国瓦解,封建主义在西欧形成。于是在原法兰克人的土地上以及在其他一些地区,产生了作为社会基本单位的庄园。庄园是拥有城堡保护的村落,对于这些庄园的经济运行状况与社会功能发挥,伯克没有多说,只是简单地交代,庄园内的农奴"向领主们缴纳各种谷物、地租、税赋和劳役",当然还经营市集(第72页)。波兰尼在《大转型》一书中告诉我们,西欧庄园在经济方面是按自给自足模式运行的,这是在现代市场经济诞生前的三种经济模式之一①。在社会功能方面,庄园要为庄园主提供物质资源,以使他有能力给自己的上级领主服军役或者彼此之间从事恃强凌弱的战争。庄园主是武士也是贵族,贵族身份地位的确立主要基于血统和庄园土地所代表的财富。正因如此,伯克说,这些贵族武士们对土地和财富充满渴求,一开始可能通过彼此间的兼并来满足,并由此造成从封建主义初期的高度分权向一定程度的集权转变。不过,当这样的集权达到一定规模后,贵族武士们就只能通过向其他外部文明的扩张来满足对土地财富的渴求,其中包括对伊斯兰文明的进攻(即下文将说到的十字军东征)以及在欧洲东部地区发动的战争(第68页)。在这一方面,条顿骑士尤为成功,他们征服了东欧地区的大片土地,建立起一个普鲁士王国。土地贵族的地位与权力说到底源于国王初始的分封;而国王能够支配境内人力与资源的能力,在相当程度上又来自土地贵族的合作。伯克告诉我们,在13至14世纪,整个欧洲议会制度普及开来,为王权和贵族提供了合作的机会：在贵族精英看来,议会可以阻止君王未经他们同意就任意征税或没收土地;在君主们看来,议会是征收税赋的有效制度组织,可以借此把贵族们召集起来征税,尤其在战争年代出现财政急需之时(第78页)。

在封建主义时期的西欧,除了大大小小无数个从事农业生产的庄园以外,还有上千个居住着商人和手工业者的城市。伯克强调,城市的发展最为重要的是"为资本主义的迅猛发展做出了巨大贡献"(第72页)。伯克说的资本主义,主要是市场经济的发展与市民财富的积累。这样的资本主义带来了王权与市民的合作：城市居民特别是其中的富商大贾向国王提供金钱(税收与贷款),帮助王权壮大;王权则授予市民(商人)各种各样的自主权利,让他们摆脱贵族和教会的干扰。当然,二者除了合作之外,也常常有争吵与冲突。城市市民对于王权特别是分布于各地的封建贵族,不断发出抗议的声音(第72页)。对于中世纪城市发挥的作用,伯克表示高度的肯定。他说,正是在这一时期通过城市富商巨贾与世俗王朝的合作,"欧洲才第一次感受到封建社会死亡的颤抖"(第73页)。

在封建主义时期的西欧,伯克还反复提到了教会势力的存在。一方面,教会作为罗马文明的继承者,与源自日耳曼文明的各国政权展开合作,从宗教角度为王权提供合法性证明。另一方面,在宗教改革之前,天主教会作为跨国性组织,为各国政权提供了国际联系。此外,由于教会掌握了大量地产,因此在许多国家,各级教会组织的领袖在地位上相当于封建主,承担着与土地贵族相似的社会功能。尤其在下文将说到的组织十字军东征方面,教会发挥了巨大的作用。而十字军东征及其最终失败,按伯克的说法,是欧洲现代国家兴

---

① 波兰尼著:《大转型：我们时代的政治与经济起源》,冯钢、刘阳译,浙江人民出版社2007年版,第46页。

起的重要原因。

由于各国国情的不同，土地贵族、城市、教会等势力与王权力量的冲突并不相同，他们受到蒙古人、奥斯曼土耳其人等外部文明的冲击也不同，因此在封建主义时期西欧各国的国家制度建设自然情况不同。在1066年诺曼底公爵威廉成功入侵英格兰后，英国20%左右的地产为王室所有，原来的诺曼旧臣被任命为地方郡守，税收体制得以合理化，法庭制度结构也受到改革。这样，英国就建立起比较成功的统治机构，带来了国王相对于贵族的优势。特别是在爱德华一世时期，凭借军队武力和行政管理的力量，英国国家机构进一步趋向中央集权化。相对而言，在11世纪，法国王权在遏制贵族权势方面取得的成就远逊于英国。不过，到了13世纪早期，法国王权为强有力的法国政治管理奠定了坚实的基础。而法国王权之所以得以增强，除了国王自己的努力外，重要的原因还有：(1) 罗马天主教会给予了支持（不服从国王的贵族受到开除教籍的威胁）；(2) 比较成功地解决了王位继承的难题（第75页）。但是，在德国却发展起一种更为分权的系统。德意志皇帝依靠选举产生，虽然有崇高的名号，但权势强大的贵族们成功地阻止了一个强大王权的形成。在匈牙利、波兰、瑞典和丹麦等地区，王权更加软弱，部分原因在于这些君主缺乏可以征税的富裕臣民（第102页），而贵族势力相对于王权来说又过分强大。意大利根本没有发展起君主统治体制，原因在于：其一，位于意大利的教皇，不但拥有教权，而且拥有十分强大的世俗权力；其二，北方各大势力不断地干涉意大利，阻断其统一的进程；其三，在意大利由贵族精英掌权的城市之间，展开了相互的混战。

(二) 十字军东征与欧洲国家的发展动态

除了上文说到的武士贵族、城市、教会、王权之间发生的宏观、超宏观层面的冲突外，伯克更为重视的是在封建时代发生于普世层面的冲突，即作为统一文明体的欧洲与伊斯兰人以及来自亚洲草原的蒙古人之间的战争。

前面说过，罗马帝国崩溃之后，在西班牙，欧洲长期受到伊斯兰文明入侵的威胁；在东南部，伊斯兰文明也严重威胁到欧洲文明。因此，欧洲人发动的十字军战争实际上分布在两条战线上：一条是欧洲东南部即在中东地区，另一条在欧洲的西部即由伊斯兰教所控制的伊比利亚半岛。今天我们说的十字军战争一般指的是十字军东征，即十字军出东南方前往中东地区发动战争。一开始，欧洲在东南地区受到的威胁是由拜占庭帝国承受的。在拜占庭帝国向欧洲国家求救后，欧洲宗教与世俗力量组成十字军加入两种文明冲突形成的战争中。在奥斯曼人兴起后，两种文明的冲突进一步加剧，不仅教会、各国君主与贵族，朝圣香客、修道院、穷人甚至孩童也积极响应并参与圣战。伯克反复强调，主要是因为这一文明冲突，欧洲才经历了从封建主义向以君主为首的中央集权化国家的演变或者说转型。

在《文明的冲突》一书中，伯克叙述了十字军的历次东征，并相对详细地介绍了前六次十字军东征。在这六次十字军东征中，有几个关键性事件值得我们关注：1071年，代表伊斯兰文明的塞尔柱突厥人大败拜占庭帝国，使其地位一落千丈，于是拜占庭皇帝向欧洲求救（科穆宁王朝皇帝阿历克塞一世向罗马教皇乌尔班二世提出请求）；罗马教会积极协调各国武士组织十字军东征，以收复失落的宗教圣地（耶路撒冷），而骑士们为了获取战利品、土地和荣誉,以及完成宗教使命,发起了第一次十字军东征(1096—1099),并建立起不少十字军国家;此后欧洲人又多次发起十字军战争,不过总体来说,面对伊斯兰文明的扩张,欧洲势力不断地失败,奥斯曼帝国势力延伸至东欧地区,开启了一个西欧不断退却的时代。欧洲文明不但失去了原来占据的土地,还在1453年最终丢掉了君士坦丁堡(拜占庭帝国灭亡的标志)。

伯克强调,十字军运动符合教皇的利益,它使得西方基督教世界的国际神权结构得以定型,而大肆鼓吹圣战的罗马教皇也因此被奉为西方基督教世界的首脑(第87页)。同时它也符合德国、法国和英国等国家的君王的利益,因为它让骑士们远离故乡,留在国内的王权实力趋于壮大,各国君王们还能因此向贵族们征收税赋。十字军战争还有一个副产品,那就是给各国强大的王权赋予了合法性。这是因为,欧洲各国王权都渐渐地承担起责任,协调配合由罗马教皇和其他宗教领袖拟定的军事计划。承担这样的责任,让君王们有权在战场上进一步控制贵族;而当这些贵族返回欧洲故土后,就不得不承担起服务于王权的责任(第86页)。此外,十字军战争还带动了意大利的发展,伯克说,"意大利城市国家的财富增长在很大程度上是十字军战争的产物。到14世纪时,威尼斯由于同十字军基督教国家进行商贸活动而获利甚丰,一跃成为资本主义世界的经济中心"(第94页)。

伯克重点强调的是,历次十字军战争对国家制度发展具有特别的影响。他说,连绵不断的战争把整个欧洲社会变成了一种防御体系,既可备内部的敌人,又可抵御外部文明的入侵。在他看来,由于十字军战争的媒介作用,13世纪成为西欧各国君主制度发展进程的一个分水岭:君主们加强了对不在领地的贵族的控制,同时运用其不断增长的军事实力,逐渐地从罗马教皇手中接管控制十字军的大权(第101页)。基于此,伯克将十字军战争最初的成功和最后的失败称为"促发欧洲国家建设的发动机":一方面,逐渐获得对十字军领导支配权的各国君主,通过征收赋税的行为和十字军的组织结构(十字军的结构有助于控制贵族),不断地加强自身的权力;另一方面,在宗教权力领域,历次十字军战争的失败大大削弱了罗马教廷的权威,以贵族权势和罗马教廷权势削弱为代价,世俗王权不断得以强固,这就为即将到来的宗教改革搭建好了舞台。与此同时,议会制度的形成也使各国王权受到了某种限制(第115页)。

伯克还强调十字军战争和其他一些文明间战争对社会结构产生了影响,进而对欧洲国家制度建设产生了影响。他说,在11—13世纪,从直接或间接的文明冲突中获利的市民阶级越来越富,为现代资本主义奠定了基础。到14世纪时,西欧在文化和宗教方面都发展起一种自我意识,这种意识是西方基督教文明的一种产物。富有的商人阶级已经能够供养各种军队以抵御来自贵族和教会的威胁,这通常是以王权为中介的。由于城镇居民愈来愈富,罗马天主教会就想从他们身上榨取更多的财富。这就让教会与城镇居民处于一种更为敌对的关系之中,于是进一步推动了宗教改革的爆发。十字军战争的最终失败,也影响了欧洲社会的变迁。伯克强调,那些资助十字军战争并且与东方建立贸易往来而牟取巨额暴利的意大利银行家族,因十字军战败而一家接着一家破产衰败。这种内聚性爆裂辐射到整个西方基督教世界,造成了一场普遍的社会危机,进而动摇了封建主义社会的根基;也激化了农民与贵族之间的阶级冲突,激起了把城市与庄园都裹卷在内的厮杀搏斗;还对修道院资本主义形成了巨大的压力(第116页)。这一切,导致地主、王室以及处于上升状态的商人阶级之间关系紧张,并在欧洲的某些精英人士中产生出对天主教和罗马教廷越来越大的不满情绪。

第三节　文明的冲突与现代国家的诞生

上一节主要介绍的是,伯克从文明冲突的视角来考察欧洲封建社会的形成,以及在封建社会中几大力量的斗争对社会变迁与政治发展的影响。在他看来,欧洲之所以率先走上现代国家的道路,也与这样的文明冲突有关。就是说,诸文明之间的冲突(尤其是战争),在欧洲各个国家的兴起、变迁和转型当中,发挥了重要的、独特的作用。这样的冲突,再加上以宗教改革和文艺复兴闻名于世的15、16世纪欧洲社会动荡,一起塑造了欧洲的现代国家。

□ 文明的冲突对现代国家构建各要素的促进

率先诞生在西欧的现代国家,在构建要素上至少具有个人主义意识形态、民族国家形式、中央集权制这三项。在伯克看来,这些要素的诞生,都是在文明冲突大背景下,由欧洲部分国家率先发展起来的。他强调说:"由于各种暴力手段、方式向内部转化,这些在普世性层面上相互作用的战争,开创了封建国家体制通过绝对主义国家阶段,向议会民主制国家的变迁转型。推动欧洲国家建设的不仅仅是宏观层面的内部动因,还有这些动因与十字军战争这类文明之间冲突的相互作用。"(第173页)

(一) 个人主义意识形态

个人主义意识形态是一种强调个人尊严、个人自主的思想,在欧洲很大程度上来自宗教个人主义,也就是坚信信仰纯属个人良心之事,信徒仅凭信仰就可与上帝相通,不承认宗教整体主义的观点(即天主教宣扬的教会是赎罪的集体性中介,一个人若不成为教会的一员则绝对不能得救等观点)。这样的宗教个人主义与良心自由、思想自由紧密相连,成为现代自由主义意识形态的一部分。在欧洲,这样的宗教个人主义是宗教改革带来的成果。伯克告诉我们,在基督教内部始终存在着两个教派的教义冲突:一个教派的教义以教会主导圣礼为基础,后来形成以教皇为领袖的天主教派;另一个教派的教义基础是个人凭借圣经直接与上帝沟通,后来形成路德教和其他新教教派。伯克说,与基督教内部存在教义冲突不同,在伊斯兰教中,逊尼派与什叶派的冲突主要集中在谁是先知穆罕默德的合法继承人这一问题上(第131页)。基督教教义的论战,之所以能发展成具有深远政治影响的宗教改革运动,跟欧洲文明与伊斯兰文明的冲突有关。一方面,伯克强调,以教会的权威号召并组织的十字军战争遭遇惨败,大大损耗了教皇的精神权威和政治资源,使其"无法再理直气壮地干预贵族们和君主们的内部事务了"(第122页)。特别是在德国,天主教会支持的哈布斯堡王朝无力实行镇压,使得不少诸侯与贵族力量变得强大,并成为保护路德等人发动宗教改革的力量。"一旦宗教改革在德国站稳脚跟,便迅速传播到了整个欧洲,它不仅成为一场宗教革命,也是一场政治、经济、文化和经济革命,是它彻底摧毁了拉丁基督教世界。"(第120页)另一方面,奥斯曼人为了对抗教会所支持的西班牙,向新教各国及愿意帮助新教国家的盟友提供经济援助,帮助宗教改革获得了成功(第122页)。这样,路德等人提倡新教,强调个人独自对上帝负责并通过上帝的仁慈获得拯救,不但大大削弱了天主教会的地位和作用,还将强调人的理性的文艺复兴运动推向深入(第124页)。

(二)民族国家形式

伯克强调,"奥斯曼对英国和法国的支持,打破了哈布斯堡王朝企图重建统一的天主教欧洲的梦想。从文明斗争冲突的视角看,这一事件是文明之间普世性层面的战争与超宏观层面上的国际政治以及宏观层面上民族国家的相互作用,从而改变国家各种结构的一个极端鲜明的例证"(第122页)。由于新教兴起加速了罗马教廷政治权力的消亡,这就意味着世俗国家的君主可以不必在意教会在宗教和政治问题上的指手画脚,民族国家的意识不断增强。伯克分析说,这样的民族国家形式之所以能够形成,有两个动力。一个动力来自外部,即先后由伊斯兰、蒙古以及奥斯曼土耳其等诸文明筑起的坚固屏障,阻挡着欧洲向东方和南方的进一步扩张。这道弧形的围墙为欧洲的宗教改革不断提供资源,促其继续发展,使欧洲战争内部化,让各国更趋中央集权化,从而推动君主制在欧洲充分发展(第122页)。另一个动力来自内部,即由于欧洲各国向外扩张与征服的力量受到了有效遏制,于是在欧洲内部爆发了各种冲突,这些冲突促使各国在国内开展制度建设,"随着各国君主以王室法律和王朝权威逐步取代以往的地方、教会法律,一批中央集权化的民族国家在其社会结构范围内强制推行生活的同质化,虽然其居民并不总是认同这种民族国家"(第123页)。

(三)中央集权制诞生

与民族国家诞生的进程一致,作为十字军战争、与奥斯曼人文明间的战争以及奥斯曼人支持的各种宗教战争的后果,西方各国不断强化国家制度的建设。此一时期,中央集权国家制度建设的表现是君主权力不断增强,也因此常被学术界认为是各国君主建成了绝对主义国家。不过伯克认为,"这是一个错误的称谓,因为各国君主,即或是最强大的国家的君主,仍面对着来自各种土地贵族的反抗"(第121页)。作为中央集权国家制度的象征,各国君主权力的扩大表现为,君主权力不再受到超国家的教会的制约。这里的原因有:一方面,十字军战争期间,罗马教廷已使王权合法地成为实现神命天意的工具(贵族和君主在以上帝名义领导庞大军队时获得的权威);另一方面,宗教改革的成功又为王权在国内的至高地位提供了精神依据,即王权神圣观念进一步合法化,在部分新教国家如瑞典,国家甚至获得了监督教会的责任。此外,中央政府获得了越来越多的供其行使权力的新财富资源,由此带来的君主权力扩大表现为如下几个方面:通过削弱罗马天主教会的财富以及没收天主教贵族的地产,君主扩大了对国内人口与资源的控制;通过不断扩大构成现代官僚制的公务员队伍,君主实现向市镇、新兴城市、商人征税。与此相配合,君主还用一种强有力的意识观念形态将他们各自的领土塑造成国家,根据这样的意识观念形态,公民们应该承担为王权服役和缴纳金钱的义务(第128页)。

□ 不同欧洲国家发展的分野

至此,伯克一直在强调,"在西欧民族国家的早期发展中,外部敌对的文明发挥了巨大的作用"(第128页)。就是说,对欧洲各国而言,在普世层面上遭遇到的文明冲突背景都是相似的。不过,在超宏观层面上各国面临的威胁显然不同,另外在宏观层面上君主与贵族的力量不同,在微观层面上君主、贵族、平民的行动也各不同,由此造成各国国家制度的发展还是有区别的。伯克进行过一个简单的概括性说明,"同英国的中央集权化的议会制和法国官僚专制主义制度相反,荷兰在16、17世纪之间形成了一种非集权化的地方分权统治体制。荷兰是一个由中世纪时代所产生的大小城镇所构建而成的联邦,由中等资产阶级牢牢控制着,他们在国家事务管理中拥有强大发言权。在法国,王权虽雇佣使用着中产阶级,但却很不愿意将城镇本身的自治权授予他们;在尼德兰,资产阶级市民的权力使荷兰成为现代早期时代第一个真正的资产阶级国家"(第151页)。特别是在新教国家与天主教国家之间,也出现了发展的分野,正如伯克强调的,清教、路德教、圣公教等各种新教教派的伦理观都服务于一个共同的目的,即给正在兴起的市民文明以合法化的地位;它们还都主张世俗王权在与罗马教廷的关系上要保有自身的自由或高度的独立,甚至在罗马天主教影响较大的西班牙和法国也是如此(第164页)。以此为前提,在这些新教国家,已经发展起来的资本主义得以合法化,市民阶级的力量得以进一步增强,最终改变了这些国家在宏观层面上参与冲突的力量。下面简要概述一下伯克的分析。

在英国,数百年间乡绅和约曼(即自耕农)阶级的发展得到了巩固,早期的产业化趋势继续扩展,资产阶级变得更加强大。以此为基础,英国议会的权力上升。伯克强调,在议会的发展过程中,土地贵族精英们作为组成部分发挥了重要的作用,议会将他们转变成一种能够生存下去的国家性的政治力量。他还比较说,"这种议会动力机制倾向于赋予英国的富有者阶级以强有力的政治地位,这种地位远比法国、普鲁士或奥地利等中央集权化体制下富人们所享有的地位要高得多"(第150页)。在英国和其他国家,下院平民院地位的上升与土地贵族的衰落是同时发生的。有许多土地贵族无法让自己与正在形成中的资本主义经济发生联系,因此没有办法保护和扩大自己的财富。这也意味着实力壮大的商人阶级能够向统治阶级发起挑战,并要求以财富贵族取替血统贵族。此时,君主代表的国家权力也在上升,"都铎君主成为整个社会、整个国家和英国教会的正式领袖,这种中央集权的动因将英国带入到现代时期"(第143页)。伯克还以伊丽莎白一世为例,说明她继续奉行都铎王朝与乡绅结盟而反对贵族的国策,王权此时是世俗和宗教事务的唯一仲裁者。大体上,伯克将英国作为宗教改革之后欧洲两种壮阔的政治潮流涌动的代表,"一方面是君主权力的极大加强,另一方面是议会的效率及影响的增长"(第150页)。伯克强调,"英法两国的议会此时开始发挥出双重功用,一是它们成为替各自统治王朝进行各种战争和十字军战争进行资源动员和获取税赋收入的渠道;二是它们也成为保障两国土地贵族的权益的机构。这两种常常相互抵触的目标之间的紧张关系造成了英法两国王权与贵族之间更大的、更为激烈的矛盾冲突"(第174页)。这样的潮流也反映在斯堪的纳维亚半岛以南的欧洲诸国中,只有意大利和德意志地区未发展出强大的君主制及与之相伴而生的议会结构。此时议会代表着土地贵族精英们对王权的一种胜利,尽管从长时段来看,议会制度通过公民选举权的方式,推动了对君主权力和地主阶级权力的毁灭。在当时,君主越来越把土地贵族作为一种法律和立法的实体来对待,明白他们不是单凭强大武力就可以制服的力量。

在意大利、德意志、西班牙等国,这些地区曾经一度在神圣罗马帝国的哈布斯堡王朝统治之下,其中帝国皇帝查理五世有建立统一帝国的雄心。这样的雄心完全湮没在他与其他德国诸侯的冲突、宗教改革造成的政治分裂以及奥斯曼人在东方造成的威胁等困难之中。此外,他与罗马教廷之间的冲突、与法国之间的战争,也使他的种种设想屡屡受挫。查理五世因此没有能力成功地恢复帝国,继承他帝国西部(主要是西班牙和低地国家)事业的腓力二世(1527—1598)也曾致力于国家的中央集权化建设,特别是通过向银行家借款、在商业发达的低地国家征税,以获取巨额资金来增强力量。西班牙的君主力量尽管也在增强,但未能建立统一帝国,也未能发展出像英国一样的议会制度。

前已述及,在十字军东征期间,意大利地区的各城市国家通过向中东的诸十字军王国提供后勤补给发了大财,愈发地富裕起来;但在十字军战争失败后,这些城市国家受到了不利的影响,许多地方财政破产。特别是在威尼斯共和国,奥斯曼人向它发动了为时长达16年的连续进攻。又因为受到了罗马教廷与哈布斯堡王朝力量的影响,意大利终未能成功发展出现代民族国家。

在东欧和德国,大土地贵族仍然是处于支配地位的统治阶级,他们控制着分权的社会政治制度。因此,在这些地区,现代国家发展的总体进程要慢于西欧地区。伯克强调,俄罗斯人对自己文化上的赞美与弘扬,使其与西方世界割裂开来,即使是在军事上处于劣势时也是如此(第156页)。自15世纪始,莫斯科的沙皇们就开始创建一个更为中央集权化的统治政权,并在文化上继续秉持民族主义的传统倾向。

□ **现代国家诞生过程中的制度走向:以《利维坦的诞生》为基础**

从普世层面的文明冲突出发,伯克说明了它对超宏观层面欧洲国家间的冲突、宏观层面国家内各种势力的冲突、微观层面君主与贵族及教皇之间的行为的影响,以及对西欧率先走向现代国家的影响。对微观层面上的影响,伯克说得并不多,但他对微观层面与普世层面之间的关系做过一个概括性说明,即"处于微观层面之上的家庭成员之间、亲族成员之间乃至相互厮杀搏斗的个体士兵之间所发生的各种相互作用,都受到了普世性层面上各种文明之间冲突的深刻影响"(第164页)。伯克的注意力集中在普世性和超宏观的结构上,他把特定宏观结构中阶级的、意识形态的和宗教的种种变迁转型,置于超宏观和普世性层面上重新加以考察,认为这样可以避免把"那些以欧洲为重心的内部阶级冲突和宗教改革的观点,以及那些似乎毫不相关的各种历史现象就与一个基本的历史过程发生了联系",因为在他看来,"倘若没有与伊斯兰、维金、蒙古、拜占庭和奥斯曼诸文明之间的冲突竞争所造成的'锻炉'和强大压力,欧洲的宗教改革运动和阶级冲突就不可能以它们本来的模样发生"(第175页)。

总体而言,正如伯克自己交代的,《文明的冲突》一书并不是对所涉及的各种理论学说的意义进行验证,而"只是根据现存的各种学说,以一种综合的方式来发展一种新的理论"(第165页)。在一定程度上我们可以说,伯克对于欧洲特别是西欧地区走向现代国家的外因以及由外因导致的内部变化,交代得比较清楚,用一句话来概括就是:西欧之所以率先走向现代国家,是因为帝国构建得不成功,未形成统一的帝国;而帝国之所以不成功,主要是因为来自外来文明的压力过大。不过,伯克的理论未能清楚交代的是,在欧洲内部各民族国家形成之际,为什么会有不同的制度走向?为什么有些国家走向宪政民主制度,而有些国家却走向专制制度或者陷入混乱局面而不能自拔?更进一步地说,在今天我们公认现代国家制度中有宪政这一要素,但伯克的著作中却未说明,为何有些国家能发展出宪政制度而有些国家不能?伯克可能是把原因归到各国在宏观层面上君主与贵族的力量对比,以及在微观层面上君主、贵族、平民各自不同的行动,但这样的归因显然失之简单。

我们可以借助托马斯·埃特曼所著的《利维坦的诞生》①一书,来看看不同欧洲国家在走向现代时为什么走上不同的道路。托马斯·埃特曼出生于1959年,1990年获得哈佛大学博士学位。1990—2000年,他任教于哈佛大学,并于2000年起任教于纽约大学。埃特曼在这本书中尝试回答的问题是:在法国大革命之前形成的欧洲国家,为什么会沿着如此不同的路径发展?有些国家为什么走上绝对主义的道路,而另一些国家则走上宪政主义的道路?是什么因素使得有些国家能发展出官僚制的管理体系,而另一些国家在实践中仍然依附于一种世袭制?换言之,今天现代国家的宪政-官僚制度,只在18世纪下半叶之前的欧洲部分国家率先出现。埃特曼为此提出了自己的理论解释,在相当程度上可看作本讲伯克理论的有益补充。大体上,他讨论的主题与范围跟伯克高度相同,正如他自己所说:"罗马帝国的权力体系在西方衰落(6—8世纪)以及查理曼帝国(9—11世纪)再次崩解之后,欧洲的领土国家是如何形成的?"(《利维坦的诞生》,中文版序言)

埃特曼在书中表达出来的观点也是西方学术界普遍赞成的观点:战争是国家机器理性化的主要动因。不过,埃特曼强调,在战争过程中,不同的国家在形成时期拥有不同的初始条件,比如有的国家在当时已经存在各级地方政府组织(这种早期形成的路径依赖限制了统治者在未来的制度选择范围),连绵不断出现的地缘军事竞争的时间点也有不同(后发国家受经济和军事竞争的驱动而不得不"跨国学习",但学习能力受到先发国家控制并受已结构化了的世界限制),最终这些国家或主动或被动地选择了不同的制度形式。就是说,在埃特曼的分析中,跟伯克相似,仍认为国家之间的竞争(尤其是战争)是最为重要的推动力量;在此前提下,影响欧洲地区走上不同现代国家之路的主要因素有两个,即在国家形成时期各级政府(尤其地方政府)的组织形式,以及连绵不断出现的地缘军事竞争的时间。

我们先来看看不同国家在形成时期拥有的政府组织形式的影响。埃特曼引用了欣兹的一个理论主张,即"与那些以身份团体为基础的议会或等级议会相比较,以领土为基础的集会或议会在结构上都更为强大,由此也更有能力抵制野心勃勃的统治者的招安和诱

---

① 埃特曼著:《利维坦的诞生——中世纪及现代早期欧洲的国家与政权建设》,郭台辉译,上海人民出版社2010年版。接下来凡引用该书的地方,不再一一标注版本信息。

惑"(《利维坦的诞生》,第22页)。基于此,埃特曼认为,在国家形成时期如果各级政府(尤其地方政府)拥有以领土为基础的议会,那么就有可能走向宪政主义;而如果拥有的是以身份团体为基础的议会,则可能走向绝对主义。他的结论是,"不同的地方政府存在千差万别的组织结构,这源于国家形成模式的差异。恰恰这些差异可以大有裨益地解释,为什么拉丁欧洲与日耳曼的统治者最终走向专制,而在不列颠、瑞典、匈牙利和波兰的统治者却被迫与代议机构分享权力"(《利维坦的诞生》,第22页)。

再来看地缘军事竞争发生的时间对制度走向的影响。埃特曼强调,"连续不断地进行地缘政治竞争的起始时间不一致,这对于解释国家基础结构在18世纪末欧洲大陆出现的各种特性有很大帮助"(《利维坦的诞生》,第24页)。这是因为,时间先后顺序不同,国家建设者面临的资源(组织化模式、法律概念还有财政技术等)就不同,能够运用的人才资源也不同(比如1450年之后因大学蓬勃发展、商业和财政市场壮大、军事技术日新月异而使得具有财政管理和军事指挥能力的人才不同),后发国家建设者们能够从先发者那里学到的经验和失误也不同。显然,国家建设者面临的资源、人才与经验的不同,对于国家制度结构在世袭制(靠贵族提供人才)与官僚制(依考试选拔人才)的选择可能也不同。

最终欧洲国家的制度形式选择,在两个维度展开(《利维坦的诞生》,第5页)。

第一个维度与政府类型或政体结构联系在一起,即发展出绝对主义和宪政主义两种不同的政权形态。区别在于,前者缺乏有效的代议制组织机构,统治者以个人的意志整合行政权和立法权,而后者存在着有效的代议制组织机构,立法的特权由统治者和一个代议机构共同掌管。

第二个维度与国家机构组织的特征联系起来,即发展出的基础结构是世袭制还是官僚制。世袭制是指统治团体的成员可以将政府职务传递给自己家族的另一个成员或其他代理人,官僚制是指统治者能够抵制精英集团把职务私有化的意图,让那些拥有专业教育资质和技能的候选人占据这些职位。

埃特曼按照在政体结构维度上是绝对主义还是宪政主义、在机构组织维度上是世袭制还是官僚制,将18世纪呈现在欧洲的国家概括为四种形态——官僚绝对主义、世袭绝对主义、官僚宪政主义、世袭宪政主义,并用表4.1来加以概括。

表4.1 按照政体结构和机构组织两个维度来划分18世纪欧洲的国家形态

机构组织方式	政体结构形式	
	绝对主义	宪政主义
世袭制	法国、西班牙、葡萄牙、萨伏伊、托斯卡纳、那不勒斯、教皇国(拉丁欧洲)	波兰、匈牙利
官僚制	日耳曼的领土国家、丹麦	英国、瑞典

资料来源:埃特曼著,《利维坦的诞生——中世纪及现代早期欧洲的国家与政权建设》,郭台辉译,上海人民出版社2010年版,第8页。

显然,最终欧洲地区之所以能够走向现代国家,是因为以英国、瑞典为代表的国家制度结构(宪政主义+官僚制)具有更高的效率与合法性,战胜了其他国家,引起了后发国家的模仿。其他形式的国家制度结构可能在一定时期也有效,但最终因效率或合法性问题而在国家竞争中落败,不得不转而向先发国家学习。

□ 重新理解欧洲国家的形成与演变:以《强制、资本和欧洲国家》为基础

欧洲是率先形成现代国家的地区,这样的国家是怎样形成的?本讲运用的文本《文明的冲突》及上面提及的《利维坦的诞生》,尝试回答的都是这一问题。这两本书的作者在研究中又都受查尔斯·蒂利(在《文明的冲突》一书中译为查尔斯·梯利)的影响,我们在此处借助蒂利的《强制、资本和欧洲国家》[①]一书中关于欧洲国家形成与演变的观点来补充和印证伯克与埃特曼的理论。

查尔斯·蒂利(Charles Tilly,1929—2008),是美国著名的社会学家、政治学家,1958年在哈佛大学获得博士学位,曾先后任教于特拉华大学、哈佛大学、多伦多大学、密歇根大学、哥伦比亚大学。他一生出版了51部学术著作,发表了600多篇论文。他曾说自己的研究兴趣或者说终生关怀集中于三个方面:集体行为的历史和动力、城市化的过程、民族国家的形成(《强制、资本和欧洲国家》,英文版序)。按蒂利自己的说法,他写作《强制、资本和欧洲国家》一书的动机,是纠正自己在1975年主编《西欧民族国家的形成》时的偏颇,即过分重视强制在欧洲国家形成中的作用。他强调,应该同时关注资本积累与强制资源积累的作用,重新理解在欧洲形成的现代国家或者说民族国家。

蒂利所说的强制大致相当于通常说的暴力,而强制资源即暴力手段,包括人员、武器、供应或者购买人员与武器的金钱等。在他看来,强制总是倾向于不断扩张,掌握强制的统治者则倾向于不断积累强制资源,"控制着集中的强制资源的人通常企图使用这些资源来扩大对其运用权力的人口和资源的范围。当他们没有遇到相当的也掌握强制的对手,他们就获胜了;当他们遇到真正的对手,他们就进行战争"(《强制、资本和欧洲国家》,第16页)。战争和准备战争对于国家形成产生巨大作用,一直是蒂利的主要观点,正如他在书中强调的,"没有人设计了民族国家的主要组成部分——国库、法庭、中央政府等。它们通常或多或少是作为无意识的副产品而形成的,通常来自执行更为直接任务的努力,特别是为了创建和支持武装力量的努力"(《强制、资本和欧洲国家》,第29页)。当然,强制的大小与强制资源的积累有关,而强制资源能否积累以及规模多大,又取决于统治者用来榨取资源的策略、主要社会集团的组织程度与抵抗力量。蒂利强调,强制资源的积累与集中带来了国家的成长。

蒂利认为,资本包括所有的有形流动资源以及对这些资源可实施的所有权。资本掌握在资本家手中,存在于城市空间,同时积累和集中资本的过程也导致城市的产生与增长。掌握强制力量的统治者,也愿意使用强制的力量来发展城市。于是,资本积累与资本集中带来城市成长,并与强制资源的积累与集中一起共同促进国家的发展。图4.1可用来描述蒂利的上述看法,即资本(积累与集中)和强制(积累与集中)共同产生城市与国家,

---

[①] 蒂利著:《强制、资本和欧洲国家(公元990-1992年)》,魏洪钟译,上海人民出版社2007年版。本讲接下来凡引自该书的文字,不再注明版本信息。

进而形成不同的国家形式(《强制、资本和欧洲国家》,第31页)。

在蒂利看来,资本与强制的不同结合产生了不同类型的国家,"国家形成的道路是众多的但不是无限的;在任何具体的历史关头,有几个显著不同的未来是可能的"(《强制、资本和欧洲国家》,第37页)。蒂利介绍了欧洲不同国家具有的强制与资本的积累、集中情况,以解释欧洲为何出现不同的国家形式以及这样的国家形式在欧洲版图上的分布样态。

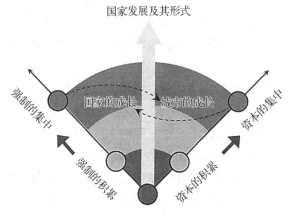

图 4.1　强制、资本、国家和城市的关系

蒂利认为,公元990年以来,在欧洲地理范围内发展出三类国家(《强制、资本和欧洲国家》,第34页)。第一类为外部国家,它属于"强制密集模式",如勃兰登堡(普鲁士前身)、俄罗斯和瑞典。这样的国家在形成初期,强制的集中程度大而资本的集中程度小,武装力量强,城市很少,直接强制在生产上起着主要作用。第二类为内部国家,它属于"资本密集模式",如热那亚和荷兰。在这样的国家,强制的集中程度小而资本的集中程度大,城市很多,商业占优势,市场交换和以市场为导向的生产盛行,统治者缺乏军事力量,小心翼翼地为资本利益服务。第三类为中间国家,它属于"资本化强制模式",如英国和法国。在这样的国家,强制能力与资本力量都处于中等状态,资本家和强制的拥有者可以在相对平等的条件下互动,最终比强制密集的和资本密集的模式更早地建立起成熟的民族国家。

那么在初期形成的这三种模式或者说国家发展的三条道路,为什么最终以第三类即中间国家的资本化强制模式形成的民族国家胜出呢?蒂利的解释是,主要是国际竞争(特别是战争和准备战争)的压力的驱使,"从17世纪以来资本化强制的形式被证明在战争中更为有效,从而为起源于强制和资本的其他结构形式的国家提供了令人信服的模式"(《强制、资本和欧洲国家》,第35页)。他说,"最终把进行战争的优势给了那些能够把常规军队投入战场的国家;能够利用大量农村人口、资本家和相对商业化经济相结合的国家胜出。它们制定战争规范,它们的国家形式在欧洲也成了主流的形式。最终欧洲国家都集中到这种形式:民族国家"(《强制、资本和欧洲国家》,第18页)。

那么为什么资本化强制模式下的民族国家在战争中更为有效呢?正如前面说过的,在这些国家,由于强制能力与资本力量大致相当,资本家与统治者能在相对平等条件下谈判,由此带来了这些国家的统治者为了获取国家活动所必需的资金,不得不建立代议制机构,并在其中与不同成员讨价还价,以获取战争必需的资金。蒂利举例说,英格兰的国王并不想要一个国会来分享自己的权力,但在劝说国民为战争缴税过程中,国王不得不先向男爵们让步,然后向僧侣、贵族、资产阶级让步,其标志就是形成了议会制度。特别是在16世纪以后,由于大规模战争大大增加了国家的开支,欧洲国家不得不开始扩大并规范预算,运用税收和债务来筹资(特别是用国家未来的稳定税收为国家的长期债务做担保)。

在此方面，具有代议制机构的国家在能力上远超其他国家，也因此决定了具有代议制机构的国家形式在国家竞争中胜出。

思考题

1. 有人说："西方之所以率先走上现代国家之路，主要是因为帝国构建得不成功。"你赞同这个观点吗？
2. 伯克是怎么看待伊斯兰文明在西方现代国家形成中的作用的？你同意他的看法吗？
3. 你了解哪几种解释西方率先走上现代国家之路的理论？你最赞成哪一种理论，为什么？
4. 埃特曼和蒂利是如何解释有些西方国家率先走上宪政之路的？你赞成他们的看法吗？
5. 你认为意大利城市共和国在西方中世纪国家制度发展中发挥了什么样的作用？

第五讲 | 危机、革命与现代国家转型
——《旧制度与大革命》导读

在上一讲，我们以伯克的《文明的冲突》为主，埃特曼的《利维坦的诞生》、查尔斯·蒂利的《强制、资本和欧洲国家》为辅，来讲解欧洲（主要是西欧）从中世纪封建国家向现代国家转型的过程。在此过程中，有相对和平的自然演进，但也有剧烈的变化甚至是暴力的革命发生。对于国家转型而言，偏废任何一方都不全面。好事似乎和坏事一样，有时也要通过篡夺和暴力的手段才能完成。如果没有革命，一个社会只依靠自身的力量，在原有制度框架中进行一点一滴的积累，可能永远也实现不了国家转型。革命是一种力量聚合器，它将所有的力量集中、聚合在一起，并爆发出惊人的能量，冲决原有的制度框架和社会模式的束缚，最终将原有的国家提升到一个新的层次、确立一种新的制度结构。用暴力摧毁旧秩序，往往是走上国家转型的决定性一步。革命完成了专制政体没有也不愿意完成的任务，即摧毁旧体系的剩余，尝试建立一个公道的且更合乎时代精神的秩序。以私有财产为基础的商业经济形态，以代议制民主、权力分立、人权保障为特征的近代政治形态，正是在革命中才得到了反复的确认和最终的确立。

这一讲我们借助于托克维尔的《旧制度与大革命》一书，来说一说在向现代国家转型过程中革命所具有的历史意义。对于法国大革命，以柏克为代表的保守主义者，曾有许多负面的评价。不过，当代思想家伯林的一段话，可以作为法国大革命的辩护词来予以回应："在我看来，法国大革命确实唤起了人民去攻击偏见、攻击迷信、攻击蒙昧主义、攻击残忍、攻击压迫、攻击对民主的仇恨，从而为各种自由而斗争……在法国，意识形态的分野一向可大体划分为拥护法国大革命与反对法国大革命，而那些反对法国大革命的人都是真正的反动分子……因此，如果我必须要站队，我站在法国大革命一边，尽管所有那些荒谬

与恐怖确实都与大革命同在。"①托克维尔是这样评价法国大革命的积极意义的:"大革命通过一番痉挛式的痛苦努力,直截了当、大刀阔斧、毫无顾忌地突然间便完成了需要自身一点一滴地、长时间才能成就的事业。这就是大革命的业绩。"②

第一节　作者与作品

我们还是先来了解一下本讲所用文本的作者与作品情况。

□ 作者与作品简介

《旧制度与大革命》一书的作者,今名为夏尔·阿列克西·德·托克维尔(Charles Alexis de Tocqueville),他的家庭原是诺曼底的贵族。1823年,托克维尔从默兹的高级中学毕业后,前去巴黎学习法律,1827年出任凡尔赛初审法院的法官。虽出身贵族,但托克维尔在政治上倾向于自由主义。从1831年5月至1832年2月,包括托克维尔在内的一个团队由官方派遣,前往美国考察新监狱制度。利用这个机会,托克维尔考察了正在美国蓬勃兴起的民主制度。回国后,考察人员集体撰写并出版了美国监狱制度的报告。托克维尔自己则整理了对美国民主制度的考察报告,在1835年出版《论美国的民主》的上卷,1840年出版下卷。这本书是托克维尔的成名作,也因此在1839年被选为人文和政治科学院院士,同年当选为众议员议员(在下一届落选)。1841年,托克维尔荣膺法兰西学院院士,年仅36岁。1842年至1848年,托克维尔任芒什省的议员。

1848年,法国爆发了二月革命。之后,托克维尔担任制宪议会的议员,参与法兰西第二共和国宪法的制定,并当选为新宪法实施后的国民议会议员。1849年6月至10月,他在秩序党组织的内阁中任外交部部长。1851年12月,托克维尔因反对路易·波拿巴称帝而被捕,但因其知名度高,次日即被释放,从此退出政界,成为"国内流亡者"。1851年,他写成《托克维尔回忆录》,详述法国二月革命内情。1856年,托克维尔出版了《旧制度与大革命》一书。中译本的校译者张芝联是这样评价托克维尔的:"作为一个经历过重大历史事变的观察家,一个混迹于政治舞台的反对派,一个博览群书、泛游异国并直接接触到第一手史料的历史学家,托克维尔又具备与众不同的敏锐洞察力,一种力图超越本阶级狭隘利益的社会意识,一种植根于本国实际的历史感与时代感。"(序言)

1789年法国革命是一场伟大的、激烈的革命,改变了整个世界的前进方向。从此以后,人类开始有勇气去建立一个公道的、合乎理性的新世界。正如"revolution"一词在此前后含义的变化:在此之前,"revolution"指的是恢复原先的、被僭主破坏的正当政治秩序,就像在"光荣革命"中的含义;在此之后,"revolution"宣示的是通过大规模政治社会制

---

① 甘阳:《90年代中国思想批判》,载于《田野来风》,中国电影出版社1998年版。
② 托克维尔著:《旧制度与大革命》,冯棠译,桂裕芳、张芝联校,商务印书馆1992年版,第60页。本讲接下来凡引自该作品的文字,一律用文中加注形式注明页码,不再一一交代版本信息。

度重组来建立新的时代,在精神上它宣扬要消灭传统制度、更新风尚与习惯,建立一个新的国家。关于这场革命,已有无数的历史著作加以描述。

托克维尔在《旧制度与大革命》中所界定的大革命并非单指1789年那场大革命,而是把1789年以后的60年历史看作一个整体,统称为法国革命。在这本书中,他不是单纯地叙述史实,而是把注意力用于探究大革命的深刻根源,把"事实和思想、历史哲学和历史本身结合起来"(序言)。他基于大量原始档案材料(古老的土地清册、赋税簿籍、地方与中央的奏章、指示、大臣间的通信、三级会议记录、1789年陈情书、国有财产出售法令)写作此书,但未罗列材料,而是提出多个与法国大革命相关的问题(各章题目就是要解决的问题),基于原始材料来回答问题、得出结论。正如他自己强调的,他从事的是关于法国革命的研究而不是写另一部大革命史(第29页)。他写的不是历史,而是"设法说明和使人明白构成这个时代链条的主要环节的那些重大事件的原因、特点、意义"(第1页)。因为他自认为,"迄今我最擅长的,是评价史实,而不是叙述史实"(第4页)。在这部作品中,他还将法国革命的研究置于欧洲历史的总体发展进程中加以分析,并努力将法国与英国、德国等国家的发展规律进行比较,因而具有独特的比较历史社会学的方法。用托克维尔自己的话说,就是"谁要是只研究和考察法国,谁就永远无法理解法国革命"(第58页)。

自1856年6月出版以来,《旧制度与大革命》成为极为重要的畅销著作,许多学者将其与孟德斯鸠的《论法的精神》相提并论。中文版序言举出的数据说,到1934年这本书在法国共印行了16版25 000册,在英国有13个版本并成为英国文化的组成部分,在全世界有多个语言的译本。本讲我们选用的中译本由冯棠先生翻译,在1992年出版。

全书除了迈耶所写的导言外,包括一个前言和三编正文内容。第一编有五章,第二编有十二章,第三编有八章。除此之外,中文版还有两个附录,它们是托克维尔研究时使用的一些资料汇编。颇有特色的是,每一章的标题基本上由问题构成,反映了作者写作此书的倾向是阐释问题而非叙述史实。

☐ 法国大革命简史

由于托克维尔在《旧制度与大革命》中没有叙述1789年那场大革命的历史,本讲在此处简单叙述一下大革命的起因与过程,为理解托克维尔这本书提供知识背景。

18世纪上半叶的法国,虽然经济繁荣,但是到处酝酿着不满的情绪。第三等级仅拥有全国近1/3的土地,却承担着沉重的负担,不但要向国王缴税,还要向领主缴纳封建地租,向教会缴纳什一税。负担如此沉重,第三等级却没有任何政治权力,不能参与政治,也很少有机会担任公职,除非花钱购买贵族爵位从而成为贵族等级的一员。随着第三等级知识和财富的增长,他们对享受免税权和政治特权的贵族,以及处处维护贵族的国王,产生严重的不满情绪。在曾被国王用来打击贵族的高等法院内,出身于平民的法官越来越多(革命前平民农场主出身的人已占全部司法贵族的42%),他们珍视自己花钱买来的职位,不愿意接受国王的干预,因而对国王不再唯命是从。在不存在议会的情况下,高等法院逐渐成为与国王作对的中心机构,受到舆论的普遍称赞。一直以来,贵族对国王的独断专行很不满,而取消徭役、撤销国内关卡等改革措施又伤害了贵族的利益,加剧了贵族的不满情绪。宗教问题更是引发了国内人民的分裂,天主教徒反对国王放弃排斥新教徒的政策,而新教徒因种种原因并没有从国王的政策改变中享受到宗教自由,双方都表示强烈不满。国王和贵族曾经大力赞助法国的文人和哲学家,促进了启蒙运动在法国的蓬勃发展和自由主义思想的深入人心,结果非其所愿地形成了反对专制的公众舆论,进一步激发了人们对专制制度的不满。

当然,普遍不满的情绪本身并不能引起革命,只有当不满情绪被激发出来,与一种力量结合并在一个具体场合中聚集、放大,才能成为推翻君主专制的革命力量。

(一)革命的前期:议会的形成

与普遍不满的情绪相结合,并成为法国市民阶级革命主要力量的,是乡村农民和城市平民。农民反对君主政体主要是因为,政府在农村圈地运动中持支持和欣赏的态度。城市平民反对君主政体是因为,国王大臣杜尔哥实行的改革(包括税利体系、谷物自由贸易政策、职业自由选择等),引起了物价的剧烈上涨,威胁到他们的基本生存。这时爆发革命,只欠一个像英国国会那样的力量聚合的场所。与英国不同,法国并不存在一个长期限制王权的国会。历史上存在的三级会议,只是一个等级会议而未能发展为真正的议会。自1439年起,三级会议就放弃了对君主征税权的控制,再也不能发挥限制国王征税权的作用。在17、18世纪法国君主专制期间,三级会议甚至都没有召开过。

不过,历史适时地提供了力量聚合的场所。为了反对长期的宿敌英国,波旁王朝支持了美国的独立战争,以债务形式筹措了大量资金以支付军费,形成了巨额的财政赤字。赤字之大,使得路易十六最后几任财政总监决心对贵族和教士征收地产税,但这一税收又在有产阶级的抗议下被迫收回。为了能够征税,在高等法院的要求下,国王不得不于1789年5月5日召开已停止175年的三级会议,来解决财政危机。为了鼓励第三等级积极纳税,同时削弱贵族的势力,国王给予出席会议的第三等级代表双倍的名额①。这一决定为市民阶级力量的聚合提供了合适的场所,最终导致了国王和贵族的共同灭亡。

王室希望三个等级代表分别开会,以便在它们之间制造纷争,实施控制,这一阴谋被第三等级代表识破。于是在5月28日,第三等级以卢梭理论中公意不可分割为名,宣布自己是代表全国的议会,以和平的上帝和公众的利益的名义,邀请僧侣们同他们联合(僧侣们多数倾向于平民,贵族内部也有倾向于平民的反对派)组成议会。6月17日,在西哀耶斯倡议下,第三等级单独组成国民议会。人数众多的第三等级,宣告自己是法兰西的代表人,并得到国民的拥护。6月22日,僧侣的大多数,加入了国民议会。过了几天,贵族代表中有47人,在拉法耶特率领下也来参加国民议会。从此,原本代表封建权利的等级会议被宣称代表人民主权的国民议会代替,宣称立法权不可分割的国民议会将特权阶级置于自己的领导之下,这一切意味着法国近代议会的诞生。

---

① 贵族代表有贵族242人,高等法院成员28人;僧侣代表中有大主教或主教48人,修道院长或司教长35人,教区司铎208人;第三等级代表有教士2人,贵族12人,行政官吏18人,各旧司法区议会成员108人,律师212人,医生16人,商人和农民216人。可见,第三等级主要由市民阶级的代表组成。

(二) 革命的进行与现代国家制度的进步

国民议会与王室、保王党人展开艰苦的斗争,试图立法限制国王的权力。6月20日,国民议会代表在网球场宣誓将制定法兰西宪法,于是国民议会变成了制宪会议。国民议会的行动得到了巴黎人民的拥护。巴黎人群情激昂,自发选举官员组织巴黎市政府,并于7月14日发动起义攻下象征封建制度堡垒的巴士底狱。这一行动,象征着王权在物质力量上的终结。国民议会的代表巴伊和拉法耶特分别被任命为巴黎市长和国民自卫军总指挥,国民议会以制宪约束王权的行动和巴黎人民反对王权的运动这两条战线,成功地融合在一起。

巴黎的运动传到各省,各省人民纷纷效法首都人民,到处组织市政府来实行自治,成立国民自卫军以自卫。巴黎人民的起义,发展成为整个民族的起义。法国以自发的民众革命的形式,完成了政治权力和军事武力从君主向市民阶级的易手,封建主义也得到了清算。在乡村,人们纵火焚毁城堡,农民们烧掉领主的租契。8月4日,在一些开明贵族的主动提议下,国民议会以法令形式废除了封建制度和各种特权,如领主所有权、什一税、贵族裁判权、官职买卖以及行会监督、监工制度等。8月4日的法令,赋予了全体法国人平等的地位、就业的机会和获得财产的希望,使人民成了社会的主人。8月26日,国民议会公布了《人和公民的权利宣言》,郑重宣告人权是政府存在的唯一合法性依据,强调了人民主权和个人在政治、法律等各方面的权利保障。该宣言是人类历史上所曾有过的最伟大的文献之一,它以时代的最强音宣告了法国现代国家的形成。

革命的巨轮一旦开始,就很难停止。接下来的形势变化,足以令人眼花缭乱。10月5日和6日巴黎人民的暴动,摧毁了宫廷的旧体系,夺走了宫廷的禁卫军,把国王从凡尔赛迁移到革命的首都,并置于人民中间。1789年12月2日国民议会颁布法令,规定教会财产归国家所有。12月22日,国民议会通过一个方案,将全国分为83个郡,各地人民有了行使主权的组织(议会)。所有的爵位、纹章、徽章和勋爵骑士团等封建主义的象征,都在1790年6月20日被废除。

1791年6月20日至25日,国王试图从巴黎逃跑,后来又被人抓回,这就使国王的权威彻底丧失,想把革命停留在英国那样的君主立宪政体就丧失了机会。1791年9月29日,制宪会议闭幕,法国人获得了有史以来的第一部宪法。这部宪法是市民阶级的产物,它宣布:坚决废除一切封建制度,强调一切权力来自人民,但人民不执行权力,仅执行初级选举权以便选出代表;政府官员在贤明的国民中遴选;人权必须得到切实有效的保障。该宪法以及随后制定的有关法律,肯定了法国革命的成果,让议会获得了几乎一切权力。虽然保留了王位,但国王几乎丧失了一切权力。

现代国家在法国的实现,并非一帆风顺。由于市民阶级缺乏领导经验、贵族保王势力试图恢复特权制度、教会阴谋夺回被没收的地产、外国的武装干涉、路易十六三心二意的合作、大众难以控制的激进情绪等原因,法国革命逐渐陷入暴力加速的境况。1792年8月10日的巴黎民众起义,囚禁了国王,开始了革命的独裁和专权的时期。9月的大屠杀(被杀者绝大部分是普通盗贼、妓女以及牧师、贵族、政治犯),显示了一种盲目的非理性的报复行为。9月20日国民公会成立,宣布废除王政、实行共和,并于1793年1月21日处死了国王。特别是1793年6月的巴黎起义,推翻了国民公会中的吉伦特派(一个既追求立宪主义又力求摒弃无政府的混乱、恢复秩序的政党),标志着法国彻底陷入革命的狂热和无政府状态中。

(三) 拿破仑专制与王政复辟

法国革命中的无政府主义状态,最终催生了拿破仑军事专制。拿破仑军事专制表现得如同克伦威尔的军事专制,虽然有专制独裁的一面,但在消灭封建势力、建立近代法制(特别是民法典的制定)、完成国家制度理性化、促进工商业发展等方面不遗余力。在外国军事势力的干涉下,1814年4月法国波旁王朝复辟。

虽然王朝复辟了,但旧制度是无法复活了。复辟君主路易十八于1814年5月2日发表了承认代议制政府原则的圣多昂声明,不久又在6月2日颁布了宪法,接受了立宪君主制。大革命时期所有民事方面的成果(经《拿破仑法典》所肯定),基本上被保留。复辟的君主放弃了恢复贵族流亡者和教会地位的尝试,大革命期间形成的个人财产权构成了社会的经济基础。市民阶级实际上成为真正的社会主导力量,他们不但占有了土地,还拥有日渐发达的工商业。新的宪法创立了两个议院,议会可以控制政府的征税权,并拥有共同立法权。

但是,这个1814年的钦赐宪法不承认人民主权,宪法及所有的权利保证依赖于国王的良知,议会还没有完全获得相对于国王的优势地位,人权也不能得到真正的保障。因此,19世纪的法国又爆发了几场革命,其中就有托克维尔在1851年出版的《回忆录》中描述的1848年爆发的二月革命。最终在19世纪下半叶,法国确立了国会的地位和人权的保障制度,在政治上成为一个现代国家。

第二节 法国革命对现代国家的完成

法国大革命对于法国乃至全世界向现代国家的转型都有极大的启示意义,法国人也一向这样来看这场革命,"1789年,法国人以任何人民所从未尝试的最大努力,将自己的命运断为两截,把过去与将来用一道鸿沟隔开"(第29页)。这场革命的激烈程度前所未有,远远超出了17世纪的英国革命,对此托克维尔是这样描述的,"大革命在摧毁了政治机构以后,又废除了民事机构,在变革法律以后,又改变风尚、习俗,直至语言;摧毁了政府结构之后,又动摇了社会基础,似乎最终要清算上帝本身"(第42页)。但是,托克维尔又反复强调,法国人的这场革命,"成就远较外人所想象的和他们自己最初所想象的要小",法国人"他们在不知不觉中从旧制度继承了大部分感情、习惯、思想,他们甚至是依靠这一切领导了这场摧毁旧制度的大革命;他们利用了旧制度的瓦砾来建造新社会的大厦,尽管他们并不情愿这样做"(第29页)。

如果采用工具性国家/目的性国家这一分析框架①,把行使公共权力的政权体系(即

---

① 刘守刚著:《家财帝国及其现代转型》,高等教育出版社2015年版,第3页。

国家机器)称为"工具性国家",把公共权力支配的稳定人群共同体称为"目的性国家",那么再来看托克维尔的相关表述就很清楚了,那就是说,大革命继承了之前工具性国家与目的性国家的发展,虽有突变性但也有很大程度的继承性。因此,法国大革命并没有那么"革命",在国家机器、经济利益与价值观念等方面,存在着大量的属于继承的内容。

□ 近代早期法国工具性国家壮大的背景

在国家间生存竞争的威胁下,为了有效地动员资源应对战争,以法国为代表的西欧国家,逐渐锻造出现代国家的一种工具,即君主官僚制。君主官僚制是形成现代国家机器的关键,君主制所体现的地位独立至上与集权特征是现代主权的要求,而官僚制则是行使主权的有效组织形式。此处简单介绍相关的背景,以便展开托克维尔的叙述内容。

(一) 君主制

君主制的发展有一个过程,其动力主要来自西欧封建社会时期因国家生存竞争而产生的对国王军事职能的公共需要(领导全体人民赢取战争的胜利)。为了满足这种客观需要,在统治者自身的主观努力下,封建体系内作为众多权力中心之一的君主,逐渐获得了相对于教会、贵族的至上性和相对于其他国家君主的独立性。在上一讲我们借助《文明的冲突》一书对此已经有所论及,接下来我们再看一下,最能表现君主地位独立性与至上性的君权神授理论和主权理论是怎样出现的。

君权神授思想的兴起,牵涉到教权与王权(或者说精神权力和世俗权力)的长期斗争。这一思想的主张是,君权有独立的来源(直接源于上帝而非教会),君主在国内可以排除教皇的权威,树立君主至高无上的地位,并从教皇手中夺得主教的任命权,甚至可以获得教会的财富(特别是土地)、剥夺教会的征税权。君权神授理论也被君主用来反对封建贵族,证明自己在地位上高于贵族,以控制和削弱封建势力,建立统一的国家。基于这个原因,亨廷顿强调,君权神授理论比封建制度更合理,更接近现代,它使得君主制在摧毁封建社会方面发挥了现代化的作用[①]。

主权理论的产生,是复兴罗马法传统的结果,并经马西利乌斯、博丹等人的发展,为君主在全国范围内行使最高的、终极的、遍及的和独立的权力,提供了理论依据。主权理论家们主张:"国王至高无上,国王是自己国境内的皇帝,只要不存在任何外部权力的地方就是至高无上的。"[②]在现实中,主权理论与君权神授论相互配合,共同支持了君主独立至上地位的合法性。从16世纪开始,君主逐渐取得了对教会的支配地位以及对封建贵族的优势地位,并在17—18世纪的法国发展到了高峰。君主地位事实上为现代国家中的主权奠定了基础。

此时的君主制,一般被称为君主专制制度。但应该看到,西欧的君主专制是在文艺复兴与启蒙运动的基础上发展而来的,因而可以成为现代国家发展的基础。正因如此,才有学者说,"离开开明专制,就无法理解现代国家的形成"[③]。

---

① 布莱克编:《比较现代化》,杨豫、陈祖洲译,上海译文出版社1996年版,第256页。
② 同上书,第162页。
③ Charles Tilly edited, *The Formation of National States in Western Europe*, Princeton University Press, New Jersey, 1975, p.204.

(二) 官僚制

法国官僚制的发展首先体现在行政机构方面。在中世纪早期,法国没有集中的行政系统,没有中央派驻地方的机构,也没有统一的税收体制、统一的法律和中央司法机关。与法国相比,在1066年诺曼征服之后的英国,国王的集权程度要高一些,但也没有集中的行政机构。那时候,政府官员就是几名大臣和侍从,行政机构极为简陋。到了中世纪晚期,按照系统的和等级的分工原则建立起来的行政机构在法国开始成长,常设的、训练有素的、精明强干的行政官员队伍日渐庞大。这些从国王手中领取薪俸的专职官员多数出身寒微(中下级贵族),服从并服务于君主的利益,并成为打击封建势力、树立国王权威的有效工具。通过17世纪黎塞留(Armand Jean du Plessis de Richelieu,1585—1642)和科尔贝尔(Jean-Baptiste Colbert,1619—1683)等人的努力,形成了以法国国王主持小型的御前会议(排除王亲国戚)作为国家最高行政机关的体制,并向全国派出具有广泛权力的常设官员,即承担不同任务的总监(又称钦差)。

法国官僚制的发展其次体现为常备军的建立。为了加强国王权力,巩固新建行政机构的权威,君主们纷纷建立了常备军,以垄断武装力量。国王出钱雇用士兵,或将流浪者招入军队。在法国国王查理七世(1422—1461)时代,正规军数目从未超过1.2万人。这样一支武装力量并不能辖制当时的1 500万国民,因此不得不借助贵族的佩剑来维持地方的稳定。随着法国君主专制程度的加深,常备军人数也日渐增长。到路易十四晚期,法国已拥有30万常备军。

法国官僚制的发展还表现在司法权的统一上。司法权的统一主要是建立统一的司法机构,并以罗马法来统一各种法律体系。12世纪开始复兴的罗马法,有两方面的特征特别适合此时国家机器的发展:一个特征是强调君主在法律上具有绝对的、最高的权力(君主的意愿即是法律),这为打击贵族势力、压制等级特权,实现领土合并和行政集权等提供了法律依据;另一个特征是强调神圣不可侵犯的私有财产在法律上的无条件性,为君主保护第三等级、赢得他们的政治和经济支持提供法律根据。在加强中央权力方面,罗马法成为法国君主梦寐以求的法律武器。这些专制君主起用了一批干练的律师,以充实其行政机构,而这些律师接受的法律教育都是关于君主法定权威的罗马法理论和法律条文统一的罗马法概念。以罗马法及其精神,法国统一了司法制度,建立起比较完整的法院体系。

□ 托克维尔眼中旧制度对工具性国家的准备

前文说到的工具性国家,托克维尔将其称为中央集权制。他反复强调,中央集权制是在大革命之前的旧制度中诞生的,"不是像人们所说是大革命和帝国的业绩",甚至是"旧制度在大革命后仍保存下来的政治体制的唯一部分,因为只有这个部分能够适应大革命所创建的新社会"(第74页)。在大革命后呈现出来的庞大的中央政权,"将从前分散在大量从属权力机构、等级、阶级、职业、家庭、个人,亦即散布于整个社会中的一切零散权力和影响,全都吸引过来,吞没在它的统一体中"(第48页),它"是从大革命造成的废墟中自动产生的"(第48页),来源于前文所说的大革命前君主长期建设工具性国家的行为。最终形成的是这样一种工具性国家,"由一个被置于王国中央的唯一实体管理全国政府;由一个大臣来领导几乎全部国内事务;在各省由一个官员来领导一切大小事务;没有一个附属行政机构,或者说,只有事先获准方可活动的部门;一些特别法庭审理与政府有关案件并庇护所有政府官员"(第97页)。

在法国大革命前已经形成的工具性国家,其典型特点就是中央集权。它从中世纪贵族或领主分散拥有的地方治理权集中而来,并因此形成一种不同于中世纪王权的新王权。这种新的王权所掌握的国家行政机构,"它建立在地方权力废墟之上,向四面延伸;这便是日益取代贵族统治的官吏等级制度。所有这些新的权力都遵循着中世纪闻所未闻或拒绝接受的准则和方法行事,它们确实关系到中世纪人连想都想不到的某种社会状态"(第57页)。这样一种新王权,在中央层次上首先就表现为围绕着王权或王位建立起来的各种权力机构。

托克维尔告诉我们,最能体现中央集权制的是拥有特殊权力的机构"御前会议"(第76页)。御前会议虽然起源于古代,但它的大部分职能却是近期才逐渐获得。它代表着王权并发表国王最终做出的决断,"大革命前40年间,无论社会经济或政治组织方面,没有一部分不经御前会议裁决修改"(第81页)。用现代国家的制度来比拟,它事实上是最高司法权、最高立法权和最高行政权三权合一的机构:(1)作为最高法院,它有权撤销所有普通法院的判决,又是高级行政法庭,一切特别管辖权归根结底皆出于此;(2)作为政府的委员会,它根据国王意志行使立法权,讨论并提出大部分法律,制定和分派捐税;(3)作为最高行政委员会,它确定对政府官员具有指导作用的总规章,决定一切重大政务,监督下属政权。有意思的是,托克维尔指出,"御前会议如此强大,无所不达,但同时又如此默默无闻,几乎不为历史所注意"(第76页)。

托克维尔指出,体现中央集权制的机构其次是主持国家日常事务的总监。由于总监逐渐将所有与钱财有关的事务都纳入自己的管辖范围,因此差不多对整个法国都实施了公共管理。对于总监,托克维尔没有多说什么。在历史上,这样的总监由国王亲自任命,其职位不可取消、不可买卖,其中多数由更依赖于国王的中小贵族而非大贵族担任,如司法总监、警察总监、财政总监、公共工程总监、商务总监等。这些总监可以在全国范围内代表王权行使广泛的权力,许多总监职位最终成为常设官员。

接下来体现中央集权制的机构是国王向各省派出的总督。托克维尔说,各省总督拥有全部统治权,他"同所有大臣通信,他是政府一切意志在外省的唯一代理人"(第77页)。总督是由政府从行政法院的下级成员中遴选的,并且随时可以撤换。在总督之下,是总督代理。总督代理是由总督任命的行政官员,设置在各县里,可任意撤换。总督通常是普通人出身的新封贵族,他的产生与同外省丝毫无关;而总督代理仍是平民。托克维尔引用约翰·劳的评论说,"法兰西王国竟是由30个总督统治的……各省的祸福贫富,全系于这30位在各省任职的行政法院审查官身上"(第77页)。已在各省失去统治权的贵族,对总督既嫉妒又无可奈何。在贵族们看来,总督"是一个僭权者的代表,是资产者以及农民派到政府中任职的一批新人,总之,是一群无名小辈"(第78页)。

托克维尔告诉我们,旧制度对工具性国家的准备,特别体现在中央集权制机构发挥了无微不至的统治功能。首先,托克维尔说,在城市里"政府实际上控制着城市一切事务,无论巨细"(第87页)。本来在中世纪的时候,许多城市是自治的,而在法国到17世纪末还能遇到这样的城市,"它们继续组成一个个小型民主共和国,行政官由全体人民自由选举,对全体人民负责,公共生活活跃,城市为自己的权利感到自豪,对自己的独立无比珍惜"(第83页)。但到1692年,法国国王首次普遍地取消城市的选举制度,城市的管理职务变得可以买卖,国王在各城市向某些居民出售永久统治他人的权力。到1764年后,城市由两个机构统治,一个是城市官员组成权力执行机构,另一个是显贵、行会团体派遣代表组成的全民大会。由于缺乏自治活力,城市的行政充满了市政混乱,"中央集权制并未阻止城市走向灭亡"(第88页)。其次,在乡村,由于领主的旧权力已被剥夺,也因此摆脱了旧义务,所以乡村穷人的救济工作由中央政府单独负担。御前会议根据总的税收情况,每年拨给各省一定的基金,总督再将它分配给各教区作为救济之用。托克维尔评论说,"从如此遥远的地方决定的救济事业往往是盲目的或出于心血来潮,永远无法满足需要"(第81页)。事实上,中央政府在农村的功能,并不仅限赈济农民于贫困之中,它还要教给他们致富之术,帮助他们,在必要时还强制他们去致富。托克维尔举例说,中央政府通过总督和总督代理不时地散发有关农艺的小册子,建立农业协会,发给奖金,花费巨款开办苗圃,并将所产苗种分给农民,甚至命令人们拔掉在它认为低劣的土壤上种植的葡萄(第81—82页)。托克维尔对此是不满的,他说,"中央政府如果减轻当时压在农业上的重担,缩小各种负担间的不平等,效果会好得多;但是,显然,中央政府从未想到这一点。"(第82页)

旧制度对工具性国家的准备,还有一个体现,那就是巴黎在全法国拥有独特的地位。在中央集权制下,辅助国王实施统治的大臣,"已经萌发出一种愿望,要洞察所有事务,亲自在巴黎处理一切。随着时代的前进和政府的完善,这种愿望日益强烈"(第101页)。于是巴黎地区就成为整个法国的心脏和精华(第75页),托克维尔说:"随着行政事务全部集中到巴黎,工业也集中到这里。巴黎越来越成为时尚的典范和仲裁者,成为权力和艺术的唯一中心,成为全国活动的主要起源地,法国的工业生活更加收缩集中于巴黎。"(第114页)于是"巴黎变成了法兰西的主人",巴黎发生的革命决定了法国的命运,"行政上的中央集权制和巴黎的至高无上权力,是40年来在我们眼前不断更迭的所有政府垮台的重要原因"(第115页)。

□ 大革命的原因及其对工具性国家的完善

法国在旧制度时期形成的工具性国家日益壮大且担负起越来越多的功能,但也因此产生越来越严重的问题。正因为这些问题的存在,才有大革命的爆发。托克维尔反复强调,法国大革命并不是发生在经济危机之时,实际上,路易十六统治时期是旧君主制时代最繁荣的时期,"公共繁荣便以前所未有的速度发展起来。所有迹象都表明了这点:人口在增加;财富增长得更快。北美战争并未减慢这一飞跃发展;国家因战争负债累累。但是个人继续发财致富;他们变得更勤奋,更富于事业心,更有创造性"(第207页)。托克维尔下面的话,被当作政治学名言被人反复引用,"革命的发生并非总因为人们的处境越来越坏……对于一个坏政府来说,最危险的时刻通常就是它开始改革的时刻"(第210页)。显然,革命的爆发另有原因,而大革命则对工具性国家的完善发挥了重要作用。

(一)激发大革命的原因

法国大革命的爆发原因,是历史学界长期探讨的话题。托克维尔也对这一话题进行了探讨,但并未给出全面的解答。在书中,至少以下三个方面构成了他对法国革命原因的讨论。

第一,作为旧制度象征的封建权利残留受到人们的痛恨。

托克维尔告诉我们,大革命"是在那些人民对此感受最轻的地方爆发的;因此在这些制度的桎梏实际上不太重的地方,它反而显得最无法忍受"(第64页)。托克维尔说的"不太重的地方",指的就是贵族拥有的封建权利。其实,在大革命前的法国,中世纪的封建权利大部分已经消失,比如,农奴制已经绝迹,"农民不仅仅不再是农奴,而且已成为土地所有者"(第65页),农民"为领主服徭役的迹象在各地几近消失"(第70页)。但是,贵族因过去领主的身份还残留了不少权利,"剩下的那些令人厌恶百倍"(第73页)。比如由贵族组成的省议会,"原封不动地保留其古老政治形式,但它们阻碍着文明的进步,而未能对它有所帮助;看来它们同新的时代精神格格不入……由于它们更加衰落,它们的危害力越小,而它们激起的仇恨反而更大"(第57页)。

在这些残留权利中,一个是贵族拥有免税权,特别是军役税,即中世纪的贵族因要承担军役而免缴军役税,但法国大革命之前军役税越来越沉重而贵族已不再亲自服军役,由此形成的不平等让法国民众痛恨,"所有这类特权中最令人厌恶的特权——免税特权"(第126页)。另一个残留权利是,贵族在原有领地丧失了统治权却仍行使征税权,"在所有省份,领主征收集市税和市场税……领主几乎处处强迫当地居民在其磨坊磨面,用其压榨机压榨葡萄。一项普遍的极为苛刻的捐税是土地转移和变卖税;在领地范围内,人们出售或购买土地,每一次都得向领主纳税。最后,在整个领土上,土地都担负年贡、地租以及现金或实物税,这些捐税由地产主向领主交纳,不得赎买"(第70页),这些都极大地损害了土地耕作者即农民的利益,激起最强烈的反抗,"被认为不仅违背正义,而且违反文明","略微夸张的说法被称作土地奴役"(第71页)。

此外,贵族虽在原有领地内丧失统治权但还保留司法权。贵族常常将司法权视为收入来源,并买卖法官职位。托克维尔强调,虽然贵族凭借封建权利所获得的法官职位,可以买卖且实行终身制,对排除行政干扰保持司法独立性必不可少,"有时倒成了个人自由的保障:正所谓以毒攻毒"(第153页)。但是法院经常不正规地干预政府,甚至反对行政机构,大声指责政府的措施,并向政府官员发号施令,导致行政事务无法正常进行。尤其是高等法院反对王权的斗争,虽然限制了王权的专制,但毕竟带来政治的混乱。

托克维尔强调,贵族原来虽享有特权,但也承担了重要的职责,比如要确保公共秩序、主持司法、执行法律、赈济贫弱、处理公务等。但是当中央集权制发展之后,贵族不再负责这些事情,于是贵族特权的分量便显得沉重,甚至贵族存在本身也成为疑问。

另外,还有一部分封建权利残留在教会。托克维尔说,虽然在法国革命中反宗教激情爆发,但民众并非反对宗教的教义,而是反对教士,因为教士们"是尘世的地主、领主、什一税征收者、行政官吏;并非因为教会不能在行将建立的新社会占有位置,而是因为在被粉碎的旧社会中,它占据了最享有特权、最有势力的地位"(第46页)。

第二，中央集权制国家承诺了一切，却无法缓解民众的苦难尤其是农民的困苦。

托克维尔告诉我们，原来贵族和教会作为国家与民众之间的中间机构，有心照顾、帮助和领导农民，那时"贵族有时对农民施以暴虐，但他们从未抛弃农民"（第160页）。但在工具性国家发展过程中，中央集权制度"摧毁了所有中间政权机构，因而在中央政权和个人之间，只存在广阔空旷的空间，因此在个人眼中，中央政权已成为社会机器的唯一动力，成为公共生活所必须的唯一代理人"（第107页）。这时候，所有的人包括国家自己都认为，"若是国家不介入，什么重要事务也搞不好"（第107页）。

政府既然取代了上帝，每个人出于个人需要，自然就要祈求政府。托克维尔阅读了18世纪贵族、居民写给总督的大量信件，发现他们都在请求总督代表国家延期或免除税赋，请求他给予粮食。可是，国家的能力毕竟是有限的，而且"中央政权地处遥远，对共同体中的居民尚无畏惧，所以它关注共同体只不过是想从共同体捞取油水罢了"（第161页）。

于是，每个人都因贫困或者政府无法解决自己的问题而指责政府。尤其在农村，大量的人口尤其是贵族逃离了乡村（第157页），而资产者根本不接近农民，避免接触农民的贫困。农民要单独承担增加了十倍的军役税（第161页），痛苦无法缓解，只能将矛头对准政府。

第三，文人在观念上的鼓动。

托克维尔告诉我们，到了18世纪中叶，法国文人成为国家的首要政治家，他们"用简单而基本的、从理性与自然法中汲取的法则来取代统治当代社会的复杂的传统习惯"（第175页），并以此观念来教育民众。但是，这些文人并没有政治经验，"根本没有政治自由，他们不仅对政界知之甚少，而且视而不见"（第176页）。可他们对民众的影响又极大，"因为愚昧，民众对他们言听计从，衷心拥戴"（第177页）。

于是，"在法国，随着繁荣的发展，精神却显得更不稳定，更惶惑不安；公众不满在加剧；对一切旧规章制度的仇恨在增长"（第209页），整个民族明显地走向革命。

（二）大革命对法国工具性国家的增添

如果说中央集权制这样的国家统治工具并不是大革命的全新创造，那么大革命为法国工具性国家增添了什么呢？托克维尔认为，发动法国大革命的那批人，比照的对象是英国，只不过用的是更加剧烈的手段。那作为楷模的英国在大革命期间是什么样子呢？"自17世纪以来，封建制度已基本废除，各个阶级互相渗透，贵族阶级已经消失，贵族政治已经开放，财富成为一种势力，法律面前人人平等，赋税人人平等，出版自由，辩论公开……17世纪的英国已经完全是一个现代国家，在它内部仅仅保留着中世纪的某些遗迹"（第58页）。

1. 法国大革命的积极意义

从托克维尔在书中的相关论述来看，至少以下三个方面的内容是大革命的丰功伟绩，并构成对法国工具性国家发展的助力。

第一，彻底废除了残余封建权利。

托克维尔一再强调，其实在法国封建权利已经所剩无几，但残留的权利显得让人更加痛恨。这样的残留权利有"什一税、不得转让的地租、终身租税、土地转移和变卖税，它们按18世纪略微夸张的说法被称作土地奴役"(第71页)。当然,还有托克维尔一再提到的与封建贵族、封建权利结合在一起的教会。这些封建社会的残余,被大革命用简单粗暴的方式彻底予以摧毁,"大革命彻底摧毁了或正在摧毁(因为它仍在继续)旧社会中贵族制和封建制所产生的一切,以任何方式与之有联系的一切,以及即使带有贵族制和封建制最微小的印迹的一切"(第60页)。

第二,确认了平等。

托克维尔指出,"有一种激情渊源更远更深,这就是对不平等的猛烈而无法遏制的仇恨"(第238页)。借助于对不平等的仇恨激情,事实上法国的专制君主已经在废除贵族大量的不平等特权,让整个社会生活趋向于平等。托克维尔告诉我们,在过去,贵族享有令人痛苦的特权,拥有令人难以忍受的权利(第72页)。不过,贵族虽然享有特权,但也服务于公共利益,比如前面提及的确保公共秩序、主持司法、执行法律、赈济贫弱、处理公务等。可随着专制君主剥夺了贵族的统治权,让他们不再负责这些事情的时候,"贵族特权的分量便显得沉重,甚至贵族本身的存在也成为疑问"(第72页)。而且,在贵族作为等级丧失政治权力的同时,作为个人却获得许多从未享有过的特权,或增加了已经享有的特权,特别是免税特权尤为让人痛恨。托克维尔还以婚姻为例,说明在法国存在的严重不平等。在法国,贵族与平民之间不通婚,而"在英国,贵族与平民共同从事同样的事务,选择同样的职业,而更有意义的是,贵族与平民间通婚"(第126页)。因此,托克维尔说,法国大革命的效果"就是摧毁若干世纪以来绝对统治欧洲大部分人民的、通常被称为封建制的那些政治制度,代之以更一致、更简单、以人人地位平等为基础的社会政治秩序"(第59页)。

第三,确认了自由。

托克维尔强调,"法国人不仅要生活平等,而且要自由"(第239页)。如果说在大革命前通过君主的行动,平等与专制可以结合在一起,可是"只要平等与专制结合在一起,心灵与精神的普遍水准便将永远不断地下降"(第36页)。自由作为激情,是人人共享的,"专制者本人也不否认自由是美好的,只不过唯独他才配享有自由"(第36页)。托克维尔充满感情地宣称,"只有自由才是大革命的合法女儿,在上帝的帮助下,自由有朝一日终将驱逐僭越者"(第12页)。

那么什么是自由呢?托克维尔的解释是,"在上帝和法律的唯一统治下,能无拘无束地言论、行动、呼吸的快乐"(第203页)。他强调,自由之所以吸引人不是因为物质利益,"多少世代中,有些人的心一直紧紧依恋着自由,使他们依恋的是自由的诱惑力、自由本身的魅力,与自由的物质利益无关……谁在自由中寻求自由本身以外的其他东西,谁就只配受奴役"(第203页)。关于自由,托克维尔在书中还着重强调了两个方面:一是,只有大革命带来的自由才能让法国的公民摆脱在专制制度下形成的孤立状态,因为"专制制度夺走了公民身上一切共同的感情,一切相互的需求,一切和睦相处的必要,一切共同行动的机会"(第35页);二是专制制度消灭了城市的自治状态以及贵族对权力的制衡,此时只有"革命可能使我们有朝一日发展成一个自由民族"(第200页),而要实现这一点就必须重新形成政府与民众之间的中间阶层,比如他在《论美国的民主》一书中强调的结社、舆论、乡镇自治等。

2. 法国大革命的消极意义

当然，谈到大革命对法国的积极意义，托克维尔并没有忽视它的消极意义。比如他说到了大革命"独特的残忍"（第225页）和剧烈，"大革命在摧毁了政治机构以后，又废除了民事机构，在变革法律以后，又改变风尚、习俗，直至语言；摧毁了政府结构之后，又动摇了社会基础，似乎最终要清算上帝本身"（第42页）。

对贵族这样的中间阶层予以彻底消灭也有问题。托克维尔极为遗憾地表示："永远值得惋惜的是，人们不是将贵族纳入法律的约束下，而是将贵族打翻在地彻底根除。这样一来，便从国民机体中割去了那必需的部分，给自由留下一道永不愈合的创口。"（第148页）

参与大革命的民众自身也有问题。比如说，法国民众"无法摆脱主子灌输给他们的或听凭他们吸取的种种错误思想、罪恶习俗、不良倾向的束缚"（第172页）。还有，包括文人在内的人民对政治事务极为生疏，没有经验，发动大革命是"依据同一方案，一举彻底改革结构，而不在枝节上修修补补的同一愿望而进行的"（第182页）。

此外，大革命的方式也有问题，比如过激过快，"人们所要求的乃是同时而系统地废除所有现行的法律和惯例；我立即看到，这是有史以来一场规模最大最为危险的革命"（第179页）。

第三节　财政视野下的法国大革命

我们的课程集中于从财政视野来考察国家转型，因此在这一节有必要借助《旧制度与大革命》这一文本，再从财政角度来看一看这场法国革命。财政与国家之间的关系，一方面体现在财政发挥了为国家供给日常资源的作用，另一方面体现为财政危机对国家发展的推动作用。在当前的学术界，讨论得比较多的是后一种关系。在交代学术界在此问题上的一些看法后，我们再来看看托克维尔是怎么说的。

□ 财政危机作为历史发展的动因

对于法国革命的爆发，已有许多学者研究过它的财政原因，其中以理查德·邦尼的概括尤为典型。他明确指出财政危机在法国革命中的作用："几乎没人会质疑旧制度结束前法国财政危机的严重性，或者说，财政绝境本身就是一个释放法国大革命能量的重要突发事件。"[①] 诺伯格的说法是："有一种环境迅速促使革命发生，并同时导致现代自由在法国的出现：皇家财政的崩溃。"[②]

正如奥地利裔思想家熊彼特所言："在用于研究社会转折点或新阶段之时，从财政入手的研究方法效果更为显著；在这样的时期，现存的形式开始殒灭，并转为新的形式，而且

---

① W. M. Ormrod, Margaret Bonney, Richard Bonney edited, *Crisis, Revolutions, and Self-sustained Growth*, Shaun Tyas, 1999, p.9.
② 霍夫曼、诺伯格编：《财政危机、自由和代议制政府(1450—1789)》，储建国译，格致出版社2008年版，第280页。

在这一时期里原有的财政策略往往会出现危机。无论是说财政政策具有决定性的作用（就财政事件是导致一切变化最为重要的原因这一意义上），还是说它具有征兆的意义（就所有发生的事情都会在财政上有反应这一意义上），都是真实的。"① 在历史的发展过程中，存在着一些历史学家所谓的"断裂"时刻，这样的断裂时刻往往会带来财政危机或者至少对财政造成重大的挑战。财政危机或财政挑战迫使统治者在行为方面甚至制度方面做出改变，如果这样的改变能够有效地应对危机，国家制度就会发展甚至发生转型，国家也就呈现成长的态势；如果无力应对这些危机，工具性国家可能会崩溃，国家的整体发展也就出现停滞。

因此，国家发展的财政动因，最为突出地表现在财政危机对国家制度变革的推动作用上。基于此，霍夫曼和诺伯格评论："在财政发展和政治发展的道路上，财政危机都是转折点。"② 诺伯格还专文论述了法国1788年财政危机与1789年革命的财政起源，他的结论是："18世纪末的政治思想家，他们不仅帮助将一场财政危机转变成一场革命，而且塑造了那场革命。"③ 虽然到革命爆发前，严重的宪政问题掩盖了财政问题，但是"如果没有财政危机及其允许法国臣民施加于王室的财政压力，就不会发生革命"④。

□ 托克维尔眼中大革命的财政原因

在《旧制度与大革命》一书中，托克维尔注意到了财政与大革命之间存在的因果关系，并在多处进行了讨论。

（一）直接起因：财政危机

大革命是因三级会议的召开而获得爆发机会的，而之所以召开三级会议是因为路易十六遇到了财政危机，不得不开会向教士、贵族、第三等级求助。托克维尔提到，"1789年，国家欠债将近六亿里弗"（第212页），年度债务占国家税收的一半以上。引用路易十六自己的话说："国库已因历代挥霍而负担过重。"（第216页）路易十六的财政怎么会遇到这么大的困难？

托克维尔提到，在当时财政支出增加因素有：(1) 中央政府职能增加（前面提到的有救济穷人、指导农民致富）；(2) 各种建设计划花费巨大（如建造公共工程即道路、运河等，还资助制造业、商业等）；(3) 国家因战争负债累累（包括与英国的多年战争、在北美帮助殖民地从英国赢得独立）等。此外，还有托克维尔并未提到的一些因素，比如路易十六向特权阶层提供名目繁多的年金，以及王室在凡尔赛宫的生活奢华无度等。由于弥补收支缺口靠的是大量借债，可公共性不高的法国国债利率水平高达8%以上（比英国政府同期借款利率高出一倍），构成庞大的支出负担。1788年，法国现金收入的50%被用于支付债务利息。再加上1788年发生严重自然灾害，法国农业出现灾难性歉收，财政收入减少，而

---

① 熊彼特：《税收国家的危机》，附录于格罗夫斯著，《税收哲人——英美税收思想史二百年》，刘守刚、刘雪梅译，上海财经大学出版社2018年版。
② 霍夫曼、诺伯格编：《财政危机、自由和代议制政府》，储建国译，格致出版社2008年版，导言第1页。
③ 同上书，第319页。
④ 同上书，第320页。

城乡下层居民又亟待救济,财政支出压力更大。

(二) 深层次原因:征税的不正当

国家的开支大,如果能够获得足够的收入支持,就不会酿成财政危机。可恰恰在收入问题上,以路易十六为代表的王国政府并未得到民众的支持。之所以如此,一个原因是征税合法性不足,即不经民众同意而征税;另一个原因是当时所征税收在负担上缺乏公平性。

1. 合法性问题:不经同意而征税

托克维尔引用福尔勃奈(Fourbonnais,1722—1800)的话说,"在中世纪,国王一般均靠领地的收入生活",如果国王的收入不足以应对紧急情况下的特殊需求就要经民众的同意征收特殊的捐税,"既然特殊需求是由特殊捐税来提供的,因此就由教士、贵族和人民共同负担"(第137页)。其前提是,纳税必须得到人民的同意,这样的原则在英法两国通行。"14世纪,'无纳税人同意不得征税'这句格言在法国和在英国似乎同样牢固确定下来","违反它相当于实行暴政,恪守它相当于服从法律"(第136页)。表达民众同意纳税的机构,在法国就是三个等级分别开会的三级会议。

可是在法国,如前所述,三级会议慢慢地失去了对征税表达是否同意的权力,其中相当程度上是因为贵族拥有免税权,所以不会抵制国王的征税权。托克维尔说,"自国王约翰被俘、查理六世疯癫而造成长期混乱、国民疲惫不堪之日起,国王便可以不经国民合作便确定普遍税则,而贵族只要自己享有免税权,就卑鄙地听凭国王向第三等级征税;从那一天起便种下了几乎全部弊病与祸害的根苗,它们折磨旧制度后期的生命并使它骤然死亡"(第136页)。他还引用法国历史学家科米内(Commynes,约1447—1511)的话来予以强调:"查理七世终于做到了不需各等级同意便可任意征派军役税,这件事成为他和他的后继者心上沉重的负担,并在王国身上切开一道伤口,鲜血将长期流淌"(第137页)。三级会议丧失对国王征税权的制约是致命的,正如三级会议自己多次指出的,"国王窃取权力任意征收捐税乃是一切流弊的根源"(第143页),"因为捐税权可以说包括了所有其他权利"(第78页)。之所以能够不召开三级会议,相当程度上是国王给予贵族免税特权,君王们"既不愿召开三级会议以谋取贴补,也不愿向贵族征税从而挑动贵族要求召开这类会议"(第138页)。于是,在没有三级会议批准的情况下,国王窃取了"未经三个等级同意和商议而以人民的血汗自肥的权利"(第143页)。在托克维尔看来,这是英法两国后来走上不同道路、遭遇不同命运的关键,"随着时间的推移,两个民族的命运彼此分离,越来越不同"(第136页)。

托克维尔告诉我们,在14世纪三级会议仍在运行时,三个等级投票表决的捐税几乎都是间接税,"所有消费者不加区别均须完纳"(第137页)。有时候也征直接税,由贵族、教士和资产者根据收入上交(一般是收入的1/10)。14世纪后,作为普遍捐税的军役税开始征收,因为在理论上贵族要无偿服兵役,所以可以免交军役税。此后,军役税不断扩大和多样化,不久增加到十倍,"而且所有新捐税都变成了军役税"(第138页)。除了军役税以外,人头税和其他捐税"均直接由中央政府的官员确定和征收,或在他们无与伦比的监督下进行"(第78页),"军役税和附带的许多捐税的总额,及其在各省的摊派额,都由御前会议每年通过一项秘密决议来确定"(第78页)。这样的直接税不经过三级会议批准,税额逐年增长,"政府独行其事,不受被统治者的任何干扰"(第79页),"而人们却事先听不到任何风声"(第78页)。这样的专制性税收对民众的伤害是巨大的,托克维尔引用了一份由神父、大领主、贵族、资产者签署的报告文字说:"间接税可恨,没有哪一家,包税员没有来搜查过;没有任何东西在他的手下和眼中是不可侵犯的。注册税繁重,军役税收税员是个暴君,他贪婪,欺压穷人,无所不用其极。执达员也不比他强;没有一个老实的庄稼人能躲过他们的暴行。征税员为使自己免遭这些恶霸的吞噬,不得不伤害其邻人。"(第220页)他还引用一位总督代理的话说:"对于手工业者来说,缴纳捐税却无权控制如何使用这笔钱,这种事实在难以忍受。"(第132页)

除了捐税外,法国国王还采用卖官鬻爵的方式来增加财政收入。托克维尔说,"正是出于这种对金钱的需求,加之又不愿向三级会议索取,于是使卖官鬻爵制度应运而生,这种现象世所未见"(第142页),"财政越拮据,新设职位就越多,而免税或特权是所有新职位的报酬"(第142页)。第三等级可以由买来的官爵获得免税特权,并满足自己的虚荣心。这一行为在大革命前三个世纪一直受到人们的谴责,托克维尔引用三级会议的言论说,"谁出售官爵,谁就出卖正义,此乃可耻之举"(第143页)。事实上,到16世纪初,除了出售官爵外,王国政府还出卖行业特许证,甚至出售劳动权,"唯有这时,每个等级团体才变成封闭性的小贵族,终于建立起对技术进步极其有害的垄断权"(第141页)。

到1789年,在中断175年后三级会议终于召开,但民众再也不愿意失去对国王征税权的制约了。于是,连三级会议形式本身也被民众抛弃。6月17日,第三等级将已经有名无实的三级会议改造为"国民议会",并且赋予自己批准税收的权力。在8月4日夜,国民议会变成制宪会议,会议宣布废除一切不合理的封建特权和赋税,特别是什一税,取消徭役和其他人身奴役。

2. 形式性问题:税收负担的不平等

除了没有三级会议来表达对征税的同意外,税负的不平等也是激起民众愤怒进而掀起大革命的原因。托克维尔指出,由于贵族享有免税特权,无意召开三级会议,"最有能力纳税的人免税,最无能力应付的人却得交税,当捐税以此为宗旨时,就必然要导致那一可怕的后果——富人免税,穷人交税"(第138页)。免税特权是所有这类特权中最令人厌恶的特权,但是"自15世纪到法国革命,免税特权一直不断增长"(第126页)。从比较的角度,托克维尔说,"尽管在捐税问题上,整个欧洲大陆都存在着不平等,可是很少有哪个国家,这种不平等变得像在法国那样明显,那样让人经常有所感受。在德国一大部分地区,大多数捐税是间接税。就直接税而言,贵族特权常常在于承担较小的共同捐税负担"(第126、127页)。

托克维尔特别强调捐税的不平等导致的阶级分裂,他说"当资产者和贵族不再缴纳同样的捐税时,每年捐税摊派征收都重新在他们中间划出一条清楚明确的线——阶级的界限"(第127页),就是说,在同一个民族内形成阶级的分裂。他进一步认为,由于捐税与公共事务密切相关,"公共事务几乎没有一项不是产生于捐税,或导致捐税"(第127页),这样贵族与资产者"两个阶级不再平等地缴纳捐税之后,他们便几乎再没有任何理由在一起商议问题,再没有任何原因使他们感受共同的需要和感情;用不着费事去将他们分开:人们已用某种方式,剥夺了他们共同行动的机会与愿望"(第127页)。

在捐税平等方面,托克维尔还指出存在两个悖论的地方。

(1) 法国贵族阶级坚持同其他阶级割离,免缴大部分公共捐税而让其他阶级去承担,他们以为免于这些负担,就保住了自己的威严,开始时看来确实如此,但是,"为时不久,一种看不见的内脏疾病就缠住了他们,他们日益虚弱,却无人过问;他们的豁免权越多,家境却越贫困"(第170页)。

(2) 贵族阶级的免税也遭到国王的反对。路易十六曾大力推进征税平等,他强调"希望有钱人不会觉得受损害,他们如今被纳入共同水准,他们要完纳的捐税只不过是长期以来他们本当更加平等地承担的那份"(第215页)。但是,国王推进税负平等的努力,既没有为他赢得民众的支持,又让他更加遭受贵族的痛恨。

□ 对法国大革命财政原因的反思

目前已有不少作品探讨法国大革命的财政原因,或者说财政起源。前面我们试图从《旧制度与大革命》一书中,概括出托克维尔在这个问题上的看法。历史学者熊芳芳基于学术界在此领域的研究成果,从以下三个方面对法国大革命的财政起源进行了概括[①]:

第一,法国大革命并非起源于税负过重以至于民不聊生,从宏观数据来看,法国人的平均税负远远低于英国人。

第二,导致财政危机爆发的不是税负过重,而是财政体制无法有效地征税,而财政体制的混乱、无序与低效,又来自浓厚的地方主义色彩、高额的征税成本、对直接税的过分依赖、管理体制的混乱以及税收权利的不平等。

第三,债务不是1789年前财政危机的主要原因。一方面,法国的债务负担不算沉重,以1788年为例,英国债务占本国国民收入的182%,而法国债务只占国民收入的55.6%;另一方面,在18世纪法国政府多次遭遇债务偿付问题,在1788之前通过部分破产形式缓解财政压力,比如强行将短期债务转为长期债务、降低利息支付等。英国之所以能够举借庞大公债,是因为议会取得了对财政事务的控制权并建立起以英格兰银行为中心的良性公共信贷机制,国民因此信任政府;法国在1789年之所以不采取以往做过的强行部分破产,是因为该做法会失去债务人信任以至于利息过高。

所以,熊芳芳的结论是,税负过重和借贷过多都不是大革命前财政危机的原因,法国专制的君主政体本身才是原因,民众因此不信任政府,以至于对增加税收表示强烈不满,同时也不愿意低息贷款给政府。不能不看到,路易十六是愿意对此进行改革的,他想对弊病丛生的旧税收制度(充斥特权、卖官鬻爵、包税人等弊病)发动改革,想通过避免赖债来建设公共信用体系,可是旧制度的沉疴顽疾已容不下改革而必须加以革命。正如托克维尔所言,"对于一个坏政府来说,最危险的时刻通常就是它开始改革的时刻"(第210页)。

细加区分的话,财政危机至少以下三种或者说有三个层次:第一种是收支危机,它

[①] 熊芳芳:《再论法国大革命的财政起源》,《史学月刊》2018年第11期。

是通常所说的财政危机,表现为财政收不抵支而出现短期的赤字;第二种是制度危机,它不仅表现为长期的收支赤字,而且表现为制度性和根本性的危机,即该财政制度中的主要收入已无法支持不断攀升的支出,需要将主要收入形式加以更换(即实现财政类型的转换);第三种是价值危机,它意味着被统治者(财政义务承担者)对财政征收合法性产生怀疑,要求统治者在价值系统方面提供令人满意的解释,或者要求统治者接受被统治者的价值形态。财政的价值危机多数时候会与制度危机、收支危机同时出现,但也可能单独发生。这三个层次的财政危机,共同推进了财政制度乃至国家制度的成长。从财政危机与法国大革命的关系看,不是财政的收支危机引发了大革命,而是财政制度危机及其背后的价值危机成为大革命的原因,后两者跟法国君主专制政体紧紧联系在一起。这样的君主专制政体的存在,才真正决定了法国国家向现代国家的转型。

思考题

1. 你认为法国大革命是否不可避免?你怎么评价它的功过是非?
2. 对于法国国家制度建设来说,法国大革命的意义何在?
3. 巴黎为何在旧制度的法国具有举足轻重的地位?你认为帝制时期的中国,首都具有这样的地位吗?
4. 怎么看待文人在法国大革命中的作用?你认为晚清民国时期的中国知识分子跟他们是同类人吗?
5. 从财政方面看,法国大革命的发生原因何在?

第六讲 | 财政思想与现代国家制度构建
——《财政理论史上的经典文献》导读

在第四讲与第五讲,我们借助几本经典名著,一起考察了西方先发国家从传统向现代转型的路径与动力,重点关注了财政在国家转型过程中的作用。

说到底,财政是利用收支手段治理国家的一种工具,在使用这一工具的前后所进行的思考就成为财政思想的源泉。因此,重要的财政思想都源于对当时当地重大政治与社会问题的基本思考,而这种思考是不应该被今天中国的学科体系生硬切割的。就是说,财政学要突破目前被置于应用经济学之下作为二级学科受到的局限,关注更为广阔的政治、经济与社会问题,成为有助于国家治理、能够促进政治发展的工具。

与本课程选择的其他文本皆为专著不同,本讲选择的《财政理论史上的经典文献》是一本论文集,论文的作者绝大部分生活于19世纪末20世纪初的欧陆。那个时期正是现代财政学刚刚起源之时,也是欧陆处于现代国家制度建设的关键期。由于学科界限尚未严格分化,有一批在思考国家制度构建的同时又创建财政理论的学者,对财政的一些根本问题给出了相应的答案,这些答案反过来又深刻地影响了包括财政制度在内的欧陆国家制度建设。

每个国家走向现代国家的路径都有其独特性,但具有这种独特性并不意味着国家转型没有共通性。今天的中国在国家发展方面遇到的许多问题曾经广泛出现于19世纪末20世纪初的欧陆,并特别表现在那些初步完成现代化赶超而急于实现国家升级的德国、意大利等。因此,对于中国来说,要从财政方面解决当前诸多政治、经济和社会问题,参考的对象可能主要不是今天的美国,而是19世纪末20世纪初的欧陆国家,要吸取它们在解决问题时的经验与教训。正像财政学大师级人物马斯格雷夫反复强调的,在19世纪末20世纪初,德国财政当局一直保持着高效和运行良好的形象,在那时达到全盛状态的德国财政学,也一直有效地指导着当时德国国家的治理活动。而美国学者主导下的当代财政学,"在懒散的官僚、追求自我权力膨胀以及腐败的官员的假设下建立的政府模型却描绘了一幅充满偏见的景象",这种模型的传播事实上不但破坏了民主社会中的好政府形象,也破坏了运用财政手段治理国家的可能性[①]。仅就这一意义而言,当今中国与19世纪末20世纪初的欧陆国家处于同一个时代,而与今天的美国处于不同的时代。中国的财政学应该更多参考这一时期欧陆学者的著作。

本讲将借助《财政理论史上的经典文献》这本集中收录欧陆财政学家经典文献的著作,并结合其他一些反映财政思想的著作,用几个相对集中的主题来考察:在国家转型过程中,财政思想与收入制度对现代国家制度构建有何影响?

第一节 作者与作品

接下来简单介绍一下这本书的主编、作品信息,以及本讲将要讲述的主题。

☐ 两位主编

在此处,我们只介绍这本书的两位主编。至于各篇论文的作者,在这部著作的每一章开始,中译者都有介绍。

主编之一马斯格雷夫(Richard Abel Musgrave,1910—2007)是20世纪最重要的财政学家之一、公共经济学的主要奠基者,也被一些学者称为现代财政学之父。他出生于德国的柯尼希施泰因(Königstein),1932年从海德堡大学获得经济学硕士学位。1933年,他作为交换生到美国罗切斯特大学学习,在此获得了第二个硕士学位。1937年,马斯格雷夫从哈佛大学获得了经济学博士学位。他先后任教于密歇根大学、霍普金斯大学、普林斯顿大学、哈佛大学等。与此同时,马斯格雷夫还多次担任美国政府的顾问,并担任了玻利维亚、韩国等很多国家的经济顾问。他是美国人文和科学院院士、美国经济学会成员、财政学国际学会荣誉主席,还获得了包括"弗兰克·塞德曼(Frank E. Seidman)政治经济学奖"在内的多项荣誉,以及多所大学的荣誉博士学位。马斯格雷夫1981年退休,并于2007年去世。

马斯格雷夫的教学与研究集中在财政学基础理论、税收政策等领域,为财政学发展做出了杰出的贡献。他的著作《财政学理论》(1959)为财政学奠定了基本的理论框架,他与妻子佩吉·马斯格雷夫合作编写的教材《财政理论与实践》(1973)多年来在美国高校中广泛使用。按照著名财政学家马丁·费尔德斯坦的说法,马斯格雷夫的主要贡献是,于20世纪五六十年代,创造性地将财政学从描述性的和制度性的研究转化为使用微观经济学和凯恩斯宏观经济学工具的研究。马斯格雷夫的论文《财政学的自愿交

[①] 布坎南、马斯格雷夫著:《公共财政与公共选择》,类承曜译,中国财政经济出版社2000年版,第26—27页。

换理论》(1939)是财政学公共产品理论的奠基之作,也是财政职能三分的起源。他的论文《预算决定的多重理论》(1957)奠定了财政学中优值品理论的基础,该理论至今仍在财政学中被广泛讨论,当然也激起了很多批评。他与多玛(Evsey Domar)合作发表的论文《比例税与风险承担》(1944),可能是经济思想史上被引用得最为频繁的文章。马斯格雷夫也是倡导政府积极干预主义的主要学者,始终认为政府应该是实现社会正义和有效经济增长的工具。

主编之二皮考克(Alan Turner Peacock,1922—2014)是英国经济学家、财政学家。他1947年毕业于圣安德鲁斯大学,并留校任教。此后先后任教于伦敦政治经济学院、爱丁堡大学、约克大学和白金汉大学。皮考克是英国科学院院士、爱丁堡皇家学会会员,1987年被英国王室授予爵士爵位。

在经济学观点上,皮考克倾向于自由市场经济。早年曾参加英国自由党,但因为自由党的政策从20世纪60年代起开始左倾,皮考克与该党最终分道扬镳而成为一名无党派人士。不过,他仍然积极地参与公共事务。1973—1976年,皮考克担任英国贸易与工业部首席经济顾问。1984—1986年,皮考克担任BBC筹资委员会(the Committee on the Financing of the BBC)主席,对BBC收费问题进行调查,并为当时的撒切尔政府提供咨询报告。当时BBC每年向其用户收取牌照费(licence fee),由于收费提高,遭到用户反对。皮考克在报告中提出的改革方案是,短期内仍保留牌照费,但长期应改为按照用户对节目的需求情况收取订购费。由于撒切尔所在的保守党有不少人主张用广告收入代替牌照费作为BBC的收入来源,而皮考克的报告并没有体现这种精神,最后皮考克的改革建议并没有得到采纳。

皮考克的原创学术著作主要有《英国公共支出的增长》《经济自由的政治经济学》《历史视角下的公共选择分析》和《财政政策的经济理论》等。

□ 作品

《财政理论史上的经典文献》一书初版于1958年,旋即成为财政研究者的必读书,多次重印,第五次也是最后一次重印在1994年。上海财经大学出版社于2015年出版了中译本[①],收在"财政政治学译丛"中。

在这本书的第一次、第四次和第五次印刷时,两位主编都专门写了序言,交代他们编辑此书的目的及学术界的一些最新进展。在序言中,一方面,他们遗憾欧陆学者(尤其意大利学者)在财政思想方面的贡献遭到英语世界太长时间的忽视,以至于遗忘了财政讨论中的重要领域;另一方面,他们强调财政学对数学工具的强调尚未达到也不应达到经济学那样的程度,因为财政学的发展必须依赖对思想演变的研究,"财政思想史本身就既迷人又重要"(第五次印刷序言)。

这本书共收录了瓦格纳、维克塞尔、埃奇沃思、林达尔等15位财政理论史上的大学者

---

① 马斯格雷夫、皮考克主编:《财政理论史上的经典文献》,刘守刚、王晓丹译,上海财经大学出版社2015年版。接下来,凡引用该书的文字,直接在文中通过夹注标明页码,不再一一指出版本信息。

的16篇经典文献(其中林达尔有两篇)。从时间分布上看,这些文献集中于19世纪晚期到20世纪早期近半个世纪内;从地理分布上看,除埃奇沃思来自英国且论文为英文外,其余学者均来自欧洲大陆(包括德国、奥地利、意大利、瑞典、法国和荷兰等),他们的论文基本上是首次被译为英文。

▢ 本讲的主题

本讲不想对这本书收录的16篇经典文献一一进行介绍,而只打算根据"财政思想与经典传承"课程的目的(即从财政视角理解国家转型),结合书中的部分文献,讲三个主题的内容。

第一,国家的生产性。对于以亚当·斯密为代表的英国财政学家来说,国家是消费性的,最小的国家是最好的国家,支出最少的方案是最好的方案。可是对于19世纪的许多欧陆国家来说,它们面临着国家赶超任务,需要财政发挥积极的职能来发展经济与社会。在此方面,德国学者对国家生产性问题最为敏感,而意大利等国学者的贡献最大,因为后者提出了公共产品理论。公共产品理论一经提出,国家生产性已属不言而喻,因为国家生产了不可或缺的东西即公共产品。

第二,追寻最优税制。税收是国家得以运行的资源,可什么样的税制才是优良的?这既涉及税制的功能(税制应该发挥什么样的功能),又涉及税制的正当性,还涉及税负的公平性。只有同时考虑这三个方面,才会有优良的税制。对此,在这本书中不同的学者给出了不同的回答,我们还将结合其他一些学者的相关论述来回答这个问题。

第三,财政收入形式对现代国家构建的影响。这样的研究路径由奥地利学者葛德雪在采用社会学方法分析财政问题时率先创造,熊彼特在此基础上加以进一步的发展。在20世纪70年代以后,这样的研究路径被进一步拓展为财政社会契约命题。

接下来,本讲的三节就按上面三个主题展开。

第二节 对国家生产性的理论思考

直至今日,对于财政与国家,仍有不少学者笃信萨伊黄金法则,即最好的财政方案是支出最少,最好的国家是最小的国家。在财政思想史上,这一看法的鼎盛时期是自亚当·斯密至约翰·密尔或者说自18世纪末至19世纪中叶这一历史阶段。萨伊黄金法则的理论前提,实际上是斯密等人对于国家非生产性的主张,正如斯密所言:"君主以及他的官吏和海陆军,都是不生产的劳动者,他们是公仆,其生计由他人劳动年产物的一部分来维持。"[①]就是说,这些财政学者将国家看作非生产性的,认为国家是"必要的恶",因此财政支出(或者说国家经费)虽确有必要但应越少越好,于是最小职能的国家是最好的国家,

---

① 斯密著:《国民财富的性质和原因的研究》(上卷),郭大力、王亚南译,商务印书馆1981年版,第304页。

"廉价政府"或者说财政支出最少的政府才最值得称道。

不过,到了19世纪下半叶直至20世纪初,英国财政理论界认识到,考虑财政问题,必须结合税收征收带来的牺牲与财政支出带来的效用。就是说,此时学者们已开始承认,财政支出能够带来效用,国家能带来益处。因此,国家具有一定的生产性,类似这样的结论在英国财政理论界事实上已呼之欲出。但遗憾的是,此一历史时期英国学者对国家生产性的触及还是初步的,这与英国经济实践中长期奉行国家不干预政策有关。学者们对于财政支出规模(是否仍局限于最小国家)、种类(不同公共服务之间如何平衡)与程序(政府与民众基于某种规则进行选择,即公共选择)并没有加以特别的研究。对此,马斯格雷夫指出,像庇古(1877—1959)这样的财政学者没有明确提出国家生产性概念,更没有发展出公共产品的理论,"没有考虑政府通过何种机制了解个人对公共产品的评价",而奥地利和意大利学者其实早在30年前就已对此进行了讨论①。

确实,在国家生产性概念及公共产品理论方面,《财政理论史上的经典文献》中收录的那些欧陆学者才是真正的创造者与发展者。欧陆学者之所以能在这方面做出重要贡献,是因为在德国和意大利这样的后发国家,赶超型发展的现实要求对英国学者的理论发出了挑战,当然还有这些学者自身在理论上的努力。本节运用《财政理论史上的经典文献》一书中相关内容和一些其他文献,来追溯国家生产性概念与公共产品理论在欧陆国家的兴起过程。

□ 财政学向支出理论的倾斜:应对德国问题的国家生产功能

18、19世纪的德国学者在思考本国经济增长与社会发展问题时,一开始能够运用的理论资源大多是由英国学者创造的,而此时的英国财政思想重视税收理论,在相当程度上忽视了支出的研究,因而对财政支出的益处(或者说国家的生产性)基本上持否定意见。之所以如此,相当程度上源于此时英国财税实践对国家生产性的要求不高。可德国国家发展的现实却对财政思想提出了必须重视支出益处、强调国家生产性的要求。

比起19世纪初的英国来,德国的特殊性在于,经济与社会发展状况严重落后,因而实现赶超是国家发展的历史使命。在赶超过程中,由于存在着比较明确的目标,国家行动的整体主义色彩比较强,对权威与纪律强调得多。作为国家人格代表的德意志文官集团,有必要也有可能在其中发挥巨大的作用。特别是在普鲁士,文官集团对经济与社会发展问题的把握与解决、对整体秩序与个体权利的平衡等,发挥了突出的引领作用。德国财政学者和财政当局,在此方面更是表现良好。由于在思想上可以大力借鉴先发国家尤其是英国的经验与教训,并能始终带着德国发展的特殊问题与英国学者的作品展开对话,因此德国财政学者在吸收与修正英国财政思想的基础上,发展出了盛极一时的德国财政学。而德国财政学又通过现实的财政活动,在国家的赶超与治理过程中发挥了特别重要的指导作用。财政工具不但在德国国家统一过程中承担了特别的使命,如关税及由普鲁士主导

---

① 马斯格雷夫:《财政原则简史》,载于奥尔巴克、费尔德斯坦主编,《公共经济学手册》(第1卷),匡小平、黄毅译,经济科学出版社2005年版。

的关税同盟在德国国家统一和发展过程中发挥了积极的作用,而且在经济发展与国家治理过程中也发挥了重要的作用,那就是在多种目标、不同价值与利益之间进行平衡,比如解决城乡之间、地区之间的发展不平衡,还有在迅速工业化过程中富裕与累积性贫困共存的问题。

在特殊的国情前提以及赶超的历史任务下,德国财政学并未全盘接受重视税收而不重视支出的英国财政理论,而是在与这种理论不断对话的基础上,发展出自己的侧重于支出、强调生产功能的财政理论。在德国历史上,这一国家生产性理论体现为财政学从官房学派、历史学派直至黄金时代的财政学派三个阶段的发展。当然,这三个阶段的划分只反映一种历史的大概,在不同学者那里有不同的名称和时间起讫标准。

(一) 作为德国财政学渊源的官房学派(16—18世纪末):以富国强兵为中心的重商主义前期

在这一时期,德意志诸邦各自为政,甚至不少邦国相互敌对。财政学的迫切任务是,以德意志诸邦的君主(领主)为中心,通过种种财政手段来实现富国强兵。此时的财政学者几乎都被归于官房学派,因为他们大多在君主提供的房间(即"官房")内工作,负责向各邦君主讲授财政政策,并培养通晓行政工作原则及任务的官员。

对于官房学派,也有人将其分为前后两期:前期主要指神圣罗马帝国皇帝马克西米利安于1493—1501年在因斯布鲁克和维也纳等地设置的官房,招聘德意志各大学中的教授和研究者来授课以培养官吏;后期指1727年普鲁士国王威廉一世在哈雷大学与奥德大学设立官房大学的讲座,在这一时期,其他一些邦国也聘用了类似的官房学者。

官房学派政策主张的核心内容是,通过对君主拥有的财产(一开始主要是庄园土地,如腓特烈大帝时代,王室领地达到普鲁士领土的1/2,后来扩展到工业企业资产)的经营与管理,扩大邦国的财政收入,最终实现富国强兵。由于这一学派高度重视以金银形式表现出来的君主财富,因此也像英国同类学者那样被称为重商主义(或者前期重商主义,以便与接下来要说的后期重商主义相区别)者。不过需要注意的是,德意志的重商主义与亚当·斯密批评的英国的重商主义还是有区别的。相对而言,英国重商主义更重视商人的商业活动,而德意志官房学派更重视国家的(君主的)实业经营。德国官房学派对后世财政学的影响主要集中于两点:(1) 君主(国家)应积极地承担起为全体国民谋取福利的责任,行政官吏应承担起专业管理的任务;(2) 国家通过强有力的产业经济政策和对资产的优良管理,可以促进经济的进步和民众福利的增加。

此时的官房学派,主要重视依靠君主(国家)的资产获取财政收入,并不将税收作为国家的主要财政收入来源。对于非主要收入形式的税收,他们的意见是国家应征收持久的而非临时性的税收。特别是进入18世纪以后,经由议会同意,以民众财产与收入为征收对象的税收成为实践中越来越重要的收入形式。在财政上,君主的个人财政(以君主的产业为标志)与国家财政(以税收为标志)也因此不断地得以区分。换言之,与英国国家的发展方向相似但进程较晚,德意志诸邦在理论和实践上也逐渐进入了税收国家的阶段。不过,就此时财政收入的结构而言,来自君主(国家)财产的收入仍然占据相当大的比重;而且随着国家出面创办的工商业发展,财产收入的地位也未像英国那样出现降低的趋势。

官房学派中最为著名的学者可能是尤斯提(Johann Justi,1705—1771),他撰写的《财政学》一书,代表着18世纪以官房学命名的德意志财政学达到了那个时代的成熟阶段①。在该书中,尤斯提明确提出,"所有国家的终极目的,是在增进国民的福利……臣民并非为君王而存在"②,认为国王的责任是为了使国家得到应有的供应,因此为了社会的公共福利,君主必须合理运用国家资源,包括动产、不动产和人们的智能等。在他看来,财政支出所需要的收入如何合理地取得,是财政的中心问题,或者说国库需要是财政的首要原则。不过在此时,他仍认为国有土地、王室领地和一些特权收入是公共财政的真实基础,国家收入的来源主要是国家的财产,出于私产的税收仅仅是最后的收入手段。作为官房学派的标志性观点,尤斯提强调,财政学必须研究如何管理国家财产,国家(以君主为代表)有权使用国内的资源,即征用国内的一切资产。

(二)标志德国财政学发展的德国历史学派(19世纪上半叶):以发展工业为中心的重商主义后期

在曾遭受法国军事入侵以及现实中英国商品倾销的背景下,19世纪上半叶德意志诸邦面临的历史任务,就是在政治上和经济上实现国家的赶超。这一时期为国家赶超提供财政理论支持的学者,大多被归入历史学派或称历史主义学派。其中在德国统一前的这些财政学者又大多被称为旧历史学派(区别于德国统一后的新历史学派)。由于他们的观点与人物关系与前述的官房学派有联系,若将官房学派称为"重商主义前期学者",那这些被称为旧历史学派的学者又可称为"重商主义后期学者"。

历史学派的财政思想与政策建议,是这些学者基于法学、哲学、历史学、经济学等诸多领域的历史主义发展而创造的成果。早在雅各布(Luding Heinrich von Jakob,1759—1827)时期,他就已经尝试将官房学派观点和那个时期德国人眼中的先进国家(即英国)的理论(特别是亚当·斯密的思想)融合在一起,并提出适合德意志的财政学说。1832年,卡尔·海因里希·劳(Karl Heinrich Rau,1792—1870)出版了《财政学》一书,这本书把当时已被德国引进的斯密及萨伊的古典自由主义财政理论与德意志官房学派的思想融合在一起,正式开创德国财政学在这一时期的研究路径。劳的著作,对后来德国财政学的发展,特别是对于阿道夫·瓦格纳(Adolf Wagner,1835—1917)的影响颇大。在一定意义上,劳的财政学说已可视为历史学派财政学。不过,多数学者将1841年李斯特(Friedrich List,1789—1846)的《政治经济学的国民体系》和威廉·罗雪尔(Wilhelm Georg Friedrich Roscher,1817—1894)在1843年出版的《历史方法的国民经济学大纲》两本著作所包含的财政理论,视为历史学派财政学诞生的标志。李斯特在书中强调,经济发展是有阶段的,后进国家不能在理论上直接采用先进国家的自由贸易、国家消极职能的做法,像德国这样的后进国家必须采取贸易保护主义,国家应该在生产领域发挥积极的作用,因此必须倡导国家经费支出是有生产性的观点。罗雪尔在书中强调,要采用历史方法研究经济学与政策,像德意志这样的民族有自己特有的社会经济发展道路,国家对社会经

---

① 张馨等著:《当代财政与财政学主流》,东北财经大学出版社2000年版,第55页。
② 坂入长太郎著:《欧美财政思想史》,张淳译,中国财政经济出版社1987年版,第77页。

济发展的干预是有益的且必需的。经由李斯特、罗雪尔、迪策尔（Karl Dietzal,1829—1894)等学者的努力,历史学派的财政学得以确立。

大体上,历史学派财政学在实践中要面对落后的德意志努力赶超先发国家的历史任务,在理论上要应对英国古典经济学者提倡的最小国家的财政理论。于是,相关学者在前述官房学派理论传统的基础上,从以下三个方面提出自己的理论主张。

（1）在研究方法上,否定英国古典学派的抽象演绎法,极力推崇所谓的"历史方法"。他们否认人类社会经济发展存在着普遍的客观规律,认为各个国家和民族都有自己特有的社会经济发展道路。他们强调,学者应该大量收集各个国家和各个民族的历史与现状的资料,用来说明国家和民族发展的特点。

（2）在国家职能方面,重视国家对公共事务的管理。他们要求积极运用财政支出手段实现国家的发展,坚决反对英国古典自由主义学者提倡的国家（或财政）非生产性观点,认为税收的征收特别是税收的使用具有积极的生产性作用。

（3）在国家本质方面,不赞成英国古典学者将国家仅仅视为实现个人利益的工具（甚至认为国家是"必要的恶"）。他们认为,国家本身就是目的,而且是最高的总体利益（全体的福利要优先于个人）。就是说,国家具有实体性,与私人经济具有同等的天赋权利,具有"非物质资本生产"的职能,可与"物质资本生产"的职能一起共同促进经济的发展。

总之,历史学派学者设想中的国家是生产国家,他们在财政学方面的核心主张是国家对经济和社会的积极干预具有生产性。

在《重商主义的历史意义》一文中,施慕勒将这一阶段历史学派的主张同样称为重商主义,他认为:"重商主义的真髓不外就是建设国家——但也不单是建设国家,在建设国家的同时进行国民经济的建设,即使之成为政治团体同时成为经济团体,并且赋以高度意义。这不外是近代意义下的国家建设。其实质,决不限于增加货币或贸易差额等学说,也不限于关税壁垒或保护关税或航海条例,莫如说实质在于全面改革社会及其组织与国家及其制度,以国家的、国民的政策取代地方的、地域性的经济政策之中。"①

（三）代表德国财政学顶峰的黄金时代：新历史学派与社会政策学派（19世纪下半叶）

19世纪下半叶特别是1871年德国统一后,原来分立在各邦国的官房学派思想、历史学派财政理论,开始向统一国家的财政学发展。特别是在德国迅速工业化的背景下,各种国家建设问题给财政学发展提出了新的挑战。此时的德国财政学已吸收了英国古典学派财政思想,又融合了原来官房学派和历史学派的思想,虽然在财政思想要旨上大致仍属于历史学派,但因为其面临的国家建设问题比过去更为复杂,在运用历史归纳法方面更趋于极端,并且更加重视国家在解决经济和社会问题时的超阶级性和自上而下的改良,所以常被人称为"新历史学派"。同时,因多数财政学者要么参加了1873年设立"社会政策学会"（其领导成员有阿道夫·瓦格纳）,要么赞同该学会的观点（强调国家活动的生产性,主张国家干预与社会改良）,所以1873年后的德国财政学者又大多被归入"社会政策学派"。由于该学派的多数人为大学教授,他们在讲坛上反对社会革命、主张社会改良,于是这样

---

① 坂入长太郎著：《欧美财政思想史》,张淳译,中国财政经济出版社1987年,第16页。

的观点又被人称为"讲坛社会主义"(与那时倡导暴力革命的社会主义思想相对)。

这一时期德国的财政学逐渐成为一门相对独立的学科,因其体系的完整性与内容的丰富性,德国财政学进入了黄金时代,对当时的德国国家治理产生了极大的影响。在这一黄金时代,最为著名的财政学家就是三大巨星斯坦因(Lorenz von Stein,1815—1890)、谢夫勒(Albert Schaffle,1831—1903)和瓦格纳。就他们财政思想的总体而言,其主要内容是从国家有机体学说出发主张国家(财政)具有生产性,坚决反对英国古典经济学家对国家(财政)非生产性的主张。在《财政理论史上的经典文献》一书中,收录了瓦格纳和斯坦因的论文各一篇,反映了此一时期德国学者对国家生产性的认识。

斯坦因的代表作是1860年出版的《财政学教科书》,该书在一定程度上可以代表德意志财政学在黄金时代的主要观点与水平。就本课程关注的主题而言,斯坦因书中对国家(财政)生产性的强调尤其值得关注。斯坦因反复强调,财政支出和税收都具有生产性,"税收制度的价值不在于税收的数量与水平,而在于税收制度形成资本的能力,而这种能力又来自于国家用税收来促进公民税收潜力发展与国家经济力量增强的过程"(第59页)。斯坦因将税收具有的生产性概括为一种有机的循环,"税收潜力创造了税收,税收创造了行政管理,而行政管理反过来又创造了税收潜力"(第59页)。斯坦因强调,税收必须具有生产性,其衡量标准是税收至少与国家向人民所提供的物质资料、公共服务相等,"每一种税收的真实目的都是再生产性质的,必须创造出至少相当于税收自己的价值。税收的这种再生产能力,是而且一直是国家生命的绝对条件"(第59页)。

瓦格纳出版于1883年的《财政学》,以劳的《财政学》为基础,吸收了斯坦因的财政生产性的观点,将财政学构建成独立的社会科学体系。在一定程度上,瓦格纳的《财政学》可以视为黄金时代财政学的最高成就,其影响直至今日。

瓦格纳的财政思想肯定了生产国家的必要,并以此为起点来探讨财政理论。他直接将国家界定为"生产性组织",而财政活动只是国家生产性活动的一个表现,"作为一个生产性组织,国家为了完成自己的任务,需要特定数量的'经济产品'(个人服务、劳动力、商品以及在货币经济中必需的货币),它们是国家活动的必需品"(第18页)。为此,瓦格纳将国家的生产性活动命名为"财政经济",并认为它与私人经济同样重要甚至更重要,绝非英国古典经济学家所谓的"必要的恶"。国家的生产性,就是"将物质商品转化为非物质商品",即汲取资源来提供公共服务,"从经济学的意义看,国家的服务、国家自身以及财政经济具有极高的生产性"(第21页)。他认为财政自身具有再生产力,这种能力可进一步形成新的税源和再生产的能力。他提出衡量生产性的标准在于,"每一种国家活动或活动形式,每一项支出,如果给社会带来的牺牲超过了所带来的效用或价值,就应该予以拒绝(绝对拒绝原则);如果私人个人或团体,或者像市政当局这样的公共组织,可以提供同样的服务并且成本更低,那么也应该拒绝由国家来提供相应的服务(相对拒绝原则)"(第22—23页)。为此,国家财政支出已经也必将持续增长(此即财政学上著名的瓦格纳公共支出不断增长法则)。在这里,瓦格纳事实上鲜明地提出了生产国家的概念,不再视国家为纯粹的消极的消费主体,而是承担积极生产功能的主体。当然,需要交代的是,瓦格纳心目中的生产国家一定是民主国家,国家并不具备专制的权力,在财政上它受到三个条件的限制:存在有效而独立的议会实施财政控制,遵循节约原则,在财政需要与国民收入之间取得适当的平衡(第22页)。

德国学者一直保持着对国家生产性的看法,到汉斯·里彻尔(Hans Ritschl,1897—1993)那里,进一步地将黄金时代财政学者关于私人经济与共同经济这样两种有机体的看法,明确界定为市场经济和共同经济(即国家经济)二元经济。他认为,前者依靠获利动机(满足私人欲求)而运行,确立起依靠交换的机械的社会团结;后者依靠公共精神(一种归属于、服务于社会的感觉)而运行,确立起有机的社会团结。与市场经济一样,共同经济当然也必须有效地运行(在最有效地使用资源这一意义上),但除此之外二者根本不同(第298页)。在里彻尔等学者看来,公共经济就是国家财政。

□ 公共产品理论的兴起:以奥地利、意大利、瑞典学者为主

公共产品理论的意义在于,一旦我们使用了"公共产品"一词,那就意味着在理论上再也不可能将国家视为纯粹的消费主体,而认为它具有了生产性,即生产公共产品。在严格意义上,"公共产品"这一概念是从消费性质来定义的,即在消费时具有非竞争性和非排斥性性质的产品,这类产品应该由政府免费提供给社会公众享用。但由于非竞争性和非排斥性大多有程度的差别,因此真正纯粹的公共产品数量其实并不多。在现实中,政府提供的公共服务在性质上程度不等地接近非竞争性和非排斥性。所以,很多学者就从相对宽泛的意义上,将公共产品理解为由公共部门提供的供社会公众免费享用的公共服务(此种服务在消费时可能并不具有完全的非竞争性和非排斥性)。马斯格雷夫在他的那篇著名的论文《财政原则简史》中,就是从这一相对宽泛的意义来回顾公共产品理论史的。因此,本讲对公共产品理论的说明,遵循马斯格雷夫的界定。就是说,将政府免费提供的公共服务(包括公共管制在内)大致理解为公共产品。或者说,国家提供公共服务就相当于在生产公共产品。

马斯格雷夫反复强调,英国学者因视国家为纯粹的消费主体而不可能提出公共产品的概念。不过,前文说到的对国家生产性持有积极态度的德国学者,也没有提出关于公共产品的理论。事实上,直到19世纪70年代经济学边际革命发生后,主观价值理论被引入需求分析,奥地利与意大利学者才发展出公共产品理论。另外,瑞典的一些德语学者如维克塞尔与林达尔等人,对公共产品理论也有贡献。到20世纪40年代后,该理论才影响到美国。公共产品理论对于财政学发展的意义,有学者是这样评价的:"公共产品论的进入,大大增加了西方财政学的基本理论分析,引起西方财政学根本思路的变化,并在西方财政学中占据了核心理论的地位。此时不仅公共支出是为了公共产品供应而提供费用,税收也被从价值理论上证明是人们为享受公共产品而支付的价格,从而使得整个财政学的支出和收入部分,从根本上围绕着公共产品的供应来展开。"[①]

(一)从供给方面对公共产品的研究

如前所述,德国学者已经强调了国家的生产性以及政府作为公共产品生产者的角色。

---

① 张馨等著:《当代财政与财政学主流》,东北财经大学出版社2000年版,第64页。

事实上,在他们的著作中,讨论了公共产品的一个特性,即在消费时的不可分割性(即所有消费者都可以享受相同的和数量相等的产品,这一概念后来重新表述为"非竞争性")。从理论上看,他们对公共产品理论的贡献主要在供给方面,即着重说明国家应该提供的公共产品的种类与数量。

就供给而言,意大利财政学者乔瓦尼·蒙特马提尼(Giovanni Montemartini,1867—1913)为公共产品理论做出了独特的贡献。在他看来,提供公共产品的主体即政治组织(国家),可称为公共企业或政治企业,在性质上和提供私人产品的主体一样,决策也遵从成本最小化或利润最大化的原则。然而与一般企业不同的是,政治企业提供一种特殊的服务,即强制服务。无论这种强制服务的消费者是政治企业本身还是其他企业,都可以让那些不属于企业的经济单位分担企业的成本。当政治企业提供强制服务的边际成本等于边际收益时,政治企业的生产达到了最优,其提供的强制服务就达到了均衡水平。按照蒙特马提尼的分析,由政治企业提供的公共产品,来源有两个:一个来自唯有政治企业履行的职能,即提供强制服务(比如,为了提供强制服务,需要维持一支军队,由此产生国防这种公共产品);另一个来自政治企业以取得收入或利润来满足企业成员的需要。在提供这些公共产品时,政治企业所考虑的并非这些公共产品是否为整个社会所需,而是实现企业自身的利益。在前一种情形下,是实现政治企业自身的利润最大化;在后一种情形下,是实现政治企业(多数)成员的效用最大化。换言之,蒙特马提尼的意思是,公共产品的需要在相当程度上是派生出来的,它不过是政治企业为了达成自身目的而顺带形成的,因此"严格来讲,不存在和私人需要相对的公共需要或集体需要"(第196页)。

总之,蒙特马提尼将国家(提供公共产品的主体)视为企业,认为是国家这样的企业出于自身的需要(不同于社会的需要)决定了公共产品供给的种类和水平。由此,他将自利主义的方法论贯彻到对公共产品供给的分析之中,这一点跟当时财政学界常将公共产品的提供者(即政府)抽象为一个仁慈君主的政治哲学迥然不同。他的这一做法后来成为公共选择学派的核心特征,他的思想也因此成为公共选择理论的渊源之一。

(二)从需求方面对公共产品的研究

就总体而言,从公共产品的供给方面进行的研究还非常少见,绝大多数研究只是将公共产品的生产或供给简单地视为一个技术函数,而将重点落在需求方面以及下文将说到的决策机制方面。从需求方面对公共产品展开研究,又侧重于测量或计算社会对公共产品需求的种类与数量;这种测量或计算,与消费者(即社会公众)对公共产品的消费评价有关,只有在经济学边际革命发生后以主观效用论为基础才有可能。正如马斯格雷夫强调的,从需求方面研究公共产品理论的进展,是在19世纪八九十年代经过奥地利和意大利学者的努力才取得突破的,这些学者包括萨克斯、维塞尔、潘塔莱奥尼、马佐拉、德·马可、巴罗内等人。

就潘塔莱奥尼(Maffeo Pantaleoni,1857—1924)而言,他并没有直接提出公共产品的概念。不过,通过对公共支出项目安排的讨论,他在事实上提出了公共产品有效供给的两条原则:(1)拟议中的公共支出项目不但要有足够高的内部效用,而且与其他同等可能的项目相比效用要更高;(2)在理论上如果每一个具体支出项目都由特别征收的某一具体税种来单独供应资金,那么一项支出产生的效用要与为此征税而给纳税人带来的牺牲相当;在实践中采用的原则是,用社会总的效用满足程度与立法者(或者说国会中平均智力的意见)头脑中认识到的总牺牲程度相比较,必须符合二者至少相当的条件(第36页)。

在公共产品理论的发展过程中,马佐拉(Ugo Mazzola,1863—1899)做出了承上启下的历史贡献。一方面,他继承了萨克斯、维塞尔等人在公共产品理论方面的讨论,另一方面他对公共产品的性质、价格形成机制以及政府的作用等的研究启发了后来者。就公共产品性质而言,马佐拉明确指出公共产品在消费时具有不可分割性(同样的数量由所有人同时享用)与不可排斥性(无法将特定的消费者从公共服务的受益者中排除出去),这实际上是后来对公共产品性质研究的标准提法。虽然他在讨论中并未明确提出前面定义公共产品时用的"非竞争性"术语,但这一特征事实上包含在消费的不可分割性之中。他还指出了萨克斯和维塞尔在公共产品研究上的错误,从而巩固了公共产品理论的基础。他认为:萨克斯的错误在于,他以为公共产品的特殊性在于它是政府提供的服务,而服务没有商品的属性,因而财政经济只有消费性;而维塞尔的错误在于,以为公共产品的特殊性来自公共经济组织与私人经济组织具有不同的目标,而有关公共产品的效用评价不属于经济学问题。对二者的错误,马佐拉分别进行了驳斥,认为公共产品作为服务仍具有商品属性,其效用评价仍是经济学问题。对公共产品的定价机制,马佐拉指出,他那个时代许多学者注意到,普通商品市场上的价格形成与公共产品的价格形成具有性质上的差异,但他们无法给出正确的解释。马佐拉尝试着解释说,私人产品的消费必须与公共产品的消费组合在一起,由此出发他解释了公共产品的价格形成,并得出如下结论:若消费者在公共产品消费和私人产品消费中支出的最后一元钱的效用均等,那么消费者的总效用就实现了最大化(第65页)。虽然马佐拉在具体解释公共产品价格形成机制时,显得晦涩而且解释力不足,但他强调"公共产品的价格与它对消费者而言的边际效用相对应"、"每个人根据自己的评价来为公共产品付钱"等理念,为后来从主观效用理论方面(即受益原则)解释公共产品的价格形成及决策机制奠定了基础。

大体而言,在公共产品理论上奥地利与意大利学者尽管存在着差别,但在以下两个方面还是相当一致的。

(1) 从主观效用角度来理解国家提供公共产品的行为,即国家是满足集体或公众整体欲望的组织,不过对这种欲望是否独立于个人欲望,不同学者之间仍有争议。

(2) 运用私人产品在市场中的交易原则(即给定个人偏好,当每个人的边际效用与价格相等时福利最大)来思考公共产品价格(即每个人应该付出的税收,也称税收价格)和数量的同时决定,即根据个人对公共产品的评价(即边际效用)来决定公共产品的供给数量与税收分担比例。在他们看来,与私人产品消费状况(即商品按照统一价格出售,个人通过消费数量调整来使价格与边际效用相等)不同的是,在公共产品情况下,所有消费者消费的总数量没有区别(即不可分割性),因此无法依此确定消费者的付费数量和付费方式。

在上述讨论的基础上并在维克塞尔的指导下,1919年瑞典学者林达尔(Erik

Lindahl,1891—1960)以更为严格的形式,重新表述了公共产品的需求问题并做出了清晰的解答。他假设由两个消费者分担某件公共产品,A 支付越多,B 就支付越少。给定产品的成本曲线,对 B 来说,可以将 A 的出价曲线视为一条供给曲线;反之亦然。绘制两条曲线,根据交点可以确定必须提供的数量,即实现林达尔均衡。在这个解上,每个人消费相同数量的公共产品,但是每个人为这种消费支付的价格不一样;与在市场经济中消费私人品一样,每个人为公共产品支付的税收价格(即著名的林达尔价格)与他获得的边际效用相等,价格总和即为产品成本。在此时,每个人都获得最大的消费者剩余,任何对均衡的偏离都会导致所有人福利的下降。因此,与其他方案相比,所有的人都会偏好于这种均衡状态,并最终达成一致的同意(第 220—221 页)。可以说,林达尔均衡是马佐拉、萨克斯和维克塞尔等人公共产品理论发展的最终结果。它表明,基于与私人物品市场相同的自愿交易原则,最终可以实现公共产品消费的最优状态。

1948 年霍华德·鲍恩(Howard Bowen)将个人对公共产品的需求曲线垂直相加,在数学上发展了林达尔的早期论述。不过这一发展是基于基数效用论(即认为效用可以量化并能进行人际比较)而做出的。在马斯格雷夫看来,公共产品数量与价格的决定是因萨缪尔森的研究而取得巨大进展的[①]。萨缪尔森(Paul Samuelson,1915—2009)把基于序数效用论(即认为个人的效用不可量化但可以进行排序,不同个人间的效用无法比较)的帕累托效率条件运用到公共产品决定中,认为在给定资源和技术条件下,存在一组效率解,每个解都包含私人产品与公共产品的产出比例以及私人产品在消费者中的分配比例;在这组效率解下,公共产品的不同边际消费替代率之和等于边际生产转换率(不同于私人产品的所有消费者的边际消费替代率相同并等于边际生产转换率)。这一结论,最终决定性地奠定了公共产品的理论基础。

(三) 公共产品的决策机制

以上说的是意大利、奥地利和瑞典等国学者对公共产品在供给与需求方面所进行的研究,目的在于显示国家的生产性在这一阶段的理论进展。需要注意的是,由于搭便车行为的存在,公共产品的消费者可能并不愿意如实披露自己的效用,不愿意支付税收价格来消费公共产品,这样从个人需求出发来推导公共需求进而决定公共产品的数量与税负分担方式在实践中就难以实现,理论上的公共产品最优配置也就因此无法实现。这一问题被以德语写作的瑞典学者维克塞尔(Johan Gustav Knut Wicksell,1851—1926)重新提起,他说:"如果个人同时在私人用途和公共用途花钱以使自己的满足最大化,那显然他不愿付任何钱给公共用途。"(第 121 页)这样公共产品的决策就不能由个人像购买私人产品那样在市场中进行,而必须运用某种集中的决策机制或者说通过某种政治程序。维克塞尔指出,公共产品的供应取决于集体中所有成员的评价,它的边际效用和价格之间的相等关系,理论上应该由集体中的所有人一起磋商,而现实中只能由他们的代表(即国会议员)来进行。于是,维克塞尔将公共产品理论的重点转到了公共产品的决策机制上。

[①] 马斯格雷夫:《财政原则简史》,载于奥尔巴克、费尔德斯坦主编,《公共经济学手册》(第 1 卷),匡小平、黄毅译,经济科学出版社 2005 年版。

在维克塞尔看来,真正困难的是设计出一种有效的决策机制以达到近似最佳的公共产品决策结果,或者说解决不同的纳税人"怎样通过集体的方式或政治程序将自己组织起来,以便从集体行动中获得真正的利益,同时又使自己免受剥削"①的问题。维克塞尔首先对传统财政学将政府抽象化为一个开明、仁慈的君主提出了尖锐批评,他认为,"无论是行政部门还是立法部门……实际上都和现在流行的理论告诉我们的样子不同,它们并不是纯粹的、没有自己想法、只以促进社会福利为目的的社会机构"(第126页),因此他主张一种自利主义的方法论,"财政学和税收立法关注的,不是消除社会各阶级的自我主义,而是给这种自我主义安排适当的位置,以便能用它来保护合法的利益"(第159页)。基于这种自利主义,维克塞尔设计了一整套的投票机制,要求公共产品的消费者(以国会中的议员为代表)在针对公共产品或者说公共服务(的数量与结构)进行投票时,必须跟税负分摊的方案同时进行表决,且应该以全体一致(或近乎全体一致或有效多数)的方式来做出决定。这是因为,在审批为某项公共服务筹资的税收分摊方案时,议会如果采用通常的简单多数的表决规则,那么很可能出现的是,某些纳税人从这项公共服务中获得的收益少于他们所交纳的税收。在此情形下,这些纳税人就不是基于自愿而只是被迫纳税,而强制本身总是一种恶,它显然不是一种正义的状态。

在此处,维克塞尔为公共产品决策的规范方法特别是公共选择理论中的投票理论研究打下了基础。他的理论也为后来的公共选择理论对政府行为的实证分析奠定了基础,即公共选择理论认为政治家(或官僚)实际上由自利动机驱动而并非为社会利益服务,社会福利函数将国家视为有人格的实体是错误的。马斯格雷夫对公共选择理论学者的评价是,"他们的关注点背离了早期黑格尔式的对市场缺陷和政府采取补救措施的必要性的研究(以庇古外部性和公共产品理论为基础),而是转向对'政府失灵'和约束政府行为的必要性的研究。尽管内容不同,这一分析被视为对50年前受马克思主义影响的财政社会学的继续"②。

至此可以看出,欧陆财政学者基本上认为国家具有生产性,并将国家生产公共产品的决策类比于个人在私人产品市场上的权衡,就是说由民众(或代表)将税收看作公共产品的成本(个人因纳税所遭受的牺牲),而将政府提供的公共产品视为收益,通过成本与收益的权衡来决定公共产品的数量与种类。需要说明的是,正如维克塞尔反复指出的,从税收角度看这实际上是受益原则内在地优越于量能原则的体现(第115页)。与此同时,公共产品的决策或者说现代财政,内在地与民主制度结合在一起,因为个人牺牲与受益是高度主观的事情,只有民众自身(或通过自己的代表)才有权并有能力来权衡公共产品的成本与收益,并因此做出最终的决策。就是说,必须建立起税收与财政支出同时决策的机制,让民众自己来衡量税收带来的牺牲与财政支出带来的收益是否相称,或者说所缴纳的税收是否物有所值。这样一来,就必须广泛地运用投票程序来衡量税收是否物有所值:地方性财政支出与地方性税收,由相关民众通过投票直接决定;全国性财政支出与全国性税

---

① 布坎南、马斯格雷夫著:《公共财政与公共选择》,类承曜译,中国财政经济出版社2000年版,第14页。
② 马斯格雷夫:《财政原则简史》,载于奥尔巴克、费尔德斯坦主编《公共经济学手册》(第1卷),匡小平、黄毅译,经济科学出版社2005年版。中译文由笔者进行了部分调整。

收,由民众的代表投票决定;所有的决定应尽可能采用接近于一致同意的原则,以免对收益不大的少数人造成税收的剥削;与此同时,各项财政支出之间也要进行比较与选择,要尽量剔除收益小的支出项目,以求得总体收益的最大化(理论上,各项支出的最后一元钱产生的收益即边际收益应该相等)。另外还需要说明的是,维克塞尔的研究将财政理论转向政治程序而不是市场,试图通过政治程序来获得公共产品有效率的解决方案,这也并非完全的创新,意大利学者实际上早已关注过这个问题。潘塔莱奥尼在1883年讨论公共支出安排(即公共产品供应)时也主要是从国会的决策机制入手的。他认为,预算决策的主体应该是国会,应由国会来衡量公共支出带来的效用(不仅要考虑单项支出的内部效用,还要考虑不同支出之间的效用对比)和税收带来的牺牲,并由此决定预算的规模与支出的结构,而国会最终的决策结果又取决于国会议员的平均智力水平(第35页)。在研究这一段理论史时,马斯格雷夫还强调过马佐拉的贡献,因为马佐拉注意到,预算决策由代理人做出,而代理人的行为又必须使选举人满意,以免政治均衡被打破(第8页)。

□ 小结

从上述德国和其他欧陆国家财政理论的发展历程可以看出,现代国家并不是(至少可以说不仅仅是)一个消耗民众税收的纯粹消费主体,而是一个可以有且必须有生产性的主体。在19世纪下半叶,就德国和其他欧陆国家财政学者对话的对象——英国财政学来说,它在理论与实践上虽然出现了对国家突破最小职能设定并发挥生产性职能的想法与做法,但并未真正提出国家生产性概念与公共产品理论。而在德国,由于实践中财政一开始就承担着积极的国家建设职能,特别是在19世纪承担起实现国家赶超的任务,因此财政支出履行的远非最小职能,而是积极地介入生产活动并提供重要的公共服务。因此,德国财政理论自始至终都强调财政的生产性作用和国家的生产性角色。不过,德国财政理论中没有提出用来概括国家生产性概念的最好理论即公共产品理论。公共产品理论是由意大利、奥地利与瑞典学者提出并加以发展的。一旦使用了公共产品这一概念,国家就再也不可能保持在最小国家状态且纯粹消费性的设定中,而成为可以用来从事生产或创造新价值的工具,或者说必然会导致对国家生产性的事实上承认。在现代国家中有许多制度承担着生产性的职能,也因为这些制度的存在,现代国家呈现出生产国家的特征。显然,对公共产品的范围界定得越宽泛、要求国家提供的公共产品越多,对国家的生产性要求就越强,在实践中生产国家的特征也就越突出。

不过,在不同的国家以及在不同学者的理论中,对国家生产性范围的界定是有很大差异的,并因此深深地影响财政的实践。在有的国家或有的学者理论中,只将公共产品理解为纯粹的公共产品(国防、治安以及极少数具有非竞争性的公共服务等),并认为国家的生产性应仅限于此,这样一种设定虽然突破了将国家仅视为消费主体的设定,但对于国家生产性扩大仍抱有警惕的态度。这样的国家是一种比较弱的生产国家,通常的说法是反对国家干预范围的扩大。另外一些国家或学者的理论则相反,它们将公共产品的范围扩大至生产人力资本(如教育和医疗)、创造生产条件、管制社会经济生活,并因此在实践中要求国家出面积极地介入经济活动与公共产品的供给。这样的国家是一种比较强的生产国家,国家干预的范围很广。就总体而言,19世纪至20世纪理论与实践的发展表明,生产国家慢慢成为历史的事实,并呈现出一个逐渐变强的过程。

第三节 追寻优良税制

19世纪的西方国家已是税收国家,税收成为财政收入的主体形式,税制是否优良决定了西方现代国家制度建设能否成功。在这一时期,西方财政思想界探索优良税制的焦点是建立以所得税为主的直接税制。这是因为,社会公众在当时对消费税这样的间接税所具有的累退性(即收入越高的人缴纳的消费税额占收入额的比重越低)日益不满,而对使用所得税制干预收入分配、实现社会平等的可能性表现出巨大的兴趣。

这样的结论显然不同于亚当·斯密时期通行的国家不干预立场。对此,阿道夫·瓦格纳说,古典经济学家们之所以反对运用税收手段去矫正收入与财富的分配,是因为在逻辑上把市场决定的收入与财富分配状况视为唯一正确与正义的,而这一逻辑前提在现实中并不存在。所以瓦格纳说,让税制去矫正收入分配、履行社会福利职能,是时代发展的要求,"对于何为税收'正义'的解答,开始不同于个人主义政治权利时期的答案,正如个人主义政治权利时期的答案不同于过去城市行会制度时期一样。正义这一概念的含义出现了变化,也因此可以说明正义是一个历史的概念。正义概念的含义变化越大,就越能被民众自觉地、清楚地接受,也就越会引起税收及其分配能力的变化,进而用一种新的方式来实现税收的普遍性与平等性要求"(第33页)。

可是,为了实现税负公平这一目标,该怎么具体设计所得税制,以便让纳税人承担适当的负担呢?在这方面学者们的意见并不一致,得到他们公认的无非是一种原则性的意见,正如瓦格纳所表述的,"社会上所有人都应当按其能力大小纳税,能力大的人多纳税,能力小的人少纳税,无能力的(贫困者)不纳税"①。但是,有没有什么科学的标准,可以用来设计一种负担公平的所得税制?学者们在此方面的探索,大致集中在三点:(1)税率的特征;(2)所得税负分配方式;(3)税基的选择。

本节的主要内容是,简要叙述19世纪下半叶及其前后一段时间西方财政学者在公平所得税制方面的思想探索。需要说明的是,本节所述税负公平所得税制的内容,主要集中于英美财政学界对税负分配之量能原则的探索,未涉及欧陆学者对受益原则的探讨,因此除了运用《财政理论史上的经典文献》之外,更多地依赖《税收哲人——英美税收思想史二百年》一书②。在理论上,所得税负公平基本上属于量能原则问题,而英美学者对此讨论得最多。这是因为,在他们的眼中,财政问题的重点是收入(即税收)而非支出(在理念上他们认为支出越小越好,可以不用讨论);而财政收入问题的重点在于,按量能原则探寻税

---

① 坂入长太郎著:《欧美财政思想史》,张淳译,中国财政经济出版社1987年版,第296页。
② 格罗夫斯著:《税收哲人——英美税收思想史二百年》,刘守刚、刘雪梅译,上海财经大学出版社2018年版。

负公平分配的方式。马斯格雷夫和皮考克曾经揭示过这一状况,他们说:"19世纪大多数时候,让英语国家的学者们忙碌的事情是,寻找更为准确的'支付能力'的定义。他们认为,税收问题或多或少地独立于公共支出的决定。因此,他们更关注用什么样的模式把量能原则转化为实际的税收分摊方式。"(第4页)

□ 寻找公平所得税制的税率特征:比例所得税还是累进所得税?

所得税在征收时,应纳税额与应税所得(或者说纳税能力)的匹配有两种方式:一种是比例税,即每个人应缴纳的税额占应税所得的比例相同;另一种是累进税,即应纳税额比应税所得增长得更快。问题是,哪一种税率特征在分配税收负担时更为公平?

在近代早期的学者中,西斯蒙第、卢梭、孔多塞等学者出于公平的目标支持累进税,认为累进税在分配税负时更加公平。可罗伯斯庇尔反对累进税,认为它是对低收入者的侮辱。在后来的学者中,累进税率原则逐渐得到了多数学者的支持,如19世纪下半叶德国学者谢夫勒就赞成累进课税,他表达了那个时代学者普遍性的意见:"对少数的高额所得及大财产采取累进课税,而对低额所得采用递减课税的方式,这种做法不是不平等而是均衡性所要求的。"①在同一时期瓦格纳也有这样的看法,他认为,税负的平等性应该具有的"含义是'尽可能根据经济能力来征税'。既然比起绝对收入与财富,经济能力增长得更快,那就应该对高收入者实施累进税率,而不该采用单一比例税"(第32页)。

由于从公平方面支持累进税率的学者较多并且是主导性意见,此处不再多加叙说。需要提醒注意的是,反对累进税率的学者虽然人数少一些,但并非不重要。他们之所以表示反对,一方面是认为累进税未必能实现公平的目标,另一方面则认为累进税会因减少资本而破坏经济增长,并最终损害公平。

英国学者约翰·密尔(John Mill)就发表过著名的反对意见。他认为,累进所得税率"极具争议,就算它是真理,它的真理性也尚未达到可以成为税收原则基础的地步"(《税收哲人》,第37页),他认为所得税的级距既不公平又不可取。由于累进税税率与税级并没有客观、科学的规律可循,为了避免因此带来的危险,19世纪末英国学者巴斯塔布尔坚决赞成比例课税(但附有一定的条件)。他认为,所谓的公平纳税是,"在避免无规律累进税的危险的同时,应考虑维持牺牲的平等。这就必须对所得规定一定的限制,超过者则按同一税率课征,而低于该限制者全额免税或部分课征,此即所谓的累进税"②。美国学者哈里·拉兹反对累进所得税的理由是:"任何有关税率的尺度都只是猜测,或者是出于政治和财政方便的结果。哪里的政策建立以方便为基础,哪里的不公正就难以避免。"(《税收哲人》,第114页)不过有意思的是,他同样认为比例税武断和不公(《税收哲人》,第114页)。在美国学者布鲁姆和卡尔文两人看来,累进税增加的财政收入并不多,但大大增加了管理的复杂性,并且易为政治势力滥用。尤其在经济方面,他们认为累进所得税阻碍了经济增长(削弱激励性、减少储蓄能力),虽然作为内在稳定器有其价值,但在经济状况不

---

① 坂入长太郎著:《欧美财政思想史》,张淳译,中国财政经济出版社1987年版,第296页。
② 同上书,第368页。

佳时完全可由减税政策来代替(《税收哲人》,第69页)。

由此可见,反对累进税率的主要理由是,采用何种税率以及级距的大小多少,其实并没有科学的标准,在相当程度上它是基于主观性甚至政治考虑而得到的结果。事实上,支持和反对累进所得税的话题直到20世纪末仍在进行。1998年在德国的研讨会上,马斯格雷夫与布坎南两人,分别表达了对累进所得税与比例所得税的支持①。在马斯格雷夫看来,累进税除了具有自动稳定器这样的宏观经济功能外,更为重要的是可以贯彻横向平等与纵向平等。而布坎南则认为累进税容易带来寻租的空间与税收的剥削,因而赞成单一比例所得税。20世纪末期反对累进所得税的意见汇合起来,再加上累进所得税在实践中存在的种种问题,促发了单一比例所得税(即平税)主张在21世纪初风头大盛、在部分国家(比如俄罗斯)甚至成为制度的现实。

□ 探索公平的所得税负分配方式:从客观标准转向主观标准

什么样的所得税税负分配方式是公平的?在19世纪下半叶,根据收入和财产征收直接税并实行累进税率,成为深入人心的要求。一开始,按照个人收入(以及财产)的客观数量来分配所得税的税负,被人们广泛认为是公平的分配税负的方式。可是,在19世纪70年代经济学边际革命发生后,学者们逐渐地开始从主观感受的角度来衡量纳税能力的大小,即从税收给纳税人造成的牺牲(主观感受到的负效用)的角度来衡量税收负担的大小,认为它才是真正科学的标准。

一般认为,是密尔首先将主观牺牲原则引入税负的研究中。他从政府施政的平等目标出发,认为课税公平的含义应该是牺牲的平等,即所有的人因纳税而造成的牺牲必须相等(即均等牺牲)。他说:"政府是广大人民和阶级的政府,强烈要求对人民和阶级无差别地同等看待……因此,在政治原则上,税收平等意味着牺牲平等。这意味着在所有人中分配政府所需的经费时,每一个人在承担他的份额时所感觉到的不利,与其他人相比,既不多也不少","要求一切人均等牺牲的格言"就叫平等原则②。如前所述,在密尔眼中,均等牺牲的主要内容是对(超出基本生活需要的)收入按比例课税而不是累进征税,因为累进所得税将会抑制经济发展的效率。与此同时,密尔还认为,均等牺牲的税收将会带来总牺牲的最小,"正如政府应该一视同仁地对待个人或阶级的要求那样,政府也应该做到将税收压力同等地加在每个人或阶级身上。这样的课税方式,给全体带来的牺牲最小"(《税收哲人》,第36页)。马斯格雷夫对此的评价是,"他的这一看法是领先于时代的,尽管在技术上并不正确,因为密尔设想的均等牺牲是总量的而不是边际的"③,不过仍肯定说:"密尔这一先驱性的想法,引起了税负分配领域内思想重点的变化,即原先设想通过均等牺牲来促进公平分配,现在设想的是通过最小牺牲来促进有效分配。"④

---

① 布坎南、马斯格雷夫著:《公共财政与公共选择》,类承曜译,中国财政经济出版社2000年版,第61、93页。
② 穆勒著:《政治经济学原理》,金镝、金熠译,华夏出版社2013年版,第222—223页(穆勒是密尔的另一种中文译法)。
③ 马斯格雷夫:《财政原则简史》,载于奥尔巴克、费尔德斯坦主编:《公共经济学手册》(第1卷),匡小平、黄毅译,经济科学出版社2005年版。
④ 同上。

在密尔之后，巴斯塔布尔在有关税负公平的衡量上，也倾向于密尔提出来的税收牺牲说与均等牺牲原则。他认为，社会的最大幸福是使全体纳税人负担最少、牺牲最小，这种"最小牺牲"可以通过对收入扣除必要费用后按统一税率课征所得税达到。当然，巴斯塔布尔还补充说，税负的分配，除了根据民众所得的多寡外，还需要考虑：(1) 支出的目的(如果是用于经济活动，税收总额高一点也没关系)；(2) 财富的分配与财富的种类①。

自从密尔把纳税能力解释为牺牲后，有许多学者跟随他使用边际效用分析的方法来探讨税负公平。只不过，密尔主张的是比例所得税，但他的追随者大多主张累进所得税。这是因为，密尔主张的均等牺牲实际上是绝对额均等牺牲(即富人与穷人的牺牲总额相等)，在技术上被认为不合理。后人又分别提出比例均等牺牲原则(富人和穷人因税收造成的牺牲占各自税前收入效用比例相等)与边际均等牺牲原则(富人和穷人分别交纳的最后一元钱税收的边际牺牲相等)来加以进一步地合理化。尤其是从技术上来说，众多学者指出，只有遵循边际均等牺牲原则才会带来社会牺牲的最小、社会的幸福最大。

在主观牺牲与边际分析基础上，19世纪末期的多数学者认为边际效用递减原理肯定导致累进性税收。比如在欧陆学者中，萨克斯就比较早地根据边际效用递减规律，认为课税时每个人所牺牲的财富价值，应该在个人之间平等负担，并因此主张累进税，认为这样可实现税负的均等牺牲②。但这一结论的弱点被一位荷兰数理经济学家科恩-斯图尔特(Cohen-Stuart)于1889年揭示出来，他认为要实现税负的均等牺牲，到底该征收累进、比例或累退税，取决于所得的边际效用下降(或边际效用曲线下倾)的具体情形，而不是简单地征收累进税，他自己支持的是比例均等牺牲原则(第79页)。

在衡量所得税负是否公平方面，埃奇沃思做出了决定性的贡献。他断言，"最小牺牲，是纯粹功利主义原则的直接产物，是税收的最高原则"，而税收造成的最小牺牲原则等同于税后的总效用最大原则，即课税应该使得"税后产生的总净效用最大化"。他认为，这进一步地要求税收的"总负效用最小"(即密尔所说的使税收造成的总牺牲最小)；而要使得总负效用最小，数学上就必然要求"每个人的边际负效用应相同"(即每个人的边际牺牲相同)。换言之，从效用最大化原则出发，可以得到的自然逻辑结果就是边际均等牺牲；绝对均等牺牲与比例均等牺牲两个原则若要能成立，就必须要求效用函数具有特殊的形式(如遵守伯努利法则)。因此，埃奇沃思的结论是，边际均等牺牲是符合密尔提出的牺牲总量最小化的方法，这一原则是税收负担分配的最好解决方案(第161—164页)。

从技术上说，如果承认收入边际效用递减、所有人的收入效用函数相同这两个假设条件，那么边际均等牺牲会带来累进性最大的税制，这样的税收将把收入分配得最终人人均等(即收入平均化)。埃奇沃思认为，这样的税收方案虽然是均等牺牲原则的逻辑后果，但会带来现实的问题，如产出率的下降以及对个人自由的威胁等(第164—165页)。事实上在埃奇沃思之前，西奇维克就已经提出这个问题并为埃奇沃思所注意。西奇维克认为要使得所得税税负公平，首先应该尽可能按照受益原则来征税(尽管适用范围极其有限)，然

---

① 坂入长太郎著：《欧美财政思想史》，张淳译，中国财政经济出版社1987年版，第365页。
② 张馨等著：《当代财政与财政学主流》，东北财经大学出版社2000年版，第133页。

后运用均等牺牲原则征税（即税收让每个人的牺牲相同），不过需要扣除生活必需的最低收入额。西奇维克的结论仍然是主张累进税，但与埃奇沃斯相似，他也认为累进税虽然更公平，但可能会不适当地抑制资本的形成（即影响效率）。

根据马斯格雷夫的说法，最小牺牲原则的最后繁荣出现在20世纪庇古的著作中，尤其是他进一步地将税收宣告效应（announcement effect）引起的负担（即后来的财政学所说的"超额负担"）包括在内。庇古宣称，税制设计应使纳税人的经济损失最小，如此社会总福利才最大，"根据政治原理关系，在达到最大总福利时，被认为是政府的正确目标……课税这个特殊部门的一般原则应与最小牺牲原则一致"①。

可见，在思考公平负担的所得税制方面，西方财政思想以密尔为转折点，在技术上有一个从客观向主观的变化过程：衡量所得税负担是否公平或者是否与应税能力相匹配，不看客观的收入或财产量的多少，而看主观上纳税人所感觉到的牺牲（心理痛苦程度）大小。对于这样的一种变化，格罗夫斯评论认为，累进税收理论被密尔开了一个坏头，他运用快乐的牺牲来引入税收中的平等理念，很快"这个观点就被边际效用原则的迷宫所吞噬。由此观点得到的政策含义是，富人缴税额应该超过穷人缴税额，以至于达到税收心理痛苦均等化（或最小化）的那个点。从此以后，税收研究就开始了一个漫长而无用的寻找测量心理痛苦方法的历程"（第175页）。格罗夫斯指出的问题就是后来序数效用理论一再批评的，心理痛苦程度在实践中其实并无可靠的测量标准，即使单个人可以对此进行排序（即序数效用），我们也无法进行人际效用比较。另外，这一牺牲原则还依赖于对统一的收入边际效用曲线的假定（即向下倾斜且所有纳税人都相同），但这一假定实在没有什么依据。可是一旦放弃收入边际效用曲线统一这一假定，那对于什么样的税负分配更为公平这一问题，就不再有一般性的结论。

总之，衡量所得税公平的牺牲原则所依赖的主观基础在事实上难有现实的意义。在此前提下，量能原则也不再能找到主观效用论所主张的"科学"的基础。在实践中，税收制度仍不得不回到客观基础，将收入（或财产）的客观数量与累进税率联系起来并作为实现税负公平的制度标准。只不过，在理论或者说哲学层面上，税收负担仍被视为一种主观牺牲，只是在税收实践中不再去寻找测度主观牺牲的指标。就像赞成主观牺牲说的巴斯塔布尔的做法，他建议在现实中公平所得税"以最为人所知，最为广泛承认的能力（即收入能力）——财力——来作为课税尺度的原理"②。而且，需要注意的是，虽然不能找到精确的度量方法，但查普曼下面一段话仍被当作今天税收实践的指导原则："就社会观点而言，由刚开始获得的收入所满足的欲求，通常比后来获取的收入所满足的欲求更重要，而不论前者实现的满足是否带来更大的效用……贫困者的平均支出，较之富裕者的平均支出，更加有价值"（《税收哲人》，第72页）。因此，对于穷人和富人的应税能力与税负感受，无论我们是否喜欢，也不管在技术上是否可以准确地度量，社会都会不可避免地进行一定的主观评价与比较。

---

① 坂入长太郎著：《欧美财政思想史》，张淳译，中国财政经济出版社1987年版，第386页。
② 同上书，第367页。

□ 确立公平税基的计算技术：财产、增值与才能

到20世纪早期，从所得税负公平的目标出发，按纳税能力来承担税负已成为所得税制的基本原则。可是，用什么样具体的、客观的技术标准来衡量此种"能力"？这就涉及选择与计算税基的技术问题。

（一）税基从财产到个人所得的变化

用什么客观技术标准来衡量所得税的纳税能力？在近代税收兴起的早期，衡量能力更多地运用"财产"额，这也是传统直接税的税基。但在当时市场尚未深化的经济环境中，并不存在有关财产的确切估值技术。于是，地产、牲畜、窗户、马车、火炉、仆人等数量，都曾充当过财产估值的某种指标。随着经济近代化进程（工业化、市场化和金融深化）的加快，流量收入而非存量财产越来越成为纳税能力的标志，就是说，所得越来越被当作能力的标志。但是，什么才应被认定为一个人的"所得"？对此种税基的技术问题，探讨仍在不断地进行。

探索某个人所得的确切内容，至少可以追溯到亚当·斯密时代甚至更早。在那个时期，重农主义者认为土地租金是唯一可行的税基，因为他们认为地租才是个人所得的唯一真正内容。在古典学者如斯密和李嘉图等人那里，他们普遍持有工资基金的观点（即资本家在使用资本时，只会留下仅够工人维持生活的金额作为工资基金，也因此工资基金数量只够工人维生），认为对工资征税就是对生活费征税，工人事实上没有承担能力，最终这些税负都被转嫁给租金或利润。基于此，这些学者不赞成对个人工资收入征税。由于他们又认为对利润征税会产生对市场行为的过度干预，造成资金外逃，不利于经济增长，所以斯密和李嘉图等人也不赞成对企业收入征税。这样一来，他们主张的税基就跟重农学派一样，局限于土地租金和用于奢侈品消费的收入（可运用特定消费税形式来征税）。当然，严格地说，斯密等人探讨的还不是今天所得税的概念。不过斯密有一个看法，所有的税收都取自收入，"不论是对租金、薪资或利润征税，还是对所有的收入来源无差别地课税（人头税和消费税）"（《税收哲人》，第25页），因此斯密的名字仍然跟所得税连在一起。

随着现代工商业经济的不断发展，学者们摆脱了古典学者的看法，赞成将个人工资性收入作为所得的一部分，并且一致主张应该从所得税基中扣除维持最低生活所需的收入（具体扣除多少当然还需探讨）。可是，对资本的增值或财产的增加部分又该如何征税呢？此部分是否应该纳入个人所得税的税基？学者们在这个问题上，又从以下几个方面分别进行考虑：(1) 为了鼓励资本发展，是否应对进一步用于投资的所得免征所得税（仅对用于消费的部分征税）？(2) 是否应该对工资所得、资本所得等区分不同来源征收分类所得税？(3) 是否应该区分经常性、规律性的资本所得和非经常性、不具规律性的资本所得？(4) 是否应该区分勤劳性（或需冒风险）的资本所得和不劳而获的资本所得并分别予以征税？不同的学者对上述问题有不同的回答，有些设想已体现在所得税实践中，而有些设想在今天仍只具有理论的意义。比如说，很多国家在所得税制实践中都选择对非勤劳所得使用特别的税收予以处理（或适用比较高的税率），这些非勤劳所得包括土地增值收入（以亨利·乔治为极端代表，他主张土地增值应成为唯一的税基）、垄断利润、遗产（或赠予）、

淌来利得等。

（二）以"增值"来衡量个人所得并寻找衡量"增值"的技术

正如马斯格雷夫所指出的,在以往的英语财政文献并不包含"增值"(accretion)这一概念,英国税收实践采用的是分类所得税,对不同所得分别征收不同的所得税。马斯格雷夫认为,将个人综合的或全部的所得作为个人所得税的税基,这一思想直到19世纪末期才出现,特别是在"增值"这个概念得到深入讨论之后。他说,这一概念由德国学者乔治·香兹(George Schanz, 1896)最早提出,黑格(Haig)又在1921年将它引入了美国的文献①。在黑格看来,所得就是增值,因此"所得"的定义是:"所得是某人在两个时点之间净增加的经济能力的货币价值。"(《税收哲人》,第93页)

格罗夫斯将美国学者亨利·西蒙斯之前有关所得的观点概括为三种(《税收哲人》,第93—94页)。一种观点认为,所得必须是那种经常性的重复出现的收入流(排除偶然所得),卡尔·普莱恩在1923年就任美国经济学会主席所发表的演讲中,就将所得的特征界定为可获得性、可消费性(不伤害未来收入的可获得性)、可重复性(recurrence)。另一种观点认为,所得是一段时期内商品和服务的产出价值扣除折旧及资本消耗后的价值,这一概念被统计学家用来估计国家的或社会的总收入。还有一种观点和欧文·费雪等人有关,说的是除储蓄外的其他收入都是可税的净所得,认为所得必然与消费相等(即储蓄部分不应该征税),这样所得税就等同于消费税(密尔早就表述过类似的观点)。英国学者卡尔多的主张类似于第三种观点即费雪的看法,不过他补充说把储蓄排除出所得税之后,毫无疑问会加剧财富积累并使有财产者获取过分的权势,因而建议使用遗产税以约束这种趋势。

西蒙斯(Henry C. Simons, 1899—1946)对以上三种定义都不满意。他的看法是：第一种定义的问题是,收入流的重复出现总是一个程度的问题；第二种定义(如同第一种)的问题是,它忽视了纳税能力的要素；第三种观点的问题是,储蓄通常以自身为目的(而不仅仅是推迟消费),对储蓄免税可能会对财富和能力的分配产生可怕的影响。西蒙斯觉得,所得的定义需要完全反映个人的纳税能力并且能揭示经济能力在两个时点之间的全部变化。在吸收了黑格从增值来定义所得的方法后,西蒙斯将"所得"定义(《税收哲人》,第94页)为下面两项的代数和：(1)在市场消费时反映出来的权利价值；(2)在起始点之间存量财产价值的变化额。可见,西蒙斯的所得概念基本也等于增值,他对所得的定义事实上包含了投资所得与偶然所得。在此基础上,他还赞成对所有这些所得都适用累进税率。西蒙斯注意到了其他作者对累进税收可能影响资本供给的担心,不过,他认为他们夸大了税收对纳税人积极性的伤害。而且,西蒙斯觉得就算他们说的伤害确实存在,可是通过累进税收达成的税负公平也远比资本供给带来的经济进步更为重要,"进步和正义都是非常昂贵的——最重要的是,二者都以对方为高昂代价"(《税收哲人》,第92页)。

威廉·维克瑞(William Vickery, 1914—1996)在一定程度上继承了西蒙斯的所得即增值的思想(《税收哲人》,第130页),只是在衡量增值的技术标准上,将时间扩展至人的

---

① 马斯格雷夫：《财政原则简史》,载于奥尔巴克、费尔德斯坦主编《公共经济学手册》(第1卷),匡小平、黄毅译,经济科学出版社2005年版。

一生。就是说,他把纳税人终身(从成年起直到死亡)的收入累计平均化作为所得税的税基。所谓累计平均化的收入,指的是将迄今每年收入与过去所纳税收的利息相加;在计算税收时,以此总额为基础,扣除过去所纳税收及其利息。

总之,按照马斯格雷夫的说法,在"增值"这一概念的引导下,税基问题可以统一地加以处理,综合的或完全的税基设计范围包括经常性所得,还包括未实现的资本收益、源于企业的所得、折旧等。这样的综合所得税基曾经是美国税制改革的旗帜,其目的在于保障税负的横向公平与纵向公平,实现西蒙斯所说的税收正义。马斯格雷夫评论说,美国的这项改革对所得税实践有多大的影响是另外一个问题,但它确实为美国一代税收理论家提供了研究的重点与启示[①]。

(三)用才能这一主观标准来更准确地衡量纳税能力

西蒙斯在讨论所得税基时,除了用他建议的技术标准来衡量"增值"并作为所得税基外,还考虑对非经济活动中的收益、心理上的收益(如工作声望的价值)、赚钱能力等征税。因为在他看来,这些主观性质很强的收益或能力,才是承担所得税负的真正科学的标准。

除了西蒙斯,还有其他一些学者也提出,主观性很强的"才能"(faculty)是衡量纳税能力的更好标准。"才能"一词,在美洲殖民地时代即被人使用,不过在当时它主要跟财产、财产税有关。到后来,这个词的含义扩大到将专业技巧(职业能力)包含在内,因为有了这些技巧就意味着可以挣到收入,技巧也就代表了纳税能力。1888年,美国学者沃克就曾建议以才能作为税基,因为它优于以财产或所得为税基(《税收哲人》,第51页)。他认为,如果把才能与所得进行比较,就能发现其优点在于:在"才能税"制度下,纳税人没法用"不知道"或者"不能转嫁"作为逃税的辩解理由。

美国学者塞利格曼同样认为,"才能"是更为合适的税基。他还创造性地将密尔的均等牺牲概念与生产潜力(productive capacity)观念融入"才能"这一理念中。基于才能的增加比所得的增加更快这一原因,塞利格曼认为,我们可以据此得到支持累进课税的结论。

可问题是,才能并不比上文说到的牺牲更容易测定。塞利格曼为运用才能作为税基并采用累进税率给出的辩护意见是:"就算我们永远也达不到理想标准,我们也没有理由说不该尝试着尽可能去接近理想标准"(《税收哲人》,第51—52页),"一项不那么确定的税率,如果符合正义的方向,很可能要优于像比例税率这样的税率,后者虽然比较确定但不像前者那样公平"(《税收哲人》,第52页)。

以"才能"作为所得税基,看起来这样的想法比单纯的收入(或财产)更为合理。不过诸如"才能"之类的内容,已具有高度主观的色彩,在实践中难以进行准确的计量。它所努力的方向,是针对目前所得税制下有相当大一部分收益逃离征管体系这一现实,特别是公司成为逃避个人所得税的重要工具。西蒙斯的下述观点,说出了许多尝试重新设计所得税基的学者的企图:我们要么放弃进步,要么勇敢地负起责任向所有真正构成所得的重要项目征税(《税收哲人》,第96页)。

[①] 马斯格雷夫:《财政原则简史》,载于奥尔巴克、费尔德斯坦主编,《公共经济学手册》(第1卷),经济科学出版社2005年版。

□ 小结

本节的主要内容,是运用《财政理论史上的经典文献》和《税收哲人》两个文本,概要叙述在19世纪下半叶及其前后时间西方财政思想为追求优良税制而落实公平负担所得税制在技术标准上的一些思考。在这一时期,西方(主要是英美)财政学者试图从以下三个方面入手设计负担公平的所得税制:确立公平的税率特征、探索公平的所得税负分配方式、寻找公平税基的计算技术。

对于上述三个方面的问题,西方财政思想界进行了长期的探索,但似乎并没有得出有关负担公平所得税制的客观标准,反而落到了主观性一面。对于什么才是科学的累进税率标准、什么才是准确衡量应税能力的标志以及怎样更为准确地度量所得税基并据以征税这些问题,提供的答案似乎都具有模糊性,都依赖于某种主观意见:累进税率水平与级距在相当程度上是任意的;税负多少要看纳税人感受到的牺牲程度;更准确地衡量所得税负的标准似乎是比较主观的"才能"。最终,对于公平所得税制能否探寻到科学标准这一问题,也许我们不得不接受格罗夫斯的说法,"一切税收或多或少都具有武断性;无论是自然法则还是科学分析,都不能提供确定的标准"(《税州哲人》,第115页)。有鉴于此,有人干脆建议接受边沁的看法,在税制设计中放弃对税负公平或平等的追求:"建立平等的制度是空中楼阁;能够办到的只不过是维持安定。"①

但是,鉴于税负分配公平问题是社会的基本问题,我们可以认定它将永远是财政学的核心问题,其内容根本不能从财政书籍中删除。而且,虽然对这些问题的探讨并无确切的结论,但并不能说明这些问题没有意义。一方面,这些探讨诞生了丰富的税收思想文献,深刻影响到20世纪的税制实践;另一方面,这样的探讨提醒我们注意,正如格罗夫斯强调的,税负公平问题答案的模糊性也许和公共利益这个词具有高度的主观性从而本质上不清晰有关。可是,在治国理财的实践中,公共利益是我们无法回避也不应回避的问题,"公共利益是什么可能并不清楚,但在民主社会里,对它的探索是无法避免的也是永无止境的"(《税收哲人》,第179页)。

对于上述困境,财税学者提出一个解围方法,那就是,不再试图用科学的手段去准确地度量那些主观价值,而是在公共决策中用"社会意义"来简单地加以决定,而所谓的社会意义则交给民主程序来裁决。正像布坎南针对阿罗不可能定理引起学界普遍的失望情绪时所说的,正因为不能保证以伦理上可接受的方法将个人偏好转换为一致的集体偏好,民主决策才有意义,"它可保证竞争性的选择方案能作为临时性试验而被采用、测试,并为结构不断变化的多数集团所认可的妥协方案所替代。这就是民主选择过程"②。

所以,在技术上不能找到确定、科学的方法来界定所得税负公平分配方式,也许正是我们不得不依赖民主程序决定税收问题的理由。换言之,有关税负公平问题,将从科学问题变成民主问题,由民众亲自或者经由代表运用投票程序来决定下面的问题:税收带来的主观负担是否与公共支出带来的主观利益相称?

---

① 张馨等著:《当代财政与财政学主流》,东北财经大学出版社2000年版,第210页。
② 罗森著:《财政学》,马欣仁、陈茜译,中国财政经济出版社1992年版,第123页。

第四节 财政类型对现代国家构建的影响

财政是国家的生命线,财政制度是国家制度建设中极其重要的内容。一般而言,国家在财政收入上拥有税收、公债、国有财产收益(家财收入)、特别租金①等多种形式。按照一个国家主要的财政收入形式,可以将不同国家或者一个国家不同时期的财政区分为税收型财政、公债型财政、家财型财政和租金型财政等几种类型。在理论界,曾有许多学者探讨过上述不同类型的财政对现代国家制度建设的影响,特别是财政类型的变化对于传统国家向现代国家转型的重要影响。这些研究,现在基本归属在"财政社会学"理论中,而财政社会学研究路径的形成,又是在《财政理论史卜的经典文献》一书中所收录的葛德雪的《财政问题的社会学研究路径》以及《税收哲人》一书附录的熊彼特的《税收国家的危机》两篇论文基础上形成的。本节内容是对相关理论的一个概括。

财政类型与现代国家构建理论的兴起

研究财政类型与现代国家构建,或者说从财政原因来探究现代国家构建,这一路径的核心观点是,财政制度(或者说国家汲取与运用社会资源的制度)是社会演进的动力,它决定了现代国家的成长方式与路径。众多研究文献主要集中于探讨以下的内容:税收或非税收形式的财政收入、财政支出的数量与结构等,如何为社会所决定以及如何影响社会;国家汲取财政收入和运用财政收入的方式,如何对经济组织、社会结构、精神文化乃至国家命运产生影响等②。

(一)葛德雪与财政的社会学研究

财政的社会学研究,最早由鲁道夫·葛德雪(Rudolf Goldschieid,1870—1931)于1917年提出。在他看来,财政对国家和社会的演进具有决定性的影响,在西方国家从中世纪向近代转型的过程中体现得最为明显。他指出,在中世纪晚期,君主们个人财产收入不够使用或者君主逐渐失去了财产(多数是由于君主之间的战争以及君主和教会之间的斗争)变成穷国家的时候,就不得不向臣民征税,也因此不得不受纳税人的制约,人民也就获得了控制公共财富的权力,社会就从专制制度向民主制度迈进了一大步。他说:"当开始以某种方式将公共财产置于公共控制之下时,虽然这种公共控制很有限,但国家内部不断增强的经济力量已能阻碍新统治者任意行使权力……贫穷国家平静地落入民众手中……在绝对主义国家,那些拥有最大权力的人就是国家,他们的财富就是国家的财富。在宪政政府时代,国家和财产分离了。在宪政政府成长时,在大规模私人企业可从不受限制的经济中获取权力时,企业家们就嫉妒性地尝试阻止国家在经济领域内与自己竞争。"(第

---

① 特别租金指的是自然资源租金和战略租金,下文将交代。
② John L. Cambell, *The State and Fiscal Sociology*, *Annual Review of Sociology*, 1993, Vol. 19.

265—266页)

(二)熊彼特与税收国家

真正开启学者探讨税收与国家构建研究路径的,是熊彼特在1918年发表的《税收国家的危机》这篇经典论文。在该文中,熊彼特强调,现代的税收国家应该是财政研究的核心。这种国家是在16世纪及后来的历史中兴起的,兴起的主要原因是欧洲国家的君主们需要大笔的金钱去支付战争的费用,特别是在封建制度崩溃以后,君主们迫切需要雇佣军队去作战。可是原有的封建土地收入已不够使用,因此,税收制度开始实行,一整套官僚行政机构得以形成,以征收进而使用这笔金钱,也就是说税收国家由此开始诞生(《税收哲人》,第183—189页)。随着新生政权地位的稳定,同最初的宗旨相比,征税的目的开始发生了变化。他说:"一旦国家作为现实、作为社会机构而存在,一旦国家已经成为那些管理政府机器的人和利益集中于其上的那些人的中心,最终一旦国家被认为适合处理很多事情(甚至那些反抗它的人也承认)——一旦所有这些都发生了,那么国家就会进一步地和快速地发展起来,发展为一种单纯从财政角度已不能理解其性质的事物,此时财政已成为服务于国家的工具。如果说财政创造并部分地塑造了现代国家,那么现在国家又用它的力量去塑造财政并扩大财政——让财政深入到私人经济的肌体之中。"(《税收哲人》,第192页)

基于此,熊彼特总结说:"税收不仅帮助创造了国家,而且还帮助塑造了国家的形式。税制作为手段,其发展帮助了其他制度与机构的发展。国家手里拿着税单,就可以渗透到私人经济中去,并日益加深对它的统治。税收把金钱与算计精神带到了此前它们从未到达过的各个角落,并因此成为那个曾经产生税收的社会有机体的塑造力量。社会结构决定了税收的种类与水平,但税收一经产生就成为一把可以操作的手柄,而且好像它一直都在;各种社会力量都能握住这一手柄,以改变社会结构。"(《税收哲人》,第190页)

显然,在熊彼特的观点中,税收不但有助于现代国家的诞生,更是现代国家发展的强大推动力量,这也是后来学者始终坚持的一个观点。在他们看来,西欧近代史上发生的巨大历史转型,其原因不是马克思意义上的资本主义的兴起,也不是韦伯意义上的理性官僚制的出现,而是西欧在中世纪晚期从家财型财政(政府活动主要依靠统治者个人领地财产或者说土地收益)转向了税收型财政(政府依靠常规化地向私人经济征税获得的收入)。作为从私经济中汲取资源的税收工具,它不但重塑了社会的文化价值,还创造了一个庞大的公共官僚机构,官僚机构自身也成为独特的有力的社会力量。

☐ 税收型财政与现代国家:财政社会契约命题

熊彼特之后的研究者,将他上述税收推动现代国家发展的观点进一步总结为税收与代议制民主之间的财政社会契约命题①。该命题声称,与其他收入类型相比,税收型财政更有利于现代国家的成长,这样的国家更容易产生一个负责任的代议制政府。

---

① Mick Moore, Revenues, State Formation, and the Quality of Governance in Developing Countries, *International Political Science Review*, 2004, Vol.25, No.3.

(一) 财政社会契约命题的内容

财政社会契约命题所总结的税收与代议制的因果关系,有以下四个方面的要点:

(1) 在国家间持续的战争或战争威胁的背景下,那些能够有效获得物质资源支持的政府将在战争中获胜。

(2) 那些征收压迫性税收(特别是在农业社会的背景下)而没有建立纳税人代议制的国家不能获得生存,这是因为压迫性税收通常导致纳税人的反抗而使得征税成本过高,而且靠压迫而征取收入的代理人,会将大量收入留归己有,这样的压迫性税收通常导致低下且不可靠的收入。

(3) 与此相反,基于纳税人(或纳税人代表)同意的税收是一个更好的制度,既有利于统治者也有利于纳税人:既然税收是经人民同意的,征税就会简单而低成本,也更可靠;纳税人能够用税收来交换统治者的政策,这使征纳双方能寻找彼此都有利的政策;如果纳税人能够决定国家的主要政策,那么他们会更愿意满足战时财政的紧急需要;在存在代表纳税人的组织(代议机构)的情况下,该组织会相对有效地监督收支过程并有效减少浪费与腐败。

(4) 更一般地说,统治者依赖于纳税人,就把他们自己的命运与公民的富裕程度联系在一起,并致力于推动公民富裕程度的提高。

总的来说,赞同财政社会契约命题的学者们相当普遍地认为,税收可以推动代议制民主的发展,税收的形式与水平影响了现代国家的构建。

(二) 财政社会契约命题的两个模型

上述财政社会契约命题,被两种略有区别的模型来分别加以具体阐释:一种被称为谈判模型,另一种被称为合法化模型。

所谓谈判模型,说的是统治者用代议制来交换臣民的税收,或者说代议机构是统治者与被统治者就政府活动所需要的税收进行谈判的产物,特别是在统治者对税收存在迫切需要(如发生战争等紧急事态)的情况下。在第四讲提到,从历史上来说,英格兰国王并不想有一个国会,他想要的始终是支配更大的权力,但为了筹措经费应付战争,不得不先向男爵们,然后向教会、绅士和市民让步,为了让这些人掏钱缴税,不得不给议会更大的权力。

所谓合法化模型,说的是代议制并不是像谈判模型所说的那样,由统治者将其作为一种缴税的奖赏而加以提供,实际上代议制是统治者对其征税行为进行合法化的工具。也就是说,运用代议制的帮助,统治者创造了臣民的一种义务感,让他们觉得缴税并不是出于害怕统治者的惩罚或者出于利益交换,而是为了臣民自己的事业并经过其自己的批准而缴纳的。在历史上,凡是代议制存在的国家,人民确实在纳税的义务和责任感方面更强,国家在国际竞争中的经费也更多。

(三) 对财政社会契约命题的质疑

不过,也有研究者对财政社会契约命题提出质疑。在他们看来,持有税收推动代议制民主观点的人,忽视了欧洲历史上税收与代议制关系中的复杂因素。这些复杂因素是,在那些税收推动代议机构诞生及权力扩大的国家,事前就已经存在一种前现代的议会机构,并在收税的管理活动中发挥直接的作用;或者该机构的成员,早已深深卷入税收管理体制。正因为如此,税收才推动了代议制民主机构的出现、持续与权力的增长。因此,税收推动代议民主这样的结论并不能运用到现代,因为现代代议制机构(法国大革命后诞生的那种),并不去收税,他们也享受不到前辈们从税收而来的谈判权力,所以税收在推动代议制民主方面只发挥了很小的功能①。

尽管存在这些质疑,但多数研究者显然同意,税收深刻影响了现代国家的构建。除了给军事机构和其他国家机关提供资金外,为了收税,统治者需要建立管理税收的机构,需要通过税收法律,以及为了赢得公众对税收的支持而需要创造政治参与途径(如宫廷职位、地方行政职位、等级会议或者议会等),这些都是现代国家构建的重要内容②。

□ 不同财政类型对现代国家构建的影响

上述财政社会契约命题描述了税收型财政与代议制民主之间的因果关系,但严格说来税收的种类有很多种而不是一种,同时可供选择的财政收入类型也有很多。不同种类的税收、不同类型的财政收入,对现代国家构建的影响各不相同,有些能够促进现代国家构建,有些对现代国家构建则不利。

(一)不同税收种类与现代国家构建

针对财政社会契约命题,研究者们进一步指出,并非所有的税收都能够促进现代国家的建设。

如果税收主要是向农业收入征取,那么政府可能倾向于采取压迫性的策略而不是与纳税人展开谈判,这是因为土地无法移动,向农民征税,他们避税的可能选择极少;而如果政府主要向流动资产征税的话,由于其存在的真实的和潜在的避税能力,统治者倾向于和纳税人代表谈判,与他们分享权力,以获得他们的纳税同意③。

在一些拉美国家,当国家主要依赖进出口税收而不是从国内经济产生的税收时,政府机构发育与制度建设就不足。因为征收进出口税的国家,不需要建立起复杂的财政机构,不需要提供公共品以换取纳税人的服从,也不需要对经济管理负责并为此建立专门的机构④。

东欧事变后,俄罗斯政府和波兰政府选择了不同的税收种类。有学者对这两个国家税收制度的有效性进行了比较,并进一步探讨了不同的税收种类选择对政治的不同影响。俄罗斯政府选择的税收种类是向企业征税(特别是向大企业征税),并与大企业的控制者谈判借款来获得财政收入。这样的收入来源并不可靠,政府为度过难关不得不经常通过

---

① Michael Herb, Taxation and Representation, *Studies in Comparative International Development*, 2003, Vol.38, No.3 (fall).
② Charles Tilly edited, *The Formation of National States in Western Europe*, Princeton University Press, New Jersey, 1975, Chapter 1 and 3.
③ Mick Moore, Revenues, State Formation, and the Quality of Governance in Developing Countries, *International Political Science Review*, 2004, Vol. 25, No.3.
④ John L. Cambell, The State and Fiscal Sociology, *Annual Review of Sociology*, 1993, Vol. 19.

被操控的市场来借短期公债。国家最终转向运用更官僚化、更强迫的手段向寡头征税,而不是与社会展开谈判,这对现代国家的构建显然不利。而波兰政府一开始就寻求直接向劳动收入征税,以扩大税基。这样做初始困难不小,在短期内受到纳税人更多的抵制。但从长期来看,向劳动收入征税创造了更值得信赖的收入流,并有助于建立政府与有组织工人之间的社会契约,以及更制度化的政体结构等,最终促进了现代国家的构建①。

(二) 公债与现代国家

除了税收以外,公债也是政府取得收入的重要手段,研究者们认为它同样是塑造现代国家和现代社会的一种重要工具。唐顿强调,英国在现代国家建设方面之所以成功,主要原因在于能够将政府收入流与大规模的借款结合起来。事实上在第一次世界大战以前,税收国家经常崩溃,而英国在1815年以前,已经从税收国家成功转型为"财政国家(能够大规模借款的国家)"或者称为财政军事国家②。

确实,即使是最好的税收制度,也无法让一个国家的财政收入在短时期内大幅增长,这样做显然会损害基于同意的代议制民主的文化和制度基础。因此各国在战争边缘进行竞争的能力,来自国家借款的能力,也就是迅速地且低成本地获得贷款者信任的资金融通能力。这种借款的能力主要来自一个国家所具有的代议民主制度,因为在代议民主制下,公债持有者、纳税人、立法机构成员三者之间的身份与利益在相当大程度上是重合的,这就使得有关的财政信息是充分公开的,公众与政府之间具有高度的信任感,贷款人也相信借款的政府在未来能用税收来偿还。显然,这样的财政国家在汲取财政资源方面的能力确实优越,现代国家构建与国家竞争也因此相当成功。

事实上,马克思早就分析过公债在塑造现代社会特别是在原始积累方面的重要作用。对公债和税收制度的作用,马克思的认识是非常深刻的。他写道:"公债成了原始积累的最强有力的手段之一。它像挥动魔杖一样,使不生产的货币具有了生殖力,这样就使它转化为资本,而又用不着承担投资于工业,甚至投资于高利贷时所不可避免的劳苦和风险";"由于国债是依靠国家收入来支付年利息等等开支,所以现代税收制度就成为国债制度的必要补充。借债使政府可以抵补额外的开支,而纳税人又不会立即感到负担,但借债最终还是要求提高税收。另一方面,由于债务的不断增加而引起的增税,又使政府在遇到新的额外开支时,总是要借新债";"公债和与之相适应的财政制度在财富的资本化和对群众的剥夺中所起的重大作用,使科贝特、达布耳德等许多著作家错误地要在公债和财政制度中寻找现代人民贫困的根本原因"③。

可以用下列图示来总结马克思所阐述的公债、银行、税收等工具,是如何进行资本原始积累进而促进现代社会发展的。显然,居于中心地位的是以英格兰银行为代表的金融资本家,他们以购买公债券的形式向政府提供贷款,并以收到的公债券为基础铸造货币、

---

① Gerald Easter, *The Politics of Revenue Extraction in Post Communist States: Poland and Russia Compared*, *Politics and Society*, 2002, Vol.30, No.4.

② M. Daunton, *Trusting Leviathan: The Politics of Taxation in Britain 1799 – 1914*, Cambridge University Press, 2001, pp.4 – 5.

③ 马克思著:《资本论》第一卷,人民出版社2004年版,第865—867页。

发行银行券(创造信用货币),再用吸收来的存款(银行券)向公众发放贷款(办理期票贴现、发放以货物为抵押的贷款等)。在这一系列令人眼花缭乱的操作过程中,以英格兰银行为代表的金融资本家,获得了政府偿还的公债本息、吸收了公众的存款并收回公众支付的贷款本息,从而以微小的代价(如图中英格兰银行初始的资本金)完成了资本积累的过程,促进了现代社会的形成,而政府也在征税、发行公债等过程中完成了自身的制度建设。

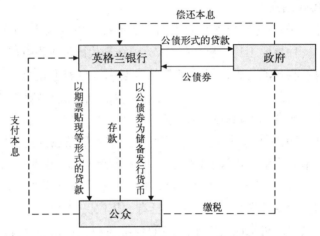

图 6.1 公债、资本积累与现代社会

资料来源:马克思、恩格斯著,《马克思恩格斯选集》(第一卷),人民出版社 2004 年版,第 865—867 页。

(三) 租金与现代国家

当然,政府获得的财政收入,不仅仅局限于税收和公债两种形式,还有其他形式。不同形式的财政收入,对现代国家构建与政治制度的发展影响也不同。

摩尔比较全面地揭示了在当今世界中以租金收入为主要形式的发展中国家,租金收入对国家构建和治理质量的影响,以及从租金收入转向税收收入对国家制度建设的可能影响[①]。在他看来,租金收入在早期欧洲政治的发展过程中,作用并不大。不过,西班牙是早期西欧国家的异类,其主要收入来自掠夺美洲的金银,也就是租金收入。在当今世界,由于贫富悬殊的两极世界的出现,以及运输和通信技术带来的全球化,贫穷的外围国家(第三世界国家)与富裕的核心国家(欧美国家)的区分十分明显,外围国家能以租金的形式,从核心国家获得部分经济剩余。

这样的租金形式有两种:一种是自然资源租金,是因某种资源对高收入核心国家特别有价值而获得的租金,这些资源有矿产、钻石、木材,当然最主要的是石油;另一种是战略租金,主要是由有效的战略地位而带来的各种形式的国外军事援助和经济资助,所谓有效的战略地位包括控制海洋运输要害地(如控制运河的埃及),以及在军事联盟中处于重要地位(如巴基斯坦)等。这些租金收入,往往是一些最贫穷国家的主要财政收入来源。

与征税获得财政收入相比,一个国家如果主要依靠租金而存活,那么国家机器与社会

---

① Mick Moore, Revenues, State Formation, and the Quality of Governance in Developing Countries, *International Political Science Review*, 2004, Vol.25, No.3.

集团之间就缺乏互动、谈判和交易的机会,就不能形成有效的政府治理结构,难以创造人群之中的共同体(民族)意识,也不能建立起对政府权力进行强有力约束的制度。换言之,依靠租金作为主要的财政收入来源,对现代国家构建不利。

□ 小结

以上是对财政学者有关财政收入类型与现代国家构建的文献综述与思想梳理,从上文可以看出,不同的财政收入形式,如中世纪君主家庭的财产收入(家财型收入)、税收收入、公债收入和租金收入,对现代国家构建产生不同的影响。前面说过,依照(主要)收入形式的不同,可以将财政类型概括为家财型财政、税收型财政、公债型财政和租金型财政等几种类型。这样,上述有关财政类型与国家构建理论的内容,可以总结为如表6-1所示。

表6-1 不同财政类型对现代国家构建的影响

	家财型财政	税收型财政			公债型财政	租金型财政	
收入形式	依靠君主或政府拥有的财产收益来取得收入	主要征税于国内贸易、流动资本和劳动收入	主要征税于进出口贸易	主要征税于大企业收入	以健全的税收制度为基础,发行公债获得收入	自然资源租金	战略租金
典型国家	中世纪西欧	17—19世纪的英国、现代波兰	拉美国家	现代俄罗斯	19世纪的英国	近代西班牙、现代沙特	埃及、巴基斯坦
对国家构建和制度建设的影响	政府(君主)收入与公众(臣民)无关,不需要公众同意,容易形成绝对专制政体	政府收入主要取决于公众的收入并需要获得其同意,容易形成代议民主制和更制度化的政治结构	政府机构发育不足,制度建设落后	政府不再去寻求更可靠的收入来源,国家最终转向运用更官僚化、更强迫的手段向寡头征税,制度建设落后	能够迅速和低成本地举债以巩固财政基础,国家制度建设能够适应更为复杂的政治和经济状况	政治制度相对不民主,缺乏公民政治建设,法治程度低,公共官僚机器效率差	租金流入和国家制度特性之间的联系比较复杂,一般不利于现代国家制度建设

资料来源:笔者整理。

显然,不同的财政类型对国家构建分别会有不同的影响,因此,后发国家在国家构建初期选择何种财政收入形式需要谨慎思考,应该尽量选择那种收入流可靠、有助于政府与社会之间互动、有利于更制度化的政治结构建设的财政类型,如基于国内贸易和劳动收入的税收型财政。当然,一个国家到底选择何种财政类型,虽然有自主选择的空间,但同样也受该国当时的社会和经济状况的制约。

从上述财政类型来看,如果撇开租金型这种特殊的财政以及公债型这种依附于税收型财政而生存的类型不论,大体上只有家财型财政和税收型财政两种类型。家财型财政是一种比较传统的财政类型,而税收型财政则是一种比较现代的财政类型。从西欧历史来看,现代国家的成长过程,实际上伴随着财政从家财型向税收型的转型;而从财政学者上述观点来看,家财型财政向税收型财政的转型,推动了从传统国家向现代国家的转型。

思考题

1. 德国走向现代国家之路,在财政上有什么特殊性?
2. 公共产品理论在财政学研究及国家职能发展方面,有什么样的意义?
3. 为什么20世纪初西方国家的财政学者普遍认为累进性所得税制是优良税制?
4. 为什么说税负公平问题的解决,离不开民主制度的建构?
5. 熊彼特等人为什么要说税收有利于西方代议制民主的发展?这样的作用在今天第三世界国家还存在吗?

第七讲 | 通向现代国家的不同道路分化
——《民主和专制的社会起源》导读

在前面几讲,我们分别借助于《文明的冲突》《旧制度与大革命》《财政理论史上的经典文献》等著作来向大家说明,西方国家是如何走上向现代国家转型之路的。在这其中,英国和法国最为典型,特别是英国革命与法国革命最终都将各自的国家导向了一个现代国家,并因此将现代的理念与国家转型的必要传播到全世界。从世界其他国家的反应看,或多或少都受到了这两场革命的冲击,都出现了向现代国家转型的趋势。不过,在朝向现代国家的目标相同或至少相似的前提下,世界各国经历的转型路径却各不相同,转型结果也不尽相同。

这一讲,我们借助于巴林顿·摩尔的名著《民主和专制的社会起源》,来和大家一起探究一下通往现代国家的多条道路以及有关各国最终形成不同政体的社会原因。这本书讲到了中国向现代国家的转型,并将中国道路与其他几个国家进行了对比研究。我们可以借助于该文本的论述,一起来思考中国国家转型的道路与动力等问题。

第一节 作者与作品

这一节仍是简单介绍巴林顿·摩尔其人以及他这部名著的基本情况,并简单交代他在书中阐明的"通向现代社会的三条政治道路"的内容。

□ 摩尔与《民主和专制的社会起源》

巴林顿·摩尔(Barrington Moore, Jr., 1913—2005),是美国著名政治学家,政治学

中比较历史研究的开创性人物。他出生于华盛顿,大学时代就读于马萨诸塞州的威廉学院。大学时期他辅修了拉丁语、希腊语、法语、德语以及俄语等多种语言,并在历史学方法上受到了良好的教育,这为他后来的研究打下了基础。正是在大学时期,他确立了社会学与政治学的研究兴趣。1941年从耶鲁大学获得社会学博士学位后,摩尔供职于美国战略服务处(中央情报局的前身)、司法部等部门从事政策分析。1945年起,他任教于芝加哥大学,1947年转入哈佛大学社会关系学系,不久转入哈佛的俄国研究中心从事研究工作,直至1979年退休。

摩尔是一位高产作家,先后出版过《苏联政治》(1950)、《政治权力与社会理论》(论文集,1958)、《民主和专制的社会起源》(1966)、《人类苦难渊源的反思》(1972)、《非正义:服从与反叛的社会基础》(1978)等著作。

学术界向来视摩尔为社会科学领域内"开山立派"的人物。这不仅是由于他在《民主和专制的社会起源》等书中为社会科学奠定了比较历史分析方法,还在于他培养了众多的杰出弟子与追随者,这些人不断地推进他所开创的研究领域。在这些人中,最为重要的当属第四讲提到过的查尔斯·蒂利(Charles Tilly,1929—2008),还有西达·斯考切波(Theda Sckopol,1947—)等人。蒂利更多继承的是摩尔横跨历史学、社会学、政治学的敏锐思维与宏大抱负,而斯考切波则继续摩尔比较历史研究的旗帜,更进一步确立"在偶然性中发现历史因果规律"这一比较历史分析的方法论。

本讲选用的《民主和专制的社会起源》,是巴林顿·摩尔的成名之作,也是他一生中最有影响的著作。这本书主要是探讨那些前工业化的农业社会向现代社会的转型,在他看来这样的转型有三条道路:自由民主主义、法西斯主义和共产主义。之所以会有不同的道路,根源来自每个国家工业化发生的时机以及转型时的社会结构不同。该书出版后立即风靡欧美文化思想界,作者因为"对人类社会和历史所进行的重大探索"而荣获伍德罗·威尔逊奖(1968)和麦基弗奖(1969)。尽管该书出版已有五十多年,但仍居于西方学术经典的位置。有学者将这本书与马克斯·韦伯的《新教伦理与资本主义精神》、涂尔干的《论自杀》并列为20世纪社会科学的三大名著。

这本书的英文名为 *Social Origins of Dictatorship and Democracy*,中译本将其翻译为《民主和专制的社会起源》。可以看到,中译者拓夫等人有意识地将英文书名中"专制"与"民主"两个词原本的顺序颠倒。本讲接下来在使用中文书名时,遵从中译者的用法。全书除了简短的前言和结束语外,主体内容分为三个部分共九章:第一部分包含三章,专论欧美,分别探讨英国、法国、美国走向现代民主过程中,革命、内战、资产阶级、农民在其中发挥的历史作用;第二部分也包括三章,专论亚洲,分别探讨中国、日本、印度在迈向现代世界过程中,革命、改良或和平演变的过程,以及农民在其中发挥的历史作用;第三部分为理论概括,也包括三章,将全书讨论概括为通向现代社会的三条政治道路,分别为资产阶级民主道路、法西斯主义道路与共产主义道路。

□ **《民主和专制的社会起源》中的研究方法与主要观点**

前面已经提到,《民主和专制的社会起源》一书所发展出来的方法论取向,分别为摩尔的两个学生继承：蒂利从中继承的是横跨历史学、社会学、政治学的敏锐思维与宏大抱负，而斯考切波继承的主要是比较历史研究方法。对于比较历史分析的方法，斯考切波曾概括说，它主要表现为着眼于宏大问题、立足于案例研究、关注在时间中的制度变化等，并认为："比较历史分析尤其适合用来建立对本身只有少数案例的宏观历史现象的解释。"①

中译者拓夫先生将摩尔这本书对当时流行的现代化理论形成的挑战，概括为以下三个方面②：

（1）那时研究西方现代化的正统理论认为，所谓现代化进程必将是欧风美雨吹拂全球的历史进程，资本主义和西方民主是进入现代工业社会的唯一通道和最终归宿。但是摩尔根据大量的历史事实揭示出，西方民主只是特定历史环境的果实，通向现代社会的历史道路和与之相适应的整体形态是形形色色的。

（2）那时的西方传统理论往往把和平和民主对举，而把暴力与专制并论。摩尔提出，暴力在历史上有不可低估乃至不可替代的积极作用，"未经革命付出的代价可能会更大"（第410页）。比如说，德国、日本、意大利在现代化过程中绕开了暴力革命，通过自上而下的改革实现工业化，但由此成为法西斯主义国家。

（3）那时大多数理论家认为，关于剥削的各种社会理论无非是一种主观臆造。摩尔坚持剥削关系的客观性，不过他又认为究竟多少报酬算适度而无剥削，很难找出一种衡量标尺。

拓夫先生还告诉我们，摩尔在这本书中力图阐明，他所发现的通向现代社会的三条道路，不但在发展序列上是相互接续的，而且在因果链条上也是辗转递进的，"西方民主道路为德、日、意法西斯主义开启了大门，而法西斯主义在俄国和中国的失败，又直接引爆了社会主义革命"（译者前言第2页）。拓夫还总结摩尔的说法，认为之所以形成三种不同类型的历史路线，跟不同时代、不同社会背景下阶级关系组合模式的变异和转换相关，"封建贵族与上层资产阶级的反动政治联姻，是西方民主道路蜕变为法西斯主义道路的转折点"，共产党人集合起农民群众"向反动统治秩序发动摧枯拉朽的攻势，则促成了社会主义的勃兴"（译者前言第2页）。

摩尔自己在这本书的"前言"中，说明了他写作此书的宗旨，那就是，力求阐明在农业社会过渡到现代工业社会的进程中，"土地贵族和农民阶级在政治舞台上饰演的种种角色"（前言第1页）。更准确地说，是要"揭示这个或那个农村阶层在什么样的历史条件下成为举足轻重的力量，从而影响着议会民主制的诞生、法西斯主义右翼专政的出现和共产主义左翼专政的问世"（前言第1页）。这一句话中，已经指出了摩尔在全书中打算讨论的前现代社会实现现代化的三条道路：议会民主制、法西斯主义与共产主义。需要说明的是，在摩尔书中所说的现代化，显然主要指的是：在经济上，从农业经济向工业经济转化并实现城市化；社会中，贵族阶级被消灭而农民阶级向工业无产阶级转化；在行政上，理性官僚制得到建设等。他并没有把政治上的民主化包括在内，而一般的研究者认为，现代

---

① 斯考切波著：《国家与社会革命》，何俊志、王学东译，上海人民出版社2007年版，第37页。
② 摩尔著：《民主和专制的社会起源》，拓夫、张东东等译，华夏出版社1987年版，"译者前言"，第4—5页。本讲接下来凡引自该作品的文字，一律用文中加注形式注明页码，不再一一交代版本信息。

化是包含政治民主制度建设的。

摩尔说的实现现代化的第一条道路,即议会民主制道路,它是通过所谓的资产阶级革命来开辟的。在英国、美国和法国的历史中,这一条走向现代社会的道路经历了多次暴力革命。在革命中,特别关键的是兴起了一个有着独立经济基础的社会集团,它摧毁了来自既往的对于民主资本主义的种种障碍。摩尔指出,在这些革命中,"虽然城市中的工商业资产阶级提供了主要动力,但这还远非历史的全部内容"(前言第4页)。资产阶级还可能分别与土地贵族、农民结盟,当然也可能遭到他们的反对。但总的来说,在这条道路上,土地贵族与农民并未成为阻碍资本主义进程的重要力量,最终他们要么同资本主义和资产阶级民主同行,要么只是作为无关紧要的反对力量而遭毁灭,或者像在美国那样的新兴国家里,真正的农民阶层不存在。总之,在这一条道路上,"资本主义和西方民主联袂而行"(前言第5页)。

第二条路线同样是资本主义道路,但却经由法西斯主义而达到顶峰,表现在德国、日本和意大利这些国家。这条道路摩尔称为"资本主义的反动形式"(前言第5页),同英、美、法的资本主义的革命形式相并列。在德国、日本、意大利这些国家里,资产阶级的力量相当薄弱,如果采取彻底革命的方式,革命就会夭折。因此,相对软弱的工商业资产阶级,不得不依赖于仍居主宰地位的来自土地的旧统治者,建立起准议会政府,并在政府力量的帮助下,实现了现代工业社会所需要的政治经济改革。这种做的结果是,此三国工业发展虽颇为迅速,但在经历了短暂和脆弱的民主时期后便成为法西斯主义国家。

第三条路线是以俄国和中国为典型的共产主义道路。在这两个国家,一直以来强大的农业官僚主义禁锢着商业以及后来的工业发展。可在面对来自西方的现代力量入侵时,农民阶层备遭压迫,戴上新的锁枷。于是农民"在共产主义者的领导下,为推翻旧秩序和推动国家进入新时代提供了毁灭性的革命力量,与此同时,也成了第一批牺牲品"(前言第5页)。

在这本书的第三部分"理论概括"中,摩尔将他关于通向现代社会的三条道路再次予以概括:"最早的一条资本主义和议会民主携手并进的道路,是经过清教革命、法国革命和美国内战等一系列革命问世的。我在前文中无不保留地把这条路线称之为资产阶级革命的路线。英美法意味深长地从各不相同的社会起点出发,相继进入了这一路线;第二条路线同样是资本主义的,但由于缺乏革命冲击波强有力的震撼,它经过某种反动的政治形式发展为法西斯主义。德国和日本通过自上而下的革命,终究实现了工业发展与繁荣的目标;第三条路线毋庸置疑是共产主义道路。在俄国和中国,革命的发动以农民为主,但也不排斥其他阶级,从而有可能实现向共产主义的转变"(第334页)。不过,摩尔指出,到20世纪60年代中叶进入现代工业社会过渡阶段的印度显然不属于上述任何一条道路却又兼有这三条道路的特征,"这个国家既未经历资产阶级革命,也未经历自上而下的保守革命,而且迄今没有发生一场共产主义革命"(第334页)。

摩尔总结说,在以上三条道路中,土地贵族和农民所扮演的角色尤为重要,"他们对于农业商品经济挑战的响应,成为左右政局的决定性因素"(前言第6页)。摩尔希望通过他的研究,能够进一步地揭示人类社会最终实现现代化的动力。在书的最后,摩尔揭示了他想象中的现代社会的理想型,即自由与理性的社会。他追问,"古代西方的自由、理想社会之梦,会永远栖留在幻想中吗"(第412页),并断言"假若未来的人民能够冲破今天的锁链,那么,他们一定能够理解是什么力量造就了他们"(第412页)。

第二节 通向现代国家的民主道路

向现代国家的转型,动力蕴含于每一个国家自身;但是转型的路径,各国的表现自然不同。英国、法国、美国这三个国家,一般被认为是实现现代国家转型的典型国家,它们的转型道路又常被称为资产阶级民主道路。不过,摩尔告诉我们,这样的道路以及西方民主政体的实现,在相当程度上是特殊的,"只是特殊的历史环境中结出的果实"(第126页),其中共同的特征是革命和内战"这一进程的重要环节"(第126页)。与此同时,虽然英国、法国和美国在实现现代国家转型方面走的是同一条发展道路,但它们之间却存在着极大的差异。本节将概括与转述摩尔对这三个资产阶级民主国家走向现代国家道路的描述,以此作为参照对象,我们可以来思考通向现代国家的其他道路。

需要交代的是,摩尔在描述英、法、美三国走向现代国家的道路时,并没有单独地强调经济因素或地理条件因素或政治传统因素,也没有简单地将其中一种要素作为决定性的原因来概括。在描述这三个国家的现代化过程时,他强调的因素各不相同。

从革命到渐进的英国现代国家之路

在全世界,英国率先成为现代国家,并在相当程度上定义了今天我们所理解的现代国家的特征:在经济上实现工业化,在政治上实现民主化,在社会方面实现平等、宽容等。尤其在实现现代国家的道路方面,许多人认为英国是通过和平、公正和民主程序来解决他们在政治经济上的矛盾的。对此,摩尔说这里存在着一种神秘的因素,因为"这种观念与其说完全是一种神话,毋宁说具有部分的真理"(第2页)。在他看来,英国18、19世纪的和平、民主进程,与17世纪的清教徒革命和国内战争是不能分开的;而在学术上更为重要的是,要探讨在英国从农业为基础的社会向现代工业技术为基础的社会的转变过程中,"究竟是什么东西把暴力革命与和平改革阶段衔接了起来"(第2页)?他的回答是,重点在于农村中的阶级尤其土地贵族起到了"特殊的和极其重大的作用"(第1页)。

为什么这么说呢?摩尔的主要观点是,英国农村中的土地贵族比较早地卷入到商业化潮流中,这样的商业氛围有利于农村土地的商品化经营,也有利于土地贵族与城市中的市民阶级、工业资产阶级的共存与转化,还有利于土地贵族形成的国会不断吸纳资产阶级的力量,最终英国在工业化的基础上建成一个相对自由的社会和最早现代化的国家。摩尔的说法,可以从以下几个方面分别地加以概括。

(一) 英国向现代国家过渡的前提——商业贸易成为支配英国发展的强大动力

为什么商业贸易在英国会成为强大的推动力量?在书中不同的地方,摩尔陆续提出了以下几个方面的理由：

（1）地理环境方面的理由。"中世纪晚期英国成为最大和最重要的优质羊毛产地"（第2页），而羊毛交易不仅影响了城市，而且波及农村，对农村的影响更大，最终还影响了政治。

（2）政治方面的理由。英国的王室专制主义比较软弱，"英国王权始终没有建立一个自己的强有力的行政管理制度和法律结构，并通过它们把自己的意志强加于农村"（第8页）。

（3）观念方面的理由。"在亚当·斯密以前很久，散居于英国乡间的某些村民团体，已经开始接受如下这种观念：维护自身利益和经济自由是人类社会的自然法则"（第5页）。这样的观念，后来发展为资本主义社会的通行原则，"个人运用私人财产来发财致富应不受任何限制，这样就必然会通过市场的这一途径不断地为整体社会积累财富和带来福利"（第14页）。

（二）农村的变化在通向现代国家的进程中至关重要

对此，摩尔从两个方面来加以分析。

一方面，这样的变化体现为，在农产品商品化的基础上形成了土地商品化的进程。就是说，随着粮食与羊毛成为日益重要的商品，土地也日益从具有社会功能与统治义务的载体变成能产生利润的资本品，"资本主义势力在内战之前就已经长时间地渗透和大大地改造了农村"（第15页）。于是，土地市场繁荣，表现为土地买卖频繁、地租费用上涨。尤其是随着圈地运动不断深入，大批原先受传统惯例支配但名义上属于领主的土地，转化为私人可以全权处理的土地。

另一方面，是农村土地贵族与自由民的变化。摩尔说，"原来无法无天、专制暴虐的封建领主向地主转化，后者接近于机灵狡诈的商人，他们掠夺资源，看重功利和效益"（第6页）。换言之，原来的封建贵族逐渐变成了农业资产阶级。事实上，不仅是封建领主在变化，农民中经营牧羊业、出售粮食商品的自由民（上层绅士和不甚富裕的农民），也抛弃了封建义务、摆脱传统农业的常规。他们参与圈地（通过蚕食方式侵吞荒地和公地），敢冒风险，善用新技术，努力提高土地经营效益。摩尔称赞说，"这些自由民是英国历史上的英雄"（第7页）。

（三）土地贵族的转化并吸纳城市资产阶级，是英国现代国家能够不断和平稳定成长的保证

摩尔强调，由于上述商品化进程的发展，英国的土地贵族具有强烈的商品化色彩，因此不但不会成为"反对工业进步的贵族阵营"（第21页），而且最有影响的土地贵族，要么自己成为资本主义商品化和工业化的先驱，要么跟城市中的工商业资产阶级结盟，共同反对王权侵犯财产权（英国内战就是这样爆发的），并获得了相对于王权的胜利。哪怕到了19世纪，政治权力仍掌握在贵族和乡绅，尤其是世袭的大财产拥有者手中（"核心人物恐怕不超过1200人"，第24页），但这样的土地贵族本来就与商业原则相容，"金钱重于血统已成为新的基石"（第13页），而且到了后来"很大部分已经不再从事农业了，经济基础已经转向工业和贸易方面"（第28页）。总之，工商业资本家在已获得的成就基础上，形成了强大的力量，并通过1832年及后来的历次议会改革，获得了权力。于是，"19世纪英国资本家扫除了内部阻碍贸易的障碍，确立了统一的法律制度，以及现代货币制度和其他工业化的必要条件。政治秩序开始合理化，现代型国家在不长的时间里诞生了"（第23页）。

所以摩尔断言,17世纪英国的内战与18、19世纪的和平成长,都与土地贵族的转化相关,"上层土地贵族并没有遭受灾难性的打击,但他们懂得了必须限制自己的权利"(第24页)。摩尔强调,英国的土地贵族与城市上层居民成为携手合作的典型,由此形成的"联盟产生于现代化进程的前期阶段"(第343页)。这一联盟至关重要,"英国有利于自由事业的土地贵族和城市上层阶级联盟,对多数国家而言,是一种独一无二的现象。从更宏观的视野来看,这在人类历史上恐怕只能发生一次"(第344页)。

(四)国会成为和平解决争论和冲突的政治机构并成为推动英国现代国家成长的重要力量

英国国会的出现,是中世纪贵族阶级、自由农民、城市市民与王权斗争的结果。摩尔强调,由于"缺乏一种建立在陆军和官僚机构上的强有力的君主政体"(第24页),英国议会民主制的发展相对于其他国家更为容易,由于"蔷薇战争(1455—1485),给土地贵族带来了人为的而非自然的浩劫"(第3页),国会中代表平民的下议院逐渐取得了相对于贵族院的优势地位。

在推翻了反对圈地运动的国王之后,掌握真正权力的"国会相当于一个巨大的地主委员会"(第15页),并为沉浸在商业化原则中的地主服务,"国会基本上控制着圈地运动的进程,那些地主依靠国会的力量完成了圈地运动的进程"(第15页)。摩尔反复强调,虽然直至19世纪中叶,"国会本身则成为土地资本家的工具"(第13页),但"国会的存在这个事实意味着一套新的可变通的制度建立了起来,它为新生的社会力量提供了发表议论和提出要求的活动场所。同时,它也是代表不同利益的各种党派组织和平地解决争论和冲突的政治机构"(第21页)。因为有这样的机构存在并在法律和秩序的范围内,再加上工业化过程的迅速发展(吸收失地农民与失业工人),出现了"改善穷人处境的种种法规和经济形势的有利转变"(第25页),最终英国消解了圈地运动中农民的反抗,以及工业无产阶级发起的宪章运动,赢得了和平民主的发展。

当然,在此过程中除了国会外,还有一些其他有利的因素:(1)舆论的赞成,"普遍舆论赞成减缓民众苦难而不赞成使用武力"(第25页);(2)上层的主动让步,"上层土地所有者通过适当让步避免惨重失败"(第29页);(3)领袖的作用,"有影响的领袖人物能够准确及时地理解并把握问题的实质"(第29页)等。

摩尔在总结哪些因素促进了英国的民主化进程时,列出了以下几项:"一个相对强大并且独立的国会;建立在自身经济基础之上的商业和工业的利益;没有严重的农民问题"(第29页)。显然,在这其中国会的存在是至关重要的。与此同时,摩尔也强调小农的消灭虽然结局悲惨,但"这一结果对和平民主的发展过程有重大贡献,其意义不亚于国会力量的加强"(第22页),它使"现代化能在英国顺利进行,而不受巨大的反动保守势力的干扰"(第22页)。摩尔强调说,英国的这一情况区别于德国(软弱的资产阶级依靠土地贵族的保护)、俄国与中国,它是英国避免法西斯主义和农民革命的重要原因。

□ 经由大革命的法国现代国家成长道路

法国是摩尔所说的既实现现代国家又成为民主国家的另一个例子,但法国的道路与英国的明显不同,其中最重要的差别是法国经历了大革命及革命恐怖时期。为什么会这样?摩尔追问的是:"造成18世纪资产阶级革命的力量是从哪里来的呢?那些使法国革命表现出重大特点的人们是否成了教条幻想的牺牲品呢?"(第43页)在第五讲我们已经探讨过法国大革命,此处简述一下摩尔用对比的方法对法国通向现代国家之路的讨论。

(一)大革命前法国在现代化进程中的发展

应该说朝向商品化和工业化的迈进,在16—17世纪的法国也是如此,特别是到"18世纪后20年中,法国大工业突然兴盛起来"(第53页)。摩尔说,在此基础上民众对现代国家的要求也在酝酿中,"商业和相对规模较小的工业正在扩展着一种社会基础,要求摆脱那种控制贸易和生产的陈旧束缚"(第53页)。与英国相比,法国在这一过程中至少有三个方面的不同。

1. 农村商业化过程相对于英国的偏离

摩尔认为,法国的土地贵族更多地采取榨取租金的方式,而不是英国土地贵族采用的获取利润的方式。摩尔首先比较了英国羊毛业与法国葡萄酒业在农村商业化进程中的不同作用。他分析说,英国羊毛业在商品化进程中发挥了巨大的作用。类似于羊毛业,法国的葡萄酒也推进了法国社会的商品化进程,特别是对土地贵族来说,"发现商业和计算实利这样一种比武力、赐赠的方式更为适宜的经营统治方式"(第35页)。但是,葡萄酒业以及葡萄种植对于法国商品化进程的拉动作用,远远不如羊毛业对英国商品化进程发挥的拉动作用。在英国,羊毛业促进了英国纺织工业发展并进而带来圈地运动,席卷了更多的农民进入城市,推动了对土地与设备更多的投资。可是,"葡萄酒生产的增长并没有在农民中引起类似圈地运动这样的变化,葡萄栽培劳动要求有大量的熟练农民劳动力,但对土地资本和设备资本的需求相对要小"(第36页)。

以此为前提,摩尔认为,英国在农村商业化进程中,土地贵族通过圈地运动将传统公地或荒地转化为养羊业或粮食种植业,进而从土地经营中获取利润。但是,"法国上层土地阶级并没有按英国方式向商品化农业转化"(第39页),"贵族缺乏象羊毛贸易这样的经济基础,从而不可能推行英国那样的政策"(第32页),在粮食商品化前提下,法国的土地贵族更多地依靠从土地中用租金的形式榨取农业剩余,即通过向农民征税或收租来获取收益。因此,与英国土地贵族逐渐转化为农业资本家甚至成为工业资本家不同,法国贵族在农村的统治逐渐得到了巩固和加强。

摩尔说,法国那些在城市中赚了大钱的资产者并没有进一步地从工商业中获取利润,反而从贫困贵族手中购买土地,进而获得贵族爵位。他们获取收益的方式也偏离了商品化的方向,"获得的利益并不是来自市场上出售产品,而来自农民缴纳的租金"(第32页)。虽然在法国农村商业化过程中也有通过商品粮获益的群体,但"主要的受益者是一些富裕的农民而不是土地贵族"(第34页)。到了18世纪,在法国"文化和法律方面对商业造成的障碍逐渐减弱"(第39页),在有些地方"旧贵族的生活习俗已变得彻底商业化了"(第39页)。但总体而言,土地贵族总是凭借自己的社会政治地位或权威来用租金的方式"试图从农民身上榨取更多的东西"(第40页),由此带来了"把农民作为劳动力固定在土地上的体系"(第42页),而不是像英国农村商业化那样,农民逐渐成为自由劳动力而进入城市,成为工业无产阶级。

因此,"与英国相比,发生在法国农村的商品化影响并没有削弱封建统治的基础,也没有摧毁封建统治的结构,他们只起到了把新的生命注入到老朽的社会躯壳之中的作用"(第42页)。法国的土地贵族没有成为农业资本家,他们获利依靠的是所有权而非经营活动,"这种权利使他们能通过国家镇压机构来占有经济盈余中的一个特殊份额"(第43页)。正因如此,摩尔强调,像圈地运动这样一种更为公开的农业资本主义形式,在法国从未取得过像英国那样的普遍性,它更多来自政府的推动或知识分子的赞成,"而不像在英国那样是从乡绅中自发产生的运动"(第50页)。

2. 君主而非土地贵族成为现代化的推动者

摩尔强调,英国王权一直比较弱势,土地贵族才是现代化的真正推动者。可在法国不是,"法国的贵族特别是它的领导阶层没有冲破束缚获得独立性,反成了国王的附属物"(第30页),甚至贵族在经济上要仰赖国王的支持,而国王基本上靠税收来榨取农民。在此期间,有一些历史上的偶然因素在发挥影响,比如16世纪来自美洲的金银数量增长以至于推高了商品价格时,封建领主的收入出现危机,尤其"那些军功显赫的老贵族大部分都遭到了惨重的损失",而"他们经济基础的丧失使得君王和他们大臣能较容易地提高王室的权威"(第31页)。到了17世纪以及接下来的时间里,"国王剥夺了许多贵族的司法职务,提高对他们所拥有的土地的税收和征兵人数,干涉他们的日常事务"(第33页),总之把贵族赶出了政府核心(但把军队和教会让给了贵族)。

在跟贵族的斗争中获取胜利的王权,大力促进"农村和城市融合"(第43页),在理性、进步的旗帜下发起了圈地运动(第50页),并通过向城市资产阶级下达武器和奢侈品的生产订单,在促进城市工商业发展的同时也控制了资产阶级和市镇。由此在法国形成的城市工商业发展,跟英国相比"造成了根本不同的政治和社会结果"(第43页)。在法国,君主政体的发展,表现在如下几个方面:(1)建立了一个高效率的统治机构;(2)税收工作更有效;(3)能够清除国内阻碍贸易的强大障碍;(4)更新法律体系等。最终,君主"为在这个时期已经显示出某些独立生命力的商业和工业的发展开辟更广阔的道路",因此摩尔断言,"直到18世纪中叶左右,法国社会的现代化过程主要是靠王权推动的"(第86页)。摩尔说,甚至那些有利于现代社会的文化或生活习惯,也往往是由君主推动形成的,"那种奠定近代社会基础的推动力,甚至某些讲究精确与顺从的习惯,也更多地来自王权官僚体系而不是来自资产阶级,然而这绝不是王权有意促成的结果。当时它在法国政策中的真实作用在于维持秩序、监督经济,并从法国社会中榨取能支持王室的战争和炫耀豪奢政策的各种资源"(第44页)。

摩尔还特别分析了法国的官职买卖问题,认为这种结合了国王封建特权与市场交易原则的收入方式,"集中体现了商品化和前商品化制度的混合特征,并且显示出企图把它们调和起来的倾向"(第44页),它"造成了良好的政治意识观念,给了资产阶级接近王室行政机关的机会,在这个阶级中培养出了同盟者。在法国当时条件下,这也许是树立国王权威并因此而抛弃旧贵族的必要手段,同时也为奠定近代国家的基础扫清了障碍"(第44页)。当然官职买卖也有不利后果,摩尔说,"官职的出卖意味着官职成为一种可以继承的私有财产,国王慢慢地开始失去对部属的控制"(第44页)。而且,官位出售还有一个深刻的悖论：它既体现了国王对贵族的独立性，让官职不再属于贵族；但它又削弱了国王的独立性（第46页），取得了官职的资产者使自己摆脱了王权的影响，并以财产神圣不可侵犯的名义抵制国王的干预。另外，正如1665年科尔伯特（中文又译为科尔贝尔）所认为的，"官职买卖耗占了大量本来可以用于发展贸易和工业的人力和资源"（第46页）。官职出售在相当程度上就是通过君主政体的力量让贵族和资产阶级相融合，融合的结果使相当大一部分资产阶级封建化了。这一方式与结果跟英国都不同，英国是通过让土地贵族变成资产阶级的方式实现融合，他们进而成为反君主政体的力量。

3. 农民的特殊地位

与英国相比，在法国走向现代国家的进程以及法国革命中，农民具有特殊的地位，也扮演了特殊的角色。前面说过，由于法国农村商品化进程中的特殊性，法国并没有经历过大规模的圈地运动，农民也没有大规模地转化为城市工人，所以在法国既存在大的土地所有者（土地贵族），也存在大量自由农，这些自由农对土地贵族主导的租金猛烈上涨（在王权专制帮助下贵族剥削加深）怨声载道。

与英国王权努力抵制圈地运动不同，法国的王权政府往往对农村商业化进程与圈地运动持欣赏态度，这"促使农民转而反对君主政体"（第51页）。这些自由农或者上层农民，他们的不满还有一个原因，那就是他们的身份不彻底，即"他们占有着土地，但这些土地并不真正属于他们"（第57页）。在封建关系下，这些土地仍属于大大小小的领主，领主也因此能够强加给占有土地的农民各种封建义务。于是这些农民对王权与贵族的旧统治强烈不满，表现在1789年革命发生后，多数富裕农民成为革命的主要力量，试图打碎（而不是改善）这些国家机器。

与此同时，贫困的或者无地的农民也有普遍的不满，"法国的贫苦农民是蓬勃发展的现代化力量在摆脱古代的农村社会束缚过程中所造成的主要牺牲者"（第56页）。摩尔估计说，在法国的许多地方，完全没有土地的家庭可能要占法国人口总数的20%到70%（第55页）。无地农民和贫苦农民都想得到一小块土地，还希望维护对他们自身有益的那些农村公社的特殊风俗和习惯（第56页）。当这样的要求得不到满足时，他们就开始信仰激进的平均主义理论，并与城市中持有激进想法的无套裤汉合作，带来了法国大革命的激进特征，"在革命高潮到来的时候，城市和农村的激进主义者能够携手联合，这一情况有助于解释与其英国先驱比较法国革命暴力猛烈的程度"（第57页）。所以摩尔说，"认为农民是（法国）革命的主宰者这一看法是合理的，尽管他们不是革命的主要推动力量，但它对于持续革命的成功，对于摧毁封建主义起着重大的作用"（第60页）。

(二) 解释法国大革命

摩尔之所以概括在走向现代国家的过程中法国与英国存在种种不同之处，是想要解释法国大革命的激进与恐怖。不过，与托克维尔相似，摩尔虽然也指出了大革命的恐怖与荒谬之处，但仍肯定大革命的积极意义。

1. 法国大革命的力量

在摩尔看来，推动法国大革命的力量有哪些呢？除了上面说到的农民（富裕农民与贫苦农民）外，自然还有痛恨贵族社会地位及特权的资产阶级、富有贵族（特别是那些具有自由主义倾向的贵族,他们愿意放弃那些沉重的没有保障的封建特权)、要求仁慈的权威出面来保障合理分配(尤其食品)的城市贫民等基本力量(第57—58页)。此外还有一些偶然的力量推动了法国大革命的产生,比如因放任英国工业品进口造成许多人失业、1787年取消谷物贸易的限制、1788年自然灾害(第58页)等。

当然,法国大革命之所以走向激进,是因为无套裤汉和农民一起提供了力量(第54页)。无套裤汉若能够争取到农村力量的支持,就会走向激进,而"一旦这种支持不复存在,或者无套裤汉的愿望同农村那些拥有财产的农民的要求相抵触时,这种激进的动力就会枯竭"(第60页)。一些偶然事件也推动了法国革命走向激进化,摩尔举例说,1791年6月20日至25日,国王试图逃跑,这一事件"就使任何想把革命停留在君主立宪阶段,或者像英国那样由上层阶级来统治的打算都彻底成为不可能了"(第61—62页)。5月起义标志着法国革命向激进转向的过程,温和的革命再也不可能,"不可能走英国18、19世纪所走过的和平变革的道路"(第82页)。

因此,摩尔说,总体而言"把法国大革命说成是资产阶级革命是错误的"(第87页),"法国大革命并不是掌握经济大权的资产阶级领导夺取政治权力的斗争"(第87页),因为革命力量主要来自农民与无套裤汉,"无套裤汉是革命的动力,而农民则成了决定革命能走多远的缰绳"(第87页)。

2. 法国大革命的意义

法国大革命虽然主体力量并非来自资产阶级,但并不意味着法国大革命对于资本主义的发展没有意义,"否认法国大革命的主要冲击和主要后果是资产阶级和资本主义的,是一种无谓的诡辩"(第83页)。摩尔强调,"资本主义是从每一条可能裂缝中渗透进法国农村社会的"(第50页),但"更大的渗透则有待于通过革命的方式甚至革命以后的行动来完成"(第50页)。

为了说明大革命的成就及对资产阶级民主发展的意义,摩尔列举出大革命期间成立的制宪会议所取得的下述立法成就:公开选举、废除个人的封建租金义务、公正惩罚、承认公共设施、废除官职出售、禁止什一税等(第61页)。另外,"大革命致命地打击了盘根错节的贵族特权体系,这包括君主制、土地贵族和封建领主特权等"(第83页)。他说大革命建立了"以私有财产为基础的经济制度,和基于法律面前人人平等的西方议会民主制的胜利",在此过程中,大革命起到的关键性的作用,"不仅为我们熟知,而且是无可否认的真理"(第83页)。甚至被后世许多学者谴责的激进革命乃至恐怖行为,摩尔也给予了肯定,"因其能产生重大的政治后果而成为执行政策的有效手段"(第80页)。他强调,"如果没有来自激进分子方面的压力,资产阶级革命显然不可能走得比真实发生的更远"(第82页),因此"法国想通过民主的大门步入近代世界,那她就必须亲历革命的战火,穿越充满暴力和激进运动的长廊,这一点是万难否认的"(第83页)。

3. 农民与法国大革命

在法国大革命中,还有一个特别的现象被摩尔特别注意到,那就是大量农民后来对大革命发起反抗运动,尤其是旺代省的农民发起了针对共和国的叛乱。农民为什么反对大革命?摩尔对此提出了多个方面的原因解释,可以列举如下:1790年宪法和整个法国大革命期间反教会的法令与言行,让信仰虔诚的农民感到忧虑;为保证城市和军队的食品供应,革命政府采取了限制食品价格、在农村强制收购粮食等措施,伤害到农民的利益,等等。旺代省的叛乱或者说反革命动乱,还有一个重要原因是,在有些农村,商品化或者说资本主义进程尚未渗透但却已伤害了农民利益,农民出于对资本主义的反对而反对大革命,"旺代省反革命动乱中所表现出来的许多特征,预示了资本主义力量冲击尚未进入现代化的农业社会的过程中将要发生的那些情况"(第79页)。此外,旺代省的农民特别受教区牧师的影响,而革命政府要求牧师宣誓向政府效忠,可旺代的牧师几乎全都拒绝宣誓,这成为影响农民发动反革命叛乱的重要原因。对旺代省为代表的反革命的镇压,"造成了法国革命长剧中最惨重的流血的一幕"(第79页)。

4. 土地贵族被消灭的意义

虽然农民表现出保守性,甚至像旺代省那样发动叛乱,但法国仍然走上了民主道路。摩尔强调,在这方面主要的原因是,法国大革命完成了专制王权消灭土地贵族势力的过程,"土地贵族政治势力的崩溃在法国现代化过程中构成了最重要的一个环节"(第84页),从而使得法国农村能够持续商品化的进程,资本主义力量不断成长,避免了德国那样的法西斯主义势力的成长。他引用托克维尔的观点说,"革命完成了波旁王朝的使命,其结果是右翼独裁统治所必需的社会基础之一被消灭了"(第84页)。

□ 由最后一次资产阶级革命完成的美国现代国家之路

摩尔强调,与英、法两国不同,美国并不存在封建社会,没有"庞大而又牢固的农业社会"向现代工业社会转型的问题。他将美国内战或者说南北战争称为"城市或资产阶级民主革命中的最后一次攻势"或者"最后一次资产阶级革命"(第89页),并认为正是经由内战,美国才走上现代国家之路,它是"美国历史上的一道分水岭,它标志着农业时代的结束,工业时代的开始"(第88页),"导致政治民主体制的建立,并从这个意义上来说,可与清教徒革命及法兰西革命媲美"(第88页)。

接下来本讲集中于两个问题来重述摩尔所讲述的美国内战,即发生在南方与北方之间的战争。按照摩尔的说法,这"两个地区在完全相悖的原则基础上共同建立了一个经济体系,同受一个中央政府的管辖,而且该政府在两个地区说话都算数"(第112页)。这样的局面,确实有些奇怪,但并不注定要有战争。

(一) 内战的起因

为什么会发生内战?摩尔检验了对内战成因的三种传统看法(第108页):第一,内战主要是由于在奴隶制问题上不同的道德观冲突引起的;第二,由于政治家们的过错才导致这场南北方大多数人都不愿发生的战争;第三,本可促使美国社会统一的政治机器停止了运转,才导致战争的爆发。摩尔认为,这三种看法以及从南北方经济差异(使用自由劳动力的北方工业资本主义与使用奴隶劳动的南方种植园经济)都"触及到了事实真相的一部分"(第108页),但都不完全正确。

1. 检验美国内战的传统经济解释

在专论美国的第三章一开始,摩尔就探讨南北方经济差异是否导致内战不可避免这一问题。后来,他又对从资本需求、劳力需求、市场需求三方面进行的传统解释进行了检验,认为在经济上南北双方并不存在不可调和的内在矛盾(第106—107页)。

摩尔明确说明,以奴隶制为基础的南方种植园经济也是资本主义的经济形式,它"根本不是生在工业资本主义体上的过时的毒瘤,而是美国工业资本主义体系的一个有机组成部分,也是世界工业资本主义发展的原动力之一"(第92页),不但"不是工业资本主义发展的经济桎梏",而且"促进了早期工业的发展"(第89页)。例如,在1815年至1860年期间,棉花贸易对美国经济发展速度具有决定性的影响;直到1830年左右,它仍是国家工业制造业发展的最重要原因(第92页)。摩尔还举例说,就像19世纪德国先进的工业可以和劳动强制型的农业和平共处一样,美国南北双方在经济上也是如此,这样的结合唯一伤害的是民主。因此,"把纯粹的经济因素说成是内战的起因,也是难以令人置信的"(第98页)。

那么,南北战争是由战争前双方对关税问题的激烈争议引起的吗?在当时,北方因工业品滞销而要求提高关税,以保护国内市场。而南方,因为棉花大多销往国际市场(从1840年到美国内战,英国4/5的进口棉花来自美国南部各州),所以要求低关税政策,以免引起别的国家的关税报复。摩尔认为,虽然双方因关税问题争论激烈,但并不会因此而发生战争,事实上在1857年之后,关税已经按南方的意见降低,在北方工业界也没有引起强烈的不满。

摩尔还检验,南北战争是不是因北方工业界跟南方种植园之间就劳动力的争夺引起的呢?答案也不是,因为北方劳动力来自西部农民的转化,而不是对南方奴隶劳动力的争夺。

不过,话又说回来,对南北方战争而言,这些经济问题并不是没发挥作用。摩尔强调,"即使单个的问题可以协商解决,但从整体上来说,这些争端几乎没有协商的余地"(第109页)。就是说,太多经济上的争端结合在一起,引发后果的能量远远超过单个问题。

2. 摩尔对内战成因的解释

摩尔从北方(美国东北部)、南方与西部三方的关系出发,仍主要基于经济因素提出了自己对美国内战的解释。

在他看来,到1860年时,三种大不相同的社会经济形态在美国不同地区发展起来了,那就是在南方兴起了建立在种植园奴隶制基础上的农业社会,在北方确立了工业资本主义制度,在西部形成了以家庭劳动为基础的农业社会。内战的爆发,正是因为南、北方两种社会经济形态对西部的争夺引起的。用摩尔的话来说就是,对南北战争影响深远的反奴隶制情绪"传播和高涨,这也许可溯源到植根于西部土壤的家庭农庄这一成功的商业冒险"(第103页)。他认为,"北方资本主义与西部农业社会的不断接触在一段时间内使北方城市特权阶层和南方土地特权阶层之间的反动联合显得没有存在下去的必要"(第113页)。

对于南方而言,蓄奴制种植园尤其是棉花种植园是有利可图的。为了扩大赢利,就需要向具有广阔未开垦处女地的西部扩张,将奴隶制种植园带到西部去。所以在很长时期尤其在19世纪前叶,南方种植园主"曾经把西部农场主视为自己反对北方富豪统治的同盟力量"(第103页)。但他们越来越注意到,"具有独立性的西部农场的发展对奴隶制和他们的种植园体系所造成的威胁"(第103页),"在种植园之外成长起来的、主要依靠家庭成员耕作的西部农场体系对来自奴隶制的竞争产生了很大的恐惧"(第103页)。

摩尔说,无论在经济联系方面还是在政治态度方面,西部跟北方其实更为接近。一方面,西部地区在内战之前就已经从一片荒原变成了商品化农业基地,农产品通过运河与铁路这一革命性交通方式大量运到东海岸,在经济上"西部的农民脱离南方,而依附于北方,为北方服务"(第101页)。另一方面,在政治上,西部农民支持提高关税,北方工业界也要求提高关税并因此支持西部农民对土地的要求,形成了类似于德国的"钢铁和黑麦"的联盟(北方工业界与西部家庭农场主的联盟)。此外,东北部典型的早期个人主义及小资产阶级的观点这时已传入西部农场统治阶层,双方精神气质上也更接近,"北方联合西部,创造了一个价值观日益与南方相冲突的社会和文化,两者差异的焦点是奴隶制"(第109页)。

相对于欧洲激进主义运动的发展和国家反动政策的出台,摩尔还说,美国可以用给北方感到受压迫的劳工在西部提供自由农庄的方案来缓解他们的压迫感、消除反抗行为,"西部土地的存在哪怕是间接的,也减弱了潜伏着的起义可能性"(第113页)。这就进一步加强了北方与西部的联系,"北部工业和西部农民的联系似乎来得有些突然,其实酝酿已久了。这种联系在当时有利于克服在解决代表占统治地位的经济阶层的国家政治、经济问题上所采取的简单的反动办法。正是这一原因,把国家引向了内战的边缘"(第105页)。

总之,南北双方对西部的争夺,在相当程度上造成了南北方的战争。

(1) 就西部来说,"种植园奴隶制从南部扩延到西部,确实造成了严重的政治问题"(第95页),"奴隶制的扩大严重危害到西部的自由农民"(第107页)。于是,西部自由农反对奴隶制的引进。

(2) 就北方来说,北方其实并不真正反对奴隶制,"北方劳动者对反奴隶制问题持冷淡甚至敌视态度"(第106页)。但北方担心,南北方之间"如果奴隶制扩大了,奴隶制州与各自由州之间的平衡就会打破"(第95页),而且北方也无法再用西部土地来缓解工人的反抗。

(3) 就南方而言,南方始终将北方宣扬的自由观看作是具有颠覆性危险的学说,"因为资产阶级自由观正触及到了南方体制的要害处——奴隶所有权问题"(第97页)。他们在自己的社会中寻找并强调那些具有封建贵族和前资本主义的特征(礼貌、风度、教养以及与北方那种只顾捞钱的短见形成鲜明对照的远大的眼光),来反抗北方。

就这样,南北双方就西部那些新加入联邦的各州是否施行奴隶制问题的争论,成了内战的导火索,因为这影响到"双方能否获得均等权利的关键","不论承认哪一个州为蓄奴州或废奴州都会在某种程度上打破平衡"(第110页)。摩尔的结论是,"南方企图阻止北方不断发展的论点毫无疑问是战争爆发的重要原因"(第110页)。

(二) 内战的意义

英国革命、法国革命都是通向现代国家进程中的重要事件及原因。那么美国内战的意义何在?它是不是美国工业资本主义民主发展必不可少的条件?摩尔说,内战跟后来美国工业资本主义的大发展之间并没有真正的联系(第122页),并不是推进资本主义经济发展的必要条件。那么内战在美国现代国家发展中的意义何在？

摩尔说，在南部社会，人（奴隶和奴隶主）的价值是牢固建立在世袭地位之上的，但在西部和北部，仍然主张机会均等。这实际上是两种不同的文明，存在于两种不同的社会经济结构中。摩尔认为，"在同一政治体制中，不可能建立使二者都满意的政治经济制度"（第123页）。因此，内战的意义主要是消灭了奴隶制，"如果奴隶制必然要从美国社会中消失，武力便是促使其消失的必要条件"（第94页），单靠美国经济自身的发展是不可能消灭奴隶制的。在南方种植园存在的这种奴隶制被消灭后，才有美国民主制的发展，资本主义发展势头才会加速。因此，美国内战是"一场为争取自由的政治上的胜利"（第123页），"关系到当代资本主义民主实现其崇高誓言的能力：去做一些其他社会不曾做过的事"（第125页）。在这本书的第三部分即理论概括部分，摩尔再次强调，奴隶制种植园是以强制手段适应资本主义发展的最极端形式，它对民主的妨害有三点：首先，上层地主阶级会倾向于要求一个拥有暴力镇压机构的国家，这种机构将产生出危及人类自由的整个政治气氛和社会舆论；其次，这将使农村起支配和压倒城市的作用，使城市成为仅只是向远方市场提供出口商品的航运中转站；最后，上层阶级和劳动者之间的关系会变得野蛮粗暴，特别是在劳动者隶属于不同种族的种植园经济中（第341页）。

摩尔在这里说的非常重要，就是说奴隶制的存在并不影响工业资本主义的发展，"不能明确证实种植园奴隶制是工业资本主义的障碍"（第122页），但奴隶制却会阻碍民主的进展，"奴隶制的存在对于政治民主和社会民主的建立，是一道障碍"（第89页）。而只有经济上的进展而没有政治上或者说道义上的前进，是不配称为现代国家的。他正是从这个意义肯定美国内战的价值所在，"如果美国南、北方之间不发动战争，而是以和平的方式解决矛盾，就不会有战后的民主制的发展"（第91页）。

内战本身消灭了南方叛乱州的奴隶制，满足了北方激进的共和党团体融合了工业生产利益的废奴主义理想，"由此摆脱了腐朽的泥沼"（第114页）。摩尔还特别注意到，一些最重要的南北斗争实际上发生在内战之后，它们也都是由激进共和党人造成的，"这些人严格来说代表了资产阶级革命火花的最后闪烁，是中世纪市民发动反对封建领主暴动的最后继承者"（第114页）。正是基于这一判断，摩尔将第三章的标题命名为："美国内战：最后一次资产阶级革命。"这些继承资产阶级革命精神的激进分子，将内战看作是这样一次机会："铲除和摧毁没落的压迫势力，以民主和进步的北方为榜样，重建南方，让民主扎根于'言论自由，劳动自由，学校教育和选举投票自由'的土壤里"（第114页）。在参与者及对社会的影响而言，这些激进分子的努力"并不代表北方资本家联合起来反对种植园制度的进攻"，在力量上是"联合了工人、工业家以及蓬勃发展的铁路部门"（第115页）。

□ 结论

英国、法国、美国走向现代国家，最终都形成了自由民主政体。这是一条资本主义和议会民主携手并进的道路，它"是经过清教革命、法国革命和美国内战等一系列革命问世的"（第334页）。摩尔认为，在这样的进程中有三项密切相关的事情必须加以处理：（1）对专制统治者加以控制；（2）以公正合理的统治取代专制统治；（3）使基本民众在进行统治时能分享统治权(第335页)。在他看来,处决国王属于最富于戏剧性但绝非无关紧要的第一项内容,而努力建立法制、确立立法权力,以及运用国家力量促进社会福利,是众所周知的其余两项内容。

摩尔在这本书最后的理论概括部分提出,英国和法国这样的国家之所以走上自由民主的现代国家,与西欧封建主义中包含了某些有利于民主的惯例有关,这些是中世纪欧洲社会向现代西方自由社会观念过渡具有重大意义的遗产(第336页)。上述这些观念与实践的结合,仅仅产生于西欧,因为"只是在这里,才发生了王权过强或过弱的微妙平衡"(第336页)。摩尔强调,并不是封建王权力量越弱越有利于民主制的诞生。相反,强大的王权执行了一项不可替代的功能,即在初期阶段抑制暴戾的贵族,因为"在贵族们巧取豪夺的阴影笼罩下,民主是不可能取得发展与繁荣的"(第338页)。正因如此,摩尔才说,"在现代社会发轫之初,王权与贵族之间建立起一定的平衡,对现代民主来说曾是一个决定性的条件。王权左右全局,但也在一定程度上留给贵族以真正的独立地位。以多元论的观点看,独立的贵族是民主发展进程中的基本要素"(第338页)。当然,除了王权与贵族外,还有一个重要的力量是"人数众多和充满政治活力的城市居民"(第338页),没有生机勃勃的城市居民或者说资产阶级,就没有后来议会民主的发展。当然,农村在这一过程中也有很大的意义,"居住于农村的专制主义恶棍,与城市的民主英雄却曾结成过意义重大的联盟"(第339页)。尽管存在以上因素,但"土地贵族是否转向农业商品经济,是决定政治进程的最关键的因素,如果他们能够实现这种转化,商品经济化就大功告成"(第339页)。

不过,摩尔一再告诫我们,"非民主政体,甚至反民主政体,同样有可能是现代化的产物"(第126页)。而且英、法、美三国对第一条道路的选择,可能会在下一阶段上改变另一国家观察问题的角度。他甚至断言,"没有英国较早的民主式的现代化,很可能不会出现德国和日本所采用的反动方式。没有这两种反动的资本主义经验,共产主义纵然出现,其具体形式也会截然不同"(第335页)。在书中,虽然没有开辟专章讨论德国和俄国的情况,但摩尔一再强调,像德国在现代化过程中,"上层地主阶级以种种政治的和社会的手段,把农民束缚在土地上,按照自己的方式实现农业的商品化"(第340页),这样的状况与工业的实际成长齐头并进,于是就出现了法西斯主义;在俄国,商品经济在上层土地贵族中引起的反响十分微弱,由此产生的后果是积聚起大批农民群众,这可能会对民主构成严重问题,搞不好会爆发农民为主力的共产主义革命。

总之,摩尔特别强调的是欧洲现代化进程中的农业与农民,他认为"农业商品化所采取的形式与这种商品化本身同等重要"(第341页),"(农民的命运)构成了民主成长过程中的决定性因素"(第345页),甚至资产阶级革命中"不可悉数的暴力行动,以及这种暴力的最重要的特征,都起源于通向西方民主道路上的农民问题"(第345页)。在英国,农业商品化充分改变了农村社会并将农民转化为工人,于是通向议会民主制道路就比较顺利。在法国,农村社会未受商品经济触动或者说聚集了大量的农民,就带来革命力量的成长。农民革命力量的增长,在法国通过"重创了贵族阶级,开放了通向议会民主的道路"(第341页)。而由于殖民地特殊的历史与地理环境,"美国幸免于农民灾难"(第345页)。而在德国、俄国等国家,显然并未处理好农业与农民问题。摩尔注意到,在斯堪的纳维亚和瑞士等民主小国,在农业社会向现代社会转型的过程中,农民问题得到解决,农民为城市市场提供日用产品,对于民主来说这是个好兆头,于是在这些国家中"农民已成为民主制度的一部分"(第342页)。

与此同时,摩尔再次强调暴力的重要性。他说,"暴力在整个自由发展或资产阶级民主进程中是重要一环。因此,当我们把这称之为资产阶级革命,或称之为自由革命,历史事实为此提供了充分的根据"(第346页)。他强调,英国的暴力革命战胜了君主专制制度,使带有资产阶级思想的大地主腾出手来,在18、19世纪一举消灭了农民阶级。法国的暴力革命打破了尚未进入商品经济领域的土地贵族的权力,但在一定意义上,又反过来开始要求新的强制力量,以约束和控制自己的劳动力。因此法国革命建立了另一条路线,开创了一个渐趋民主的社会。美国充满暴力的内战,消灭了种植园主的力量,这种力量曾一度作为资本主义的一部分兴起,到这时却成为民主进一步发展的障碍。不过,摩尔注意到,到了20世纪下半叶,暴力革命似乎又成了时代的错误(第346页)。

第三节 通向现代国家的亚洲道路

在《民主和专制的社会起源》一书的第二部分,摩尔对中国、日本和印度三个国家迈向现代世界的历程进行了描述,分别将其作为共产主义、法西斯主义与亚洲式民主道路的典型进行分析。这部分的文字,在篇幅上远远超过第一部分(多出2/3),由此我们不得不佩服,摩尔作为一个西方人,对亚洲历史居然如此熟悉。本节是对摩尔讲述内容的简单概括。

在正文开始之前,摩尔为第二部分写了一个简短的"序",强调在欧亚政治史比较研究中需要注意的问题。比如说,"西方的民主政体只是特殊的历史环境中结出的果实","革命和内战是导向自由民主政体这一进程的重要环节","英国、法国和美国走在通向资产阶级民主政体的同一条发展道路上,它们之间却存在着极大的差异"(第126页),等等。他还交代自己在书中未能来得及研究作为法西斯主义典型的德国和作为共产主义典型的俄国,并强调这些欧洲国家都实现了工业革命,它们通向"工业社会所走的道路之间总会有相似之处,它们都和农业社会有着本质的区别",以及"非民主政体,甚至反民主政体,同样有可能是现代化的产物"(第126页)。摩尔还强调,他在研究西方时得出的结论,"转向亚洲时没有理由期望这个结论会同样有效"(第128页),所以必须具体问题具体分析。

在简短的"序"之后,摩尔展开了正文的叙述。

□ 农民革命与中国的现代化道路

作为一个西方学者,用极短的篇幅(中文页码仅52页)说清楚中国走向现代国家之路是不容易的。摩尔在这方面进行了大胆的尝试,虽然不能说非常成功,但他的分析和概括仍对我们思考中国国家转型问题具有参考价值。接下来我从三个方面来概括摩尔对中国的叙述。

（一）中华帝国缺乏自我现代化的能量

对于西方学者而言，研究中国向现代国家转型，一个始终回避不了的话题是："在帝制被推翻后，中国为什么缺少强有力的势力使之走上议会民主的道路？"（第130页）类似的问题，在第三讲我们说到过列文森的思考。摩尔则将这个问题的答案更多地归到传统的中国与西欧不一样的地方，那就是缺乏贵族阶层而由官僚阶层掌握权力。

西欧的贵族是因土地分封而在控制土地财产的基础上建立起权力和威望的，那么中国如何呢？摩尔追问，"在中国社会中，上层阶级是如何与占压倒多数的农业劳动者们发生联系的？他们的权力和威望是完全建立在对土地财产的控制上呢，亦或这种权力和威望本身就是他们垄断官僚政权的结果？"（第129页）摩尔强调，在中国使用封建主义这一术语并不准确，"在帝国制度下的中国，并不存在一套分封系统。唯一赐给军事部门的土地也是有限的"（第130页）。他的意思是，中华帝国的贵族封号一般只授给因军功而得爵位并因此取得封地的人，但国家的统治权力其实更多地掌握在通过科举出身的官僚阶层手中。

长久以来，西方学者都高度重视中国的科举制度，"皇帝正是依靠科举制度来选拔官僚，并联合官僚，一齐与贵族进行斗争的"（第130页），认为科举制度在产生国家统治阶层（官僚）、压制甚至消灭土地贵族过程中发挥了十分重要的作用。对于帝国官僚阶层与地产之间的联系，有许多西方学者认为并不重要。但摩尔的看法却有所不同，他认为传统中国"地产、知识所有者和政治机构之间的相互关系"（第131页）是存在的。一方面，通过科举成功进入官僚阶层的人，他们为国家服务所谋得的财富往往投资于土地，成为掌握这个国家大部分土地并将地租作为主要收入的地主；另一方面，"由于缺少普遍的大众教育体制，学生进行长期艰苦的学习就必须要以家族的富裕为后盾"（第132页），这样一来科举成功者也基本上是地主家庭出身的人。于是官僚、地主与知识分子三者合一，政治机构、地产与知识生产机制也紧密联系在一起，"政权和（土地）财富通过血缘家族联系起来，这可以说是中国社会面貌最重要的特征之一"（第132页）。

正因如此，摩尔赞成马克思主义者对传统中国地主所有制的强调。按西方的标准来衡量，这样的地主所有制具有矛盾的特征：一方面，地主将土地租给农民耕种，收取实物或现金地租，"租佃协定在一些基本的方面与现代资本主义无大的差别"（第132页），就是说在帝制时期的中国，土地像现代社会那样被视为营利性私有资产而不像西欧封建制度下那样附有政治权利与责任；另一方面，帝制中国的土地又远不如现代社会的资产，地主购买的土地往往依靠官僚职位获得的财富而非经济活动（"帝国中有抱负和能力的人所想的只是如何步步高升，以便增加家族的地产"，第142页），土地财产的安全靠帝国官僚机构来保障，耕地所需的灌溉系统也依靠官僚机构（或有功名的地主）来组织。摩尔还说到，在政府维持秩序、保障地主的财产、确保正常收租的前提下，中国清代人口增长形成的"人口过剩"压力也"成为对地主有利的因素"（第133页）。这是因为，它让劳动力牢牢束缚在土地上，地主依靠基本的租佃经济生活，并通过官僚机构（而不是土地或其他资本）获得最大的物质奖励（"官僚机构似乎是比土地所有者更有权势，更有效率的组织"，第134页），因而地主不再有生产性功能。"在地主阶级看来，只要家族中的某些成员或聪明的年轻人能取得一定的学位，儒家教义和科举制度就可以使他们优越的社会地位及脱离体力劳动的行为合法化。"（第134页）摩尔声称，在技术简陋和劳动力丰富的情况下，中国的这些土地所有者无须在他们的田地里合理地安排产品的生产来供应城市市场，而且城市附近的地主已具有离土离乡的发展趋势。于是在中华帝国，地主成为寄生的阶级，不再具有任何社会功能。

摩尔还注意到帝制中国的官僚机构是怎样给科举成功的地主提供最大的物质奖励的。在他看来，这样的物质奖励肯定不是通过正式财政系统进行的，"要想从居民中榨取足够多的资金来发薪饷几乎是办不到的"（第135页）。于是，只能"靠允许官员或多或少地公开受贿来解决问题"（第135页），就是说，依靠官僚与吏役的能力从农民那里榨取钱财。如此将带来以下两个后果：一个后果是，"这种高度剥削的体制从社会榨取的资财远远大于它对社会的补偿"（第136页）；另一个后果是，"因为不得不采取高度剥削的方式以使政府机构正常运行，政府对下层民众也采取了不加干涉的放任自由政策"（第136页）。就是说，帝制政府对民众的高度压榨与对民众生活的消极放任，通过吏役的榨取与官僚的受贿结合在一起。这样的政府不可能实行大规模的暴政，但也不对民众的生活负责，"这个政府可以说是玩忽职守、自私自利的"（第136页）。基于此，摩尔断言，"中国的地主－佃户的关系只是一种政治工具，它旨在榨取农民的经济剩余，并使之转化为令人心旷神怡的文明形态"（第142页）。

由此可见，由地主、知识分子、官僚三位一体所主导的帝制政府，不可能领导中国走向现代国家。跟19世纪日本武士集团中有强有力的少数派积极地推进现代化进程相比，摩尔认为，由于中国的科举制让官僚有过剩的趋势（特别在王朝末期），这些过剩的官僚尤其那些处于官僚体制底层的候补官员（即生员），只会作为一种能量，将"在旧体制内作为毫无成效的反叛和暴动释放出来"（第137页）。因此，官僚不能成为中国社会现代化的推进力量，"直至后来，才为时已晚地采取了一些零敲碎打的现代化措施"（第137页）。

旧的力量不能推动中国的现代化，那有没有新力量出现呢？摩尔的回答是，"中华帝国的社会结构中从未出现过像封建制后期的西欧那样的城市贸易和制造业阶段，如果有的话也仅仅是一些萌芽"（第137页）。主要原因是，"在欧洲，教皇和皇帝、国王和贵族间的分裂有助于商人们突破传统农业社会的外壳，因为他们在多元的竞争中建立了令人瞩目的力量源泉"（第137页），像意大利这个封建制度最薄弱的地区就成为欧洲突破的先锋。但在中华帝国，政府努力维护着国家的统一，缺乏商业和商人突破的可能。摩尔还强调，"在中国，科举考试制度却使得雄心勃勃的人离开商业"（第137页），就是说，最应有创新精神的商业活动事实上也最缺乏人才。直到19世纪下半叶，在西方军事和外交冲击的冲击下，传统的士大夫统治者在沿海城市被削弱，而这以遍布各通商口岸的买办阶级为代表，他们标志着一大批新的商人成长起来。与此同时，在远离权力中心的外省，开始了以近代技术为中心的工业化进程，出现了能增强国力的各种工业，但也因此增强了分裂的力量。在19世纪90年代，中国出现了一批思想家，大力鼓吹学习西方的技术是治疗中国经济落后症的万应良药。这样，到1910年，中国的工商业者或者说中产阶级才开始"在沿海

第七讲 通向现代国家的不同道路分化

地区不断增长它的势力","显露出独立于官府的影响和统治的迹象"(第140页)。但这样的工商业者,"不仅数量很少,而且政治上依赖性也很强","没有发展起自己的独立的思想意识"(第140页)。更重要的是,摩尔指出,在晚清民国时期,这样的中产阶级"随着清政权的崩溃而开始渗入地方政权,这就预示在军阀全盛期和国民党统治时期中资产阶级与军人政权的结合"(第140页)。

(二)走向法西斯的可能性探讨

在摩尔的论述中,中华帝国不可能凭借自身的力量走向以议会民主制为标志的现代国家,即沿着通往现代社会的第一条道路走。那么,在西方商品化浪潮冲击下,中国有可能走西方第二条通向现代化的道路,即法西斯主义道路吗?在摩尔看来,走这条道路关键在于两种力量或者说两大阶级的联合,"一方面,是旧的农业统治阶级,他们拥有重要的政治权力,但经济权力并不稳定;另一方面,是正在崛起的工商业经营者,他们拥有一定的经济权力,但在政治上、社会上尚未站稳脚跟"(第146页)。在摩尔看来,这样两种力量在中国缺乏基础。

首先,就旧的农业统治阶级而言。如前所述,帝制中国不存在欧洲那样拥有政治特权的土地贵族及传统封建庄园,地主和佃户之间事实上维系着较强的商业契约关系,虽然这样的商业契约关系仍属于前工业社会(第151页)。在西方军事力量及商品经济入侵的总体背景下,一方面,那些处于下层的地主阶级大量离开乡村进入城市,成为吸取货币地租的非乡居地主。于是原来农村中的"往日乡绅的踪迹在那里业已消失殆尽"(第154页),"非乡居地主拥有2/3的田底权,而把田面权留给耕种者",从而脱离了自己原来的经济权力来源。另一方面,那些上层地主阶级原来大多靠政治权力而非经济权力获取利益,在晚清中央权力弱势的背景下,这些人想方设法通过篡夺更多的政治权力并依靠征税而非经营来获取利益(征调劳动力、征收实物税或货币税)。原来的贵族"要么是转变成军阀,要么和个别军阀联合起来"(第147页),原来乡绅的后代"将变成彻头彻尾的地主、强盗,或是地主加强盗"(第147页)。

其次,就工商业经营者而言。摩尔说,在欧洲法西斯兴起过程中,工商业者与旧农业统治阶级结盟,可在中国工商业者"还没有强大到可以在这样的联盟中成为有效的同盟军"(第156页)。原因显然来自"中国缺乏强大的工业作为基础。资本主义的因素也就非常弱小"(第156页)。尤其是日本后来对中国工商业最发达的沿海城市的军事占领,大大削弱了资产阶级集团的影响。他说,"虽然日本的入侵为民族情绪的迸发提供了靶子,但这却有效地阻止了中国在其反动历史阶段上像德国、意大利和日本法西斯那样沿着对外扩张的道路发展"(第156页)。

但是,在摩尔看来,虽然中国缺少德国、日本那样产生法西斯主义的社会基础,但这条道路并非完全不可能。在国民政府时期,商人集团和地主阶级的联合成为国民党政权的基础,财富越来越集中在这一新的社会阶层中,而"这一阶层融合了部分旧有的统治阶级并与城市中的新兴阶级实行了联合"(第151页),这与法西斯主义的社会基础有类似的地方。他说,"乡绅和城市里的贸易、金融、工业界的领袖逐步融为一体。这两种人的混合构成国民党政权的主要社会基础,并把中国特有的劫掠、豪夺和虚饰的伪儒学结合起来,这与西方的法西斯主义十分类似"(第140页)。

此外,除了这样的结构分析外,摩尔认为以蒋介石为代表的领袖人物的行为也加剧了中国走法西斯道路的可能性。一方面,蒋介石倾向于通过军事力量解决土地问题和其他问题,"通过这种暴力控制来压榨城市资本主义,并直接或间接地操纵政府机器。在这些方面,国民党与希特勒的纳粹党十分相似"(第155页)。他说,"在反动力量的推动下中国的现代化进程开始起步,而且像德国和日本一样,也带有重要的强制性特征"(第150页),"国民党妄想通过军事力量来解决困难,这仍是欧洲的法西斯主义的主要特征"(第159页)。另一方面,在意识形态方面,蒋介石为首的国民党,"对中国问题主要症结的阐述,半是儒家的道德说教,半是哲学的陈词滥调"(第156页),几乎没有为解决土地问题做什么事情,工业化计划流于纸面。他认为,国民党教义"几乎完全没有解决中国问题的社会和经济纲领;以荒唐可笑的努力妄图复活传统理想"(第158页),这与法西斯主义常常诉诸传统也大有相似之处。

(三) 农民革命的发生与共产主义道路

是什么最终决定了中国通向现代化的道路?摩尔的回答是,中国与俄国相似,"农民暴动和起义为把这两个国家推向共产主义的现代化道路,而不是反动的资产阶级民主的现代化道路,做出过决定性的贡献。在中国,这种贡献比俄国更为重要"(第159页)。我们可以从以下几个方面来概括摩尔对于农民革命和中国共产主义道路的论述。

首先,摩尔交代了引导中国走共产主义道路的农民革命的发生背景,那就是中国历史上农民起义此起彼伏、绵延不断。为什么中国历史上农民起义如此频繁?摩尔回答说,并非因为农民的贫困,因为"印度农民一样穷困,但农民起义相对较少,作用也远逊于中国"(第160页)。摩尔指出,最重要的原因"在于农民与上层阶级和现行政权的联系上存在一系列的缺点"(第161页)。在他看来,一方面,那些上层阶级或者说乡绅并未成为农业共同体中的领导者,他们"在农业活动中不充当任何角色,甚至也不起监督作用",尤其"绅士们绝不染指体力劳动,而是致力于作学问和搞艺术"(第161页);另一方面,政府为农民什么事也没做,"政府和上层阶级对农民的基本生活方式并没有起什么作用"(第163页),因此统治者与被统治者间的联系极其微弱,"极易在强烈的张力下崩解"(第163页)。此外,前文说过的,乡绅阶级作为地主,需要依靠足够强大的帝国体制才能巩固他们对农民的权威,但他们又不愿意向政府缴纳应由自己承担的赋税,还总是想使地方事务照着他们的意思去办。如此一来,"贪污腐化愈演愈烈,中央政府的功能日趋下降,社会离心力却与日俱增"(第161页)。这些原因导致中国古代农民起义频繁。

其次,摩尔指出在国民党统治时期农民革命发生的条件。他说,大批人贫困与遭受剥削,不足以成为革命爆发的条件(第175页)。革命的条件至少有两个,一个是农民的团结,另一个是旧制度成为仇恨的对象。在中国古代,农村的个体劳动缺乏长期性、制度化的合作的基础,"社会粘合力比起其他农业社会来说显然要差些"(第169页)。虽然宗族可以作为一种团结工具,将叛乱分子集合在一起(第164页),但宗族的力量毕竟是非常有限的,由此在历史上频繁的农民起义并不能成为改造旧社会的革命。在力图创造新社会的革命中,"使农民联合起来成为一项极其艰苦的工作"(第170页)。摩尔认为,使农村被压迫者们团结在一起的条件,实际上是日本侵略者提供的,因为日本军队周期性地扫荡和灭绝性的进攻让农民真正团结起来(第178页)。如果说,团结只是一个方面的条件,那革命发生的另一方面条件是,"必须使人们感到不公正的现象是以社会制度为基础的"(第175页)。而人们之所以有这样的感觉,是因为来自"近代世界的冲击开始腐蚀上层建筑"(第173页)。就是说,近代工商业的发展已让传统士绅们失去了作为一个阶级而存在的理由,他们腐化为"地道的地主—高利贷者"(第175页),而科举考试的废除也让他们失去了由儒家思想体系所支持的合法地位。此时,由传统士绅后代及巧取豪夺发展而来的工商业者支撑的国民党政权,不能保证社会的安全〔"所有的隐匿豪杰、不法商人、匪盗之徒以及诸如此类人物都从地下冒了出来"(第176页)〕,不能抵抗外来的侵略,也不能领导工业化。再加上日本侵略者对东部发达地区的占领,扫荡了旧的上层分子,使得原来的官员和地主逃离乡村、迁进城镇。于是,农民革命的条件成熟了。

最后,摩尔指出了农民革命带来的共产主义革命的历史意义。摩尔说,"共产党的活动是狂热的周期性农民起义的延续,而国民政府和国民党则是占支配地位的达官贵人的后继者"(第152页)。中译者指出,摩尔的这一看法"忽略了工人阶级的历史使命及其给予中国革命本质规定性的决定性影响"(译者前言)。摩尔说,中国农民在革命中的作用甚至超过了俄国,他们为最终摧毁旧秩序提供了炸药,农民作为主要动力推动一个政党取得了胜利。对于这场农民革命的历史意义,摩尔至少关注到以下两个方面:(1)共产党打碎并改造了旧的农村制度,"共产党对土地的再分配不是以整个家庭为单位而是按人口来进行的,并不考虑长幼和性别。因此,共产党从基础上把农村体制打破了,使得地产与亲属关系之间的联系荡然无存"(第180页);(2)共产党政权在农村与政府之间建立起了新的联系,每个农民的日常生活日益依靠国家政权,这有利于"从农民中取得更多的资源","增加经济产量从而成为在世界上有竞争能力的军事巨人"(第181页)。

□ 走向法西斯主义的日本现代国家之路

在日本,资产阶级的影响比起英、法、美来极为有限,后三个国家经由资产阶级推动而走上了现代国家的道路。日本的道路更像德国,也因此像德国一样走上了法西斯主义的道路。日本向现代国家转型的道路,具有以下的特点:一是在经济上,通过压榨农民来获得现代化的必要资本;二是在政治上,软弱的资产阶级与强有力的地主结成反动联盟,发动自上而下的改革。

(一)日本通向现代国家的起点:封建制

作为亚洲国家,在通向现代国家的道路上,日本的特殊在哪里?摩尔指出,特殊在它更接近于西欧而不是中国,直到19世纪它仍完好地保存着封建制。正是以此为起点,日本才由旧统治阶级的一部分发动一场自上而下的革命来实现工业化。不过,与西欧相比,日本的封建制也有自己的特殊性。

日本的实际最高统治者是德川家族担任的幕府将军,将军通过德川家族各个支脉和亲藩大名,控制了全国1/5到1/4的农业土地。幕府将军指定了百十名领取薪俸的地方长官,让他们管理自己的领地。除了幕府直接掌控的土地外,其他土地归各藩大名及在他之下的各级武士所有。摩尔估计,到1868年大名有266名,在王权复古前武士们的人数(连同他们的家庭成员在内)有200万,占总人口的1/16。这些人构成了统治阶级,受他们统治的是负责实际耕种的农民,武士阶级则以税收形式榨取农民的经济剩余。在1639—1853年这一漫长的时间里,对以幕府将军为首的武士阶级来说,最为重要的统治使命是维护和平和秩序而不是发展经济,为此"尽可能地利用各种办法,从禁奢止糜的谕令到闭关锁国政策,来消弭可能会侵蚀日本统治秩序的各种影响"(第184页)。

摩尔强调,日本的封建制度跟西欧相比,"契约的因素非常脆弱"(第184页)。就是说,日本封建制非常突出和强调下级对上级效忠尽义务以及各种虚幻的亲属关系,而不像欧洲那样依赖于书面和口头契约以确立个人的具体义务和特权。因此,日本这样的"封建关系似乎更原始","缺少欧洲那种客观和理性的特征"(第184页),也"不可能产生出现代西方文明所谓自由社会的那种理论和实践"(第186页)。虽然自17世纪中叶以后,幕府将军就很少干预各藩的内部事务,但仍建立起了相对集权又严密控制的制度,比如要求大名每年在一定时期内必须住在首都江户。

摩尔认为,俄国和中国这样两个集权型国家,"土地贵族抑制着独立的工商阶级的成长"(第182页),而欧洲分权型封建制则有利于商业和商人的发展。那么,日本的情况怎么样呢?摩尔首先确认,"日本属于中国集权式的农业官僚体制和欧洲松散的封建制之间的中间形态"(第186页),为此在17、18世纪的日本社会,可以容纳商品经济的发展并进而对旧秩序造成冲击。比如分封各地的大名,为了维持奢侈的生活,必须把多余的稻米和其他土产运到市场上去,依靠商人出售或者向商人借款。这样,商业生活方式不仅在城市而且在农村也大量地出现。此外,幕府为了削弱武士贵族的地位,往往鼓励他们竞富夸豪,并有意识地刺激城市商业阶级的发展。于是,商业伦理和商人的势力侵蚀了封建的大厦,"对于旧秩序来说,商人阶级如果不是最大的腐蚀力量,也是最直接的腐蚀力量"(第188页)。商人阶级力量的成长,当然会冲击原有的阶级樊篱。可"到了18世纪初,封建统治者才意识到商人在各方面都会对他们的权力构成威胁。虽然武士贵族用自己的武器来反对商人,比如征用财物,强迫贷款,拒绝还债等,但为时已晚,商人的经济发展已极大地削弱了他们的力量"(第189页)。

尽管如此,摩尔又强调,在日本并没有发生成功的资产阶级革命,虽然有商人势力与商品经济的发展。一方面这些商人跟统治阶级武士是共生关系而没有自己的独立性,始终处于武士的政治支配之下;另一方面,"日本商人的思想中充满着封建的伦理道德。他们完全不能使任何反对传统观念的知识分子观点有所发展"(第191页),"不能像西方那样发展起富有批判性的思想观点"(第191页)。

就是说,商人的势力在成长但并未构成新社会的建设力量。与商人相比,在长期和平状态中生活的下级武士,"几乎已不再发挥重要的社会功能"(第187页)。没有社会功能并进而在政治上失去统治权力的下级武士甚至被减薪,他们的利益不断地被商品经济侵蚀,但却被禁止从事任何形式的商业活动。于是,武士们变得逐渐贫困化,对大名的效忠关系受到了削弱。他们便将憎恨的矛头指向幕府将军,"低级武士是引起暴力行动的不稳定因素,一个游荡着的贵族阶层能够接受形形色色的反革命意图"(第188页)。当然,他们与英国接受了商品原则的贵族不同,并不存在对新的商品社会的渴望。

在日本封建制下,农民并没有成为革命力量。摩尔分析,这首先是由于"德川的税收制度使农民能够把增产的部分保留在自己手里,这样农民就有足够的动力来提高产量"(第203页),并致力于农业生产。其次,"日本农村社会中农民共同体与封建主以及后来的地主联系比较密切"(第203页),这样的农民共同体能够相对比较有效地控制现实的和潜在的不满情绪。还有,农村出现了新兴地主阶级,在农村采用商品经济性质的租佃制代替原来直接上缴粮食并承担徭役的封建制,进而"使农民经济与工业社会结合起来"(第203页)。当然,这不是说日本的农民没有反抗,尤其在德川时代晚期,大量的农民暴动构成时代的特征。那时农民反抗有三个主要目标,即反对封建主,反对商人,以及反对新兴的地主阶级(第205页)。

尽管在进入近代之前,日本处于封建制中,但仍有一些因素有利于近代国家的诞生。因此摩尔断言,"日本和中国不同,而在18世纪已经依靠自己的力量开始向近代国家转变迈出实质性的步伐"(第214页)。摩尔列举了以下几个方面的因素:

(1)德川幕府逐渐地将武士从土地上分离出来而不再让他们承担统治民众的责任。"德川政权因为使大部分的统治阶级从与土地的直接联系中分离出来,为进入现代世界迈出了关键性的一步,而这种分离在工业化国家中迟早是要发生的"(第223页)。于是农民个人不再对封建主承担上缴义务而必须向政府缴纳公共税收(第207页),不再向封建主提供徭役而逐渐变为公众为国家服徭役,于是农民对封建领主的忠诚就比较容易地转变为对近代国家的忠诚(第207页)。

(2)德川政权想方设法通过它的政策去侵蚀武士的统治地位。这样的做法,"为通过非暴力革命建立中央集权的国家开辟了道路"(第200页)。由此形成的政府机构,"为保守主义势力提供了集结场所,同时也提供了合法延续的框架,在这个框架里可以进行一系列必要的调整"(第200页)。

(3)在德川时代的后半期,农业经济上的进步及商业关系的侵入为近代社会奠定了基础。比如说在技术方面,日本在德川后期确实取得了重大的发展并使产量提高,传统大土地所有制变成了家庭耕种和租佃经济,向雇工经营转化已成为一股强大的潮流。于是,农民"从传统的束缚中解放了出来"(第214页)。

(二)明治时期国家的现代化

日本为什么会经由法西斯道路而走上现代国家之路?摩尔从以下两个方面进行了分析:第一个是日本国内社会结构的原因或者说是上文所说的日本封建制度的原因,比如极其强调身份和军队的忠诚,而不是自由选择的契约关系,工商业资产阶级力量薄弱且性格驯服而怯懦等;第二个是"前现代社会崩溃并转化为现代社会的时间和国际环境有所不同"(第200页)。这第二个原因是说"时间限制这一特定的因素"(第202页),意思是日本走向现代化的时间有些特别:西方国家已经实现了现代化,运用先进的军队和技术入侵"后发展"的日本,日本的许多领导者为此迅速觉醒,"民族生存问题和为了保卫自己而采取适当步骤的需要推动着他们以戏剧性的速度步入先进行列"(第200页)。这样的国际环境或者说外来压力倒是跟中国类似,只不过在中国引起的是中央政府垮台和地方实力派的兴起,而在日本反而带来一部分旧的统治阶级从整个统治等级中分离出来并重建中央政府权力,然后发动了一场自上而下的革命,以实现经济现代化并适应因此而来的社会变化。

日本重建中央权力的运动,被称为王政复古。在商品经济的兴起已对封建大厦造成侵蚀以及外国入侵的大背景下,一部分封建大名以儒家"尊王攘夷"为旗号,用武力推翻了幕府将军的统治,并以明治天皇为领袖重建了中央政府的权威(即"大政奉还")。一开始发动"尊王攘夷"运动的人,只是希望创造一种新的更好的封建制度;但到后来,明治政府(1868—1912)在旧统治集团中的少数精英分子主导下,通过大量吸收在旧政权下命乖运蹇的武士,以西方工业社会为模版,自上而下重建了政治、经济与社会制度。政治上,通过废除各藩及封建领主的权力(其中最重要的第一步发生在1869年3月,当时西部的强藩长州、萨摩、土佐和肥前"自愿地"把他们统治的地区交给王权),封建领地一律成为中央政府控制下的地方行政单位(县),并重建中央政府机构,从而建立起现代集权国家;在经济上,不断创办现代工业企业,推进农业经济现代化,尽力让人与物自由流动起来;在社会上,打破封建等级制,宣布社会各阶级在法律面前人人平等,清除土地买卖障碍,让它像商品一样可以自由流通,此外还通过对旧秩序中的核心人物进行实物补偿、废除武士特权、向农民征兵等手段,彻底废除了武士阶级。

摩尔评价说,日本的"王政复古"或者说后来的明治维新,"实际上是一次自上而下的革命,比较起18世纪法国的左派革命和20世纪俄国和中国的革命,日本革命的完成相对来说较少地使用暴力"(第199页)。他特别提到的"可能也是最重要的一点,是在向工业社会过渡的整个过程中,统治阶级能够控制或疏导农民中产生的破坏势力"(第202页)。因为日本迈向工业化的原始积累来自经由商品经济而从农民手中的榨取,"主要是日本的农民支付了马克思主义者所说的资本主义原始积累"(第216页)。统治阶级维护秩序的能力和农业生产的进步("谷物的产量据估计从1880年到1940年翻了一番",第216页),让部分农民通过农业商品化经营而获利,再加上农村中实施相互监督的五人组体制和村头人制度,以及招募农民加入军队等,使得日本农民并未像中国那样发展成为革命的力量。

(三) 走向法西斯主义

不过,日本在走向现代国家过程中的成功,在某种程度上又是它后来走向法西斯主义的原因,正如摩尔强调的,"日本所发生的社会革命、工业革命,特别是局限性很大的'王政复古'的某些性质可以看作是导致日本悲剧的根本原因之所在"(第183页)。除此之外,还有日本在现代化过程中构建的宪法与政治体制的缺陷问题,"国会控制的财权极其有限,而军队则拥有非同寻常的权力。政府不会因选举失败而辞职,因为选举是受操纵的"(第235页),以至于"很重要的一部分社会中坚不信任政府,包括贵族、官僚和军队"(第236页)。此处我们撇开宪法与政治体制缺陷不谈,而主要从现代化过程中形成的社会结构来看日本走向法西斯的原因。事实上,宪法与政治体制的缺陷也源自这样的社会结构。

首先看日本当时的领导力量,即高级贵族或大名与普通武士。摩尔说,在明治维新过程中,"封建传统连同强大的官僚等级体制都被保存了下来"(第202页),指的就是这样的领导力量。应该说,明治政府在维新过程中,对大名或高级贵族是十分慷慨的。虽然他们的领地及对领地中民众的统治权被剥夺,但国家给予他们大量金钱补偿或者用北海道的土地作为补偿,使其成为占统治地位的金融寡头(1880年国家银行中40%的股票属于他们)和大地主,或者成为新兴工商业中的工厂主和大商人。这些金融寡头、大地主、工厂主和大商人,也是政治家和官僚的主要成员来源,进而拥有新组成国家的政治权力。不过,对于普通武士来说,命运是比较悲惨的。虽然政府也鼓励他们进入新兴工商业或者从事农业开垦,但这些近200万人(占1870年总人口的5%到6%)的旧武士团体,总体上命运并不好,也因此成为社会不满和激进思想的来源之一。摩尔告诉我们,这些下层武士及武士后代,由于有一定的地位及学习能力,因而成为"自由民权运动"的发起者,"要求公众更广泛地参与政治,包括辩论和投票"(第233页),并为此成立自由党,反对明治政府中贵族与金融寡头的统治。理所当然的,他们的要求受到高级武士及其后代控制的明治政府的打击。由于两种武士的同源性,以及整个国家致力于现代化目标,所以统治集团在采用高压政策的同时,"在不危及统治集团的前提下,采取若干改善不满分子的经济政策,并利用明治官僚政府中的高官厚禄收买反对派领导人,使之群龙无首"(第235页)。摩尔说,在这个时候,团结一致且有活力的反对派不可能真正出现(第236页)。

其次,看看日本的其他力量。摩尔认为,日本之所以走向法西斯主义,除了武士不可能成为有活力的反对派外,其他可能的反对力量也很微弱。在明治时期的日本,工人阶级很不成熟;农民虽然是反对派的一个来源,但相对地还很软弱与分散;而商人阶级基本上还没有从封建贵族的控制下摆脱出来。虽然到了第一次世界大战期间,日本工厂实力大增,而在20世纪"20年代日本的民主势力和商业势力都达到了顶峰","权力明显从军界转移到了商人阶级和议会手里"(第238页)。特别是1930年伦敦海军条约的批准,让不少人对议会力量寄予极大的希望。不过,摩尔详细分析了日本资产阶级,认为他们并没有真正的力量,"足以引入他们自己的新的强制形式","从各方面看还太受旧的社会制度的束缚"(第229页)。于是,"资本家会很欢迎保守的乡村为秩序与稳定所作的贡献"(第229页)。即使在明治的最后10年里,商人阶级在社会地位和政治地位方面还是低于统治日本的精英分子;他们的经营已延伸到现代工业领域,其文化基础却扎根于过去的农业社会。比如说,从事商业的社会耻辱感依然继续存在,商人仍对公共官员表现得很谦让。在很大程度上,原因在于前面说过的,日本的现代化是由土地贵族掌握的政府自上而下推动的,因此工商业处于依附或者依赖于政府的地位。而政府之所以鼓励工商业的发展,是为了使日本拥有有效的近代化基础,以抵制外国的压迫并从事自己对外的征服,同时为不断骚乱的农民提供一种士兵职业。摩尔说,"从近代的开始阶段,我们已经发现农业利益和商业利益为使百姓在国内各安其位,并为日本在海外耀武扬威而携手合作"(第230页)。因此,"日本的资本主义从未像欧洲19世纪的商业和制造业那样,成为民主思想的载体"(第238页),反而为法西斯主义奠定了基础。

还有,日本之所以走向法西斯,也与农村中存在的深刻不满有关,而这种不满来自农村中的上层阶级力量,或者说那些适应了农业商品化的地主。在1873年明治维新修改土地税制后,地主的财产权得以确立。要在商业化环境中获取更大收益,地主就要以实物的形式从佃户手中取走更多的谷物,"在1873年到1885年期间,地主要拿走土地上物质产品的3/5到2/3"(第238页),"以货币来计算,第一次世界大战的几年里,稻田的租金上涨率超过了50%"(第227页),于是这些地主经常与农民处于敌对的位置。可明治政府又想要创建运输业、军事工业和重工业,为此所需的资金(即资本主义原始积累)只能大量地来自农村,"所有这些都意味着对土地课以更重要的税收"(第234页),这样"农村地区的上层阶级与新的秩序之间的关系"就十分紧张。这些农村中的地主,一方面想要压制农民的反抗,维持乡村乃至国内的秩序,另一方面又要强调乡村的重要性来抵制政府对农村的剥夺。与此同时,这些地主或者说农村上层阶级自己还要"竭力适应商业和工业发展"(第228页)。为此,地主们以自由主义为名发起了激进运动,可"当他们发现这一运动会煽动农民反对自己时,便把它抛弃了"(第234页)。摩尔告诉我们,这样的地主在农村慢慢地也失去了传统的功能,不领导生产,也不能提供安全的保障,"它所提供的,仅仅是一些虚伪的法西斯主义的情绪。一个大谈特谈其社会贡献的阶级,通常正在变成文明的威胁"(第229页)。之所以说他们提供了法西斯主义情绪,还因为他们跟后来的农本主义运动有关。农本主义运动鼓吹对农业生活具有的精神价值的神秘信仰,吹捧农民道德中的爱国主义成分(尤其是那些有利于上层土地贵族的美德),认为小农数目的减少是不行的,强调农民家庭的稳定能为国家提供驯服的士兵和反颠覆的堡垒。农本主义运动在后来启发了一批狂热的青年官吏,他们策划暗杀和图谋政变,从而为20世纪30年代的法西斯专政做好了准备(第236—237页)。

20世纪30年代世界经济大萧条和日本对外扩张的成功,真正开启了战争经济时代与法西斯主义的道路。在此期间,到处充满了激进主义情绪、夸张的爱国激情、层出不穷的暗杀阴谋与军事政变等。对此段历史,摩尔并未详加叙述。但他指出日本当时存在的以下几种现象,仍值得我们今天警惕:

(1)走向内部暴力和外部侵略的总体气氛。在大萧条背景下,受到恶劣影响并处于低生活水平的农民和工人,掀起反资本主义的激进运动,经常展开暴力斗争。以追求国家利益为口号的极端爱国主义组织和伪激进主义者,配合政府"反危险思想"运动和治安法,破坏佃户和工人的罢工斗争、捣毁自由派的报纸。政府则在国内逮捕激进分子、取缔政党、用"工业济国会"代替工会,并让整个国家走向对外侵略的帝国主义以缓和国内冲突,"1931年对满洲的占领是历史学家经常采用的一条分界线"(第239页)。

(2)军队走到政治的前台。混合武士传统和天皇崇拜的军队,逐渐在政治舞台上占据了越来越重要的地位。1932年5月15日极右派暗杀犬养毅并试图发动政变,被日本史权威视为政治家独霸政坛时代告终的标志(第239页)。军队体现了农民和城市小商人对财阀的憎恶之情,并自居为国家拯救者,与反映工商业利益的文官政府争权。1936年部分军队发动二二六事件,要用'新秩序'拯救日本(第239页),同时坚持对外的扩张。

(3)资产阶级与法西斯力量结盟。对于日本大商人大资产阶级来说,"军事争霸和法西斯主义始终对商业有利"(第241页)。于是他们与法西斯力量结盟,"大的工商业需要法西斯、爱国主义、天皇崇拜和军事实力,正如军队和爱国者也需要大的工商业的支持以实现其政治计划一样"(第242页)。

(4) 民族心理习惯中有利于法西斯的成分。日本从德川晚期和明治时代早起延续下来的体制环境(地主对佃户的支配和农民对地主毕恭毕敬),让日本农民养成"对命令不加区分不做思考地无条件服从"的心理习性(第247页)。即使在新兴的工商业中,也存在着"寡头结构、内部团结而有效的等级束缚与高度的权威"(第250页)。所有这些民族心理习惯,都有助于服从权威的法西斯主义。

总之,在资本主义大萧条引起的经济困难和政治困难的背景下,日本"不得不更多地依赖于自己文化和社会结构中的传统因素"(第244页),像德国一样"实行了对内压迫对外扩张的主要政策"(第244页)。于是,"到了1940年末,日本已显露出与欧洲法西斯相同的形象特征"(第241页)。在结束日本的叙述之时,摩尔再次强调他前面说过的一个观点,即在现代化过程中,为回避革命而付出的代价是高昂的,"日本的政治和社会制度对资本主义原则适应力,使得日本在进入现代历史的初期阶段上不曾付出革命的代价。但也正是部分地因为日本避免了早期的恐怖,它才在后来受到法西斯的统治并遭遇战败的命运"(第251页)。

经由和平民主道路的印度现代国家之路

在亚洲国家中,与中国和日本相比,印度走向现代国家既没有经历农民革命以及由共产党领导的工业革命,也不存在土地贵族领导的自上而下的工业建设与法西斯经验,而是在接收了殖民者留下的政治法律制度基础上,经由和平演变而走向现代国家,"到1964年尼赫鲁去世的时候,政治的民主制度已经存在17年了。即使这种民主制度还很不完备,但毕竟还不只是赝品。自1947年独立以后,正常运转着的国会制度,独立的司法制度也已存在,还存在着有关自由的大量的规范性条件:如自由的普选——有组织的政党;文官控制的军队;正式范围内权力受到很大限制的国家首脑等"(第252页)。摩尔惊叹,"在亚洲未发生过工业革命的国家中出现政治民主简直令人不可思议"(第252页)。他追问,在印度阻碍现代化的因素特别的强大,可为什么"现代世界的到来没有导致政治上和经济上的动荡?"(第253页),并表示,"只有未来才能显示出印度社会是否有可能实现现代化以及维持或扩展自由民主"(第253页)。时至21世纪,我们可以说,印度的道路尽管走得并不容易,中间又发生了许多波折,但在实现经济现代化的同时,确实基本维持住了自由民主的制度。

(一) 英国人来临之前的印度

如果用一个学术术语来概括印度传统的政治社会状况的话,那就是米格代尔所用的"强社会-弱国家",意思是说,在社会中存在着各种具有韧性的团体与组织,不易为国家政策所打碎,而政府在执行政策时显得无能为力[①]。在传统上,印度缺乏长期统一帝国的经验,在英国人来临之前,统治印度大部分地区的是突厥化的蒙古人(另一说是突厥人)后裔建立的莫卧儿王朝(Mughal Empire,1526—1858)。这个王朝的统治者信奉伊斯兰教,统治的人口却大多为崇尚种姓制度的印度教徒,由此形成了强社会-弱国家的格局。对于这

---

① 米格代尔著:《强社会与弱国家》,张长东等译,江苏人民出版社2012年版,第37页。

样的格局,摩尔的说法是,"在地方一级的村庄组织中,一切社会活动纳入了种姓框架,引申为某种来世观念,这使得中央政府几乎形同虚设"(第253页)。趁莫卧儿王朝统治没落之际,欧洲人尤其后来的英国人逐渐渗透并建立起区域性立足点,最终在1858年彻底废除了这一王朝,建立起英国的直接殖民统治。接下来我们用第五讲说过的工具性国家/目的性国家的分析框架,先来看看英国人来临之前印度的基本情况。

1. 目的性国家层面

英国人来临之前的印度,在目的性国家层面上是什么样子呢?摩尔概括说,在很长的历史中,它表现为"耕作很差和农民的非反抗性格"(第267页)。所谓耕作很差,具体说来就是广种薄收,谷物的种类和播种方式从阿克巴时代(1543—1605)直到今天基本上没有变化,农业工具和技术也没有发生什么重大的变化。所谓农民的非反抗性格,就是对暴政的逆来顺受或者说驯服。

摩尔猜测,造成这样的状况,一个原因可能是印度的土地相对丰富,有大量的土地等着耕耘,因此统治者如果压迫农民,农民就可以用逃亡来回应而无须反抗;另一个原因是大多数劳动者处于种姓制度底层,按照印度教教义,他们今生改变命运无望,"低等种姓的成员不得不学着接受社会秩序对他们的安排"(第271页),于是"降低劳动强度"和逆来顺受就成了习惯。在这样的传统中,印度的农民起义也远远不如中国那样重要。

土地资源的丰富自不必多说,印度教义与种姓制度在此处还要再说一说。在摩尔看来,印度的"种姓和宗教简直已经复合成为统一的制度"(第281页)。就是说,在宗教观念上将社会分为四个种姓——僧侣(即婆罗门)、武士、手工业者、种田人,并依次建立起严格的世袭的和内部通婚的制度。这样的种姓制度组织起村庄共同体的生活,进而构成了印度社会的细胞和基本单元。在印度农村的所有村庄,都由各个种姓的成员挑选出一小群领导人组成"种姓议事会",负责维护种姓基础上的秩序(比如对严重违反种姓纪律者采取集体制裁手段),并负责征收政府索要的税收。

2. 工具性国家层面

由于种姓规范调节着基本的社会秩序,"政府在村庄里确实无事可做,因为事无巨细都由种姓包揽了"(第273页)。这样的政府不干预村庄事务也无须它发挥作用,甚至"在维护灌溉系统中所扮演的角色也是无足轻重的"(第273页),因此,"政府的存在就尤其显得具有掠夺性"(第273页),"只要税收能轻而易举地征收上来,那么维持和平和秩序就几乎全部留给村社贵族议事会或头人去做了"(第268页)。

一般情况下,莫卧儿王朝委托中间人并运用包税制从农民那里横征暴敛,"帝国利用了大大小小独立程度不一的地方专制主义者,使所有的税收都流入国库中"(第262页)。充当中间人的,可能是被纳入官僚体系内原来的土著酋长,也可能是依附于皇室的官员,但"一般情况下中间人由柴明达尔来充当"(第262页)。

摩尔解释说,柴明达尔有两种:一种柴明达尔是没有合法征税权但在许多地区收税的人,虽然莫卧儿当局有时会反对他们,但他们在实践中大量存在;另外一种柴明达尔接近于独立的酋长,只要他们向政府缴纳一定的税收,就可以不受控制。当然,在南印度地区实行的是莱特瓦尔制而不是柴明达尔制度,赋税直接从农民那里征集,而不是通过中间人进行,但也有许多消极的后果(第279页)。

事实上,莫卧儿王朝对印度的统治多少是有些粗率的,只要有人负责征税与募兵,并在一定程度上负责维持和平与秩序,就不愿意多管事。甚至官僚制度多少也是随意的,"没有提升标准,不存在合格考试,没有就具体职务进行竞争的观念"(第257页)。

3. 走向现代国家之不可能

摩尔的结论是,传统印度的目的性国家和工具性国家的状况说明,它无法通过自己的力量走上现代国家之路。比如,种姓制度在农村中造成耕作不良,也有碍政治的统一。印度的城市"并不是作为贸易和商业的城市而存在着,它们主要还是政治中心,在一定程度上又是宗教中心"(第259页),"手艺人和商人相对来说并不重要"(第259页),再加上"莫卧儿体制对于商业过于掠夺成性了"(第260页)。因此无论是农业经济还是工商业经济,都不可能成长为打破旧秩序的力量。印度也没出现像英国那样的土地贵族,"在印度,不存在一个土地贵族阶级"(第265页)。

作为外来者的莫卧儿统治者,倾向于通过搜刮下层民众生产的大部分经济剩余并把它们挥霍一空;而对各级官僚来说,"财富积累和不能通过遗嘱的形式传给后代的危险,使得奢侈挥霍风行"(第257页)。换言之,这样只花费不贮藏的状况,无法积累起足以推动经济发展的资本,也无法形成足以推翻旧秩序的力量,"莫卧儿体制的驱动力量无法像西方模式那样推动政治民主的发展和经济的增长"(第265页)。

摩尔断言,"在17世纪的印度社会,如果没有外来的帮助,无论是资本主义还是议会民主制度都不可能产生出来"(第258页)。

(二)英国殖民者对印度政治经济状况的改变

摩尔反复强调,一个国家进入现代世界的时间对其道路来说影响巨大。由于自身的特性以及英国人的殖民,印度再也不可能像日本那样去克服落后状态,即"由本国的社会精英中新的成分来进行统治,利用经济上的剩余作为发展工业的基础"(第254页),因为经济上的剩余被外国征服者和本国的剥削者(地主、放债人)榨取并挥霍掉了。当然,作为在19世纪中期以后才真正成为印度统治者的英国,此时完成了工业革命和议会民主,也因此给印度带来了一些积极的影响。这是由英国人在印度的双重身份带来的,"既作为征服者,又作为新文明的主要传播者而出现"(第284页)。

1. 对印度的掠夺

英国人作为殖民者出现在印度,首要目的自然还是自己的经济利益,包括征税和倾销自己的商品。在还没有全面控制印度而只占据小块地盘作为根据地时,英国人就接管了当地原来统治者的税收权,强迫印度人向自己缴纳大量的款项。随着控制地盘的扩大,英国殖民者具备了更大的领土责任感,便逐渐从商业强盗转化为更平和的统治者,并因此发展出官僚机构以建立和平与秩序,以便能够获得更多的税收。

为此,英国殖民者想方设法在农村中确立财产权并实行清账。所谓确立财产权,既有针对莫卧儿时期柴明达尔的又有针对普通农民的。本来作为王朝征税中间人的柴明达尔,并不是土地的正式所有者,但在莫卧儿政权衰落过程中,英国人正式授予他们财产权,让"柴明达尔在事实上掌握了所有权"(第277页)。英国人以为,这样可以因财产权明确而促进农业的繁荣。对普通农民,法律规定,"只要连续耕种12年就拥有对某块土地的占有权,并可以得到政府的保护而不被逐出"(第292页)。所谓清账,就是清理原来极端复杂的土著税收制度,以便建立正式的规范税制以决定征税额与征税方式。确立财产权和清账二者是结合在一起的,"成为整个政治和经济制度的基础"(第277页),并由此奠定法律与秩序。

不过摩尔也指出,上述过程也造成寄生地主的问题。这是因为,在19世纪,由于人口增长,地租提高而税收额却保持不变,于是财产权得到确认的这些人大批地成为寄生地主,仅榨取农业剩余而不承担生产功能,"大约到了1850年以后,柴明达尔越来越成为纯粹的收租人,而在扩大耕作或提高农业生产率上则做得很少"(第291页)。在摩尔看来,在英国统治下,印度农业社会形成的不良状况是,"懒惰成性的地主,多层次的租佃权和穷愁潦倒的劳动者阶级"(第279页)。

除了税收外,英国殖民者还将印度作为自己商品的倾销地,甚至被指控不惜破坏印度原有的手工业特别是手工纺织业(第298页)。在印度本土的近代工商业发展起来后,英国殖民者也采取了种种束缚措施加以限制。

2. 给印度的积极影响

作为殖民者,英国人还是带来了一些积极影响的。在摩尔看来,主要有这么三项。

(1) 和平与财产权。这是英国统治带给印度的第一份赠礼,因为原来的莫卧儿统治者并不能真正建立和平与秩序,并为民众确立财产权,"印度是如此的四分五裂,如此的不定形,又是如此的辽阔"(第284页),而英国人"在近一个世纪的时间里,把法律、秩序和一整套精致的政治共同体的翻版强加给印度"(第285页)。摩尔评论说,英国人的做法"将在印度次大陆的农村引起一场巨变"(第280页)。

(2) 英国工业革命的产物。这是指19世纪英国人带来的铁路、灌溉系统以及工厂等器物,为印度农业的商业化和工业增长奠定了最重要的先决条件。摩尔认为,这是"第二份赠礼"(第280页),尽管"作为外国征服者,英国人没有在印度进行一场工业革命"(第286页),但是"民族工商业,尤其是棉花和黄麻工业,到19世纪末期开始变得重要起来","印度已产生了一个具有现代形式的独特的工商业阶级。同时,也产生有了发言权的职业阶层"(第299页),"律师是其中第一流成员也是最重要的成员"(第299页)。

(3) 英国文化的影响。比如"对工商业的重视,对物质世界的世俗和科学的态度,和强调不是靠继承而是凭可被证明的能力来从事一项工作等等"(第282页),这对印度后来的政治民主做出了重要贡献。尽管"民主制度对促进印度社会结构的现代化没有多大作用。饥荒的威胁依然潜伏"(第254页),但是,"英国人的出现阻止了土地贵族与软弱的资产阶级建立反动的联盟"(第254页),从而"阻止了德国或日本那种具有反动特征的阶级联盟的形式。这很可能为在印度土地上最终建立起议会民主政治,至少为通过印度的专职工作者阶层使英国人的理想渗入印度社会做出了重要贡献"(第286页)。

当然,摩尔也强调,英国人在印度所做的许多进步工作或者改良措施,目的并不纯粹,是"为他们的生存提供物质支持,或者在少数情况下当印度的习俗深深地触犯了英国人的良知时,他们才进行改革"(第282页)。

（三）独立后印度向现代国家的努力

尽管英国殖民者为印度走向现代国家奠定了部分基础，但1947年独立后的执政者仍面临着严重的政治经济问题。摩尔将其概括为"根深蒂固的恶性循环"，其内容包括：向工业化方向发展的动力非常微弱，因为建立工业体系所需的资源还没有被开发和利用；农业仍然是停滞的和无效率的，这是因为城市的发展还没有抵达农村，从而刺激生产率的提高或对农村社会加以改造；农村也无法为工业增长提供可利用的资源；地主和放债人所搜刮的经济剩余，主要用于非生产目的（第212页）。

1. 作为执政党的国大党

要打破上述的恶性循环，关键在于"利用经济刺激加上政治推动来引导人民提高生产率，与此同时，从中提取一部分重要的经济剩余，用来建设工业社会"（第312页）。而要实现这一点，需要拥有积极有力的统治集团，"一个精明强干而又冷酷无情的阶级"（第312页），"它在社会中崛起并推动社会变革"（第312页）。摩尔认为，在当时执政的印度国大党，还不完全拥有这样的能力。

国大党产生于英国殖民统治时期，它的成员范围广泛、思想纷乱，包括像尼赫鲁那样倾向于社会主义的知识分子，也包括视社会主义思想为毒药的股灾商人，还有那些有力表达了形形色色思想的记者、政界人士和律师，"他们全都以现在被甘地唤醒了的农民做为基础"（第314页）。在当时，"英国人的政权成了众矢之的，成了人们解释一切错误的替罪羊"（第314页），也成了国大党团结的基础。而甘地的非暴力纲领，成为国大党甚至整个印度解决政治、经济和社会问题的共同取向和行动底线。就像甘地曾强调的，"虽然国有制比私有制优越，但它以暴力为基础，所以应予否定"（第303页）。正因为有这样的底线，印度走上了和平民主的现代国家之路。但是，在以农业剩余来发展工业的道路上，国大党走得并不顺利。

2. 独立后的印度发展纲领

国大党的精神领袖甘地，在发起非暴力不合作运动时的主要目标，就是复活传统的村社式的印度而非发展农业或工业，他"对村社的热爱也带有仇视城市甚至是反资本主义的味道"（第304页）。摩尔强调，从根本上说，甘地是印度农民和乡村手工业者的代言人，"这些人中的大多数深受资本主义侵略之害，其苦难之深重达到了自古以来的极点"（第305页）。这样的资本主义侵略原是英国殖民者带来的，他们"给农村社会结构带来的主要变化是农村无产阶级的大量增加"（第297页），可这样的问题需要国大党去解决。摩尔举例说，在1953—1954年，有一半农户占有的土地少于一亩，这些人所占土地的总数只有全国土地面积的2%，而与此相对应的是"一批人数不多的巨富的和懒惰成性的地主阶级应运而生"（第294页）。因此，把地主减少到最低限度，或者说将土地还给实际劳动者，应该是独立后国大党政府领导自己国家走向现代的必由之路。到1951年，这成为官方的政策（第295页）。

尼赫鲁执政时期，就现代国家建设而言，在农村实施的政策有两个目标：一个是向地主所有制发起进攻，另一个是通过社会发展纲要，努力刺激农民的生产（第316页）。

就前者而言，主要的措施是设法废除柴明达尔。柴明达尔不仅是地主，也是介于政府与种田人之间的收税人。废除柴明达尔,目的在于"给予土地的实际耕作者以永久性的利益,以及禁止高额地租、禁止使用强制性劳动力和取缔其他弊端,从而刺激农民经营的农业生产的发展"(第316页)。到1961年,官方声称,除了极少数地区,在全国柴明达尔作为中间人已基本被消灭(其比重已从过去在43%的农区享有特权下降为8.5%)。

就后者而言。一是宣传,即向农民宣传经济进步的好处,国大党领导人认为农民渴望并愿意靠自己的努力去发展经济;二是民主,即不去改变村庄里的种姓制度与财产关系,而是尝试复活传统的村社议事会以建立村社民主,通过村社自身来重新分配土地。但是摩尔发现,农民大众对于外人的宣传以及引入新耕作方法是很不情愿的["人的需求在社会里大多是个人具体的社会环境和成长道路的产物"(第326页)],以民主方式去劝说农民使得整个进程极端缓慢又毫无效率,粮食产量不能持续上升,甚至"与阿克巴和寇松时代的农业相差无几"(第322页)。与此相对照的是,此时日本的农业生产率相当于印度的三倍。

3. 评价与展望

在摩尔的眼中,"尼赫鲁的农业纲领是一次彻头彻尾的失败"(第320页)。最为重要的原因在于,未能让市场经济深入农村,不能用农业经济剩余去推动工业发展的起步,或者说把农业资源输入工业领域,使生产出现迅速提高的局面,"没有采取任何步骤,去发掘农业中现存的和潜在的经济剩余,从而把这种剩余用于经济增长"(第319页),"政府用于农业的支出,远远大于从农业中得到的收入"(第319页)。

摩尔说,尼赫鲁政府政策的结果是:(1) 允许旧的农业剩余的分配形式保持不变;(2) 未能引进市场经济,或者说,未能找到一种有效的替代方式,使农民为城市提供食物;(3) 由于这些原因,增加农业生产率或挖掘存在于农村中的巨大经济潜力归于失败(第320页)。他举例说,印度生产的粮食有3/4以上没有进入市场,85%的村民的贷款仍然来源于放债人和其他的个人(即那些富裕农民)。当然,这样的失败也跟官僚体制的低效无能有关,在印度,"所有的事情都不是在现场,而是在纸上安排的"(第326页)。

当然,虽然有种种问题,但印度通向现代国家这条路,截止到摩尔写作时的20世纪60年代,毕竟还在进展中。印度工业生产指数从1956年的100增长到1963年的158.2,平均收入的提高也遥遥领先于人口的增长(第315页)。许多精力旺盛的小人物,在制度的裂缝中拼命寻找一切可乘之机,通过市场发财致富。摩尔预言,这些人将逐渐增强商品经济的力量,而"对商品经济的抵制一旦崩溃,整个种姓制度就失去了它的最重要的约束力"(第329页),"沿着这一主潮持续不变地进行下去,传统的约束会愈益削弱"(第329页),"农村无产者正转化为工资劳动者"(第329页)。

摩尔期盼新一代行政领导人接管权力,"任凭农村的上层阶级自由发展,而仅仅是对他们的利润征税、组织市场,以及为驱逐放债人而开展信贷工作"(第332页)。他认为,"如果政府通过这种方式成功地发掘农业的经济剩余,并鼓励这种剩余继续增长,那么就可以凭借自身的资源大量发展工业。一旦工业发展起来,就可以吸收更多的农村剩余劳力,并更加迅速持续地扩展市场,而把技术和现代资源送上农民家门的做法也因此会产生效果"(第332页)。

□ **结论**

以上简要概述了摩尔对于亚洲三个国家即中国、日本、印度走向现代国家的研究。在这本书的最后一部分,摩尔结合英、法、美以及其他欧洲国家(俄国、德国、意大利)的经验,进行了概括和进一步的申述。接下来我们摘述有关亚洲的一些要点,作为本节的结论。

就中国的经验来说,摩尔认为,"那种认为农民只是历史客体,是一种社会生存形态,是历史变化的被动承受者,而与历史变革的动力无缘的观点,已经站不住脚了"(第368页)。就是说,农民也可能会成为革命的动力,他们推动了中国和俄国这样的国家进入现代化,并走上了与资产阶级议会民主制不一样的道路。历史上,中国在强大农业官僚机构支配下,"特别容易使触发农民革命的各种因素聚合在一起"(第388页),而且"这种机构的强大力量,使之能够窒息独立的工商业资产阶级的成长"(第388页)。不过,农民之所以成为革命的力量,摩尔认为,不仅仅是因为物质境况的恶化(失去土地、极度贫困等)或者生活方式(财产、家庭以及宗教)受到现代化的威胁,更重要的在于农村中的社会结构,即土地贵族或者传统精英离开农村,农民受地主的代理人的剥削,"农民革命的主要原因,从来就是农民社会与上层阶级在制度上的联系过于脆弱,以及这种关系具有剥削性特征"(第387页)。如此一来,在中国形成了革命的形势,加上摩尔没有提及的具有共产主义理想的精英进入农村的发动,于是在中国发生了农民革命。

就日本的经验来说,在技术先进国家的威胁下和外来商品经济的冲击下,土地贵族的力量不足以挑战国家权力但足以在农村压制农民产出足够多的剩余产品以便用于工业投资即"强迫型劳动体制"(第352页),这是日本不能走上民主道路而成为法西斯国家的原因。这样的土地贵族会"充分利用形形色色的传统关系和传统观念"(第352页),"尽可能地保留传统社会结构"(第355页),使"大多数人口均以强制形态维系于工作中"(第352页)。由此形成的强迫劳动体制,起先可能是中央政权的对立面,在随后的进程中,为寻求政治靠山又转而与王权携手。这种情况下,贵族往往遵从某种军事道德,而这是不利于民主社会成长的(第353页)。不过,"这类专制政府常赋有某种民主色彩,引人注目地拥有一个权力有限的议会"(第355页),或多或少可以以和平方式进行自上而下的经济、政治革命,从而向现代化工业国迈出了一大步。但是,"由于这类民主难以应付严峻的时代挑战,它不能也不愿对社会基本结构加以改革,终于使通向法西斯政体的大门次第打开"(第355页)。摩尔还概括了形成这样的国家需要具备的条件:(1)非常干练的领袖带动目光短浅的保守势力(集中于但不局限于土地贵族);(2)政治领导者必须拥有强大的官僚机器,包括军队和警察这类镇压机器或有能力建立这样的国家机器;(3)政府必须独立于社会等(第358页)。摩尔指出,这样的国家,"它们既要实现现代化,又不愿改变社会结构。走出困境的唯一出路是军国主义,这可以把上层阶级团结起来。因为军国主义会加剧国际紧张局势,从而反过来使得工业推进更具有强制性"(第358页)。

就印度的经验来说,由于印度在历史上几乎不存在一个把自己意志强加于整个印度次大陆的中央政府,不同地区共有的种姓制度为各地社会生活提供了统一的构架,农民暴动极为罕见。在英国殖民统治下,印度的工商业经济与资产阶级的力量有所发展,并且形成了议会民主制度的基础。但是,由于缺乏发展农村经济并将农村剩余转化为工业投资的机制,印度在现代化道路上蹒跚。不过,就亚洲国家而言,"印度的确开场了一个重要的先例"(第348页),"在这里至少一个形式上的民主制度,以及民主的重要环节,诸如合法反对派的存在,批评和抗议的渠道等,未经革命暴力便确立起来"(第348页)。当然,由于缺乏革命手段粉碎过去,"缺乏一场通向现今时代的声势浩大的运动,印度的自由民主面临着稽延时日的落后和极度的困难"(第350页)。

从摩尔的论述,我们可以看出,亚洲要远比西欧复杂得多。以往有些学者将亚洲传统政治称为"东方专制主义",或者说"农业官僚主义或亚洲式的君主专制主义"(第253页),是十分简单或者说不准确的。如果说亚洲有什么共同性的,那无非是都受到了西欧国家的军事力量与商品经济的冲击,并因此根据自己的特殊情势而走上了现代国家的道路。

思考题

1. 从摩尔的观点看,英国和法国走上现代国家,为什么经历了不同的路径?
2. 摩尔是怎么解释美国南北战争的爆发原因的? 他的解释是否有效?
3. 日本为什么走上了法西斯主义的道路,而中国没有?
4. 印度走上现代国家,比起中国和日本,有什么优势又有什么劣势?
5. 中国的儒教与印度的印度教相比,在两国走向现代国家的过程中,各发挥了什么样的作用?

第七讲 通向现代国家的不同道路分化

第八讲 | 现代国家危机的财政之维
——《国家的财政危机》导读

自16世纪起,西方世界逐渐进入现代国家阶段;在现代国家发展的进程中,福利国家是西方迄今为止呈现的成熟国家形态。这样的国家形态是如何来的?它是否可以持续?它最终会走向何方?类似此类问题,自福利国家诞生起就一直争论不断。

第八讲作为本课程的最后一讲,我选用的是奥康纳的名篇《国家的财政危机》一书。通过对这本书的导读,我和大家一起思考上面这些问题。中国正行进在通向现代国家的道路上,与福利国家相关的制度已经或正在成为国家制度建设的重要方面。《国家的财政危机》一书将帮助我们考察西方现代福利国家的建设路径与内在危机,由此得到的启示肯定会有助于思考中国的现代国家建设。

第一节 作者与作品

我们先来看看这本书的作者与作品情况,并交代本课程选择此文本的目的。

□ 作者概况

詹姆士·奥康纳(James O'Connor,1930—2017),是美国运用马克思主义方法分析现代社会与现代经济的著名代表人物。他曾在美国圣劳伦斯大学学习,并从哥伦比亚大学获得文学士和哲学博士学位。从哥伦比亚大学毕业后,奥康纳先后在巴纳德学院、华盛顿大学(圣路易斯分校)、加利福尼亚大学圣克鲁兹分校等校任教,担任社会学和经济学教授。20世纪70年代,他是加利福尼亚大学圣克鲁兹分校社会学博士项目的创建者之一。1992年,他从加利福尼亚大学圣克鲁兹分校退休后,仍积极从事学术活动。

奥康纳最早的成名作,是他论述古巴问题的著作《古巴社会主义的起源》(1970年)。本讲所选文本《国家的财政危机》(1973年)是他最为重要的著作,在西方马克思主义理论和激进主义经济学领域名声极高。奥康纳在此书中的研究,启发了伊恩·高夫(Ian Gough)、克劳斯·奥菲(Claus Offe)对现代福利国家的研究,前者写出了《福利国家的政治经济学》(中文版由中国台湾巨流图书公司1995年出版),后者的著作为《福利国家的矛盾》(中文版由吉林人民出版社2006年出版)。由于此三人都动用了马克思主义方法分析现代福利国家,观点也具有相似性,因此有学者取此三人名字中各一部分生造了一个词,戏称他们的理论为"奥高菲取向"(O'Cogoffe)①。

在《国家的财政危机》之后,奥康纳还先后出版了《公司与国家:资本主义与帝国主义理论论文集》(1974)、《积累的危机》(1986)、《危机的意义》(1987)等著作。在环境生态学方面,奥康纳也有杰出的贡献。他曾任加州大学圣克鲁兹分校的"政治生态学中心"主任,并主编《资本主义、自然界、社会主义:社会主义生态学杂志》(1988—2003),1998年还出版了专著《自然的原因:生态马克思主义文集》。

作品概况

在20世纪50至60年代,西方马克思主义学者对于西方现代国家的危机与可持续性进行了深入的反思与批判。20世纪60年代出版的保罗·巴兰(Paul Baran, 1910—1964)和保罗·斯维齐(Paul Sweezy, 1910—2004)的《垄断资本》(1966),20世纪70年代哈贝马斯的《合法性危机》(1975),是其中的杰出著作。本讲所选择的文本《国家的财政危机》,与这两本著作齐名,是激进经济学与西方马克思主义国家学说的代表作。该书英文版初版由圣马丁出版社于1973年出版,2002年由事务出版社出版新版,奥康纳为此新版专门作序。此书的中文版由上海财经大学出版社2017年出版,沈国华先生翻译,收录在"财政政治学译丛"中。

按照奥康奈自己的说法,《国家的财政危机》一书源自他发表在《社会主义革命》杂志上的两篇论文,即《国家的财政危机》和《通货膨胀、财政危机与劳动阶级》(致谢,第1页)②。这两篇文章都完稿于20世纪60年代末70年代初,是作者基于当时美国的政治经济状况、个人的知识经验以及他对"资产阶级经济学"的失望情绪而创作的。该书之所以面世,是因当时"无论是资产阶级经济学还是马克思主义经济学都缺乏一种令人满意的国家预算理论"(事务版序,第1页),于是奥康纳尝试着自己来解释"预算支出的社会和经济功能在特定资本主义国家或者社会形态的历史背景下可能具有的意义"(事务版序,第1页)。这本书从财政视角揭示现代国家的内在危机,由此形成的国家财政危机理论成为西方马克思主义国家理论的重要组成部分,"毫不夸张地说,'国家财政危机理论'对70年代

---

① 伊恩·高夫著:《福利国家的政治经济学》,古允文译,台湾巨流图书公司1995年版,译序。
② 詹姆斯·奥康纳著:《国家的财政危机》,沈国华译,上海财经大学出版社2017年版。以下文本中凡直接引用自该书的,只以文中夹注形式注明页码。

以后的新马克思主义理论的发展起到了极大的推动作用"①。

《国家的财政危机》一书,想要集中回答的是西方马克思主义的两大问题:(1)经典作家预言的资本主义崩溃何以没有到来?(2)现行的资本主义秩序是否可以持续?对第一个问题,奥康纳的大致回答是,资本主义之所以未发生经典作家所预言的崩溃,是因为资本主义国家利用财政制度承担起了积极的职能,不但直接参与生产、交换、分配全过程,为资本积累服务,而且创造出福利国家制度以增强合法性。对第二个问题,奥康纳断言,资本主义国家同时承担的资本积累职能与合法化职能是相互冲突的,这种冲突引发的国家财政危机会让资本主义秩序无法持续下去。在奥康纳的分析中,资本主义经济危机与资本主义国家职能联系在一起,并因国家财政的危机而导致资本主义秩序的崩溃。他强调,"没有人能够幸免于财政危机和因财政危机而激化的基本社会危机"(第3页)。在后来的著作《积累的危机》一书中,奥康纳再次指出:"资本主义表面上看起来似乎'解决'了危机,但实质上,对过去危机的'解决'只会在接下来的危机中再次成为'问题',危机在不断的转移中仍在逐渐积累。因此,我们只有把危机当作一个历史过程来研究才会发现,由于资本主义生产方式是在矛盾中发展的,所以,只要资本主义制度不变,危机就不可能得到真正的解决。"②

《国家的财政危机》一书除引言外,共分九章。在引言中,奥康纳简单交代了目前传统经济学在分析国家财政问题上的无力以及运用马克思主义范畴来分析财政危机的必要性,重点交代了他自己分析财政危机的理论框架:资本主义国家运用财政支出中的社会资本支出(又分社会投资支出与社会消费支出)与社会费用支出来实现资本积累职能和政治合法性职能,但国家财政支出的增长快于筹款手段的增长将必然带来财政危机。正文的九章,又可分为三部分。第一部分为第一至第三章,主要内容是交代分析的背景并建立起概念框架,分别剖析美国的国家资本主义(他将其区分为竞争产业部门、垄断部门与国家部门三部分),交代财政危机具有的不同维度,以及美国围绕国家财政而运行的权力机构与预算过程。第二部分为第四至第八章,主要内容是运用作者自己的理论框架来探讨美国财政危机(即收支缺口的必然性)的发生,其中第四至第六章分析财政支出,第七、八两章分析财政收入。第三部分也就是该书的第九章,分析在民众抗税运动中资本主义国家正在进行的改良,以及改良可能的范围、极限等。

□ 文本选取的目的

本讲选择《国家的财政危机》一书,目的在于提请读者注意两个方面:

第一,财政理论不仅要研究财政政策的经济影响,更重要的是要与国家理论结合起来。正如葛德雪强调的:"财政学主要关心的是国家的经费问题,但它从未停止过询问,谁才是国家?"③奥康纳集中探讨的正是国家与财政之间的关系,他强调"到了80年代中期,

---

① 何畏:《国家职能的嬗变与资本主义的国家调节——詹姆斯·奥康纳的国家财政危机理论》,《学术研究》2010年第6期。
② 同上。
③ 马斯格雷夫、皮考克主编:《财政理论史上的经典文献》,刘守刚、王晓丹译,上海财经大学出版社2015年版,第263页。

在我接受加利福尼亚大学(圣克鲁兹分校)职位6年以后,'国家理论'(一般而言)和国家财政(具体来说)已经成为——尤其是政治社会学和'左翼韦伯学派'的学者中间——颇受关注的核心议题"(事务版序,第4—5页)。

第二,在目前中国财政学的研究中,比较注重西方主流经济学对财税政策的研究,往往忽视西方马克思主义理论对财政实践(如减税、预算政治等)的研究。用奥康纳自己的话说,他这本书理论框架的范畴"取自马克思主义经济学,并且被应用于预算分析问题"(第5页)。奥康纳之所以这样做,是因为"阶级斗争的矛头已经(部分)转向了国家及其财政预算——这是一个对于马克思主义学说和社会运动具有重要蕴涵的现象"(事务版序,第2页)。我们需要高度重视西方马克思主义学者的这一理论与分析路径,以便能发展与完善中国的财政与国家研究。

对于把国家研究与财政分析结合在一起的研究取向,奥康纳称为"财政政治学",他认为"财政政治学的主要关切就是国家财政收入和支出总量与它们的分配以及税负在不同经济阶层分摊的指导原则"(第3页)。奥康纳说,在自己的《国家的财政危机》问世以前,这样的研究取向"一直是社会理论和社会科学最欠缺的领域之一"(事务版序,第14页)。他还引用费舍尔的话说,在他写这本书的时候,"没有任何把公共财政经济学与政治学整合在一起的理论可以作为分析(国家)财政的框架"(第4页)。

为了对现代国家进行财政政治学的分析,奥康纳提出了两对概念。

第一对概念是国家职能中的资本积累职能与政治合法化职能,奥康纳称为"资本主义国家必须努力履行两种基本但又常常相互矛盾的职能"(第5页),就是说既要"努力维护或者创造能够有利可图地进行资本积累的条件",又要"努力维护社会和谐或者为实现社会和谐创造条件"(第5—6页)。他指出,现代国家"如果不惜损害其他阶级的利益而公然动用强制力来帮助一个阶级积累资本的话,那么就会丧失自己的合法性,并因此而破坏民众忠诚和支持国家的基础",但是它"如果无视帮助资本积累过程顺畅运行的必要性,那么就有可能导致其权力、经济的盈余生产能力和来自盈余(和其他形态资本)的税收面临源泉濒临枯竭的问题"(第6页)。

第二对概念是国家财政支出中的两类支出,即社会资本支出与社会费用支出。社会资本支出更多地履行资本积累职能,是"为使私人资本积累有利可图所必需的支出,具有间接的生产性"(第6页),它又分为社会投资资本支出(对应于马克思的不变资本支出,指用于物质资本再生产的财政支出,如工业开发园区建设)和社会消费资本支出(对应于马克思的可变资本支出,用于劳动力再生产支出,比如城市居住环境改造)。社会费用支出更多地服务于合法化职能,比如贫困救济支出,目的是"为保持社会和谐所必需的项目和服务"。典型例子就是福利制度,福利制度主要是用来"防止失业者闹事、维护社会安宁的"(第6页)。这几个概念下文还将详细讨论。

此外,奥康纳还将资本主义经济活动或产业部门划分为以下三大部门(竞争部门、垄断部门、国家部门),这一分法也颇具启发性。

(1)竞争部门或者说竞争产业部门,大部分属于服务业和商业活动,也包括小型制造业。这个部门的企业,大约雇用了美国1/3的劳动力,生产规模一般比较小,准入门槛低,产品销售波动幅度大,市场通常局限于地方和地区。奥康纳说,在竞争部门,"实物资本与劳动力比率以及劳动力人均产出或者生产率全都处于低水平,而生产的增长较少依靠实物资本投资和技术进步,更多地取决于就业增长"(第12页)。由于竞争部门呈现出低"资本-劳动力比率"和低"生产率",因此利润率低,生产率增长缓慢,劳工运动相对较不发达,从业人员工资不高,工作条件差,职位也不稳定。在历史上,这个部门的收入得到了自给生产、大家庭和社区的补贴,但在现代世界,因全民日趋"无产阶级化"以及传统家庭与社区解体,劳动者只能日益指望国家提供谋生手段,因此"他们注定要部分或全部依靠国家,并且成为公立医院医疗卫生服务、补贴住房、福利和救济、老年援助、食品券、交通补贴等收入补助的受益者"(第14页)。

(2)垄断部门由大资本大企业组成。这些企业大部分曾经按照竞争原则来组织生产经营活动,但在企业扩张与垄断化过程中逐渐取得垄断地位,由此产业进入障碍大、经营相对稳定。在这个部门,一般实行大规模生产,而且它们的市场都是全国性或者国际性的,它的实物资本-劳动力比率、劳动力人均产出(物质生产率)一般呈现快速增长的态势。在美国大约有1/3的劳动力受雇于各垄断产业,其中最大部分受雇于制造业和采矿业。在垄断部门,由于人均实物资本多、利润率高且工会势力强大,劳动者一般工资比较高,工作岗位也以全职和全年为主。

(3)国家部门指国家机构和国家组织的产业部门。它从事以下两类生产:一是由国家自己组织的商品和服务生产(如邮政服务、教育、公共卫生、福利和其他社会服务以及军事服务包括军火生产);二是由国家出面与不同企业签订合同而组织的生产(军事装备、军需物资、基本建设和公路建设)(第15页)。国家从事的这两类生产活动的规模"取决于国家的预算重点和动员税收的能力"(第16页),成本(包括国家签约企业的利润)全部由纳税人负担,除了那些完全或部分按盈利原则组织的生产活动(如邮政服务)外。奥康纳认为,国家组织的生产活动,资本-劳动力比率和生产率相对较低(并且增长较慢),生产增长主要依靠增加就业,不过由于工会力量强大(但不及垄断部门),国家部门中劳动者工资收入并不低。

就本课程的目的而言,将《国家的财政危机》作为最后一讲的文本,最重要的是借助此文本的内容,来探讨现代国家发展到福利国家这一形态的已行路径与未来前景,以便进一步思考迄今为止中国的现代国家转型。接下来我们主要从福利国家形成的资本原因、现代福利国家的财政危机两个主题,来概括和讲述《国家的财政危机》这本书的主要内容。需要说明的是,奥康纳虽然将财政支出大致划分为社会资本(包括社会投资资本与社会消费资本)支出与社会费用支出两大类,并认为前者主要承担为资本积累服务的职能,后者主要承担国家合法化职能,但他又交代,每一项国家支出都有双重性特点并同时服务于资本积累与合法化两个职能,"几乎每项财政支出都同时为这两个(或者更多的)用途服务,以至于只有很少的国家财政支出可以明确分类"(第7页)。本讲侧重于从服务于资本积累职能出发来讲解《国家的财政危机》一书中的财政支出,对其服务于国家合法化职能关注得不多。

第二节　通向现代福利国家的资本道路

自16世纪开始,西方世界逐渐踏上现代国家的道路,并于19世纪末20世纪初进入福利国家的阶段。考夫曼曾经从以下三个方面区分当代的福利国家与过去的前福利国家:(1)在生产领域,原则上福利国家仍延续前福利国家的私有制和企业主的支配自由,不过对私有制和企业主施加一些限制条件(公共管制),减少人们不希望看到的效果(如外部成本);(2)在分配领域,福利国家和前福利国家一样尊重市场经济原则,以生产要素获得回报为取向进行初次收入分配,但福利国家由国家组织起大规模的二次收入分配来纠正贫富差距,确保无职业者和无财产者的居民群体(老年人、残疾人、儿童、失业者)也有一份收入;(3)在再生产领域,福利国家采取了大量的行动以弥补前福利国家中私人家政的不足,如通过政府教育、卫生和社会福利部门给予私人家政资助或完全由政府直接提供社会服务[①]。也就是说,福利国家的特征是,它全面介入生产领域、社会救济领域、社会保险领域并发挥积极的作用。

现在的问题是,福利国家是怎么来到这个世间的?就学术界对此问题的意见来说,至少有三个方面的解释:基于对穷人的同情;基于工人运动的成果;基于资本积累的需要。奥康纳这本书,侧重于从资本积累需要的角度为我们解释美国福利国家的形成与运行,这也是马克思主义学者深入分析现代国家的形成动因与内在危机的重要内容。

□ 现代福利国家形成的资本动因

正如艾斯平-安德森所说,西方世界每一个福利国家都是围绕其自身特殊的组织结构、社会分层和社会融合的逻辑而组织起来的,"它们各自源于迥异的历史推动力,遵循着本质不同的发展轨迹"[②]。也有学者强调说:"事实上,既没有什么具体的社会经济变量组合在一起造就了福利国家,也不是什么特别的集团行动者建立了福利国家。不如说,反对未受节制的资本主义的各种运动的主角,在政治光谱上什么人都有。"[③]

西方现代国家之所以在19世纪末20世纪初逐渐走向福利国家,除了下面将说到的资本的动因外,还受到以下两种历史动力的促进。

第一种动因源于济贫或者说拯救穷人。济贫本来就是西方国家的传统职能之一,其原因既可能来自封建君主对自身美德的珍视、对大家长责任的自觉担当,也可能来自基督教传统与天主教会对信徒帮助穷人的要求。对于此种影响福利国家的动因,在研究上常称为道义论,意思是说它认为福利国家的诞生渊源于中产阶级的良心被工人阶级的苦难

[①] 考夫曼著:《社会福利国家面临的挑战》,王学东译,商务印书馆2004年版,第19—20页。
[②] 艾斯平-安德森著:《福利资本主义的三个世界》,苗正民、滕玉英译,法律出版社2003年版,第3页。
[③] Francis G. Castles, etc. edited: *The Oxford Handbook of The Welfare State*, Oxford University Press, 2010, p.5.

状况所触动。巴里的说法是:"在所有西方民主国家,福利国家起初是一个旨在保护脆弱者免受市场力量的随机效果侵害的体系,而现在已经转变为一个综合性社会安排体系。"①济贫动力在英国表现得比较典型,也一直是比较强大的推动力,正如希默法尔伯所言,在英国"无论是18世纪的托利党还是20世纪的社会主义者都会同意,穷人的状况是检验一个文明、一个民族或者一种哲学的试金石"②。

第二种动力源于劳动的非商品化或者说劳动解放。进入现代国家后,相对于在传统国家,劳动者已取得最大限度的解放,但仍受制于资本,劳动力被作为商品在市场上买卖并为市场关系所束缚。于是劳动者以个人权利为旗帜,通过自身努力(如工人运动、与中产阶级结盟等)并借助于大众民主,努力地将自身从商品化境地中解放出来。福利国家的发展,在相当程度上正是劳动者把劳动力这一虚构商品去商品化、修正市场体系、保护社会关系、帮助社会适应市场扩张的结果。20世纪初欧洲各国社会保险法的出台,离不开社会民主党人的斗争和工人运动的推动。有许多学者因此认为,以劳动解放为目标的社会民主运动才是福利国家制度建设最基础、最主要的政治推动力量,其中最为典型的代表是瑞典以及其他北欧国家。

(一)福利国家对于资本积累的作用

除了上面说到的济贫、劳动力非商品化两种动因外,西方还有一些学者尤其是马克思主义学者,特别强调推动现代福利国家形成的第三种动因,即服务于资本或者说满足资本积累的需要。资本的本性在于不断追逐更高的利润、追求自身的积累,因此在现代社会基础上构建起来的现代国家,在相当程度上需要不断地服务于资本的这一本性,"实际上国家不外是资产者为了在国内外相互保障自己的财产和利益所必然要采取的一种组织形式"③。需要看到,国家为资本服务并非仅仅有利于资产阶级,它也可能有利于劳动者。这是因为,资本的成长是推动现代生产力增长与社会发展的动力,作为资本人格化代表的资产阶级"在历史上曾经起到非常革命的作用"④。正是资本的力量帮助创造了现代社会与现代国家,带动了经济增长,进而惠及劳动者。可是,如果资本积累不受节制,那么它在成长过程中也有可能会受自身力量的破坏。比如,它可能会将劳动仅视为成本因素而无视劳动者的困苦,可能会破坏环境和社会,可能造成垄断进而破坏竞争性市场,最终反过来损及资本自身的利益。

因此,在现实中,资本主义国家就运用各种福利制度,在市场原则基础上尝试约束资本自身破坏性的力量。因这样的动力支配,在建设福利国家时,那些有利于资本增值的制度与措施受到特别的欢迎(如教育与培训),那些有可能影响资本运作或者替代市场的福利措施常会遭到反对(如对生产过程中污染的管制、国家提供普遍医疗服务等)。大体上,资本的发展从福利国家建设中获得了大量的帮助,特别是在维持有效率、有纪律的劳动力队伍及其再生产方面。正因如此,许多马克思主义学者在解释战后各国福利发展时坚持

---

① 巴里著:《福利》,储建国译,吉林人民出版社2005年版,第119页。
② Gertrude Himmelfarb, *The Idea of Poverty*, Alfred A., Knope, Inc., 1983, p.4.
③ 马克思、恩格斯著:《马克思恩格斯选集》(第一卷),人民出版社1972年版,第69页。
④ 同上书,第253页。

认为,福利是资本家采用的一种新的控制手段,是出于资本目的而采取的服务措施,是继续剥削工人却不会导致社会动荡的新方式①,"最终也是服务于资产阶级的利益而不是工人阶级的利益"②。

因此,西方福利国家的建设,最终在功能上服务于资本增值的目的。对此,深受奥康纳影响的奥菲也进行了讨论。在他看来,以资本为主导的经济体系存在着一种累进性的"自我瘫痪"的倾向,就是说自由放任、不加节制的资本将会带来力量垄断、贫富分化、经济危机等不良后果,而这些后果一方面会让工人大量地失业(使劳动者脱离市场交换关系),另一方面会让资本日益找不到获利渠道(资本因此撤出市场)。奥菲说,在德国这样的国家,福利制度建设挽救了资本主义,其途径主要是通过全面扩张政府的功能来供给福利:政府提供的教育、培训,提高了劳动者的市场销售能力;无所不包的福利措施,让劳动者免受市场带来的大量痛苦;大规模的基础建设,刺激了劳动力与资本之间的交换关系;共同决策、共同投资等方式,可以增加市场的可预见性等③。

(二) 服务资本因素与美国福利国家的建设

在福利国家服务资本方面,美国的表现最为典型。按照马克思的说法:"现代国家的最完善的例子就是北美。"④由于美国是在殖民地时期以孤独拓荒者的角色中成长为最强大国家的,因此比起其他国家来,更加肯定资本的力量和市场的作用,福利国家的建设在一开始就更满足于对市场的"消极修补"的定位。在整个19世纪,与德国一样,美国也属于赶超型国家,但不同于德国的是,美国在福利国家建设过程中一直表现得比较消极。直到罗斯福新政时期,美国才相对积极地建设福利国家。在罗斯福新政之后并在约翰逊、尼克松总统期间达到高潮的美国福利国家建设,在原则上仍尽一切可能保留市场的作用并积极发挥资本的逐利作用,在制度设计与运行时更加突出商业运作和个体责任。与其他国家相比,美国的社会保障项目高度依赖于商业保险市场与个人选择,普救式的福利给付的数量极少,对部分穷人实行的社会救济也建立在羞辱式的调查基础上。这样的福利制度,尤其是其中的医疗制度,造成了美国政治上的深刻分歧与僵局,也因未采用欧洲式国家综合性医疗保险与家庭津贴体系而成为福利国家发展的落后者,在国际上屡遭诟病⑤。所以,在西方现代国家中,"作为福利国家,美国被看作是异类(exceptional)"⑥。

已建成的美国式福利国家不仅在建设原则上服务于资本,而且在制度功能上也大大有助于资本的发展。正如谢勒夫的看法所说的:"资本家也能从福利国家中获得收益,福利国家有助于维持有生产效率和有纪律的劳动力以及这种劳动力的再生产。"⑦

福利制度有助于资本积累这一逻辑,事实上很早就已被美国的"福特制"经验所揭示,并且在实践中一再地得到验证。20世纪初期,在汽车生产操作过程标准化的基础上,福

---

① 刘娟凤著:《福利国家》,国家行政学院出版社2014年版,第21页。
② 同上书,第22页。
③ 奥菲著:《福利国家的矛盾》,吉林人民出版社2006年版,第2页。
④ 马克思、恩格斯著:《马克思恩格斯选集》(第一卷),人民出版社1972年版,第69页。
⑤ Francis G. Castles etc. edited, *The Oxford Handbook of The welfare State*, Oxford University Press, 2010, p.9.
⑥ Ibid., p.38.
⑦ 刘娟凤著:《福利国家》,国家行政学院出版社2014年版,第21页。

特公司采用了流水线作业的办法,从而实现了大批量、大规模的生产,生产效率大大提高。于是从1914年起,福特公司提高了工人工资(达到日工资5美元),这样工人花三个月工资就可以购买一辆福特T型车。这一做法,因表面上伤害资本的利益而被当时的《华尔街日报》抨击为经济犯罪。可是,因为工人能够买得起自己制造的汽车,大规模消费可以进一步刺激大规模生产,而大规模生产给资本家带来了更大的利益。这一福特制经验,对福利国家制度的建设是颇有启示的。这是因为,福利制度也有类似的功用:国家为工人和其他有需求的群体提供社会福利(特别是确立最低工资、贫困救济与养老金),工人因未来有保障而在事实上增加了消费,消费增加会刺激生产,最终有助于实现资本的盈利需要。

□ 为资本积累直接服务的社会资本支出

按照奥康纳的概念体系,像美国这样的资本主义经济活动或产业部门可分为国家部门、垄断部门、竞争部门三部分,国家部门用财政支出中的社会资本支出(又分社会投资与社会消费)直接为垄断部门(乃至整个经济)的资本积累服务("社会资本支出能间接提高生产能力,同时还能增加总需求",第8页),而用社会费用支出主要为竞争部门服务,在实现国家合法性职能的同时间接为资本积累服务("社会费用支出虽然也能增加总需求,但不能提高生产能力",第8页)。他说,"很多'特殊利益集团'——公司、产业、地区和其他商业利益集团——都会要求国家通过预算进行不同的社会投资(这些要求会经过政治处理得到合法化,或者得以避开公众耳目)。工会会员和一般劳动者需要不同类型的社会消费,而失业者和穷人(连同陷入财务困境的企业主)也会要求增加社会费用支出"(第9页)。

此处即本节第二部分先考察为资本积累直接服务的社会资本支出,在本节第三部分再考察社会费用支出。

(一)国家部门为什么要用社会资本支出直接服务于资本积累

为什么国家部门要用财政支出中的社会资本支出来为资本服务,进而把自己塑造成考夫曼意义上的当代福利国家?奥康纳的回答是,"资本主义生产社会性的提高不是阻碍不变资本和可变资本的私人积累,就是使得这种积累变得无利可图"(第7页),"社会投资资本和社会消费资本成本的社会化程度随着时间的推移日趋提高,而且也越来越为垄断资本有利可图的积累所必需"(第7页)。因此,为了垄断资本扩张的需要,国家财政必须为此目的而大力支出,这样的支出又能帮助垄断资本扩张,"国家财政支出和预算项目的扩增既是垄断资本扩张的前因,又是垄断资本扩张的结果"(第7页)。因此种目的而支出的财政资金,逐渐建设出福利国家制度。

奥康纳指出,虽然"现代保守思想认为,国家部门的发展以牺牲私人产业为代价;而我们则认为,国家部门的发展为私人产业特别是私人垄断产业的扩张所必需"(第8页),因为私人产业特别是私人垄断产业的发展,带来了资本成本的增长;而资本成本增长就必然使国家在社会费用上的支出不断增加,"国家将越来越多的资本成本进行了社会化"(第8页)。奥康纳这里说的资本成本社会化,就是"资本主义私人企业的一部分本应由其自身承担的运营成本,通过国家对社会经济生活的干预而转化为社会成本的经济过程"①,具体包括政府建设基础设施以降低私人资本的经营成本、政府从事研究与开发活动、政府举办公共教育与培训以提供高素质而廉价的劳动力、政府用社会保险与福利措施以稳定社会秩序并提供充分的社会有效需求等。事实上,这些私人资本成本社会化措施就是考夫曼意义上的福利国家措施,它们为资本进一步增值服务,将本应由私人资本(特别是垄断部门的资本)负担的各种成本(研究与开发费用、教育与培训费用、基础设施建设费用等)交由国家来承担。

在私人产业的两大部门中,奥康纳认为垄断部门相对于竞争部门有特殊性,并因这种特殊性而决定国家部门必须给予帮助,以服务于它的资本积累目的。奥康纳至少指出了以下三个方面的特殊性以及由此带来的问题。

第一,因垄断部门引发通货膨胀。奥康纳指出,垄断部门因其垄断地位的存在,产品价格并非由市场竞争决定,"大部分垄断企业对照某个税后利润目标(通常在10%—15%)开展经营活动"。在垄断企业中工人工资的决定因素是"工会的集体力量而不是正常的供给和需求力量"(第18页),由于垄断企业的工会力量强大,在与资方谈判中常常导致垄断产业工人"平均工资趋向于以略快于部门平均生产率的速度增长"而且"大大快于经济总体生产率的增长速度"(第19页),从而"扭曲了垄断企业的工资"(第18页)。为了确保自己的利润率,对于工人工资上涨带来的成本提高,垄断企业一般通过提高产品价格的形式加以消化。垄断企业产品价格提高,会带来通货膨胀的提升,并使"竞争部门的劳动者深受其苦",因为"一方面,他们的工资相对较低;另一方面,他们不得不按相对较高的垄断价格购买垄断商品和服务"(第20页)。要治理因此而产生的通货膨胀,国家就要出面进行一定的价格与工资管制。在此处,奥康纳还揭示出西方马克思主义理论中的一条著名结论,那就是垄断行业工会既是工人提高工资的主要力量,也"是一个垄断资本为了实现技术进步并执行合理(从利润的角度看)的用人计划而委托的代理人"(第21页),就是说它也帮助了垄断资本去管理工人。

第二,垄断部门是资本积累和经济增长的"引擎"。追求经济增长或者说追求资本增值(利润)是资本主义经济体的生命力,而奥康纳认为,"垄断产业是资本积累和经济增长的'引擎'。它们就是依靠新产品开发、产品型号和款式变化、产品差别化等来拓展市场的,而且(短期除外)就是依靠提高生产率(而不是多用劳动力)来扩大市场的"(第21页)。相形之下,竞争部门因技术进步缓慢、劳动生产率提高不大而不能作为经济增长的"引擎"。要让垄断部门作为引擎发挥作用,显然需要国家部门的发展,以便为垄断部门(在较低程度上也为竞争部门)一方面提供教育程度不断提高的技术与管理人员(为此而发展教育与培训),另一方面则提供基础设施(为此而发展交通运输、通信、研发等)。此外,国家部门还需要在财政上提供社会消费支出(医疗保险、养老保险、公租房建造、公共娱乐设施建设等)。奥康纳的结论是,"垄断部门的增长取决于社会投资和社会消费项目的不断发展。从

---

① 刘洁著:《私人资本成本社会化——发达资本主义国家财政制度演进研究》,南开大学出版社2009年版,第2页。

垄断资本的角度看,这些项目部分或者全部间接地促进了生产率的提高"(第 22 页)。

第三,垄断部门的发展往往会导致资本的过剩。奥康纳解释说,这里的资本过剩,"具体又表现为产品过剩(或产能过剩)和(劳动)人口过剩(或技术性失业)"(第 23 页)。原因至少有两个方面:一方面,虽然垄断部门的货币工资大致能按生产率和生活费用(即通货膨胀)上涨的一定比例增加,但竞争部门的货币工资难以上涨(缺乏有效工会、商品价格与工资受市场竞争决定),再加上"那么多的收入花费在了税收、服务、利息和销售(贸易)费用"(第 23 页),这样劳动者整体上就没有足够的收入消费垄断部门的产品,"垄断部门产能的增长往往要快于对其产出的需求"(第 22 页),垄断部门的产品因此而过剩;另一方面,垄断部门由于技术进步快会带来技术性失业(表现为真实的失业或垄断部门的冗员),垄断资本的粗放型扩张"不仅会导致竞争部门失业(剩余劳动力)增加,而且还会导致大量的小企业主(剩余资本家)破产"(第 27 页),于是失业人口使得需求进一步不足。正因如此,奥康纳指出,"剩余人口和剩余产能的扩大属于同一个过程(或者说是同一过程的两个方面)"(第 25 页)。为此,需要国家部门的发展来解决剩余人口与剩余产能:一是国家直接雇佣劳动力(尤其是学非所用的专业人士与就业市场上处于不利地位的少数种族),扩大就业人数;二是依靠贷款担保、农业补贴、公平交易法及类似的保护性立法来保护小企业主、小农场主、竞争产业的普通劳动者等,避免他们的失业或扩大竞争部门的就业岗位;三是发动战争以消化过剩产能与过剩人口,"在国家财政支出中,福利支出和战争支出的增加也属于同一过程。换句话说,福利国家的发展与战争国家那么紧密地联系在一起,以至于现代国家可被称为'福利-战争国家'"(第 25 页)。

奥康纳还从垄断部门的劳资关系出发,解释国家部门服务于资本积累的职能,那就是国家不断地通过扩大私人资本成本社会化的范围,促进垄断部门的资方与工会化劳方合作,把"它们之间的矛盾输给了竞争部门和国家部门"(第 39 页)。从以下几个方面,他分别予以说明(第 39—40 页):

(1)垄断资本与工会化劳方合作,要求国家扩大社会投资,资本支出的社会化程度越高,垄断部门的生产率和工资增长就越快;

(2)垄断部门的资方和劳方一起,促进像医疗费用和雇员退休收入这样的社会消费支出的社会化;

(3)垄断部门的资方和劳方都支持增加社会费用支出,或者说把这些费用转嫁给纳税人,从而使垄断产业的利润和工资以更快的速度增加,比如说它们热情捍卫军费预算和新军事项目开发,都赞成建立福利制度,还联手把环境修复费用(即缓解城市环境恶化、减轻污染等的费用)社会化;

(4)垄断部门的资方和工会在引进劳动节约型技术的过程中进行了合作,这种技术不但能够导致垄断部门就业人数增加,而且还能带来国家部门就业人数的增加,并因此间接导致福利费用增加。

(二)国家部门怎样用社会资本支出来服务于资本积累

国家怎样才能帮助垄断资本进一步实现积累(或经济增长)?除了前面提到的由国家部门的扩张来吸收过剩人口与过剩产能外,主要是通过国家部门的发展,想方设法扩大预算收入从而用财政在社会资本上的支出直接服务于垄断资本,或者说将私人资本应承担的成本加以社会化。正像奥康纳说的,"国家的许多财政支出变成了社会资本支出,因而从垄断资本的角度看,具有间接生产性"(第50页)。

1. 社会资本支出与社会-工业综合体

奥康纳列出了许多类似下面的项目,作为社会资本支出的例证:促进教育和劳动力发展,降低劳动成本;解决公共住房建设预算效率低的问题,吸引垄断资本投资;消除造成公路和其他交通运输项目低效率的根源;开发庞大的精神病人和刑事罪犯中转站项目,实现更多的节约等。这些项目在国家和垄断产业的支持下,会带来奥康纳所说的各种规模的"社会-工业综合体"的发展(第51页)。就是说,这些项目本身是国家通过财政资金为社会(实际上是为垄断资本)或经济提高生产率而建构起来的,垄断资本不但能从项目的实施结果获益,而且还通过参与这些由国家提供资金的项目的运行而获得巨大的利益。

奥康纳的"社会-工业综合体"这一术语非常重要,它描述的是一种实际运行于社会中的机制。直到《国家的财政危机》新版出版,在序言中他仍多少有些得意地认为,自己提出的"社会-工业综合体"概念,"准确地预测到了20世纪80年代和90年代形势的实际变化"(事务版序第10页)。社会-工业综合体作为概念,一定程度上基于美国原有的"军事-工业综合体"概念提出,它将国家财政为提高经济增长率而增加支出、财政资金提供私人资本成本社会化项目、垄断资本介入财政资金项目而获利等多方面的内容融合为一体,将国家、项目建设、垄断资本三方紧密联系在一起。奥康纳认为,作为一种社会机制,它"既能降低社会资本成本(如大众汽车交通、卫生领域的健康维护组织)又能降低社会费用成本(如监狱看守、福利改革)"(事务版序第10页)。社会-工业综合体牵涉国家部门、公民群体(劳动力、失业者等支出项目涉及的有关人群)、垄断资本等多个经济主体,既可能是新生的,也可能由原有的军事-工业综合体转化而来的,只要它能"抓住(联邦政府提供大量补贴的)机会实现从军工生产向民品生产的转身"(第51页)。社会-工业综合体的发展,取决于能否将垄断部门技术进步的收益拿出来供国家部门用作再分配项目,而这"说到底是一个政治问题"(第52页),需要垄断资本与国家建立更加密切的关系和更强的组合能力,需要弱化竞争部门资本的力量,需要确保不伤害垄断部门的工会化劳方(第52—53页)。他说,"从政治的角度看,社会-工业综合体就是由部分垄断资本和剩余人口以及垄断部门低工资雇员结成的变化缓慢的联盟;从经济的角度看,社会-工业综合体是同时为了给垄断资本创造补贴投资的机会、缓解剩余人口的实际贫困化问题以及通过实施社会经济计划把社会费用转化为社会资本的产物;从社会的角度看,社会-工业综合体是新的非直接生产性劳动者阶层——技术人员、管理人员、专业辅助人员、工厂和办公室委员和其他负责计划、实施和监管教育、卫生、住宅、科学和社会-工业资本渗透的领域项目的工作者组成的劳动'小军'——产生的结果"(第210页)。财政资金帮助社会-工业综合体运行,最终会提高生产率并增加垄断资本的收益。不过,奥康纳也说,社会-工业综合体的运行,可能会改变垄断资本和工会化劳方之间的关系,可能会威胁竞争资本以及垄断部门中某些产业的利益,可能对改善竞争部门劳方(尤其是被压迫少数种族群体)与垄断部门资方之间的关系提出要求,可能会对税收制度改革提出要求,还可能需要深入改革社会各阶层内部及其之间的政治关系(第54页)。他说,美国联邦政府需要也已经在垄断部门鼓励劳资双方就生产率展开谈判,让"工资增长幅度在一定程度上低于生产率增长幅度或者最多与生产率增长幅度持平",而下一步可能做的是"开征国家增值税以便从垄断部门攫取更大份额的剩余供社会-工业综合体使用"(第53页)。

2. 社会资本支出中的社会投资支出与社会消费支出

在《国家的财政危机》一书中,奥康纳运用第四章和第五章两章文本,来分别阐述他所谓的国家财政支出中的社会资本支出,将其区分为社会投资支出(第四章)与社会消费支出(第五章)两个部分。由于篇幅及本讲的目的所限,对此两章的内容只就相关部分做一点介绍。

(1) 社会投资支出。

奥康纳用社会投资支出来对应马克思的不变资本概念,然后又将其分为实物资本和人力资本两种:实物资本投资主要有经济基础设施(如交通运输设施和与工业发展项目的设施)、教育和研发用建筑和设备、城市改造项目等;人力资本投资则包括各级教育系统提供的教学、行政和其他服务,以及教育机构提供的科学和研发服务等(第95页)。

财政支出中的社会投资支出,也就是前文说到的将私人资本成本社会化。对于实物资本的私人成本社会化,奥康纳认为原因有二:首先,大部分实物资本被用来供给私人资本长期需要的产品和服务,社会化后可以以稳定、低廉的价格,确保相关产品或服务的稳定供给;其次,有些项目的成本常常超出了直接相关企业的财力,并且被视为不可接受的财务风险(第95页)。

针对人力资本需要社会投资,奥康纳分析,原因主要在于,在科学发现潜藏着更大的技术可能性的前提下,企业自己培训绝大部分员工是一种非常不合理的组织方式。这是因为,技术-管理知识和技能不可能被任何一个或少数产业-金融利益集团所垄断,科学和技术发现会产生超越特定企业和产业的溢出效应,特别是在大众传媒、电子信息处理和劳动力国际流动时代(第104页)。

(2) 社会消费支出。

奥康纳将他所谓的社会消费支出对应于马克思的可变资本概念,分为两类,即"劳动阶级集体消费的商品和服务以及应对经济不安全的社会保障"(第117页)。

奥康纳所说的第一类社会消费支出,包括以下内容:① 郊区发展项目(如道路、中小学校、娱乐休闲设施建设以及住房抵押贷款补贴和担保);② 城市改造项目;③ 其他如儿童保健、医院和医疗设施等相关项目。奥康纳说的第二类社会消费支出,包括工伤与职业病补偿金、养老与遗属保险、失业保险以及医疗保健保险。对于这第二类社会消费支出,奥康纳在概念上又认为"社会保险支出应该被归入社会费用支出,而不是社会消费支出"(第129页)。据此,我们将这一类社会消费支出的内容放到社会费用支出中去叙述。

奥康纳特别指出,社会消费支出也是将私人资本的部分成本社会化,而且"社会化程度越高,货币工资水平越低(在其他条件不变的情况下),垄断部门的利润率就越高",因此"垄断资本常常积极支持社会消费支出的增加"(第117页)。在现代国家中已明显出现的趋势是,国家部门将越来越多的预算资金配置给社会消费支出,"特别是配置于垄断部门员工的社会消费支出"(第117页)。当然,"随着普通大众的不断无产阶级化、劳动分工和职能专业化的不断强化以及农村市郊化的快速发展,普通劳动阶级家庭越来越难以'自给',社会消费支出的规模越来越大"(第117页)。

不过,虽然同样是社会消费支出,但不同阶层的受益显然是不同的。奥康纳在第五章用了很大的篇幅来讨论在社会消费支出中郊区对市区的剥削,以及不同区域的社会消费支出、规划改造对不同阶层(资本家与劳动者)、不同部门(垄断部门与竞争部门)的影响。我们接下来简要介绍以下奥康纳所说的在社会消费支出中郊区对市区的剥削。

在他看来,市区已成为绝大多数中产阶级(商业不动产业主和商人、专业人士和新的企业随从人员)无力控制并因此无法享受的不毛之地,垄断资本也因土地成本问题而迁到了城市周边地区。于是郊区繁荣起来,而城市则留给了生产率和工资相对较低的竞争部门(小型制造业、零售业、食品、服务业)。他引用罗伊·伯尔的话来说明郊区对城市的剥削,"高收入家庭和某些产业搬往郊区削弱了中心城市的财力。与此同时,郊区居民通过与中心城市的互动,大肆利用中心城市的公共服务,从而加剧了交通拥堵和空气污染等城市问题。有很多经验研究支持这种对财政重商主义——把税基迁出市区或中心城市,而把服务成本转嫁给市区或中心城市——的指控"(第121页)。由于竞争部门的员工主要集中在中心城区,他们的收入和住房价值相对较低,税基也相应较小,因此用于满足市区居民需要的社会消费支出(较于市区用于在城里上班的郊区居民身上的支出)就相对较少;而郊区正好相反,因地产价值高、居民富裕而税收丰富,郊区居民影响政府行为的能力也比较强,社会服务数量大且质量高,政府的社会消费支出也比较大。市区与郊区之间的差异,并不会因为人口流动而消失,因为劳动阶级(尤其黑人劳动者)因阶级与种族歧视而无力获得郊区住房的抵押贷款,也无法负担交通成本。奥康纳指出,郊区社会消费支出持续增加、市区与郊区的社会消费差别不断拉大,其结构性原因"来自资本主义,尤其是垄断资本占据支配地位、黑人和其他少数族群遭受社会压迫以及竞争部门与垄断(和国家)部门员工享受不同待遇等现象本身"(第126页)。

□ 为资本积累间接服务的社会费用支出

为资本积累提供间接服务的财政支出项目,在奥康纳的概念体系中属于社会费用支出。奥康纳所说的社会费用,是"为保持社会和谐——为国家履行'合法化'职能——所必需的项目和服务"(第6页)。在他看来,社会费用的最典型例子就是福利制度,"福利制度主要是用来防止失业者闹事、维护社会安宁的"(第6页)。显然,奥康纳所说的福利制度就是通常所说的福利国家提供的社会救济项目,即针对穷困无助者或境况最差者(如无助的儿童、残疾人、体弱者及不愿工作者),用货币、实物或服务等形式给予帮助,满足他们的最低需要(一般需要调查收入和财产状况以判断是否符合资格)。

(一) 社会保险支出

如前所述,奥康纳原来将社会保险支出归入社会消费支出,后来又归入社会费用支出,这样做其实更符合福利国家制度的一般分类方法。社会保险的核心,是针对因年老、疾病、工伤、失业等风险而建立起强制性的、以财政资金为兜底保障的保险制度。这一制度运用了市场保险原理,建立起带有一定强制性的保险缴费与受益对应的制度,以便降低民众因风险而受到的伤害,受益者可能是全体公民也可能只是在职者(主要看保险的缴费与受益之间的对应程度或者说市场原则的运用程度)。在美国,社会保险资金的发放大多体现为财政上的社会保险支出。奥康纳指出,这类支出虽然在一定程度上保护了失业的、生病的与退休的劳动者,但"这种制度的首要目的是在在职劳动者(尤其是受雇于垄断部门的在职劳动者)中间营造一种经济安全感,从而提升他们的士气和纪律性","有利于维护和谐的劳资关系或者管理层与一般员工之间的关系,而和谐的劳资关系为积累资本和扩大生产所必须",因此"社会保险主要不是对劳动者的保险,而是一种对资本家和企业的保险"(第129页)。奥康纳以养老与遗属保险计划在国会立法时几乎没有受到质疑为例来说明这一点。在当时,劳工组织因为这一保险制度进行了有利于其成员的收入再分配而感到基本满意,而垄断资本也因为它确保了一种比较和谐的劳资关系而感到比较满意(第130页)。换言之,社会保险支出作为社会费用,有利于资本积累的目的,虽然可能是间接性的。奥康纳总结道,社会保险制度在美国之所以能够不断发展,除了它有利于垄断资本的资本积累外,还有劳动阶级的要求和国家试图赢得合法性的动力,"不仅是因为垄断资本有这方面的经济要求,而且还因为全社会的政治力量发挥了作用,国家也需要赢得人民大众的忠诚"(第133页)。

(二) 社会福利支出(救济支出)

奥康纳概念中的福利制度,指的仅是社会救济制度,它事实上主要针对竞争部门的劳动者。竞争部门的产品价格由生产率决定,工资由经济中的总需求决定,往往独立于企业主和员工的意图,劳动力供给也趋向于增加。因此,竞争部门工人工资上涨的原因往往是通货膨胀而非技术进步和生产率提高,当然它也受国家最低工资法的影响。这些劳动者因劳动生产率增长缓慢、工会谈判能力低而导致工资收入低,又因人口过剩而特别容易失业,还受到下面两重失衡的打击:在资本积累及技术变革造成的地区与产业间经济失衡;社会在收入和财富分配方面失衡。

国家为了赢得合法性,必须对这些劳动者给予必要的救济,并间接地服务于垄断资本的资本积累目的。前文已经提及,在这本书的第六章奥康纳再次说到,垄断行业造成的产能过剩与人口过剩会带来巨大的压力,"产能过剩(或资本过剩)会导致政治压力,迫使政府采取咄咄逼人的对外经济扩张政策;而剩余劳动力(或者剩余人口)也会施加政治压力,要求发展福利制度"(第141页)。奥康纳指出,福利制度提供的收入让剩余人口具有一定的购买力从而让部分剩余商品得以消化,也有部分剩余人口被国家招募到福利机构中供职而获得工作,从而对资本积累产生了积极的影响,由此看来"垄断资本主义制度是一种在一定程度上能够自我纠偏的制度"(第142页)。为福利而支出的国家预算,"可被视为一种——为了维护垄断部门劳资和社会和谐、提高垄断部门生产率并加快垄断部门资本积累和利润实现速度而——在劳动阶级内部进行前向和后向收入再分配的复杂机制"(第151页)。

不过,这样通过预算而进行自我纠偏的能力是有限的,福利制度与福利支出的发展相对于生产率的提高而显得过慢,以至于"一方面难以创造足够的购买力来购买剩余商品,另一方面难以在国家部门创造足够的就业机会吸纳剩余人口"(第142页)。此外,尽管这样的福利已在某种程度上被视为"公民权利",但仍有强烈的声音加以反对,比如,"在州和地方层次,强烈反对扩大少数种族和穷人福利及社会计划的斗争依然在继续"(第152页),认为福利制度和官僚机构的不断发展有可能会危及市场工资制度和社会他律机制(第152页),也有人声称福利救济制度会导致精神和道德崩溃(如骗取福利金的行为)。奥康纳对这样的声音进行了驳斥,认为它们要么不成立,要么只是一个次要问题或者只是行政工作的差错(第153页)。因此,由国家部门负责的福利制度是必不可少的间接帮助资本积累的措施,"没有一个企业或者产业能够有效地计划或者资助一种旨在维系社会政治秩序和谐的制度"(第158页),"垄断资本负担不起为维护生产关系和谐所必需的各种社会计划"(第158页)。

(三) 军事开支与社会福利支出

除了社会保险支出、社会福利支出(救济支出)对资本积累的间接影响外,奥康纳还特别分析了军事开支与福利支出一起服务于资本积累的现象。他说,"军费开支和福利支出的结构性决定因素在很大程度上是相同的,而这两种支出可被解释为同一一般现象的不同表现方面"(第141页),"福利支出和军费开支由垄断资本的需求和垄断部门生产关系所决定"(第141页)。奥康纳特别重视军费开支与福利开支对垄断部门造成的产能过剩与人口过剩问题的解决,并因此把资本主义国家机器称为"战争-福利国家"。他说,"在国家财政支出中,福利支出和战争支出的增加也属于同一过程。换句话说,福利国家的发展与战争国家那么紧密地联系在一起,以至于现代国家可被称为福利-战争国家"(第25页)。在奥康纳看来,"无论是福利支出还是战争开支都具有双重性质:福利系统的作用不仅是在政治上控制剩余人口,而且还要扩大国内需求和市场;战争系统则不仅要遏制外国竞争对手、阻止世界革命发展(从而保证劳动力、原料和市场不偏离资本主义轨道),而且还要帮助国内经济避免跌入停滞不前的陷阱"(第141页)。

对于军事支出,奥康纳还指出,"军国主义和帝国主义是资本主义经济发展的内在特征"(第142页),其根本原因还在于为资本积累服务,"美国军国主义的根源归咎于垄断资本导致资本过剩的趋势"(第143页)。他举例说,在美国为数不多的大公司长期控制军费预算,"尽管国防支出的性质不断迅速发生变化,但总是同一些大公司持续获得最大份额的军火合同"(第145页),军备承包商和五角大楼之间的密切关系使其构成了一个实体——"军事-工业综合体"(第146页)。当然,战争和对外快速扩张,也能促进劳资关系和谐并进而为提高生产率(资本积累)服务,这是因为它能为"受雇于竞争部门或者处于失业状态的劳动者创造就业机会"(第143页)。

第三节 财政维度上现代国家的内在危机

西方由中世纪领主国家发展而来的现代国家形态,能够持续发展下去吗?事实上,早在19世纪马克思就基于生产力与生产关系的辩证运动关系而断言它必然灭亡的命运。与马克思同时或者在他之后很长时间,就现代国家的未来这一主题来说,出现了大量的危机论、没落论与崩溃论的预言。基于本课程的目的,我们先从财政维度来概括几种有关现代国家发展的危机论,然后看看奥康纳是怎样从财政视角讨论现代国家不可克服的内在危机的,最后再作一点简单的总结。

□ 从财政维度看现代国家的危机

已有许多学者从财政维度考察过现代国家的内在危机,这些内容主要体现在他们从税收角度、福利支出角度与预算管理角度进行的考察。

(一)税收国家的危机

西方现代国家在财政上首先表现为税收国家,即以来源于纳税人收入与财产的税收来供养的国家。它自16—17世纪在西方逐渐成形,其中一个表现是,来自非税收的财政收入在比例上逐渐缩小到可有可无的地步,而税收慢慢占据财政收入的绝对地位。到20世纪上半叶,随着较为公平的直接税制代替了具有累退性质的间接税制,税收国家也达到比较成熟的状态。

可在1917年,葛德雪就从财政方面预言了税收国家的危机。葛德雪认为,从中世纪领主经济中成长起来的现代国家,因为被剥夺了财产而在财政上不得不依靠来自资本主义经济的税收。于是,这样一种没有财产的穷国家很容易被资产阶级操控,以私人资本家与金融寡头集团为首的资产阶级也因此成为"国家中的国家",利用国家组织来增加自己的利润并扩大手中的权力。在财政上,如果不能把财产还给国家,国家就是最贫困的组织,只能通过间接手段即税收来获取资源,于是国家无力满足甚至最为紧迫的社会需求。这样的国家,事实上处于严重的危机之中,因为它受到普遍性的敌视:"那些掌权的人敌视国家,因为很自然地他们希望国家保持经济上的弱势地位,这样就不会从自己身上过多地征税;那些贫穷的人也敌视国家,因为在自己贫弱之时它无法给予只有共同体才能给的帮助。"[①]

1918年,受葛德雪上述研究的启发,熊彼特再次阐发了税收国家的危机。在他看来,从中世纪领主国家中逐渐诞生的税收国家,在收入上是受到限制的。这是因为,如果它主要依靠间接税的话,间接税能提供的最大收入是有限度的,越过此限度,间接税收入就会降低;如果它主要依靠向企业利润征税的话也有限度,超出一定的限度,直接税的税收压力将伤害甚至摧毁征税的对象,大大延缓产业发展的进程;国家对个人收入征税也是有限度的,因为此种税收会阻碍资本形成、挫伤经济活动的积极性;国家靠自己经营取得利润或者借债也是靠不住的,这是由于国家经营能力有限、垄断可能会剥削民众或者其他原因。在这种情况下,"国家的财政能力有其界限,它的含义不证自明"[②]。可是,人民的意愿总是要求越来越高的公共支出,"如果有越来越多的权力被用来支持这种意愿,以及最终如果关于私人财产与生活方式的全新思想掌握了所有阶层的人民,那么税收国家就将走完全程"[③],税收国家就会因此崩溃。熊彼特强调说,战争(特别是熊彼特写作时即将结

---

① 马斯格雷夫、皮考克主编:《财政理论史上的经典文献》,刘守刚、王晓丹译,上海财经大学出版社2015年版,第273页。
② 熊彼特:《税收国家的危机》,附录于格罗夫斯著《税收哲人》,刘守刚、刘雪梅译,上海财经大学出版社2018年版。
③ 同上。

束的第一次世界大战)未必会摧毁税收国家,在战争废墟上完全可能重建税收国家;真正摧毁税收国家的,是充满竞争精神的资本主义经济完成其历史使命,那样的话在现实中就会出现不可避免的经济发展放缓。在此时,私人企业失去了存在的社会意义,税收国家也就真正地走向终结。

(二) 福利国家的危机

发端于19世纪下半叶并在20世纪逐渐成长起来的福利国家,也一再受到学者们的警告,认为它出现了严重的危机甚至即将崩溃。

右派学者认为,主要由福利给付构成的财政支出额长期超过已大大提高的税收,从而使国家财政出现了巨额的赤字和长期不可逆的债务。公债的存在推升了市场利率水平、威胁了金融的稳定并造成投资机会的减少;为支持高福利而征收的高税收,抑制了资本投资的动力、阻碍了市场正确有效地发挥作用;高福利还降低了劳动力的流动、放松劳动纪律,促成人的惰性。他们觉得,"福利国家应当为目前的两个危机负责:金融危机放缓甚至逆转了经济增长,并让全世界各经济体深陷泥潭;而债务危机正在影响欧洲、美国和其他一些国家"[1]。在他们的眼中,福利国家让福利依赖者掠夺勤劳有创造力的人,同时它"创造出一次又一次的危机,每一次危机都是一个愚蠢政策的意外结果,这些政策因为政治原因而被政客所采纳,但他们不用承担自己政策的后果"[2]。詹姆斯·布坎南甚至强调指出,在大众民主制度下,民众要求更多的福利却不愿意纳税,因福利增加而提升的公共支出只能用公债来弥补,这么做最终破坏了社会资本,造成了社会道德的崩溃。因此,如果政府不改弦易辙,放弃福利国家(最多让国家只承担济贫责任),或者至少用宪法规则来约束支出与税收的增长,那么福利国家的危机与现代国家的崩溃是不可避免的。

左派学者也大力批判福利国家,认为具有以下几个方面弊端的现代福利国家是无法维持的,必须向更高级别的国家类型转化[3]:

(1) 现行福利国家是无效力的和无效率的。虽然使工资收入者生活条件改善,但其制度结构在改变资产阶级和工人阶级之间的收入分配方面(纵向层面)极少作为(或无所作为),只是在横向层面(在工人阶级内部从高收入者向低收入者转移收入)发挥作用。它不能消除个体的不幸和产生需要的原因(职业病、失业等),而只是对这些事件的后果进行补偿,如健康服务、培训、救济,但这些措施来得太晚了。

(2) 现行福利制度(尤其是美国式福利制度)具有压迫性。为了证明自己有资格获得福利国家的好处和服务,当事人不仅必须表明其"需要",而且还必须标明他应该得到。这些管制措施,对人造成压迫。

(3) 现行福利制度让工人阶级对社会政治现实的理解处于某种虚假状态。由于灌输了一套有关阶级合作的思想,政治与经济斗争分裂,并使他们持有一种显然越来越没有根据的、有关经济和社会保障持续发展的信念。

---

[1] 帕尔默编:《福利国家之后》,熊越、李杨、董子云等译,海南出版社2017年版,序言第23页。
[2] 同上书,第8页。
[3] 奥菲著:《福利国家的矛盾》,郭忠华等译,吉林人民出版社2006年版,第8—9页。

(三) 预算国家的危机

日本学者大岛通义从另一个角度即财政管理方面探讨了现代国家的危机。他认为,从中世纪领主国家成长起来的税收国家之所以具有合法性或者说获得人民的认同,是因为采用了严格的预算管理形式,即由民众选举产生的代议制机构(议会)对征税行为与支出安排进行严格的管控,这样在制度上可以落实预算责任。可以落实预算责任的国家,他称为"预算国家"。可是在现代世界的各个国家都出现了一种明显的趋势,那就是议会对财政的管控越来越形同虚设。这是因为,随着常任制官僚从事的公共管理活动及掌握的预算技术日益复杂,议会事实上很难发挥真正的管控作用。而且,由于不受议会监控的中央银行活动范围扩大、各种中间组织为政府分担事务与责任、国家主权多元化(对地方分权、向跨国组织转移权力)、代际间负担转移等,预算的责任事实上无法真正地落实。就是说,仅依靠议会的预算管理活动,事实上无法实现民众对政府的真正控制。于是,现代国家原来具有的公共性开始崩溃(或者至少出现了动摇),落实预算责任就成了奢望,预算国家陷入严重的合法性(或认同性)危机之中。大岛先生的原话是,"预算国家的危机的根本在哪里?在于国民对政府行为的'谅解'发生了动摇,并逐渐地崩溃。我们经常会提到'财政的可持续性',而财政的可持续性问题中最大的威胁正在于这种'谅解'的动摇"[①]。

奥康纳的"国家的财政危机"理论

如前所述,奥康纳也从财政维度阐述了现代国家所面临的深刻危机,这种危机源自国家要同时承担资本积累和合法化两大职能:国家既要为资本集中的垄断产业部门的资本家承担大量的社会化成本,如提供基础设施、实施城市改造、治理环境污染、资助科学研究等,以完成资本积累的使命;又要为劳动力集中的竞争产业部门中长期领取低廉工资的劳动力提供福利,以实现政权的合法性。可要承担这样两个职能,国家就要有充足的收入应对必要的支出。按照奥康纳的说法,国家要为此筹措资金,只有三种方法:上调税率、采用通胀性筹款方式("强行征税")、发展国有产业并把利润社会化(第40页)。而这三种方法在现代国家实践中都难以实施,因此收支缺口无法弥补,最终造成国家的财政危机。

就是说,现代国家的财政危机在短期看是收支的危机,但它事实上反映了更为深刻的中长期原因,即它根源于"资本主义生产本身的矛盾——生产社会化和生产资料私人占有之间的矛盾"(第38页)。他指出,这种矛盾就是"从长期看,垄断资本把越来越多的生产资本成本和社会费用社会化,但却没有把利润社会化(其实,成本和费用社会化的要害就是增加利润)"(第38页),因此"资本成本的社会化和利润的私人占有会造成财政危机或者国家财政支出与收入之间的'结构性缺口',结果就是出现国家财政支出增长快于筹款手段增长的情况"(第8页)。

(一) 财政危机的主体:国家部门

奥康纳所说的财政危机,显然发生在国家部门这一主体身上。奥康纳概念中的国家部门包括两大部分,一部分是履行日常行政管理任务的国家机构,另一部分是国有企业及

[①] 大岛通义著:《预算国家的危机》,徐一睿译,上海财经大学出版社2019年版,前言第2页。

根据与国家签订的合同组织生产的私营企业。前已述及,国家部门之所以扩张,"是因为国家机构和国家签约企业必须向垄断资本提供社会资本,还因为垄断部门的发展回过来又需要国家把更多的资金用于社会费用支出"(第27页)。此外,奥康纳还解释说,还有两个原因让国家部门不断地扩张:(1)国家部门虽然自身生产率增长幅度小,但要服务于生产率增长快的部门,不得不被动扩张;(2)国家部门劳动者的工资由政治决定且与垄断部门的工资挂钩,以致工资水平高、增速相对较快。总体而言,国家部门总是为了服务于资本积累与政治合法性两大职能而不断增长,"政府的支出难以削减,国家部门的就业也是如此"(第28页)。

奥康纳说,国家部门之所以不断扩大以至于造成财政危机,还应从政治方面加以理解。他认为,在决定国家财政支出与项目的数量、构成、方法和分布等方面,市场机制只发挥很小的作用或者根本就没有任何作用,"国家行政部门根据一系列的政治决策来组织生产"(第61页),而国家机关内部又有多个拥有一定自主权的权力中心,"对于任何税收和财政支出的重大变革,仅在联邦政府这一级也许就有必要考察至少10个机构的反应:众议院的筹款委员会,参议院的财政委员会,国会众参两院的拨款委员会,总统经济顾问委员会,联邦预算局,财政部,国内税收局,审计总署,联邦储备委员会"(第62页)。这些机构又分别受不同的、相互间难以结成联盟的利益集团的影响,奥康纳对此进行了比较详细的分析。他的意见是,在美国,"国会仍然实际代表着各个不同部门的狭隘的利益"或者说地方和区域或者小资本的利益(第74页),而且"具有阶级觉悟的政客和行政官员影响或者控制着国防部、住房与城市发展部以及卫生、教育与福利部的一些下属机构,还包括商务部、交通部、财政部、国务院、总统经济顾问委员会以及预算局的下属机构"(第64页)。不过,问题的复杂性在于,国家仍具有一定的自主性,"总统和他的重要助手们必须保持自己的独立性,他们必须表达阶级整体(相对于特定经济)利益,并且把这些利益转化为不但是为了满足眼前经济和政治需要,而且还要维系垄断资本与竞争部门资方和劳方之间关系的行动"(第65页)。当然,"全社会的利益"只不过是"垄断资本利益的一种委婉说法"(第76页)。总体而言,为了服务于资本积累、维护社会秩序、赢得民众忠诚,"劳工组织的领导人、企业和国家进行经常性的合作以防范民众社会运动,把集体谈判改造成一种企业计划工具,努力实现高就业和与生产率增长相符的工资水平,并且保持劳动的生产力,以提高私人消费和社会消费(社会保障、公共卫生和住房等)水平"(第65页)。换言之,扩大财政支出水平进行社会投资与社会消费几乎是所有各方一致的要求,在财政上就表现为抛弃19世纪的财政原则,"自由国家的预算原则被丢弃:直接税逐渐取代间接税;放弃平衡预算原则;接受不可兑换的纸币本位和借贷融资的新角色;国家财政支出持续增加以及国家经济职能在数量和种类上扩张"(第68页)。这样的财政变化绝非暂时现象,"而是现代经济时代的整体化原则"(第68页)。

(二)财政收入增加的有限性

在财政上,现代国家的危机首先是因为前文说的财政支出规模不断扩大,以便以社会投资和社会消费来服务于资本积累、增强合法性,其次是因为财政收入的增加有限。一般来说,国家获得财政收入至少有以下三种途径:税收、国有企业利润、公债。"国家可以采用三种通用的方法来为增加预算支出筹款：首先是通过开办国有企业创造利润，然后用利润来支付社会资本和社会费用支出；其次是以未来税收作担保发行债券或者借贷；最后是提高税率或者开征新税"（第169页）。如果以上这些途径都不管用，最后的手段就是通货膨胀。可是，这几种方式都不能有效地增加财政收入以弥补收支缺口，因此这样的财政危机在资本主义国家是无法克服的。

1. 税收的有限性

用税收来获取收入是现代国家的主导财政收入形式，在奥康纳等马克思主义学者看来，"税收财政是（而且历来是）一种经济剥削形式，因而也是一个阶级分析问题"，"税收制度就是特定形式的阶级制度"，"税收斗争是最古老的阶级斗争形式"（第192页）。为了消除（或者说隐瞒）税收结构中不公平的内容以及阶级结构中的剥削性质，近代以来西方国家一直努力构建公平的税收形式。到20世纪上半叶，西方国家实现了直接税制对间接税制的替代，其背后的理念是直接税制建立在纳税能力的基础上，而这又体现了公平理念。

奥康纳指出，纳税能力原则隐含的前提是，"国家的财政支出差不多平等地惠及每一个纳税人"（第194页），但这种论点是站不住脚的，因为"地方、州和联邦预算的重点是由增加生产的社会资本（社会消费和社会投资）以及社会费用（战争开支和福利）的需要决定"（第194页）。此外，国家又以"改进激励机制"为口号来大量减轻应由资本承担的直接税负，宣称"如果对利润课税太重，那么就会导致资本积累减少，生产和就业增长幅度就会下降；如果危及对有钱家庭和投资者以及他们（垄断货币资本供给）的金融机构的激励，那么可投资金的供给就会枯竭"（第194页）。因此，这样的直接税制往往集中于对流量的收入而非存量的财富征税，"把收入而不是财富使用作为支付能力的一个测量指标明显不利于工人，而是有利于资本"（第194页）。在资本主义世界一个突出的表现是，"没有一个国家对未实现的资本利得课税，尽管它们明显提高了相关个人的纳税能力"（第194页）。所以，现实的以直接税为主体的"税收制度名义上是累进的、理论上基于纳税能力，而实际上是累退的"（第6页）。

奥康纳进一步地指出以下几点：大部分公司所得税由消费者（工人和企业主）而不是公司所有人承担；赠与与遗产税是一个税基极小且相对比较容易规避的税种；商业房地产税也大多转嫁给了承租人或者消费者（或者转嫁给了员工）；工薪税全部转嫁给了员工，而个人所得税的税率结构提供了很多规避高边际税率的机会，劳动者也不能把个人所得税负担转嫁到利润头上（第195页）。

因此，奥康纳总结说，在现代国家，税收制度实际履行的是两大职能：一是筹集收入以帮助垄断资本获取利润，增加垄断资产阶级的收入和财富，劳动者承受税收负担；二是为社会资本和社会费用支出筹款，迫使劳动阶级越来越依附于资本，并且最终依附于国家（第199页）。他说，"这就是我们现行税收制度的一个值得关注的矛盾：一方面，税负大多沉重地压在了劳动阶级身上；另一方面，正是由于劳动阶级所处的地位，他们需要国家为他们花费越来越多的支出（社会消费和社会费用）。情况也许真是这样：税收剥削越沉重，政府的社会消费和社会费用支出就越多，因而需要进行更加残酷的税收剥削"（第199页）。显然，在这样的情况下，国家是不可能通过增加税收来获得财政收入以缓解财政危机的。

2. 国企利润的有限性

那么,国家可以通过举办国有企业(或者说将利润社会化)来增加财政收入吗?奥康纳的回答也是否定的,"国有企业通常采用国家与垄断资本合伙的方式创建,并且以能加快垄断部门资本积累的方式来管理。因此,国有化和国有企业发展通常既不会产生盈余,也不会导致税收减少和价格下降,而是会导致国家举借新债并加剧财政依赖"(第169页)。

奥康纳承认,虽然从技术上讲,"如果国家在利润率相对较高和稳定的垄断部门创办企业,那么,由此产生的盈余就能用来为一般预算支出筹款"(第170页),但这是完全不切实际的。原因在于,一方面"国有企业的发展还受制于私人资本以意识形态为由做出的不懈反对"(第171页),它们制造"国家无力管理直接生产性资本的神话"(第170页),美国也因此没有重要的政治力量主张创办国有企业;另一方面国有企业受到垄断资本的坚决反对,垄断资本"抵制国家资本侵犯垄断资本的'天然领土'"(第169页),只允许国家资本在非营利性领域存在,"希望国家能保持其财政脆弱性"并"希望国家保持其对税收的依赖"(第169页)。

因此,局限在非营利领域和国家部门的国家资本,无法产出高于最低"正常"水平的回报率,"在这种情况下,任何真正的解救国家财政的可能性显然都将不复存在"(第170页)。奥康纳的结论是,"国有企业并没有在财政上解救国家。事实上,创办国有企业的主要目的就是为了加强经济中的私人部门"(第176页)。

3. 国家举债的有限性

在理论上,国家举债是临时性弥补财政收支缺口的手段。在19世纪,国家债务主要产生于战争紧急状态。不过在现代,"国家借贷是为了增加社会资本(因此帮助私人资本增加利润)或者社会费用支出"(第177页),"还债的保证就是征税权以及通过增加国民生产总值来扩大税基的可能性"(第177页)。奥康纳承认,国债的增加会赋予国库更多的财政和货币计划权,但"国债的增加通常会加强资本对国家的控制"(第177页)。

奥康纳断言,"无论是地方还是联邦层面的国家债务都会实际增加私人利润,而且还会扩大垄断资本的影响。国债的增加通常不会加剧财政危机,但国家借款也不能缓解财政危机"(第169页)。

4. 通货膨胀收入的有限性

通货膨胀是国家获得收入的最后手段,即它放弃真正的借款而通过增发货币来"自我借款",又可因通货膨胀而致货币贬值来减轻自己的存量债务负担。

不过,奥康纳告诉我们,通货膨胀并不能真正增加政府的收入:一方面,"通胀性预算筹款的一个结果就是推高利率,从而增加联邦债务的还本付息负担"(第180页);另一方面,因通货膨胀而致垄断部门、竞争部门和国家部门工资上涨,这又进一步带来垄断部门产品价格上涨与通货膨胀的加剧(第180页)。

在美国,虽然"联邦政府为了维护社会稳定,也曾执行过一种温和、可控通货膨胀的政策,并且利用通货膨胀来抵赖部分联邦债务"(第44页),但固定收入者(国家部门雇员、政府服务对象、小企业主和其他人士)成了通货膨胀的受害者,而且通货膨胀会进一步引发经济危机与社会危机。而且,在通货膨胀的状态下,国家往往难以发售债券(州和地方政府更难发售债券),事实上加剧了政府筹资的困难。

因此,在奥康纳看来,通货膨胀实在不是国家增加财政收入的可取方式,反而会进一步加剧财政危机。

□ 现代国家的改良限度与前景

奥康纳指出,"财政危机从根本上说就是一种社会危机:经济和政治对立不但导致劳资双方剑拔弩张,而且还分化了劳动阶级"(第42页)。作为解决财政危机的最后手段通货膨胀,不但未能缓解财政危机反而加剧了社会危机,因而"今天,通货膨胀和财政危机令垄断资本和国家非常头疼"(第45页)。于是,资本主义国家想方设法改良制度,以克服财政危机。不过,这样的改良是有限度的,在未来只有向新的国家类型升级才能最终克服现代国家的根本危机。

(一) 改良的限度

针对资本主义国家的财政危机,奥康纳认为现有的改良措施是有限度的。

1. 现有理论上的三种方法

奥康纳告诉我们,要缓解资本主义国家的财政危机和通货膨胀,理论上国家有三种方法:第一种方法就是通过策划经济的"管理型衰退"来收缩整个经济;第二种方法是推行工资和价格管制;第三种方法是通过与垄断资本合作的方式来提高私人部门和国家部门的生产率(以便在国家部门降低成本并缓解财政危机)。可是,"要想成功地采用其中任何一种方法,几乎都要求全社会生产关系发生深刻的变化"(第45页)。

奥康纳指出,这三种方法都有负面效应或者问题,因而难以解决甚至缓解财政危机(第45—49页)。

(1) 实施管理型衰退。就是说,运用财政和货币政策来减少总需求、增加失业并削弱垄断部门和国家部门工会的力量。表面看来,这一方法有助于缓解通货膨胀,但它有以下的负面效应:减少总需求和销售收入,导致部分产能闲置,进而降低劳动生产率并提高单位劳动成本,最终导致一种特别的成本推动型通货膨胀;增加失业或导致就业不足(特别是在竞争部门),增加依赖国家预算生活的人的数量;减少总工资和利润、缩小税基并削减税收,从而大大减少预算收入。

(2) 进行工资和价格管制。这一措施的效果与管理型衰退相似,可以控制工资成本,降低物价上涨趋势,减轻财政危机,但它会遭到工会的坚决抵制,因而是垄断部门与国家部门难以完成的任务。另外,它还"把生产一线的劳资对立转化为国家与劳动者之间的冲突"(第47页),进而带来国家合法性的危机。

(3) 促进垄断部门和国家部门合作以提高生产率。这似乎是唯一可能的选择。不过,奥康纳指出:提高竞争产业的生产率不切实际,因为各竞争产业企业数量多、生产规模小、经济整合度相对较低。除了战争时期,国家在垄断部门进行直接投资的做法也不切实际。而国家能做的,只有致力于提高国家部门(包括国家签约企业拥有的设施)的效率,并且间接帮助垄断部门提高生产率,但这样的"生产效率既难以测量又很难提高"(第49页)。

2. 运用社会-工业综合体解决财政危机也有限度

在奥康纳看来，国家能够通过加快发展前文提及的社会-工业综合体来缓解财政危机。他指出，"社会-工业综合体加速发展的一个预期长期结果是整个经济生产率的提高。生产率的提高应该有助于缓解财政危机，因为从经济产能增加的角度看，政府财政支出的每一分钱应该会变得更加高效，因而会增加总收入、扩大税基和减轻预算筹款负担。换句话说，社会-工业综合体的基本用途就是使得国家部门更加接近垄断部门这个从生产率增长角度看充满活力的部门"（第210页）。不过，奥康纳指出，由于以下原因，社会-工业综合体的发展在美国也是有限度的（第210—215页）。

首先，竞争部门的资本几乎无法得益于社会-工业综合体。这是因为，竞争部门是依靠增加就业而不是大规模投资、资本密集型技术或者尖端技术来扩大生产的。此外，这个部门对于管理人力资源的要求相对较小，因此小企业主通常并不关心高等教育、研发和类似支出，他们甚至敌视教育事业，因为高等教育的发展会减少对他们来说非常重要的低工资、非熟练和半熟练劳动力的供给，可他们还要被迫为此缴税。

其次，劳工组织也反对或者不关心社会-工业综合体的加速发展。竞争部门的工会（首先是建筑业工会）总是付出有份而收获无缘；垄断部门的工会最大的可能是不关心，也有可能反对，因为它们的会员缴纳的税款被用于社会-工业投资和计划，再说非会员剩余劳动力会由此获得大量的新的就业机会。想要使社会-工业综合体能够运转起来，国家就必须对垄断部门自第二次世界大战以来发展起来的"自由"集体谈判制度进行重大的变革（或许干脆就是完全废弃）。

再次，现有的军事-工业综合体会加以反对。一方面，大量从国防承包合同获利的资本家会反对，因其利益受社会-工业综合体发展的影响而受损；另一方面，过去巨额军事开支对经济稳定与社会稳定有作用，减少这方面开支也会因其负面作用出现而受到反对。此外，依托于军事-工业综合体的大量员工与小企业主，也会表示强烈的反对。

最后，奥康纳认为全面发展社会-工业综合体所需要的政治-经济系统外围的巨大变革也不具备条件。比如说，国会控制在不关心甚至反对社会-工业综合体的利益集团手中，现有的民主党和共和党这两个政党所代表的阶级阵线往往反对现状的任何变化（尤其是隐含在社会-工业综合体中的变化）等。

3. 结论

奥康纳的结论性意见是，"资本主义改良的终极范围和限度将取决于目前正在进行的旨在形塑社会-工业综合体的政治斗争和运动"（第215页），"财政危机是否能够通过社会-工业综合体得到缓解，取决于大资本和联邦行政部门是否能够说服地方政府提供合作或者迫使地方政府接受合作"（第216页）。

（二）前景

那么，国家的财政危机能通过税收的最终增加而解决吗？在《国家的财政危机》一书接近尾声之际，奥康纳再次回到这一问题。他的答案仍然是否定的，不过此次奥康纳主要是从税收斗争的角度来分析的。他说，"反对税收剥削的政治斗争才是今天唯一有意义的抗税斗争形式"（第217页），而所谓的税收斗争就是"通过选举把'大肆挥霍者'逐出政府，组建政治运动组织,把拒绝纳税作为一种政治觉悟行动"(第217页)。奥康纳举例说,"郊区居民发起的抵制增税、鼓动取消房地产税、市区-郊区冷战的行动以及各地和全美的税改倾向(更不用说避税和逃税行动)"(第218页),都是税收斗争的表现。这样的税收斗争源自以下两个因素:民众的税收水平和税收结构不公平意识不断提高;对一般财政支出重点的批判(第219页)。

虽然由于开征新税以及个人所得税税率调整等原因,税收水平有可能会提高,但税收的增加也是有限度的,因为在政治上"多数被调查居民并不赞成通过增加税收来扩大任何政府项目"(第222页)。他引用藤田昌久的话说,"一旦纳税人的政治和社会抵制严重到政府无法强制增加税负的程度,税收就会实际达到极限"(第221页)。右翼势力向来反对增加税收,而进步的左翼势力"正在打破自己对税收问题的沉默,并且开始把税收剥削和预算支出重点联系起来"(第223页)。正像奥康纳在《国家的财政危机》开篇不久就提到的,"每个经济和社会阶层及群体都希望政府在越来越多的事情上花费越来越多的钱,但就是没人愿意缴纳新税或者按更高的税率缴纳旧税。其实,几乎每个人都希望少缴税,而且很多群体采取行动成功地达到了减税的目的"(第1页)。正因如此,我们不可能指望通过税收的增加来最终解决财政危机。

所以,奥康纳对现代国家的未来前景是悲观的。他一再表示,现代国家的财政危机是"国家财政收入与支出出现结构性缺口的必然结果"(第210页),"资本主义制度将在国家财政力量耗竭之时寿终正寝"(第247页),"解决这种危机的唯一永久性方法就是社会主义"(第210页)。他的意思是说,目前这种样子的现代国家将因财政危机而无法持续,解决国家财政危机的前景在于让现代国家向更高阶段转型或者说升级。

确实存在着现代国家的可持续发展危机吗?应该说,从财政角度概述的现代国家危机,在一定程度上确实存在。但是化解这样的危机,可能仍然脱离不了国家制度的帮助以及对国家制度的进一步构造。正像波兰尼批评自由主义经济学时所说的,自由主义经济学幻想只要摆脱权力干预,市场就能为人类带来自由,但是"没有权力和强制存在的社会是不可能的,没有强力作用的世界也是不可能的",而且权力及其施加的强制实际上"是扩大和加强自由的唯一手段","规制和控制不只是使少数人,而是使所有人获得自由"[1]。这样的看法,同样可以用来描述财政制度在西方国家发展过程中曾经发挥的作用,也可依此期许未来财政制度所能发挥的作用。

大致上,在现代国家的未来发展中,财政制度将能够为化解或至少缓解现代国家中存在的危机服务,并为人的生存繁荣与自由扩大发挥作用。至于在此过程中,最终会产生出什么样的国家制度,目前的国家制度是否会继续存在,在财政上何时会出现现代国家的终结,尚未可知。正如马克思所强调的:"无论哪一个社会形态,在它们所能容纳的全部生产力都发挥出来以前,是决不会灭亡的;而新的更高的生产关系,在它的物质存在条件在旧社会的胎胞里成熟以前,是决不会出现的。所以人类始终只提出自己能够

---

[1] 波兰尼著:《大转型》,冯钢、刘阳译,浙江人民出版社2007年出版,第217—218页。

解决的任务……"①

 **思考题**

1. 你认为服务资本是推动西方国家走向现代福利国家的动因吗?
2. 奥康纳将美国资本主义经济活动划分为竞争部门、垄断部门、国家部门三个部门,这一范式对于分析现代国家来说是否具有启发意义?
3. 你认为资本主义国家的积累职能和合法化职能二者之间是否存在着不可调和的冲突?
4. 怎么理解奥康纳的社会-工业综合体这一概念?
5. 你认为奥康纳这种从财政入手分析现代国家危机的做法,是否有进一步推广的必要?

---

① 马克思、恩格斯著:《马克思恩格斯选集》(第二卷),人民出版社2012年版,第3页。

参 考 文 献

中文部分

[1] 埃特曼著：《利维坦的诞生——中世纪及现代早期欧洲的国家与政权建设》，郭台辉译，上海人民出版社 2010 年版。

[2] 艾尔曼著：《从理学到朴学——中华帝国晚期思想与社会变化面面观》，赵刚译，江苏人民出版社 1995 年版。

[3] 艾斯平-安德森著：《福利资本主义的三个世界》，郑秉文译，法律出版社 2003 年版。

[4] 奥菲著：《福利国家的矛盾》，郭忠华等译，吉林人民出版社 2006 年版。

[5] 奥康纳著：《国家的财政危机》，沈国华译，上海财经大学出版社 2017 年版。

[6] 巴里著：《福利》，储建国译，吉林人民出版社 2005 年版。

[7] 坂入长太郎著：《欧美财政思想史》，张淳译，中国财政经济出版社 1987 年版。

[8] 比几斯渴脱著：《英国国会史》，刘守刚点校，中国政法大学出版社 2003 年版。

[9] 波兰尼著：《大转型：我们时代的政治与经济起源》，冯钢、刘阳译，浙江人民出版社 2007 年版。

[10] 伯克著：《文明的冲突：战争与欧洲国家体制的形成》，王晋新译，上海三联书店 2006 年版。

[11] 布坎南、马斯格雷夫著：《公共财政与公共选择：两种截然对立的国家观》，类承曜译，中国财政经济出版社 2000 年版。

[12] 布莱克编：《比较现代化》，杨豫、陈祖洲译，上海译文出版社 1996 年版。

[13] 查尔斯·蒂利著：《强制、资本和欧洲国家》，魏洪钟译，上海人民出版社 2007 年版。

[14] 陈鼓应著：《管子四篇诠释》，中华书局 2015 年版。

[15] 大岛通义著：《预算国家的危机》，徐一睿译，上海财经大学出版社 2019 年版。

[16] 邓加荣、张靖著：《管子思想钩沉》，中国社会科学出版社 2015 年版。

[17] 杜赞奇著：《文化、权力与国家——1900—1942 年的华北农村》，王福明译，江苏人民出版社 1995 年出版。

[18] 费孝通著：《乡土中国》，上海人民出版社 2006 年版。

[19] 甘阳：《90 年代中国思想批判》，载于《田野来风》，中国电影出版社 1998 年版。

[20] 高夫著：《福利国家的政治经济学》，古允文译，台湾巨流图书公司 1995 年版。

[21] 格里德尔著：《知识分子与现代中国》，单正平译，广西师范大学出版社 2010 年版。

[22] 格罗夫斯著：《税收哲人——英美税收思想史二百年》，刘守刚、刘雪梅译，上海财经大学出版社 2018 年版。

[23] 郭颖颐著：《中国现代思想中的唯科学主义(1900—1950)》，雷颐译，江苏人民出版社 1995 年版。

[24] 何畏：《国家职能的嬗变与资本主义的国家调节——詹姆斯·奥康纳的国家财政危

机理论》,《学术研究》2010年第6期。

[25] 黄仁宇著:《放宽历史的视界》,生活·读书·新知三联书店2001年版。

[26] 霍夫曼、诺伯格编:《财政危机、自由和代议制政府》,储建国译,格致出版社2008年版。

[27] 姜义华:《中华天下国家责任伦理与辛亥革命》,《社会科学》2011年第9期。

[28] 瞿同祖著:《清代地方政府》,范忠信、晏锋译,法律出版社2003年版。

[29] 卡尔维诺著:《为什么读经典》,黄灿然、李桂蜜译,凤凰传媒出版集团、译林出版社2006年版。

[30] 考夫曼著:《社会福利国家面临的挑战》,王学东译,商务印书馆2004年版。

[31] 柯文著:《在中国发现历史》,林同奇译,中华书局2002年版。

[32] 孔飞力著:《叫魂:1768年中国妖术大恐慌》,陈兼、刘昶译,上海三联书店1999年版。

[33] 拉什曼:《国家的迷思:精英侵吞与财政危机》,载于陈明明编,《共和国制度成长的政治基础》,上海人民出版社2009年版。

[34] 列文森著:《儒教中国及其现代命运》,郑大华、任菁译,广西师范大学出版社2009年版。

[35] 刘洁著:《私人资本成本社会化——发达资本主义国家财政制度演进研究》,南开大学出版社2009年版。

[36] 刘娟凤著:《福利国家》,国家行政学院出版社2014年版。

[37] 刘守刚编著:《中国财政史十六讲》,复旦大学出版社2017年版。

[38] 刘守刚著:《财政经典文献九讲》,复旦大学出版社2015年版。

[39] 刘守刚著:《家财帝国及其现代转型》,高等教育出版社2015年版。

[40] 刘泽华主编:《中国政治思想通史》(综论卷),中国人民大学出版社2014年版。

[41] 罗荣渠著:《现代化新论——世界与中国的现代化进程》,北京大学出版社1995年版。

[42] 罗森著:《财政学》,马欣仁、陈茜译,中国财政经济出版社1992年版。

[43] 马非百撰:《管子轻重篇新诠》,中华书局1979年版。

[44] 马克思、恩格斯著:《马克思恩格斯选集》(第一、二卷),人民出版社2012年版。

[45] 马克思著:《资本论》(第一卷),人民出版社2004年版。

[46] 马斯格雷夫:《财政学说简史》,载于奥尔巴克、费尔德斯坦主编,《公共经济学手册》(第1卷),匡小平、黄毅译,经济科学出版社2005年版。

[47] 马斯格雷夫、皮考克主编:《财政理论史上的经典文献》,刘守刚、王晓丹译,上海财经大学出版社2015年版。

[48] 米格代尔著:《强社会与弱国家:第三世界的国家社会关系及国家能力》,张长东等译,江苏人民出版社2012年版。

[49] 摩尔著:《民主和专制的社会起源》,拓夫、张东东等译,华夏出版社1987年版。

[50] 穆勒著:《政治经济学原理》,金镝、金熠译,华夏出版社2013年版。

[51] 帕尔默编：《福利国家之后》，熊越、李杨、董子云等译，海南出版社2017年版。

[52] 彭慕兰著：《大分流——欧洲、中国及现代世界经济的发展》，史建云译，江苏人民出版社2003年版。

[53] 任继亮著：《〈管子〉经济思想研究——轻重论史话》，中国社会科学出版社2005年版。

[54] 斯考切波著：《国家与社会革命：对法国、俄国和中国的比较分析》，何俊志、王学东译，上海人民出版社2007年版。

[55] 斯密著：《国民财富的性质和原因的研究》（上卷），郭大力、王亚南译，商务印书馆1974年版。

[56] 托克维尔著：《旧制度与大革命》，冯棠译，桂裕芳、张芝联校，商务印书馆1992年版。

[57] 汪晖著：《现代中国思想的兴起》（上卷第1部），三联书店2008年版。

[58] 汪圣铎著：《两宋财政史》，中华书局1995年版。

[59] 王汎森著：《天才为何成群地来》，社会科学文献出版社2019年版。

[60] 王亚南著：《中国官僚政治研究》，中国社会科学出版社1981年版。

[61] 沃森著：《20世纪思想史》，朱进东等译，上海译文出版社2008年版。

[62] 谢浩范、朱迎平译注：《管子全译》，贵州人民出版社1996年版。

[63] 熊彼特：《税收国家的危机》，附录于格罗夫斯著：《税收哲人》，刘守刚、刘雪梅译，上海财经大学出版社2018年版。

[64] 熊芳芳：《再论法国大革命的财政起源》，《史学月刊》2018年第11期。

[65] 叶振鹏主编：《20世纪中国财政史研究概要》，湖南人民出版社2005年版。

[66] 叶振鹏主编：《中国历代财政改革研究》，中国财政经济出版社1999年版。

[67] 曾小萍著：《州县官的银两：18世纪中国的合理化财政改革》，董建中译，中国人民大学出版社2005年版。

[68] 张馨等著：《当代财政与财政学主流》，东北财经大学出版社2000年版。

[69] 张友直著：《〈管子〉货币思想考释》，北京大学出版社2002年版。

[70] 章太炎：《喻侈靡》，载于《章太炎全集》，上海人民出版社1982年版。

[71] 周俊敏著：《〈管子〉经济伦理思想研究》，岳麓书社2003年版。

英文部分

[1] Charles Tilly edited, *The Formation of National States in Western Europe*, Princeton University Press, New Jersey, 1975.

[2] Francis G. Castles, etc. edited: *The Oxford Handbook of The Welfare State*, Oxford University Press, 2010.

[3] Gerald Easter, The Politics of Revenue Extraction in Post-Communist States: Poland and Russia Compared, *Politics and Society*, 2002, Vol.30, No.4.

[4] Gertrude Himmelfarb, *The Idea of Poverty*, Alfred A., Knope, Inc., 1983.

[5] John L. Cambell, The State and Fiscal Sociology, *Annual Review of Sociology*,

1993, Vol. 19.
[6] M. Daunton, *Trusting Leviathan: The Politics of Taxation in Britain 1799 - 1914*, Cambridge University Press, 2001.
[7] Michael Herb, Taxation and Representation, *Studies in Comparative International Development*, 2003, Vol.38, No.3 (fall).
[8] Mick Moore, Revenues, State Formation, and the Quality of Governance in Developing Countries, *International Political Science Review*, 2004, Vol.25, No.3.
[9] W. M. Ormrod, Margaret Bonney, Richard Bonney edited, *Crisis, Revolutions, and Self-sustained Growth*, Shaun Tyas, 1999.

图书在版编目(CIP)数据

财政思想与经典传承/刘守刚著. —上海:复旦大学出版社,2020.9
(公共经济与管理.财政学系列)
ISBN 978-7-309-15283-8

Ⅰ.①财… Ⅱ.①刘… Ⅲ.①财政-经济思想史-世界-高等学校-教材 Ⅳ.①F811.9

中国版本图书馆 CIP 数据核字(2020)第 159243 号

财政思想与经典传承
刘守刚 著
责任编辑/张美芳

复旦大学出版社有限公司出版发行
上海市国权路 579 号　邮编:200433
网址:fupnet@fudanpress.com　　http://www.fudanpress.com
门市零售:86-21-65102580　　团体订购:86-21-65104505
外埠邮购:86-21-65642846　　出版部电话:86-21-65642845
上海华业装潢印刷厂有限公司

开本 787×1092　1/16　印张 14.25　字数 321 千
2020 年 9 月第 1 版第 1 次印刷

ISBN 978-7-309-15283-8/F·2732
定价:48.00 元

如有印装质量问题,请向复旦大学出版社有限公司出版部调换。
版权所有　侵权必究